JN435346

광고로 보는
미디어 테크놀로지의 소비문화사

A History of Consumption Culture of Media Technology
in Advertisements and Commercials

광고로 보는 미디어 테크놀로지의 소비문화사

A History of Consumption Culture of Media Technology in Advertisements and Commercials

김 병 희

서울경제경영

머리말

미디어 테크놀로지의 소비문화를 찾아서

"순간의 선택이 10년을 좌우합니다!"

지금도 중장년층이 가끔씩 인용하는 금성사(LG전자의 전신)의 1970년대 텔레비전 광고의 카피다. 구매의 신중함을 권고하면서 은근히 자사 제품을 자랑하는 이 절묘한 카피는 지금까지도 사람들의 대중적 기억 속에 남아 있다. 단말기를 공짜로 제공한다며 새것으로 바꾸라고 유혹하는 광고 메시지에 따라 1년이 멀다 하고 스마트폰을 바꾸는 요즘의 소비행태와 비교해 보면 격세지감을 느끼게 한다. 인터넷으로 전파된 작자 미상의 시 한편을 감상해보자.

> "컴퓨터는 텔레비전의
> 공상 과학 영화에나 있었고,
> 윈도우는 닦기 싫었고,
> 램은 염소 사촌이었지.
> A computer was something on TV,
> From a science fiction show.
> A window was something you hated to clean.
> And ram was the cousin of a goat.
> 메그는 내 여자친구,
> 기그는 네 가운데 손가락.
> 이제는 전혀 다른 의미를 담고 있는
> 메가 바이트.

Meg was the name of my girlfriend,
And gig was your middle finger upright.
Now they all mean different things.
And that really mega bytes.
원래 애플리케이션은 입사 지원서.
프로그램은 텔레비전 쇼.
커서는 저주.
키보드는 피아노였지.
An application was for employment.
A program was a tv show.
A cursor used profanity.
A keyboard was a piano.
메모리는 세월과 함께 잃는 소중한 것
CD는 은행 계좌였지.
3¼ 플로피만 있다면,
당신은 아무도 못 찾길 바랬지.
Memory was something that you lost with age.
A CD was a bank account.
And if you had a 3¼ floppy,
You hoped nobody found out.
압축은 파일 관리가 아니라
쓰레기 처리.
아무데서나 지퍼를 내리면
얼마간은 유치장에 있어야 할 걸.
Compress was something you did to the garbage,
Not something you did to a file.
And if you unzipped anything in public,
You'd be in jail for a while.
로그온은 불 위에 장작 올리기.
하드 드라이브는 힘든 자동차 여행.
마우스 패드는 생쥐가 살던 곳.

백업은 화장실 뒤처리.
Log on was adding wood to the fire.
Hard drive was a long trip on the road.
A mouse pad was where a mouse lived.
And a backup happened to your commode
잘라내기는 칼로 하고,
붙여넣기는 풀로 하고.
웹은 거미집,
바이러스는 감기 몸살.
Cut you did with a pocket knife.
Paste you did with glue.
A web was a spider's home.
And a virus was the flu.
나는 종이와 쪽지를 고집하고
머릿속 기억에 집착할 걸.
컴퓨터 충돌로 누가 죽었단 말은 듣지 못했거늘.
일단 벌어지면 사람들은 죽을 맛이란다.
I guess I'll stick to my pad and paper.
And the memory in my head.
I hear nobody's been killed in a computer crash.
But when it happens they wish they were dead."
- 가브리엘 와이만, 김용호 역 (2003), pp.415-417.

이 시는 일상적으로 사용하던 말을 컴퓨터 용어와 비교해 보여주며 격세지감을 느끼게 한다. 해학적 기쁨은 여분의 감동이다. 그렇다면 과연 1960년대 무렵부터 한국인의 일상생활에 본격적인 영향을 미치기 시작한 미디어 테크놀로지는 우리 소비생활을 어떻게 바꾸어 놓았을까? 미디어 테크놀로지를 통해서 우리는 일상에서 테크놀로지를 어떤 방식으로 소비하고 있을까? 그런데 이러한 질문에 답하는 연구가 이제까지 별로 없었다. 미디어 기술과 사회변화의 관련 양상을 고찰할 때 대체로 미디어 중심적 관점과 사회 중심적 관점으로 구분하는데, 현대에 들어서는 새로운 정보통신 기술과 관련하여 미디어 중심적 관점이 강조되고 있다. 첨단 미디어 기술이 소비자의 생활양식을 바꾸고 있는 상황에서, 그동안 발전해온 미디어 테크놀로지가 사람들의 일상생활을 어떻게 변화시켰을까? 1960년대 이후 현대화 과정에서 한국인이라면 누구나 직접적 영향을 받았던 첨단 기술에 대해 그것이 현재, 왜, 무엇 때문에 문제적 영향을 미쳤는지 규명할 필요가 있다.

한편, 사람들이 매일 접하고 있는 텔레비전, 신문, 라디오, 잡지, 그리고 스마트 미디어에는 수많은 광고가 노출되고 있다. 소비자는 광고를 보고 구매 행동에 영향을 받는다. 광고는 소비자의 라이프스타일을 반영하기 때문에 시기별 광고를 통해 당시 삶의 모습을 엿볼 수 있다. 그동안 광고와 소비문화에 대해 문화사적으로 접근한 연구나 저술은 있지만, 광고를 통해서 테크놀로지의 소비 문제를 본격적으로 분석한 저술은 드물다. 이 책은 바로 이러한 연구의 공백을 메우려는 시도이다. 테크놀로지와 소비는 현대 사회의 대표적 키워드인 동시에 문화연구의 핵심 주제이다.

이 책에서는 1960년대부터 대중화된 미디어 테크놀로지 광고물을 분석하고 미디어 테크놀로지의 소비 경험을 알아보았다. 테크놀로지의 소비 가치가 광고에 어떻게 재현되어 있고 미디어 테크놀로지가 사람들의 일상생활에 어떤 영향을 미쳤는지를 고찰해, 한국 사회에서 생활형 테크놀로지의 소비문화가 어떻게 변천해 왔는지 탐색하였다. 1960년대, 1970년대, 1980년대, 1990년대, 2000년대, 2010년대라는 시간의 흐름에 따라 광고에 나타난 미디어 테크놀로지의 변화 양상을 추적함으로써, 우리나라 미디어 테크놀로지의 소비문화사를 재구성하고자 했다.

이 책은 한국연구재단의 연구비 지원을 바탕으로 기획되었다. 연구비를 지원해 준 한국연구재단에 감사드린다. 이 책의 원고가 완성되기까지 자료수집에 도움을 준 학생들과 원고의 초고를 꼼꼼히 읽으며 부족한 부분을 보완해준 유미리 조교에게 감사하다는 인사를 전하고 싶다. 이 책이 우리나라 미디어 테크놀로지의 소비문화사를 이해하는 데 조금이나마 기여할 수 있기를 기대한다.

2016. 3

김병희

저자소개

현재 서원대학교 광고홍보학과 교수다. 서울대학교 국어국문학과를 졸업하고 연세대학교 석사를 거쳐 한양대학교 광고홍보학과에서 광고학 박사를 받았다. 대학으로 옮기기 전, 광고회사 선연에서 카피라이터 겸 크리에이티브 디렉터로서 한 시절을 보냈다. 미국 일리노이대학교 광고학과 교환교수, 한국PR학회 제15대 회장, 한국광고학회 및 한국PR학회 총무이사, 『광고PR실학연구』 편집위원장, 한국언론학회, 미국광고학회 회원으로 활동했다. 공정거래위원회와 방송통신위원회를 비롯한 여러 정부기관의 광고PR 정책 자문을 하고 있다. 저서에 『문화예술PR』(2015), 『광고로 보는 근대문화사』(2014) 외 20여권이 있으며, “Level of Creativity and Attitudes towards an Advertisement”(2015), “텔레비전 수상기 광고를 통해 본 소비문화의 변천: 1962-2012”(2015) 외 80여 편의 논문을 발표했다. 광고 창의성 평가척도와 이론 개발에 기여한 공로를 인정받아 한국갤럽학술상 대상(2011), 제1회 제일기획학술상 저술부문 대상(2012), 한국광고PR실학회 MIT(Most Interesting Topic) 논문상(2015)을 수상했으며, 세계 3대 인명사전(Marquis Who's Who, IBC, ABI, 2011~2014) 모두에 ‘창의성’ 부문 전문가로 등재되었다.

차례

CHAPTER **01**

미디어 테크놀로지 서설

01 테크놀로지와 사회

인류 역사에서 사회 발전과 커뮤니케이션 발전 과정에서 탄생한 미디어는 사회문화를 변화시키는 핵심적인 기능을 담당해왔다. 새로운 미디어는 인간의 욕구와 상상력에 따라 발달되었다. 사회인류학자 알프레드 겔은 인간의 열정을 표현하기 위해 미디어가 탄생했으며 총체적인 사회적 욕구에 따라 새로운 미디어로 진화했다고 말했다. 새롭게 탄생한 미디어는 다양한 방식으로 진화하며 소비자의 욕구에 영향을 미치게 된다. 미디어가 발달함에 따라, 광고 역시 전통적 4대매체(텔레비전, 신문, 잡지, 라디오) 광고에서 스마트 미디어 광고에 이르기까지 진화를 거듭해왔다.

캐나다 출신의 커뮤니케이션 이론가이자 문화비평가인 매클루언(Herbert Marshall McLuhan)은 미디어의 내용은 그것을 전달하는 미디어 기술과 분리해서 생각할 수 없다고 주장했다. 그는 미디어가 다양한 감각과 속성의 발달을 촉진하거나 지체시킨다고 하면서 각 미디어는 도입되는 문명의 역사적 상태에 따라 각각 다른 영향을 미친다고 했다. 그는 책, 의복, 자동차, 신문, 전화, 라디오, 텔레비전이 인간을 확장한 사물로써의 미디어라고 하며, 미디어를 핫 미디어(hot media)와 쿨 미디어(cool media)로 분류했다. 이때 '핫 미디어'란 전달량은 풍부하지만 참여는 미약한 미디어인데 비해, '쿨 미디어'란 전달량은 빈약하지만 참여가 왕성한 미디어를 의미했다. 그는 핫 미디어와 쿨 미디어의 운동에서 어느 한쪽이 지배적인지에 따라 미디어의 역사를 파악했다(김상호, 2004).

모든 미디어를 인간 능력의 확장이라고 본 매클루언은 감각 기관의 확장인 미디어들이 그 자체로 사람의 인식에 영향을 미친다고 했다. 미디어가 달라지면 그 메시지도 달라지고 메시지를 해석하는 인간의 인식 방식도 달라진다는 점에서 "미디어는 메시지다"라는 명제를 제시했던 셈이다(마셜 매클루언, 2011). 그는 기술이 도입되는 맥락적 요소를 강조하면서, 미디어를 이용하는 사용자의 주관적 의도와 관계없이 특정 감각에 특별히 작동하는 효과를 지닌 미디어의 독특한 형식이 있다고 주장했다. 즉, 구어적인 말, 귀와 음향적 미디어의 결합, 글쓰기, 활판 인쇄술과 눈, 그리고 시각적 미디어의 결합이 대표적인 사례라고 할 것이다(김상호, 2004). 매클루언이 설명한 기술과 문화적 변형의 전개 양상은 〈표 1-1〉과 같다.

인터넷과 디지털로 대변되는 ICT의 비약적 발전은 미디어의 새로운 진화를 주도한다. 정보기술, 미디어 콘텐츠, 커뮤니케이션 네트워크가 상호 연결되는 미디어 융합으로 인해 각각 다른 양식의 텍스트, 오디오, 비디오 자료가 하나의 멀티미디어 정보로 처리된다. 다양한 미디어는 각각의 기능에 충실하면서도 다양한 기능으로 통합되며 미디어 융합을 구현한다. 각 미디어는 고유의 기능이나 독립적 개체성을 유지하면서도 융합적 생태계에서 공존하고 있다(이동후, 2013). 또한, 미디어 소비의 개인화가 심화되어 미디어 빅뱅 현상이 보편화되고 있으며 이런 현상은 광고와 소비대중문화에도 고스란히 영향을 미치고 있다(이화자, 김병희, 이희복, 2009).

수용자들은 자신의 필요에 따라 미디어를 활용하는데 수용자의 필요에 알맞게 미디어 환경을 조성하는 기술이 미디어 테크놀로지다. 미디어는 특성에 따라 세 가지로 구분할 수 있다. 개인 차원에서 콘텐츠를 소비하는 대중 및 개인 콘

표 1-1 ■ 기술-문화적 변형의 전개 양상

기술(Technology)	감각(Senses)	문화적 · 문명적 상황
구어	청각(귀)	구술문화
글쓰기	시각(눈)	문자 · 시각 문화
활판인쇄	시각(눈)	시각 · 기계 문화
라디오	청각(귀)	전기 문화
텔레비전	청각 · 시각 · 촉각	전기 · 전자 문화
컴퓨터	모든 감각	전자 문화

텐츠(mass-personal contents) 미디어, 소비자가 콘텐츠를 재해석하는 소비자 수정 콘텐츠(consumer modified contents) 미디어, 그리고 사용자 스스로 정보를 생산해 새로운 미디어 콘텐츠를 만드는 블루슈머 창작 콘텐츠(bluesumer created contents) 미디어가 그것이다. 블루슈머(bluesumer)란 경쟁 없는 시장인 블루오션(blue ocean)과 소비자(consumer)의 합성어로 경쟁자가 없는 시장의 새로운 소비자를 의미한다. 〈그림 1-1〉과 같이 미디어 서비스의 가치는 전문 정보를 일방적으로 전달하는 전통적인 언론 미디어에서 수용자가 직접 참여해 정보를 생산하는 뉴미디어 쪽으로 S곡선을 그리는 형태로 진화해왔다(장미영, 이순석, 남기동, 2008).

테크놀로지라는 말은 그리스어 테크노로지아(tekhnologia)가 그 어원이며, 예술이나 공예를 체계적으로 다루는 것을 의미한다. 테크놀로지는 기술을 기초로 만들어지는 물질적 대상(Material Object), 그 대상을 다루는 기술인 기법(Technique), 새로운 물건을 만드는데 필요한 지식(Knowledge)이라는 세 가지 공통 요소로 구성된다(Westrum, 1991). 현대의 테크놀로지는 과학 기술을 산업적으로 응용하는 맥락에서 사용되어 왔다. 즉, 현대의 테크놀로지는 물리학, 화학, 생물학 같은 자연과학을 바탕으로, 과학이나 과학적 재료 또는 과학적 지식을 응용하는 기술을 의미한다(이귀옥, 한상필, 2009).

미디어 테크놀로지는 테크놀로지의 세 가지 분야 중 정보를 제어하는 기술에 속한다. 미디어 테크놀로지는 어떤 메시지가 시공간의 흐름 속에서 더 널리 전파되도록 하는데 보다 막강한 영향을 미친다. 예컨대, 문자 메시지는 생각을 체계적으로 기록하도록 한다. 개인이 글을 읽고 말하는 것은 음성을 녹음하고 재생하는 초창기의 기술 형태이다. 인쇄술이 발전함에 따라 텍스트와 이미지가 대량으로 복제되고 유통되었다. 19세기 중반에서 20세기 중반에 걸쳐 사진, 전화, 영화, 라디오, 텔레비전이 발명되면서 미디어 테크놀로지는 절정기를 맞았다.

대중매체의 발전과정에서 주목할 대목은 대중매체의 발전 속도가 근래에 오면서 점점 더 빨라지고 있다는 사실이다. 예컨대, 구텐베르크의 인쇄기술 발명과 최초의 대중신문이 등장한 시기 사이에는 380년이 필요했다. 그렇지만 1930년대에 텔레비전이 등장한 이후 미국의 가정에 널리 보급된 1950년대 말까지는 30년이 채 소요되지 않았다. 이러한 현상은 오늘날과 같은 첨단 정보 기기와 컴퓨터에 의

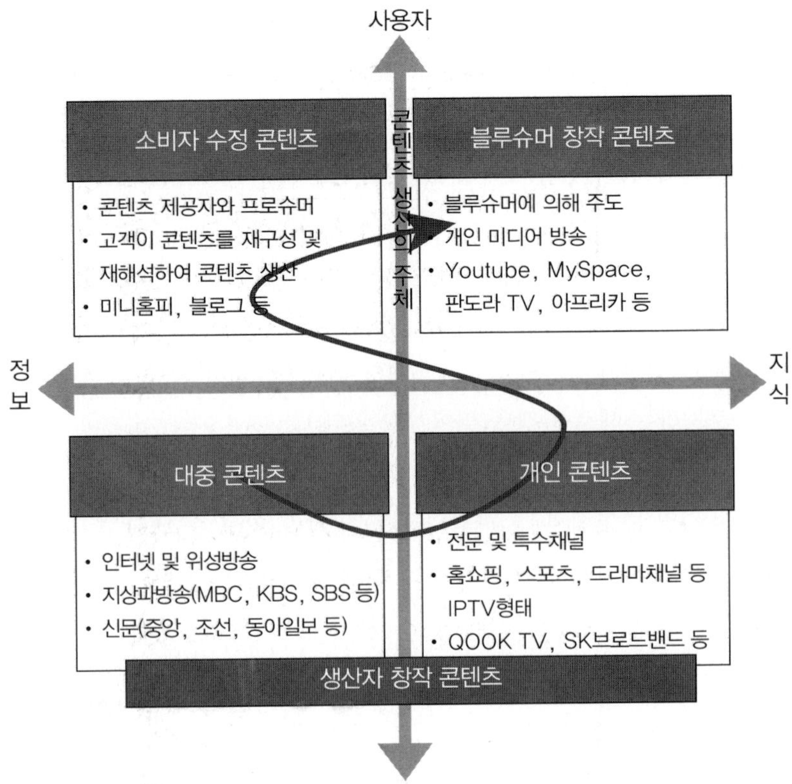

그림 1-1 ■ 미디어 서비스의 가치 진화
자료원: 장미영, 이순석, 남기동 (2008). p.8.

해 둘러싸여 있는 미디어 환경에서는 더욱 빨라질 수밖에 없다(이정춘, 2000).

미디어 테크놀로지와 사회변화의 관련 양상을 고찰할 때 대체로 미디어 중심적 관점과 사회 중심적 관점으로 나누는데, 현대에 와서는 새로운 정보통신 기술과 관련하여 미디어 중심적 관점이 강조되고 있다. 우리나라에서도 유비쿼터스 컴퓨팅 기술이 발달함에 따라 거대한 네트워크로 연결되는 관계망 사회가 구현되고 있다. 유비쿼터스 네트워크가 구축됨으로써 사람들 간의 물리적 연결 관계도 보다 다양하게 이루어지고 있다. 이에 따라 여러 연구자들은 유비쿼터스 네트워크 기술이 기존의 인간관계를 약화시키는지, 인간을 도구화시키는지, 그에 따른 디지털 격차 문제를 어떻게 해소할 것인지에 대해 많은 관심을 나타내고 있다.

미디어 테크놀로지가 변하면 커뮤니케이션 방식이나 일상생활의 문화도 바뀌게 된다. 미디어 테크놀로지는 사회를 변화시키는 결정적인 요인이 되었다. 정보기술과 커뮤니케이션의 결합을 통한 기술적 변화는 이전의 미디어 테크놀로지와는 달리 사람들의 커뮤니케이션 양식을 대중화에서 개인화로, 수동적 수용보다 주체적 참여로 발전시켰다. 멀리 떨어진 사람끼리도 시간적으로 언제든지 접근 가능한 실시간 소통이 가능해졌다. 더욱이 방송과 통신의 융합된 다양한 형태의 새로운 미디어가 등장함으로써 이질적인 커뮤니케이션 양식들끼리 융합되고 있다. 멀티미디어 시대를 넘어 유비쿼터스 시대가 됨으로써 정보기술의 새로운 패러다임은 u-미디어 테크놀로지라는 새로운 장을 열어가고 있다.

어떤 시대에 어떤 미디어가 지배적인 미디어로 부각되는지를 살펴보면, 미디어 테크놀로지의 변화에 따른 사회의 변모 양상을 엿볼 수 있다. 더욱이 일상생활은 다양하고 복잡한 커뮤니케이션의 과정으로 이루어지기 때문에, 지배적인 미디어의 특성에 따라 일상생활에서의 소비문화도 달라질 수밖에 없다. 지배적 미디어와 커뮤니케이션 양식의 변화 양상은 〈표 1-2〉에 제시하였다(고영삼, 2006). 산업혁명 이후 대중 미디어를 이용해 다양한 방식으로 소통하던 사람들은 정보통신(IT) 혁명을 거치면서 인터넷이나 모바일 미디어를 이용해 커뮤니케이션을 하게 되었다. 나아가 유비쿼터스(ubiquitous) 기술이 더욱 발달함에 따라, 이제는 사물인터넷(Internet of Things)의 시대로 접어들었다.

한편, 1960년대 초부터 박정희 정권에서 주도한 수출 위주의 고도성장 정책이 일정한 성과를 얻으면서 한국사회는 1970년대에 본격적으로 상품화된 대중사회로 접어들었다. 1966년에 정부가 전자산업을 수출 육성산업으로 지정해 재정지원을 하고 면세 혜택을 준 결과, 1968년부터 텔레비전 수상기의 국내 조립생산이 가능해졌다. 1970년대 들어서 매스 미디어의 보급은 엄청난 속도로 이루어져 1970년에 가구당 텔레비전 보급률은 6.3%였으나 1979년에는 79.1%에 이르렀다(강준만, 2007).

테크놀로지에 대해서는 낙관론과 비판론이 늘 공존해 왔지만, 1970년대 이후 한국사회에서는 산업화와 정보화 과정에서 테크놀로지를 통해 유토피아를 건설한다는 유토피아 담론이 부각되었다. 유토피아 담론은 미디어 테크놀로지의 소비

표 1-2 ■ 지배적 미디어와 커뮤니케이션 양식의 변화

구분	원시 · 농경사회	산업사회
지배적 매체	구두, 필기	대중매체
커뮤니케이션 주체	인간 ↔ 인간	인간 ↔ 매스미디어 ↔ 인간
커뮤니케이션 장소	물리공간 (제1공간)	물리공간 (제1공간)
관계 근거	혈연 · 지연	학연 · 직장연
규범문화	관습	에티켓(Etiquette)
구분	**정보사회**	
	e-정보사회	**u-정보사회**
지배적 매체	인터넷	모바일 미디어
커뮤니케이션 주체	인간 ↔ 컴퓨터 인간 ↔ 컴퓨터 ↔ 인간	사물 ↔ 사물 사물 ↔ 인간
커뮤니케이션 장소	가상공간 (제2공간)	물리공간 +가상공간 (제3공간)
관계 근거	정보연 · 취향연	
규범문화	네티켓(Netiquette)	모티켓(Motiquette)

자료원: 고영삼 (2006).

를 촉진하는 광고 메시지에서 가장 두드러지게 나타났다. 삼성전자와 금성사(LG, GS의 전신) 광고를 보면 1970년대에는 주로 제품광고를 했지만 1980년대부터는 본격적으로 기업광고 활동을 전개했다.

삼성전자와 금성사 광고에서는 1980년대의 산업화 시기에는 '휴먼테크'와 '테크노피아' 메시지를, 1990년대의 정보화 시기에는 '멀티미디어'와 '하이미디어' 메시지를 내세우며 시장 점유율을 확장하기 위해 치열한 전쟁을 벌였다. 당시의 광고 메시지에서는 테크놀로지가 유토피아를 구현해준다는 약속을 전달했다. 이런 약속은 테크놀로지를 경외하는 시각에서 바라보는 '테크놀로지의 숭고함(technology sublime)'에 가까웠다(이호규, 2008).

미디어 테크놀로지가 발달함에 따라 소비문화도 변해왔다. 사람들의 일상생활은 1970년대와 2010년대의 스마트 미디어 시대가 크게 다르지 않지만, 주인집 안방에서 눈치를 보며 용건만 간단히 말하고 끊었던 1970년대의 전화기 이용 행태는 각자가 스마트폰으로 장시간 통화하고 실시간으로 텔레비전을 시청하는 스마트 시대의 전화 이용 행태와는 크게 다르다. 1960년대 이후 한국의 현대화 과정에서 한국인에게 직간접적 영향을 미쳤던 미디어 테크놀로지가 한국인의 일상생활에 어떻게 영향을 미쳤는지 규명할 필요가 있다는 문제를 제기하는 대목이다.

인터넷과 디지털로 대변되는 정보통신기술(ICT)의 비약적인 발전에 따라 모든 콘텐츠(whatever)를 누구와도(whoever) 함께 공유했으며, 이에 따라 현대인의 소비 욕구도 점점 세분화되었다(성윤택, 2010). 테크놀로지의 발달은 사람들의 소통 방식을 규정하기에 이르렀고, 초창기의 유선전화기에서부터 최근의 스마트폰에 이르기까지 여러 미디어 테크놀로지는 사람들의 소비문화를 완전히 바꿔버렸다.

이제, 모든 사물과 기기가 컴퓨터 네트워크로 연결되고, 시간과 장소를 초월해 사용자의 필요와 욕구에 알맞게 최적화시킨 서비스를 제공하게 되었다. 그동안 광고는 미디어 테크놀로지를 널리 전파하는데 있어서 가장 자주 활용되어온 수단이었다. 소비자는 미디어 테크놀로지 광고를 접하고 나서 새로운 미디어 테크놀로지를 알게 되었고 자신의 일상생활에서 적극적으로 차용했다. 전통적인 광고는 텔레비전, 라디오, 신문, 잡지 같은 4대매체를 활용해왔지만, 지금은 인터넷과 스마트폰을 비롯한 뉴미디어들을 두루 활용한다.

테크놀로지의 패러다임과 기술의 수용

02

우리 주변에 테크놀로지가 아닌 것이 없을 만큼 거의 모든 사물이 테크놀로지와 관련되고 있다. 그동안 테크놀로지가 사회에 미치는 영향에 대해 많은 논의가 이루어졌지만 크게 두 가지 관점으로 대별된다. 테크놀로지가 인간을 구제해준다는 찬성론과 부정적 영향을 미친다는 비판론이 그것이다(Medhurst, 1990). 테크놀로지에 대한 찬성론에서는 테크놀로지가 사회에 미치는 긍정적 영향을 강조하지만, 비판론에서는 인간이 테크놀로지의 노예가 될 수 있다고 우려한다.

이러한 극단적 관점의 근저에는 테크놀로지의 자율성(autonomy of technology)에 대한 두 가지 상충된 견해가 깔려있다. 테크놀로지의 자율성이란 테크놀로지는 개발 단계에서부터 독립적이며 자율적으로 활용된다는 뜻이다(Slack, 1984). 테크놀로지의 자율성을 주장하는 사람들은 테크놀로지가 사회 속에서 독립적으로 작용한다고 보지만, 테크놀로지의 자율성을 부정하는 연구자들은 테크놀로지 자체에 사회적 관계가 포함되어 있다고 주장했다. 다시 말해서, 테크놀로지는 개인을 넘어 사회적 차원에서 탄생하고 형성되며, 사회적 관계 속에서 나름대로의 방식에 따라 규정된다(이귀옥, 2003; 이귀옥, 한상필, 2009). 〈표 1-3〉에 테크놀로지와 사회에 관련된 여러 논의들을 요약해 제시했다.

넬킨은 『과학의 판매: 언론은 과학기술을 어떻게 보도하는가』라는 책에서 언론을 통해 공중에게 전달되는 기술과 테크놀로지의 이미지를 광범위하게 분석했다(Nelkin, 1995). 그녀는 전국지, 지방지, 전국판 잡지, 특수지에 나타난 과학과 기술의 보도를 분석한 결과, 새로운 개발에 대한 언론 보도는 경제적 · 사회적 · 의

표 1-3 ■ 테크놀로지를 보는 두 개의 패러다임

논의	기술 찬성론	기술 비판론
정의	테크놀로지는 사물이며 도구 사회와 독립된 개별적 것	테크놀로지는 사회적 관계를 포함
사회의 영향력	테크놀로지는 인간에게 다양한 자유 제공	인간은 점차 테크놀로지의 노예가 되어감
자율성	테크놀로지는 기원과 사용에 있어서 자율적이고 독립적	테크놀로지는 사회적 관계와 비 분리
가치와의 관계	테크놀로지는 모든 가치에서 자유로움	테크놀로지 개발의 모든 과정에 가치 개입
철학적 기반	실용주의, 공리주의, 실증주의	유물론적 사고
지시되는 가치	효율성, 자유, 실용성 테크놀로지에 대한 낙관적 관점	테크놀로지에 대한 비판적 관점

자료원: 이귀옥(2003)을 바탕으로 재구성

료적 문제점을 쉽게 해결할 수 있다며 일반 공중을 부추기는 역할을 했으며, 기술 개발에 대한 이러한 과장된 언어 사용은 광고에서도 비슷하게 발견된다고 지적했다(이귀옥, 2003; 이귀옥, 한상필, 2009). 이 연구에서는 미국 언론의 과학과 테크놀로지에 대한 보도가 대체로 긍정적이고 낙관적 관점으로 편향되었다는 사실을 보여주었다.

역사적으로 사회 변화와 테크놀로지의 발달은 밀접하게 관련되며 미디어 테크놀로지의 경우에는 사회와의 상관성이 특히 높다. 기술이 사회변화를 결정한다는 기술결정론(technological determinism)과 기술과 사회변화는 별로 관계가 없다는 기술중립론(technological neutralism)은 테크놀로지와 사회를 설명하는 오랜 관점이었다. 1980년대에 들어서 기술의 사회적 형성론(social shaping of technology)과 기술의 사회구성주의(social constructivism)가 구미 학계에서 제시되면서 테크놀로지와 사회의 관계를 설명하려는 논의가 보다 활발하게 이루어졌다(강상현, 1997).

더욱이 미디어는 실제 삶과 동일하다. "미디어는 실제 삶과 동일하다"는 미

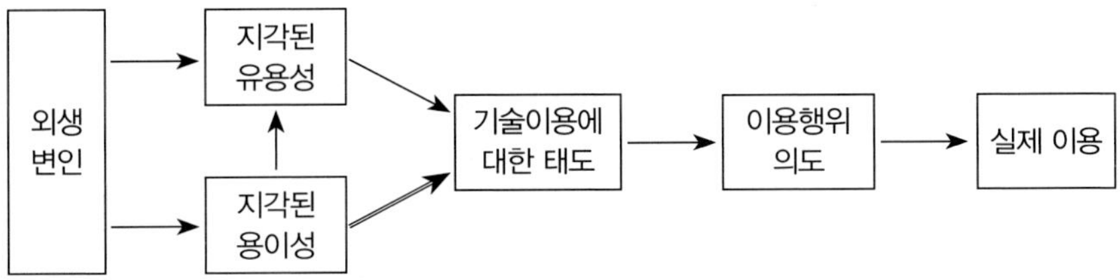

그림 1-2 ■ 기술수용모델

디어 방정식은 필연적으로 모든 사회 구성원에게 적용된다. 커뮤니케이션 테크놀로지에 대한 사회적 반응(Social Responses to Communication Technology)이라는 연구 프로젝트의 결과로 제시된 '미디어 방정식'은 컴퓨터, 텔레비전, 그리고 새로운 미디어에 대한 개개인의 상호작용은 마치 실생활에서처럼 근본적으로 사회적이며 자연적이라는 의미를 담고 있다. 모든 사람들은 미디어에 대해 사회적이며 자연적으로 반응하며, 여러 미디어들은 상이하기보다 유사하며, 미디어에서는 진실보다 진실이라고 간주되는 것이 더 중요하다. 그리고 사람들은 눈앞에 보이는 것에 반응하고, 단순한 것을 선호하며, 자연스럽고 쉬운 미디어 기술을 좋아한다는 것이다. 이러 내용이 미디어 방정식의 핵심 개념이다(바이런 리브스, 클러퍼드 네스, 2001).

새로운 테크놀로지가 수용되려면 경제적 비용이 수반된다. 여러 학문 분야에서는 어떤 기술이 수용자들에게 성공적으로 받아들여지려면 어떤 환경을 만들어야 하는지에 대해 현실적인 논의를 전개했다. 데이비스는 개인의 미디어 선택과 이용 행동을 구체적으로 설명하기 위해 합리적 행동이론을 바탕으로 기술수용모델(TAM: Technology Acceptance Model)을 제시했다(Davis, 1989). 〈그림 1-2〉는 기술수용모델에서 제시된 변인 간의 관계를 나타낸 것이다.

이 모델에 의하면 수용자의 기술이용에 대한 태도와 이용행위의도에 영향을 미치는 가장 중요한 요인은 새로운 기술에 대한 지각된 유용성(Perceived Usefulness)과 지각된 용이성(Perceived Ease of Use)이다. 지각된 유용성은 특정 기술을 이용함으로써 자신의 업무수행 능력을 향상시킬 수 있다는 주관적 믿음이며, 지각된 용이성은 신체적 · 정신적으로 많은 노력을 기울이지 않아도 특정 기술을 이용할 수 있다는 주관적 믿음이다. 결국 유용성과 용이성에 대한 지각이 새로운 테크놀로지를 이용하는 수용자의 기술이용에 대한 태도(Attitudes toward Use)와 이용행위 의도(Behavior Intention to Use)에 상당한 영향을 미치는 선행 요인으로 작용한다는 것이다(김병희, 2015e).

수용자가 지각하는 유용성은 기술이용에 대한 태도와 이용행위 의도에 영향을 미치며, 지각된 용이성은 대체로 지각된 유용성을 통해 기술에 대한 태도에 간접적인 영향을 미친다. 이처럼 지각된 유용성과 용이성을 통해 형성된 태도는 다시 이용행위 의도에 영향을 미쳐, 실제 이용(Actual Use)에 이르게 된다. 그렇지만 〈그림 1-2〉에 나타난 용이성과 태도와의 관계에서 이중 화살표는 기존 연구에서 지각된 용이성이 새로운 기술의 등장 초기에 한해서만 태도에 직접적 영향을 미친다는 연구결과에 따른 것이다. 이용자가 미디어의 이용에 익숙해지면 용이성은 태도에 직접적인 영향을 미치지 못하며 유용성을 통해서만 간접적으로 영향을 미치는 것으로 밝혀졌기 때문이다. 결국 기술수용모델은 기술을 쉽게 이용할수록 더 유용하게 인식되며 유용한 기술이라고 인식될수록 특정 기술에 대한 태도가 호의적으로 변해 해당 기술을 이용할 가능성이 높아진다는 사실을 설명한다.

새로운 테크놀로지의 수용 과정은 혁신의 확산(diffusion of innovation) 모델로도 설명할 수 있다. 비행기, 자동차, 컴퓨터, 텔레비전 같은 혁신적 발명품들은 현대 소비자의 일상생활에 혁명적 변화를 가져왔다. 혁신의 확산이란 시간의 경과에 따라 혁신이 어떤 경로를 거쳐 사회의 구성원 전체에게 전달되는 과정이다. 이는 사모아 제도의 원주민들이 서구문화를 받아들이는 과정을 설명하기 위해 문화인류학자들이 제시한 개념인데, 최근에는 혁신적인 신상품이 나왔을 때 소비자에 따라 혁신 상품을 어떻게 수용하는지를 설명할 때 자주 활용되고 있다. 혁신이 사회 구성원이나 사회전체로 확산되는 데는 상당한 시간이 소요된다. 혁신을 수용하는 과정이 모든 사람에게 동일한 패턴으로 적용되지 않으며, 소비자의 특성이나 문화적 가치관에 따라 혁신의 수용 시기와 수용률이 달라진다는 것이 혁신의 확산 이론의 요체이다(문영숙, 김병희, 2015).

예를 들어, 시대별로 어떤 혁신적인 전화기가 등장했다고 가정해보자. 신상품의 확산 정도는 소비자의 특성에 따라 달라진다. 소비자의 혁신성이란 기존의 브랜드 선택과 소비 패턴을 고수하기보다 신상품과 브랜드를 선택하려는 성향이다.

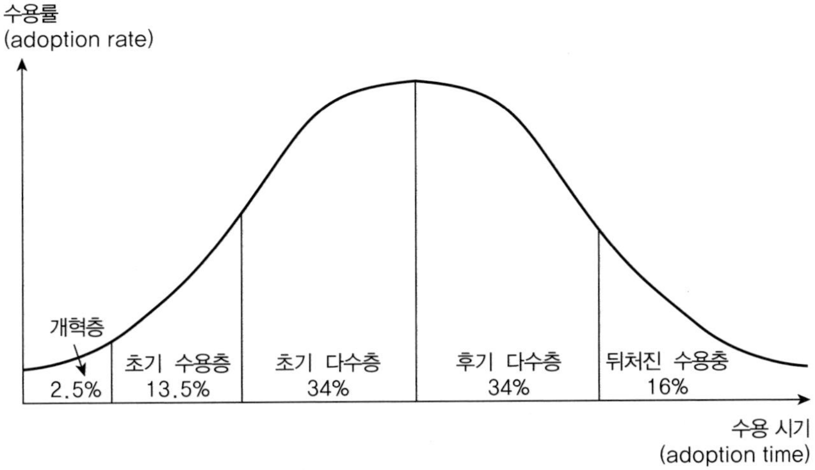

그림 1-3 ■ 혁신의 확산 과정에서의 제품수용 곡선

에버렛 로저스는 신상품의 수용도에 따라 소비자 집단을 개혁층(innovators), 초기 수용층(early adopters), 초기 다수층(early majority), 후기 다수층(late majority), 뒤처진 수용층(laggards)으로 분류했으며, 혁신의 확산 과정에서의 제품수용 곡선은 〈그림 1-3〉과 같다(Rogers, 1962/2003).

개혁층(전체 사회의 2.5%)은 위험을 감수하고도 신상품을 선택할 의지를 지닌 모험적 개인들이며, 초기 수용층(13.5%)은 자신의 역할 모델인 개혁층의 선택을 지지하고 받아들이는 사람들이다. 초기 다수층(34%)은 위험을 회피하려는 경향이 있으며, 후기 다수층(34%)은 신상품이나 새로운 아이디어에 대해 오래도록 신중한 태도를 보이고 의심하는 사람들이며, 뒤처진 수용층(16%)은 전통이나 기존 습관에 집착하며 끝까지 신제품을 수용하지 않으려는 사람들의 집단이다. 혁신 제품을 받아들이는 과정에서 어떤 유형이나 패턴이 존재한다는 사실은 당대의 기준에서 보았을 때 언제나 신상품이었을 미디어 테크놀로지의 수용 과정을 설명할 때도 적용할 수 있다.

03 미디어 테크놀로지와 소비문화

우리는 지금 소비사회에서 살아가고 있다. 소비사회란 의식주의 기본적인 필요를 넘어서 '잉여와 사치'를 추구하는 소비자본주의 사회를 의미한다. 현대 소비사회에서 가장 중요한 주제는 대중적 욕망과 소비에 기초해 있는 상업적 소비문화다. 현대 사회는 경제성장과 기술의 발달로 인해 소비자의 욕구를 충족시킬 수 있는 다양한 제품이 개발되고 있다. 소비자는 소품종 대량생산 체제에서 다품종 소량생산 체제로 변화된 제품의 홍수 속에서 자신의 욕구나 기호에 맞는 제품을 선택할 수 있는 폭이 넓어졌다. 제품 스타일도 단순하고 획일적 형태에서 소비자의 기호에 맞춘 다양한 형태로 변화했다. 도대체 현대사회에서의 소비란 무엇일까?

소비란 집단적 정체성을 형성하는 동시에 타자와 구별하기 위해 사회적으로 조직되는 실천들의 집합이다. 따라서 소비양식은 다양한 범주의 사회적 정체성을 표현할 뿐만 아니라 역으로 그것을 표현하고자 하는 욕구의 결과이다. 여기에서 욕구란 특정 사물에 대한 욕구가 아니라 차이에의 욕구이다. 상품은 사용가치나 교환가치가 아닌 기호가치(sign value)를 가지며, 기호로서의 상품은 차이에의 욕구를 충족시킨다. 소비되는 것은 상품의 사용가치가 아니라 사회적으로 구성되는 차이표시 기호이다. 따라서 소비는 집단 정체성을 표시하고 확인하는 행위이며, 사람들은 어떤 사물을 사용가치로 소비하지 않고 자신을 타인과 구별 짓는 기호로써 사물을 조작하고 소비한다(볼프강 F. 하우크, 1991).

소비문화론은 소비의 사회학적 인식을 바탕으로 발달했다. 소비문화의 개념에는 현대사회의 핵심적 쟁점인 사회적 실천, 문화적 가치, 이념, 정체성이 다른 사회적 차원들(일, 시민권, 종교적 세계관)보다 소비와 관련되어 규정된다는 전제가 깔려있다. 특정한 소비양식은 어떤 사회적 행위와 문화적 가치 및 정체성의 형성에 많은 영향을 미친다. 따라서 현대사회는 소비가 하나의 새로운 사회 구성의 조직 원리로 작동하는 소비사회일 수밖에 없다(함인희, 이동원, 박선웅, 2001).

소비문화는 모든 문제가 여러 가지 상품을 통해 해결될 수 있는 것처럼 환상을 제공한다(돈 슬레이터, 2000). 하우크(Haug)는 소비자가 상품을 소비하기 이전에는 상품의 사용가치를 알 수 없기 때문에, 교환가치를 추구하는 생산자(자본가)는 적어도 사용가치를 약속해야 한다고 했다. 생산자는 상품의 품질에 의해서가 아니라 상품의 미적 가상이나 상품미를 부여하는 데서 사용가치를 약속한다. 왜냐하면 어떤 상품이기는 하지만 그럴듯해 보이지 않는 것은 팔리지 않는 반면에 그럴듯해 보이는 것이 잘 팔리기 때문이다(볼프강 F. 하우크, 1991).

현대의 소비자들은 자신의 지위를 반영하는 소비성향이 증가할수록 합리적으로 소비하며, 소비 활동에서 지위와 합리성을 동시에 추구하는 경향이 있다. 더욱이 중산층의 소비성향은 문화 자본, 문화예술의 추구, 지위를 추구하는 지위 표시물(status marker)로써의 특성을 지닌다(남은영, 2010). 현대의 소비자들은 제품의 품질과 가격 같은 제품의 특성보다 브랜드를 중시하기 때문에 제품력을 구매하지 않고 브랜드에 의해 형성된 제품 이미지를 구매하게 되었다. 기업의 성패가 소비자에게 자사 브랜드의 이미지를 어떻게 알리느냐에 따라 결정된다. 소비자 역시 자신에게 알맞은 라이프스타일과 가치관에 따라 어떤 브랜드를 선택하고 일상생활을 영위해 나간다.

1960년대 후반에 본격적으로 부상한 여성의 소비문화는 한국 여성의 삶과 소비문화의 역사에서 하나의 중요한 전환점이었다. 대량생산 및 대량소비가 시작되었고, 여성들은 다양한 상품의 소비 경험을 통해 새로운 근대적 정체성을 형성해 나갔다. 당시에 미니스커트가 유행했던 것은 이전까지 주목받지 못했던 젊은 세대들의 새로운 소비문화이자 세대문화의 등장을 의미했다. 상업주의의 확대는 이때부터 여성의 신체를 소비의 대상으로 만들기 시작했다. 실용성과 기능성을 추구한 활동적 패션 및 스타일의 유행은 여성의 본격적인 사회참여와 라이프스타일을 표상했다(김영찬, 김종희, 2012).

예를 들어, 여성 소비자들의 소비 유형에 대해 살펴보자. 여성의 미디어 이용 행동과 라이프스타일에 따라 여성 소비자들은 '합리적 보수형', '적극 활달형', '보수안정형', '무관심형'이라는 4가지 유형으로 구분할 수 있다(임승희, 2014). 여성 소비자의 유형에 따라 미디어 이용 행동에 있어서도 이질적인 차이가 나타날 수 있다는 뜻이다. 또한, 남성의 팬덤에 대한 소비문화의 특성을 알아보자. 남성의 팬덤 문화를 구성하는 주제들은 '창조적 소비', '계급과 권력', '정보 교류', '의식과 상징', '자발적 소비문화' 같은 5가지 묶음으로 설명할 수 있다(이준영, 노영준, 2014).

소비생활의 방식이 변하면 제품의 형태나 가격은 물론 제품의 특성도 바뀌게 된다. 예를 들어, 오일쇼크로 인한 경제 불황의 시기에 소비자들은 보다 합리적인 소비생활을 하기 위해 스스로를 진화시킨다. 그렇게 되면 제품도 소비자의 욕구에 알맞게 변화하며, 시대 상황에 알맞게 제품의 속성과 가격도 변화할 수밖에 없다. 테크놀로지는 가치중립적이지 않으며 사회 내 문화적 가치, 권력구조, 젠더관계를 통해 구성되는 문화적 산물이다(나미수, 2001). 테크놀로지를 이용하고 소비한다는 것의 문화적 의미는 '테크놀로지의 사회적 사용의 형태'라는 개념으로 설명할 수 있다. 즉, 생산 메커니즘에 의해 규정되는 테크놀로지의 형태가 사회적 사용방식을 규정하며, 사회적 사용의 형태가 아직 정착되지 않은 테크놀로지의 경우에는 어떤 하나의 힘에 따라 일방적으로 결정되지 않고 사용자들이 개입하는 자율적 공간의 여지에 따라 결정된다(강명구, 1995).

현대인이 생각하는 소비 가치의 핵심은 물질주의이다. 물질주의 성향이 강한 소비자는 자신을 집단에 통합하거나 집단으로부터 차별화하기 위해 제품을 사용하기 때문에, 물질주의가 자신의 실체를 긍정적으로 유지하는데 기여한다고 생각하기 쉽다. 개인의 경제 행위인 소비 행동을 문화적 시각에서 바라보려는 시도는 소비가 당사자 간의 거래 관계만이 아니라는 것을 뜻한다. 현대사회의 소비는 거래 관계 이외의 사회적 관계 및 자신의 의미 규정 같은 사회 문화적 행위로 이해해야 하기 때문이다(김민정, 김성숙, 2005). 불특정 대중과의 연대를 통해 순환하는 상품은 다시 개인화된 의미를 부여받아 소비자의 자기 창조에 기여하게 된다.

나아가 사회문화 전체 분야에서 디지털화가 빠르게 진행됨에 따라 소비문화도 급속히 변화하고 있다. 소셜미디어를 비롯한 모바일 미디어는 다른 사람과의 '관계 맺기' 활동에서 강력한 도구가 되었다. 디지털 미디어를 활용한 관계 맺기는 급속도로 확대되어 실제 만남보다 더 실제적인 양상으로 전개되었다. 즉, 서로가 사이버 공간에서 자신의 존재감을 더 느끼는 사회적 현존감(social presence)의 확인이 보편화되었다. 디지털 소비문화도 사이버 공간의 일상화, 사이버 행동주의(cyberactivism)의 활성화, 연계된 개인주의(networked individualism)의 가속화 같은 사회문화적 특성을 반영하는 방향으로 바뀌었다. 미디어 환경 측면에서도 이동성(mobilization), 디지털화(digitalization), 사회화(socialization) 같은 스마트 미디어의 3가지 특성이 보편화됨에 따라, 소비자들의 소비문화도 크게 달라졌다(김병희, 2015d).

앞으로의 소비자들은 소비환경과 일상생활 환경이 통합된 맥락 속에서 다양한 디지털 기술을 활용해 소비활동을 할 것으로 예상된다. 더욱이 소비를 삶 자체로 인식하는 동시에 행복의 원천으로까지 생각하고 소비를 통해 나눔을 실천하는 소비문화를 생성할 것이다. 더욱이 앞으로의 소비자는 감정적 · 충동적으로 소비행동을 할 가능성이 높기 때문에 소비자 욕구의 개인화와 맞춤화 경향도 가속화될 것으로 예상된다(성영신, 박은아, 정수정, 2014). 결국 미디어 테크놀로지와 소비문화는 서로가 서로를 유인하고 융합시키며 스마트 시대의 소비대중문화를 창출해나갈 것이다.

현대 광고와 소비문화

현대의 소비자들은 자신이 속한 사회 문화적 환경에 따라 가치관, 신념, 욕구를 충족시키는 방법이 다른데, 여기에 광고가 상당한 영향을 미치는 것으로 알려지고 있다. 소비사회를 설명하는데 있어서 광고의 개념은 무엇일까? 광고란 광고주체가 수용자를 설득하는데 영향을 미치기 위해 매체를 활용해 아이디어와 제품 및 서비스 내용을 전달하는 단계별 커뮤니케이션 활동이다(김병희, 2013).

광고에 나타난 소비 가치는 소비자의 제품 선택, 브랜드 선택, 판매점 방문, 쇼핑 패턴, 라이프스타일에 상당한 영향을 미치게 된다(Cheng & Schweitzer, 1996; de Mooij, 2004). 소비자들은 하루에도 수많은 광고를 보며 살아간다. 이를 광고의 개념으로 말하자면 '노출'된다고 한다. 사람이 광고를 보는 게 아니라 광고는 허락도 받지 않고 속옷 차림으로 있는 남의 집 안방을 제집 드나들 듯이 침투하고 있기에, 우리는 광고에 노출되어 살아가고 있다는 것이다. 스마트 미디어 시대의 광고는 하루에도 수많은 상품들을 소개하며 소비자들은 그 많은 상품 정보에 노출되어 있다.

미디어 융합 시대에 현대 광고는 우리의 일상생활 구석구석에 마치 공기처럼 파고들어, 인간이 광고를 선택하는지 광고가 인간을 선택하는지 알 수 없을 정도로 발전해왔다. 현대 광고는 우리의 일상생활을 반영하기도 하지만, 동시에 우리의 일상생활이 광고를 반영하기도 한다. 다양한 미디어에서 구현되는 광고의 편재성(ubiquity)으로 인해 모든 광고들이 집요하게 우리의 삶을 파고들기 때문이다. 일찍이 보드리야르는 현대 광고가 "소비에 대하여 논할 뿐 아니라, 다시 소비의 사물이 되는"(보드리야르, 1999, 250쪽), 이중적 의미를 지닌 소비의 개념과 연결시킨다고 했다.

나아가 광고는 자본주의의 전도사 역할에 머물지 않고 새로운 소비 대중문화를 창출하는 '창조적 매개물'로 격상되었다. 전문가들은 광고가 문화를 창출하는 현상을 일컬어 광고가 '트렌드 세터'의 역할을 하고 있다고 진단했다(김병희, 2015c). 그렇다면 광고는 소비자들에게 물욕을 자극하는 기능만 하고 있을까? 광고는 과다한 소비를 조장하는데 그치고 있는 것일까? 전통적인 광고의 기능은 상품의 판매를 촉진하는데 있지만 거기서만 끝나는 것일까? 그렇다면 광고물 자체를 좋아해 여기저기 퍼 나르거나 패러디하는 사람들도 점점 늘어나고 있는데 이들의 맹목적인 광고 사랑을 어떻게 설명할 수 있을까?

현대 광고는 특정 브랜드나 상품의 소비에 차별적이고 상징적인 가치를 부여함으로써 다른 브랜드를 사용하는 사람과 차별화시킨다(de Mooij, 2004). 현대 광고는 생산과 소비라는 자본제 생산양식의 유지와 순환에 필요한 마케팅 커뮤니케이션 수단의 하나인 동시에 소비대중사회의 대중들에게 어떤 상품이나 서비스에 대한 소비 가치를 환기하는 소비 촉진제이다. 나아가 현대 광고는 현대사회의 독특한 창작물인 동시에 중요한 사회문화적 텍스트이기도 하다.

문화연구자 스튜어트 유웬(Stuart Ewen)은 "광고는 소비자를 효과적으로 창조하는 수단"이라고 했다(스튜어트 유웬, 1996). 광고는 불행을 행복으로 바꾸어 주고, 행복의 결핍을 충족해주겠다는 환상을 가져다주기도 한다. 그렇지만 광고에 등장하는 상품을 구매하지 못하는 소비자들은 불만을 갖게 되며 결국 상품을 소비하는 경우도 많다(강승구, 2014). 소비자들은 광고에 나타난 이미지를 보면서 광고에서 약속하는 메시지에 더 큰 기대감을 갖고 자신의 달라진 이미지를 상상하는 경향이 있다. 그 이미지의 핵심인 광고 사진은 이데올로기적 성격을 띤다. 미국의 평론가이자 작가인 수전 손택(Susan Sontag)이 사진의 정치성에 반대한 것도 사진이 지닌 이데올로기적 성격 때문이었다. 예컨대, 광고 사진의 앵글은 욕망의 기제, 부를 향한 동경, 빈부 격차의 문제 같은 이데올로기적 관점을 제시하며, 아름다운 여성의 이미지는 남성의 성공을 드러내는 상징물로써 페미니즘을 자극하는 구체적인 증거가 된다(강승구, 2014).

광고는 생산품 자체를 파는 동시에 상품에 결부되어 있는 생활양식과 사회적으로 바람직한 정체성을 판매한다. 광고는 상품을 팔지만 광고 속에 엄청난 예술적 자원, 심리학적 연구, 마케팅 전략을 동원하여 병치시킨 이미지, 수사, 슬로건을 통해서 세계를 보는 관점을 팔기도 한다. 이런 광고들은 지배적 이미지를 강화하며 남성과 여성이 특정한 위치를 차지하도록 영향을 미친다(더글라스 켈너, 2003).

따라서 현대 광고는 일차적으로 상품 판매를 위한 마케팅적 수단이자 소비를 유도하는 사회문화적 기제임이 분명하다. 상품미학의 메커니즘을 구성하는 가장 대표적인 사회 제도인 광고는 현대 사회에서 가장 영향력 있는 사회화 기구이기도 하다. 현대 광고는 매스 미디어의 내용을 구성하며 욕구의 중재와 창출이라는 면에서 사회적 관계에도 영향을 미친다(김응숙, 1998).

그렇지만 광고가 허구적인 소비문화를 조장한다며 비판하는 관점도 존재한다. 광고는 소비주의를 전달하고 소비사회의 신화를 생산하는 동시에 대중의 허위의식을 체계적으로 조장함으로써 대중을 상품과 문화의 진정한 향유로부터 소외시킨다는 관점에서 이데올로기적 비판의 대상이 되기도 했다. 광고가 미디어를 통해 소비대중의 허구적 소비욕구를 재생산함으로써 '신과 같이 되려는' 인간상을 부추긴다는 뜻에서였다(강성영, 2007). 광고 비판이론의 대표적 학자인 스튜어트 유웬은 미국의 산업화라는 맥락 속에서 광고와 소비 이데올로기의 관계를 비판적으로 분석했다. 그는 미국 산업사회의 두 가지 핵심 양상이 대량 소비와 현대 광고의 출현이라고 주장했다(스튜어트 유웬 저, 1996).

현대 광고는 우리의 일상생활을 반영하기도 하지만, 동시에 우리의 일상생활이 광고를 반영하기도 한다. 다양한 미디어 테크놀로지에 광고물이 편재하기(ubiquitous) 때문에 광고 메시지는 소비자의 일상생활에 결정적인 영향을 미치게 된다. 따라서 어떤 시기의 광고 메시지를 분석해보면 당대의 소비자들이 어떤 상품을 소비했고 상품의 어떤 특성에 주목했는지를 살펴볼 수 있다. 광고를 보면 시기별로 소비되던 상품 종류를 알 수 있고, 상품 메시지에 소비자가 제품을 구매해야 하는 이유를 제시하기 때문에 이를 분석하면 소비 가치도 파악할 수 있다(박명희, 송인숙, 손상희, 이성림, 박미혜, 정주원, 2006).

더욱이 미디어 테크놀로지의 제품 광고에는 어떤 시기의 가장 첨단에 가까운 소비문화가 가장 첨예하게 반영되어 있다. 우리나라의 미디어 테크놀로지는

1960년대 이전의 공동체 단위의 소비에서 1960년대의 가족 단위의 소비를 거쳐, 2010년대에 이르러 개인 수준의 소비로 바뀌는데 상당한 영향을 미쳤다. 예컨대, 초고가의 초창기 텔레비전은 특권의 표시였을 뿐 대중 미디어로 작동하지 못했다. 그러나 텔레비전의 보급이 증가하고 텔레비전 수상기에 대한 광고 메시지에 영향을 받아 구매하는 사람들이 늘어나면서부터 텔레비전은 미디어 테크놀로지로 확실하게 자리 잡았다(노명우, 2008).

05 미디어 테크놀로지 소비문화사의 구성

1) 소비문화사 연구방법

이 책에서는 미디어 테크놀로지 광고가 어떻게 소비의식을 고취하고 한국의 소비문화 형성에 기여했는지 규명함으로써, 지난 50년 동안 우리나라 미디어 테크놀로지의 소비문화사를 조망했다. 광고를 상품 판매 메시지로만 본다면 광고의 기능적인 측면만 인식하는 것이다. 광고의 내용을 하나하나 음미하다 보면 광고 한 편에서 당대 문화의 표정을 알 수 있고, 당대의 문화를 촘촘하고 두껍게 기술하면 역사의 파노라마를 읽을 수 있다(김병희, 2014; Geertz, 1973). 이 책에서는 미디어 테크놀로지 광고에 나타난 소비문화의 흐름을 규명하기 위해 광고 비주얼과 카피 메시지를 질적 내용분석 방법으로 분석했다. 분석 결과를 뒷받침하기 위해 전통적인 역사연구에서 활용하는 문헌 사료를 인용해 우리나라 미디어 테크놀로지의 흐름을 다각도로 점검했다. 전통적 접근법인 문헌 사료를 통한 역사 서술 이외에 광고 비주얼과 카피 메시지를 분석하면 테크놀로지의 소비와 관련해 그 시대에 어떤 담론이 광고를 중심으로 전개되었는지를 알아보는데 있어서 매우 유용하다.

'무엇을 말하고 있는가(what)'가 이야기(story)라면, 담론은 '내용을 전달하는 방법(how)'에 해당된다(Chatman, 1978). 이야기는 다시 사건 요소와 사물 요소로 구성되는데, 여기에서 누구에게 어떤 일이 일어났는지가 사건과 인물의 핵심이다. 과거의 구술문화 시대에 미디어가 이야기꾼(storyteller)의 역할을 수행한다는 인식에 도달하면서, 미디어에 대한 내러티브 연구가 도입되었다(최예정, 김성룡, 2005).

그림 1-4 ■ 연구방법의 개요

광고 분야에서는 스토리텔링 마케팅이나 광고스토리(adverstory, advertising + story) 같은 이름으로 광고에서 이야기의 중요성이 강조되면서, 내러티브에 대한 관심이 많아졌다(Smith, 2007). 미국의 텔레비전 광고물 323편의 내용을 분석한 결과 대략 60퍼센트 이상이 이야기를 담고 있는 스토리텔링형 광고로 나타났으며(Escalas, 1998), 스토리텔링형 광고에서 서술자가 누구이고 어떤 시점으로 구성되었는지가 주요 관심사였다(Mulvey & Stern, 2004).

이 책에서는 1960년대 초부터 2010년대까지 시대별로 미디어 테크놀로지 광고 및 소비생활에 대해서 다룬 기록들을 광범위하게 수집하고 분석했다. 1960년대 이후 우리나라 미디어 테크놀로지의 소비문화사를 총체적으로 규명하려는 이 책에서는 다양한 각도에서 소비문화와 일상생활의 층위를 규명했다. 즉, 각 시대별로 미디어 테크놀로지 광고 및 소비생활에 대해서 다룬 기록들을 광범위하게 수집한 다음, 각 시대별 소비문화가 광고 텍스트에 어떻게 재현되었는지 알아보았다. 이 책에서 적용한 연구방법은 〈그림 1-4〉에 제시하였다.

보다 구체적으로 이 책에서는 다음과 같은 절차를 거쳤다. 첫째, 미디어 테크놀로지 광고 텍스트의 비주얼과 카피 분석으로, 1960년대 이후부터 2010년대까지의 인쇄 광고물과 방송 광고물을 포괄적으로 수집해 분석했다. 둘째, 대중매체의 미디어 테크놀로지 관련 사료분석으로, 1960년대 이후부터 2010년대까지의 미디어 테크놀로지와 관련된 소비생활 자료를 검토하고 분석했다. 이 책에서 분석 대상으로 설정한 미디어 테크놀로지 광고는 다음과 같은 5가지 하위 제품군으로 구분했다.

- 영상 미디어 제품: 흑백TV에서 컬러TV, 케이블TV, 위성TV, DMB, IPTV, 스마트TV까지

• 음성 미디어 제품: 전축에서 라디오, 오디오, 카세트 플레이어, MP3 플레이어까지.
• 기록재생 미디어 제품: 카메라에서 비디오테이프레코더(VTR), CD 플레이어, DVD 플레이어까지.
• 통신 미디어 제품: 유선전화기에서 카폰, 무선전화기, 무선호출기, 디지털 카메라폰, 스마트폰까지.
• 컴퓨터 미디어 제품: 개인용 컴퓨터(PC)에서, 노트북, 태블릿PC까지.

미디어 테크놀로지 관련 제품은 시대의 변화에 따라 등장했다가 사라질 수 있는데, 그에 따라 제품이 사라지면 자연스럽게 광고도 등장하지 않는다. 이상의 제품군을 대상으로 수집한 광고물의 자세한 내용은 〈표 1-4〉에 제시했다. 여기에서 우리나라 미디어 테크놀로지의 시기별 추이나 흐름을 한 눈에 파악할 수 있을 것이다. 이 책에서는 시기별 광고 텍스트에 담겨있는 미디어 테크놀로지의 소비문화에 특히 주목해 광고 메시지를 분석했다.

표 1-4 ■ 미디어 테크놀로지 광고의 시기별 추이

	1960 년대	1970 년대	1980 년대	1990 년대	2000 년대	2010 년대
• 영상 미디어 제품						
흑백TV	O	O	×	×	×	×
컬러TV	×	×	O	O	O	×
케이블TV	×	×	×	O	O	×
위성TV	×	×	×	×	O	×
DMB	×	×	×	×	×	O
IPTV	×	×	×	×	O	O
스마트TV	×	×	×	×	×	O

	1960년대	1970년대	1980년대	1990년대	2000년대	2010년대
• 음성 미디어 제품						
전축	O	O	O	×	×	×
라디오	O	O	O	×	×	×
오디오	×	×	O	O	O	×
카세트 플레이어	×	×	O	O	O	×
MP3 플레이어	×	×	×	O	O	O
• 기록재생 미디어 제품						
카메라	O	O	O	O	O	O
VTR	×	×	O	×	×	×
CD 플레이어	×	×	×	O	O	×
DVD 플레이어	×	×	×	O	O	O
• 통신 미디어 제품						
유선전화기	O	O	O	O	O	×
카폰	×	×	O	×	×	×
무선전화기	×	×	×	×	O	×
무선호출기(삐삐)	×	×	O	O	×	×
디지털 카메라폰	×	×	×	×	O	×
스마트폰	×	×	×	×	×	O
• 컴퓨터 미디어 제품						
개인용 컴퓨터(PC)	×	×	×	O	O	O
노트북(랩탑, 넷북)	×	×	×	O	O	O
태블릿PC	×	×	×	×	×	O

O: 광고물 존재함　×: 광고물 존재하지 않아 자료수집 불가

2) 제품범주별 공시적 분석(synchronic analysis)

(1) 영상 미디어 제품(visual products): 가족 공동체의 형성과 해체

흑백TV에서 컬러TV, 케이블TV, 위성TV, DMB, IPTV, 스마트TV까지. 텔레비전 수상기(受像機)의 보급이 한국인의 삶에 미친 영향은 다른 나라의 경우와 크게 다르지 않다. 마셜 매클루언은 텔레비전을 '인류 최고의 발명품'이라고 극찬한 반면, 인쇄기에 대해서는 '인류 최악의 발명품'이라고 혹평했다. 그것은 인쇄기의 발명이 인간 커뮤니케이션을 왜곡한다고 보았기 때문이었다. 즉, 인쇄기 발명에 의해 인간은 시각에만 의존하는 커뮤니케이션을 함으로써 커뮤니케이션 감각의 균형이 깨지고, 쌍방향적 커뮤니케이션이 불가능해짐으로써 인간의 커뮤니케이션이 제한되었다는 비판이었다(마셜 매클루언, 2011).

영국의 문화 연구자 몰리가 지적한 대로 텔레비전 시청은 다양한 패턴을 보여주었는데, 이는 가족의 휴식이라는 전체적 맥락에서 이해될 수 있는 사회적 행위였다(Morley, 1986). 산업화가 본격화되면서 텔레비전은 대중의 일상생활에 파고들기 시작해 사회적이고 집단적 행위로 자리 잡았다. 그렇지만 텔레비전 프로그램의 기본적인 소비 단위로서의 가족은 컬러텔레비전의 등장과 케이블TV가 보급되면서 새로운 양상으로 전개되었다. 컬러텔레비전은 시각의 사용법을 근본부터 바꾸어 놓았고, 케이블TV가 보급되자 시청자들은 다양한 취향에 따라 채널을 선택할 수 있게 되었다. 가정마다 한 대 이상의 텔레비전을 갖게 되면서 텔레비전 수상기도 텔레비전 프로그램의 수신을 넘어 비디오테이프 시청이나 비디오 게임용 모니터로 점차 용도가 확대되었다.

텔레비전 수상기가 한 대일 때는 가부장제 하에서 가장이나 주부를 정점으로 가족 구성원 간의 힘이 조정되어 공동의 프로그램을 함께 시청할 수밖에 없었다. 그렇지만 나중에 각 가정에 두 대 이상의 수상기를 갖춘 다음부터 각자가 좋아하는 프로그램을 시청하게 되었다. 이에 따라 텔레비전은 상징 권력의 지위를 점차 잃어가게 되었다. 채널 선택권이 다양화되었기 때문이다. 시청자들은 더 이상 텔레비전 프로그램의 수동적 소비자가 아니었으며 적극적이고 능동적인 주체로 떠올랐다(Williams, 1974). 그들은 텔레비전 프로그램의 내러티브 구조와 담론에 초대되면서 각양각색의 반응을 나타낸다(Buckingham, 1987). 텔레비전 수상기의 보급 대수가 증가함에 따라 텔레비전 수용자의 반응 양식도 달라졌다. 여기에서 가족 공동체의 형성과 해체를 밝히는 단서를 찾을 수 있다.

(2) 음성 미디어 제품(sound products): 소리와 대중가요의 매혹성

전축에서 라디오, 오디오, 카세트 플레이어, MP3 플레이어까지. 서구의 라디오 방송은 1906년 미국에서 크리스마스 메시지에 음악 2곡과 시 1편을 방송하며 시작된 이후, 타이타닉호 침몰 사건이나 제1차 세계대전 뉴스를 전하며 비약적으로 발전했다. 라디오는 처음부터 공적 영역과 사적 영역이 어우러지며 발전을 거듭했다. 1927년, 한국에서 첫 방송을 시작한 라디오는 우리나라에 비해 앞서 있던 서구의 여러 나라와 비슷한 경로를 거치며 발전했다. 우리나라에서는 1927년부터 식민통치의 수단과 오락의 도구로 라디오가 활용되었다(서재길, 2007).

우리나라의 라디오에서 주목할 만한 사실은 '라디오 드라마'라는 독특한 양식까지 등장했다는 점이다. 라디오 드라마는 산업화 이후에도 계속되어 텔레비전이 대중적으로 보급되기 시작한 1970년대까지도 계속되었다. 음악 분야는 라디오 드라마보다 오락적 성격이 더욱 두드러졌다. 국내 최초의 유행가라 할 수 있는 윤심덕의 〈사의 찬미〉가 1929년에 라디오 전파를 탄 다음, 라디오는 텔레비전과 함께 유행가를 전파하는 주요 미디어의 역할을 했다.

라디오를 통해 전파된 음악을 원할 때 자유자재로 듣기 위해서는 소리를 담아두는 장치인 음반과 전축이 반드시 필요했다. 유성기 시대부터 음반에는 노래뿐만 아니라 만담이나 드라마도 담았는데(최동현, 김만수, 1998), 라디오와 전축에서 흘러나오는 노래, 만담, 드라마에는 당대의 특성이 강하게 반영되었다. 라디오는 가수와 만담가 같은 스타를 배출하는 통로이기도 했다. 스타란 사회적 대표성과 개인적 독특성을 동시에 지닌 인물이다(Dyer, 1982). 따라서 문화의 소비자인 라디오 청취자가 스타를 어떻게 동경하며 특정 시기의 사회적 이상형이 어떻게 형성되며, 청취자가 스타로부터 어떻게 위안을 얻고 그들을 흠모하는지도 라디오를 통해서 알아볼 수 있다.

(3) 기록재생 미디어 제품(record products): 일상의 기록과 장면의 재구성

카메라에서 비디오테이프레코더(VTR), CD 플레이어, DVD 플레이어까지. 1976년에 한국 최초의 카메라인 코비카35 BC-1이 출시되었다. 이 무렵부터 한국 사회에서는 사적인 생활을 기록하고 싶다는 대중적 열망이 점차 확장되었다. 카메라가 발명된 이후, 사회적 지위 고하를 막론하고 사진에 대한 관심이 점점 높아져 왔다(수전 손택, 2005). 개인의 삶과 취향을 담기 위해 주로 사용된 기록용 제품에 영상을 담아내는 카메라 이외에도 음성을 담아내는 카세트테이프와 카세트 플레이어도 있었다. 이후 비디오가 보급되고 디지털 카메라와 DVD가 개발되면서 일상의 기록은 한국인의 일상생활에 있어서 중요한 부분이 되었다.

한 장의 사진에서 사회적으로 약호화된 상징인 스투디움(studium: 기표)만 발견할 수 있는 것은 아니며, 사진 속에는 한 가지 뜻으로만 해석되기 어려운 폭발적이고 매혹적 상징인 푼크툼(punctum: 기의)도 있다(Barthes, 1981). 사람들은 일상을 시간이 정지한 상태로 기록하려고 한다. 사진을 찍거나 소리를 녹음하는 것은 본질적인 속성상 기기의 성능에 좌우될 수밖에 없다. 1981년에 소니(SONY)에서 세계 최초의 디지털 카메라를 개발한 이후 디지털 카메라의 역사는 더 좋은 화질을 보증하는 광천변환장치(CCD)와 렌즈를 개발하는 역사나 마찬가지였다.

과거에는 카메라나 녹음기가 현실을 객관적으로 기록하는 성질이 있다고 믿었다. 그렇지만 이제는 아무도 그런 사실을 인정하지 않는다. 사진 찍기란 객관적으로 피사체를 '보는 행위'가 아니라, 주관적인 '관점을 통해서 보는 행위'로 인식이 바뀌었다. 목소리를 기록하는 일도 마찬가지다. 디지털 기술이 발달함에 따라 목소리를 조작하거나 변형하기도 쉬워졌다. 이제, 자신의 일상을 기록하는 것은 취미 생활을 뛰어넘어 콘텐츠를 창작하는 경지에까지 이르렀다. 기록용 제품 광고에서는 사적 영역의 기록을 조장하는 경우가 많다. 이런 상황에서 카메라를 비롯한 기록용 제품의 보급이 사생활의 기록에 어떤 영향을 미쳤는지를 알아보는 것도 흥미로울 것이다.

(4) 통신 미디어 제품(communication devices): 소통 방식의 차이와 변화

유선전화기에서 카폰, 무선전화기, 무선호출기, 디지털 카메라폰, 스마트폰까지. 사회적 동물인 인간은 오랫동안 시간과 거리의 제약을 넘어서는 커뮤니케이션 방법에 대해 고민했다. 시간의 제약은 사진과 녹음기의 발명으로 어느 정도 해소되었고 거리의 제약은 19세기 후반에 발명된 전화기를 통해 해소되었다. 전화기의 발명이 현대인에게 미친 가장 큰 영향은 옛날 사람들에 비해 훨씬 빠르고 정확하게 의사소통을 하게 되었다는 사실이다.

1970년대까지만 해도 한국에서 전화의 보급은 보편화되지 못해, 도시와 농촌 간에는 적지 않은 격차가 있었다. 농촌에서는 온 마을을 통틀어 전화기가 마을 이장 집에 한 대밖에 없어, 전화가 오면 들판에서 일하는 사람을 불러다 통화를 연결하는 희극이 벌어지고는 했었다. 그렇지만 전국이 단일 통화권으로 바뀌면서 전화는 일상의 필수품이 되었고 점차 소비자의 취향에 맞는 다양한 상품이 쏟아져 나왔다. 전화는 커뮤니케이션 수단이라는 기본적인 기능 이외에도 시각미를 중시했다. 삐삐, 시티폰, 카폰을 거쳐 휴대전화가 보편화되면서 시각미가 더욱 더 중요해졌다. 다른 한편으로, 멀티미디어로써의 휴대전화는 민주주의와 언론자유를 확산하는 도구로도 활용되었다(Wise, 2000). 촛불 시위 같은 대규모 사회 운동은 인터넷 토론방, 카페, 미니홈피, 블로그를 통해서도 이루어지지만, 휴대전화를 이용한 실시간 의사소통으로 집중적으로 이루어지기도 했다. 이에 따라 휴대전화는 앞으로 민주주의와 언론자유를 확산할 공론장의 기능을 강행할 것으로 예상된다.

시간의 흐름에 따라 전화기 광고도 커뮤니케이션 기능을 강조하는 데서 나아가 부가적 기능을 강조하며 소비자에게 다가갔다. 이제, 스마트폰은 단순한 전화기가 아니라 패션 아이템이나 놀이 기구가 되었다. 다양한 기능의 멀티미디어 기기인 휴대전화는 언제 어디서나 누구와도 접속할 수 있는 유비쿼터스 시대의 총아가 되었다. 휴대전화는 컴퓨터의 기능을 대체하며 사적 커뮤니케이션 방식을 변화시켰다. 소비자들이 문자 메시지에 이모티콘을 더해 메시지를 보내는 것은 문자 언어의 한계를 음성 언어적 요소로 보완하려는 시도였다.

스마트폰의 이용이 늘어남에 따라 소셜 미디어(Social Media) 이용자도 급증했으며, 소셜 미디어는 한국인들의 커뮤니케이션 스타일을 변화시켰다. 소셜 미디어란 사람들이 자신의 생각과 의견, 경험, 관점을 서로 공유하기 위해 사용하는 개방화된 미디어 플랫폼이다. 소셜 미디어는 일종의 유기체처럼 성장하며, 참여(participation), 개방(openness), 대화(conversation), 공동체(community), 연결(connectedness)이라는 특성을 바탕으로 그 영향력을 확대하고 있다. 자신을 표현하고 사람과 사람 간 긴밀한 관계를 맺는 연결 창구이자, 누구나 손쉽게 정보를 습득 · 공유하며 생산 · 유통하는 공간으로 활용되고 있는 것이다(김병희, 한상필, 2011).

소셜 미디어의 특징은 다음과 같이 종합할 수 있다. 첫째, 공유성(sharing)으로 누구나 쉽게 콘텐츠를 제작할 수 있고, 서비스를 제공할 수 있는 툴이 다양하기 때문에 자신이 만들어낸 콘텐츠를 자신이 속한 사회 집단에서 공유할 수 있다. 둘째, 상호작용성(interactive)으로 양방향성을 활용하여 정보나 의견을 교환하고, 이를 통해 콘텐츠의 제작과 수정 같은 발전적인 활동이 가능하다. 셋째, 실시간성(real time)으로 정보제 공자와 소비자를 실시간으로 연결하며, 전통적인 매스미디어에 비해 빠르게 확산할 수 있다. 넷째, 집단지성(collective intelligence)으로 관계를 형성하고 정보를 공유하기 위해 소셜미디어 그룹이 조직되어 집단지성으로 발전한다. 개인들의 정보를 커뮤니티를 통해 개방적인 분위기에서 지속적으로 축적하고 발전시킴으로써 거대한 집단지성을 구축하는 것이다. 대표적인 소셜 미디어에는 블로그(Blogs), 소셜 네트워크(Social Networks), 메시지 보드(Message Boards), 팟캐스트(Podcasts), 위키스(Wikis) 등이 있다(Boyd & Ellison, 2008).

(5) 컴퓨터 미디어 제품(computer products): 디지털 세상의 진화와 혁신

개인용 컴퓨터(PC)에서, 노트북, 태블릿PC까지. 컴퓨터와 인터넷은 지구촌의 모든 사회 문화를 바꿨다. 우리나라도 예외는 아니었다. 개인용 컴퓨터(PC)에서, 노트북(랩탑, 넷북), 태블릿PC에 이르기까지 컴퓨터는 놀라운 세상(What a Wonderful World)을 만들어왔다. 온 세상을 네트워크로 연결하는 방대한 컴퓨터 시스템인 인터넷 정보기술(IT)은 스마트 미디어 시대를 앞당기는데 결정적으로 기여했다.

인터넷을 통한 팬클럽 활동이 활성화되면서 사람들이 오프라인에서 만나지 않아도 서로 유대감을 느끼는 '끼리끼리 공동체(constellated community)'도 자연스럽게 만들어졌다. 공동체에 소속된 사람들은 끼리끼리 팬덤(fandom) 현상을 경험하고 공유한다. 또한, 컴퓨터는 가정이라는 특정한 사회적 맥락 안에서 소비된다. 한 연구 결과에 의하면 가족 구성원 간의 권력관계와 가족생활의 구조는 홈컴퓨터에 대한 접근과 이용 패턴을 형성하는 주요 요인으로 지적되고 있다. 컴퓨터의 채택과 이용이 사회문화적 맥락에 따라 이루어지는 역동적인 사회과정이지만, 기존의 사회구조와 권력관계 안에서 어떤 소비행태가 형성된다는 것이다(나미수, 2001).

컴퓨터 제품은 디지털 문화라는 이전에 없던 새로운 현대 문화를 만들어냈다. 디지털 문화는 다음과 같은 10가지의 양식을 띠게 된다. 즉, 인터페이스 문화, 스크린 문화, 알고리즘 문화, 데이터베이스 문화, 하드 디스크 문화, 지식 문화, 소셜 문화, 모바일 문화, 참여 문화, 글로벌 문화가 그것이다(이재현, 2013). 여기에서 인터페이스(interface)란 인간과 도구, 특히 미디어 맥락에서 이용자와 미디어 사이의 상호작용 방식을 규정해 주는 하드웨어와 소프트웨어 설계인데, 인터페이스의 여러 측면 중 특히 '문화적인 것'이 관심의 대상이 되었다(이재현, 2005). 일찍이 스티븐 존슨은『인터페이스 문화(Interface Cultures)』에서, 현대 인터페이스의 5가지 구성 요소를 들어 인터페이스의 관습을 설명했다. 그 5가지는 데스크톱(desktop), 윈도(windows), 링크(links), 텍스트(text), 에이전트(agents) 같은 지금에 와서는 우리에게 친숙한 GUI의 핵심 요소들이었다(Johnson, 1997).

3) 시기흐름별 통시적 분석(diachronic analysis)

(1) 1960년대: 한국 소비문화의 태동기

1960년대는 한국사회에서 현대적 의미의 소비의식이 잉태된 시기이자 우주시대의 서막을 알리는 시기였다. 제2차 세계대전 이후 베이비붐 세대가 청소년층으로 성장해 전체 인구에서 높은 비율을 차지했다. 청년 문화의 융성을 바탕으로 다수의 청소년층이 소비의 주체이자 패션의 리더로 부상했다. 1960년대 이후 군사정부에서 채택한 개발독재 전략에 따라 한국은 산업화에 매진함으로써, 경제적 성과를 최고의 가치로 여기는 경제 제일주의나 근대화 지상주의가 부상했다.

이와 더불어 권력을 영구화하려는 박정희 정권의 '10월 유신'이 단행됨으로써, 정치적 억압이 날로 가중되고 경제적 측면에서 도농(都農)과 빈부의 격차가 심화되었다. 산업화가 진전되면서 국민의 생활수준이 점차 향상되자 자연스럽게 민주시민의 권리에 대한 사회적 요구가 급격히 높아졌다. 이에 따라 독재정권의 억압체제에 저항하는 민주화 운동이 전국에 휘몰아쳤다. 노사 간의 대립과 갈등이 갈수록 심화되었고 산업화 과정에서 소외된 농촌 지역의 농민들에 대한 사회적 관심도 급등했다.

1960년대에 진행된 제1-2차 경제개발 5개년 계획이 상당한 성과를 거두게 되어 경제적인 측면에서는 양적 성장이 이루어졌다. 그렇지만 산업화의 이면에는 농촌과 도시의 불균형이 심화됨에 따라 이농 현상과 도시의 과밀화가 급속히 진행되었다는 문제점도 있었다. 일인당 국민소득이 증가함에 따라 구매력이 향상되고 내수시장의 규모도 커져 다양한 제품의 생산과 판매가 이루어졌지만, 불균형한 성장으로 인해 빈부 격차가 날로 심해졌고 소득계층에 따라 소비 행동의 편차가 갈수록 커졌다.

우리나라 가전산업의 역사는 1958년에 금성사(LG전자의 전신)가 창업되면서 시작되었다. 당시의 국내 가전산업은 불모지나 다름없었다. 한국전쟁 때 미군이 선보인 '제니스' 라디오와 배편으로 몰래 들여온 일제 '산요' 라디오는 일부 부유층의 안방에서나 볼 수 있는 귀한 물건이었는데, 금성사의 창업자 구인회는 라디오에 특별한 관심을 가졌다. 락희화학공업사(LG화학의 전신)는 화장품, 플라스틱 성형품, 비닐, 폴리에틸렌 필름을 제조하고 있었기에 라디오 플라스틱 케이스를 만들 수 있다고 생각했던 것이다. 1959년 6월, 금성은 마침내 우리나라 최초로 국산 라디오를 생산했다. 1959년 8월에 시제품을 완성하고 1959년 11월 15일에 첫 출시한 이 제품은 직사각형 상자에 굵은 글씨로 주파수 번호가 새겨져 있다. 이 제품은 100V 전압을 쓰도록 만들어졌으나 당시 국내 전기사정이 좋지 않은 점을 감안해 50V 전압으로도 들을 수 있도록 설계되었다(신인섭, 서범석, 1998).

1961년에는 정부가 주도해서 '농어촌에 라디오 보내기 운동'을 펼칠 정도로 라디오 보급에 대한 정부의 관심이 지대했다. 라디오는 국내 생산 미디어 테크놀로지 1호의 차원을 뛰어넘어 곧 한국인의 일상생활에 깊숙이 파고들었다. 금성사의 라디오 생산을 발판으로 우리나라에서도 비로소 '가전산업'이나 '전자산업' 같은 용어가 사용되기 시작했다. 금성사는 최초로 선풍기를 만들어낸 기술력을 바탕으로 1961년 7월에는 국내 최초의 자동 전화기를, 1966년에는 흑백텔레비전을 생산했다. 이에 따라 부유층 일부는 해가 지면 텔레비전을 보다가 잠자리에 들었다.

1960년대는 각종 전기 전자 제품의 시대였다. 박정희 정권의 조국 근대화 5개년 계획에 따라 국토개발 사업이 전개되었다. 이와 함께 각종 전기 전자 제품이 욕망의 대상으로 떠올랐다. 이때의 전기 제품이란 오늘날의 전자 제품과는 질적으로 다른 초보 수준 형태였지만 그 인기는 실로 엄청났다. 예컨대, 금성 라디오 신문광고의 카피는 "즐거움을 실어 오고 피로를 실어 가는 금성 트란지스타"였는데, 이는 다가올 1970년대 소비문화의 형성기를 예고하기에 충분했다.

(2) 1970년대: 한국 소비문화의 형성기

1970년대의 한국 사회에서는 모든 분야에 걸쳐서 일대 격변기를 맞이했다. 여러 가지 원인이 있었지만 소득증대, 여가선용, 가치관의 변화가 소비 패턴에도 상당한 영향을 미쳤다. 그렇지만 1970년대에는 국가 주도로 소비억제 정책을 실시해 소비문화가 위축되기도 했다(이상록, 2013). 기업에서는 물건을 팔기 쉬운 시대였지만 소비자들은 기본적 욕구가 충족되자 자아실현의 욕구 같은 고차원의 욕구를 추구하기 시작했다(서영준, 1973). 이 시기에는 소비자 의식을 고취하기 위해 불량품 전시회, 우수 공산품 전시회, 소비자 교육 실시, 외국 소비자 단체와의 교류 같은 소비자운동이 대대적으로 전개되기도 했다.

1969년에서 1975년은 텔레비전 광고의 성장기로, 이때부터 광고의 문화적 영향력이 향상되었다. CM송이 감성적 카피와 더불어 소비자의 인기를 얻었으며 대중음악의 새로운 영역으로 떠올랐다. 1970년대에 접어들어 한국광고는 급격히 발전해 규모나 체제에 있어서 괄목할만한 성장을 이룩했으며 광고회사가 줄줄이 창립되었다. 1973년에는 제일기획이, 1974년에는 연합광고가, 1979년에는 이전의 합동광고와 만보사가 통합되어 오리콤이라는 새로운 이름으로 출범하면서 광고업계에는 3대 광고회사의 트로이카 체제를 구축하게 되었다(김병희, 윤태일, 2010, 2011; 신인섭, 서범석, 1998). 1970년대는 텔레비전 광고의 전성기이기도 했는데 텔레비전이 급격히 보급되었기 때문에 가능한 일이었다. 산업화가 진행되면서 광고 표현의 흐름도 자연히 산업화 시대의 대중문화를 형상화하는 쪽으로 집중되었다.

1970년대에 접어들면서 산업화가 본격적으로 진행되었고, 이농으로 인한 도시 근로자들의 향수와 소외가 문화의 전방위 영역에서 중요한 주제로 부각되었다. 문학과 영화 분야에서는 〈영자의 전성시대〉나 〈별들의 고향〉이 대단한 주목을 끌었다. 1972년 4월 2일부터 211회 방영된 KBS 드라마 〈여로(旅路)〉(이남섭 극본 연출)의 폭발적 인기는 본격적 일일연속극 붐을 몰고 왔다(임종수, 2004). 바보 남편 장욱제와 그를 섬기는 아내 태현실의 연기는 매일 밤 7시 30분 전국 시청자를 사로잡았다. 이 시간만 되면 영화관의 관객들마저 영화를 보다 말고 휴게실로 몰려가 텔레비전을 보고 돌아오는 바람에 아예 20분간 상영을 중단하기도 했고, 도둑맞는 집과 밥을 태우는 집도 많았다. 여기에 힘입어 '여로'라는 이름의 과자와 다방이 나오기도 했다. MBC-TV는 〈여로〉에 대응해 일일극 〈새엄마〉를 편성했는데, 〈새엄마〉는 1972년 8월 30일부터 1973년 12월 28일까지 방영돼 우리나라 일일극 사상 최장수 방송 횟수를 기록했으며, 드라마의 여제 '김수현 시대'의 서막을 알렸다. 이런 사회적 분위기는 금성TR 텔레비전 광고의 헤드라인과 같이 "더 좋은 TV는 없을까"라는 소비자의 기대감을 바탕으로 자연스럽게 텔레비전의 판매 증대를 가져왔다.

이 무렵 텔레비전 보급이 확산된 원인은 다음과 같다. 즉, 국가 권력의 발전주의 전략, 텔레비전의 신기 효과가 보여주는 유용성, 수용자들의 근대화된 주류문화에의 편입 심리, '부의 상징'으로서의 인식이 상호작용하며 소비자의 구매욕을 자극했기 때문이었다. 이런 과정을 거치면서 1970년대 중반 이후 한국사회는 신문을 넘어 텔레비전이 가장 대중적이며 지배적인 매체로 자리 잡았다. 아파트가 보급되면서 안방 문화에서 마루를 대신하는 '거실'이라는 어휘가 등장했고 텔레비전의 배치 공간이 안방에서 거실로 이동함으로써(임종수, 2003), 가족 구성원들이 거실에서 함께 텔레비전 드라마를 시청하며 단란한 시간을 공유하게 되었다.

(3) 1980년대: 한국 소비문화의 성장기

1980년대는 1970년대에 이어 경제적으로 엄청난 성장을 기록했지만 정치적으로는 암울한 시기였다. 1980년에 컬러텔레비전이 등장했고, 그해 겨울에 컬러

방송이 송출되었다. 1982년에 프로야구가 시작되었지만 국민들의 정치적 욕구 불만을 스포츠를 통해 해소시키려는 군사정부의 전략이라는 평가도 있었다. 당시에는 쇼핑센터나 할인마트 같은 대규모의 상점이 없었다. 백화점은 고급 브랜드 위주로 판매했기 때문에 일반 서민은 재래시장을 주로 이용했다. 나이키, 프로스펙스, 퓨마 같은 스포츠화 브랜드가 1980년대 말에 엄청난 인기를 끌었으며, 이전에는 빵집과 분식집을 다니던 젊은이들이 패스트푸드점으로 발길을 돌렸다.

1980년대 이후 경제 규모가 크게 확대되고 소비생활에 이용되는 상품의 질과 종류가 다양화되고 고도화되어, 순수 민간차원의 소비자 운동만으로는 복잡한 소비자 문제에 대응하는데 한계가 있었다. 1980년 1월 들어, 정부는 소비자의 안전, 거래의 적정화, 소비자보호위원회의 설치를 규정한 '소비자보호법'을 제정해 소비자 보호의 법적 · 제도적 장치를 마련했다(한국여성개발원, 1985). 1980년대 초반에는 단순하고 획일적인 소비자 욕구로 인해 시장의 영역이 크게 확장되지 못했지만 후반기에 접어들어서는 품질이 중시되면서 소비시장도 널리 확장되었다.

한국의 내구재 보유가구 비율의 변화 추이를 보여주는 〈표 1-5〉에서 알 수 있듯이, 1970년대에 비해 1980년대에 접어들어 가전제품의 소유 비율이 비약적으로 높아졌다. 사람들은 더 이상 '먹을 수 있는가' '입을 수 있는가'가 아닌 '어떤 것'을 먹고 '어떤 옷'을 입을 것인지를 고민했고, 일을 하는 것만큼 '즐기는' 일도 중요

표 1-5 ■ 한국의 내구재 보유가구 비율의 변화추이

년도	전축	텔레비전	냉장고	세탁기	피아노 오르간	전자 레인지	VTR	청소기	승용차
1975	13.1	30.2	6.5	1.0	1.6				
1980	–	86.7	37.8	10.4	1.6				
1985	–	99.1	71.1	26.0	6.0				
1990	36.7	97.2	93.1	64.3	–				
1991	35.2	99.9	99.9	80.9	10.7	23.8	50.1	23.6	15.6
1996	52.2	99.4	98.6	93.5	17.3	59.2	83.5	54.8	46.0

자료원: 함인희, 이동원, 박선웅 (2001).

하게 생각했다. 여가 영역의 상업화는 여가시간을 그냥 헛되이 보내면 안 된다는 '오락도덕(fun-morality)'[1)]을 부추기기도 했다(함인희, 이동원, 박선웅, 2001).

한국 사회에 여가나 레저 문화의 개념이 본격적으로 도입된 때는 1980년대였다. 고급 스포츠였던 테니스가 대중 스포츠로 자리 잡았고, 88서울올림픽 이후 승용차 보급률이 폭발적으로 늘어나면서 근교로 가볍게 나들이하는 '드라이브'개념이 정착되었다. 도시 근교에 '가든'이라는 이름의 국적 불명의 음식점이 들어서기 시작했으며, 신종 숙박업소인 '모텔'이 등장해 행락객의 발길을 붙잡았고, '빌라'라는 이름의 주거 형태가 우아한 분위기에서 살고 싶어 하는 사람들의 관심을 끌었다(김병희, 2011). 〈새들도 세상을 뜨는구나〉, 〈철수와 만수〉 같은 민중의 삶을 다룬 연극 작품이 젊은 세대의 공감을 얻었으며, 대학 축제에서는 마당극과 사물놀이가 단골 메뉴로 등장했다.

1980년대 후반부터 한국인의 노동관과 여가관도 변화의 조짐을 보이기 시작했다. 젊은 세대들은 힘든 일을 기피했고 서비스 업종을 선호했는데 이는 사람들이 '즐기는 삶'을 중시했다는 변화된 가치관을 의미한다. 1980년대에는 향락과 퇴폐 업소도 급증했다. 이 시기에 소비성과 사치성이 높은 여가 양식이 대도시의 중산층과 일부 소수의 부유층을 중심으로 확산되었지만, 생존의 문제로 시달린 서민이나 노동자 계층의 여가 양식은 여전히 매우 제한적이었다(박명희, 송인숙, 손상희, 이성림, 박미혜, 정주원, 2006).

1980년대 후반부터 컴퓨터가 널리 보급되기 시작하면서 '정보사회'의 기반이 마련되었다. 정보사회가 본격적으로 시작되면서 다양한 디지털 테크놀로지가 발달했는데, 테크놀로지에는 생명, 물질, 정보 같은 세 분야가 있다. 정보를 제어하는 기술은 신체, 미디어, 디지털이라는 세 가지 영역에 집중되었다. 인간과 호흡하는 기술을 강조한 삼성전자의 신문 광고 '휴먼테크' 편은 더 편리하게, 더 건강하게, 더 안전하게 살아가고 싶은 사람들의 욕망을 자극하기에 충분했다(김병희, 2000). 이 광고에서는 인간과 호흡하는 기술을 강조함으로써, 사람들에게 욕망의 대상을

1 오락도덕이란 쾌락을 누리는 것에 대해 죄의식을 느끼기보다 충분한 쾌락을 느끼지 못하는 것에 창피함을 느끼는 것을 의미한다. 월펜슈타인(Wolfenstein)이 1950년대 미국 사회에서 중산층의 가치관의 변화를 표현하기 위해 제시한 개념이다(김문겸, 1993).

더 가깝게 느끼도록 했다. 나아가 앞으로 다가올 컴퓨니케이션(compunication: computer + communication) 세상에 대한 환상을 심어주기에 충분했다.

(4) 1990년대: 한국 소비문화의 성숙기

한국 사회는 1990년대에 접어들어 소비문화의 성숙기로 접어들었다. 전화와 냉장고는 1990년대에 각각 93.1%와 84.7%로 보급률이 증가했다. 에어컨, VCR, 자동차도 1990년대 들어 급격히 확산되었다. 1990년대의 중산층은 넓은 평형의 아파트와 대형 자동차는 물론 대형 가전제품을 구매하기 시작했다. 즉, 소비상품의 고급화와 대형화 추세가 가속화되면서 중산층은 물질적 소비를 통해 사회적 지위를 높이고자 했다. 이와는 별도로 신세대들은 자아 정체성을 상징적 가치로 표현하는 기호 소비의 경향을 나타내기도 했다.

1990년대에 접어들어 소비와 여가에 대한 관념도 변화했는데 노동자의 실질 임금이 올라갔기 때문이었다. 한국의 소비 규모도 커지고 소비의 다양화와 고급화 추세가 가속화됨에 따라, 한국 사회는 생리적 욕구충족의 단계를 넘어 사회문화적 욕구충족의 단계로 접어들었다. 당시 한국 사회의 과잉소비 풍조는 심각한 사회문제로 지적되기도 했다. 1997년 12월 5일, 국제통화기금(IMF) 이사회는 한국에 긴급자금 지원을 결정함으로써 한국은 국제통화기금 관리체제로 들어섰다. 이렇게 되기까지 기업의 과도한 차입 경영이나 글로벌 금융체계가 영향을 미쳤지만 우리나라 소비자의 건전하지 못한 소비 행태에도 그 원인이 있었다(남은영, 2011). 1990년대 라이프스타일과 소비의식의 보편적인 특성은 다음에 제시하는 〈표 1-6〉과 같다.

문민정부가 출범한 시점을 전후해서 중산층 신세대의 소비문화를 겨냥하며 시작된 신세대 문화에 대한 논쟁은 1990년대의 문화 지형을 가늠하기에 충분한 핵심 주제였다. 신세대는 정보통신혁명과 더불어 도래한 영상 매체의 시대 상황에 잘 적응하며 영상산업의 주요 시장을 형성했기 때문에 이들은 사회문화적으로 집중 조명을 받으며 시대의 초상으로 떠올랐다. 기성세대의 기능 중심주의를 거부하는 신세대의 자유분방한 스타일이나 전면을 투명 유리로 장식한 커피 전문점 같은 공간의 변화는 신세대의 영상 세대적 감성을 반영했다.

표 1-6 ■ 1990년대 라이프스타일과 소비의식의 특성

소비의식	신세대 소비문화	주생활
• 변화지향성 • 동조 소비 • 미적 감각, 유행중시 • 디자인, 외형, 브랜드	• 패션지향성, 외모 지상주의 • 변화와 모험지향성 • 신상품선호 • 충동소비	• 아파트 선호 • 도심 선호(신세대), 전원주택 선호(중년) • 환경중시 • 넓은 공간 선호 • 인테리어 관심 증대
여가생활	**식생활**	**의생활**
• 변화지향성 • 휴식형 여가선호(기성세대) • 활동형 여가선호(신세대) • 편안한 여행 선호 • 해외여행 증가	• 신선도, 상표 중시 • 미식추구성향 증가 • 건강추구성향 확산	• 실용성보다 색상 및 디자인 중시 • 패션, 개성 중시 • 유명 브랜드 선호

자료원: 남은영 (2011). p.150.

이 시기에 오렌지족과 함께 어디로 튈지 모르는 럭비공 같은 X세대가 새로운 문화의 신호탄을 울렸다(김창남, 1999). 미니 카세트의 보급과 삐삐의 유행은 1990년대의 X세대를 개성적이고 감각적인 문화 소비자로 부상시켰다. X세대를 집약적으로 보여주는 존재는 파격적 음악과 춤으로 대중음악계를 평정한 서태지와 아이들이었다. 서태지와 아이들은 1992년에 발표한 1집이 엄청난 대중적 성공을 거두며 신세대를 의미하는 X세대의 아이콘으로 떠올랐다. X세대의 특성은 팬츠(PANTS)로 요약할 수 있다. 즉, 개인의 개성을 중시하고(Personal), 가치관을 즐거움에 두고 심각한 것을 기피하며(Amusement), 자연에 대한 욕구가 강하며(Natural), 나이나 성에 대한 구분을 거부하며 그 경계를 넘어서고(Trans-border), 하이테크와 하이터치 서비스(Service)를 추구한다는 것이다(정성호, 2006). 제품의 실용성보다 제품 이미지에 열광했던 X세대는 적극적 소비 행위를 통해 자신의 존재감을 과시하는 경우가 많았다.

정보통신혁명이 시작되면서 다매체 다채널 시대가 열린 것도 특기할 만한 사실이다. 1990년대는 정보사회와 테크놀로지의 소비가 융성함으로써 광고가 문화를 포섭하는 상황이었다. 스킨 스쿠버와 수상 스키, 래프팅, MTB, 윈드서핑, 서

바이벌 게임, 행글라이딩, 패러글라이딩 같은 레포츠 붐이 일었으며, 광고 자체를 즐기는 마니아 집단도 등장했다. 광고 메시지는 관계설정의 기능을 넘어 즐기는 텍스트로 자리 잡았고, 특히 X세대와 N세대로 대표되는 개성적 젊은 집단으로부터 폭발적 지원을 받으며 대중문화의 주요 영역으로 떠올랐다. 세기말적 불안감과 세대 갈등 속에서 X세대와 네티즌들은 포스트 모던한 취향을 파격적인 테크놀로지 광고에서 찾았다.

어떤 브랜드 하나가 세대의 특성을 상징하는 대표 기호로 자리 잡게 되면서 테크놀로지 광고 메시지는 사회의 모든 영역에 걸쳐 영향을 미쳤다. 테크놀로지에 대한 포스트모던 광고에서는 카피 메시지가 없는 경우도 많았다. 주로 카피를 통해 전달하던 핵심 메시지를 없애고, 오로지 영상만으로 테크놀로지 상품의 메시지를 전달했다. 포스트모던 광고에서는 메시지의 전복과 해체가 자주 일어났고, 수용자 스스로가 메시지 내용을 재구성했으며(강명구, 1993), 발신자와 수신자의 소통 관계로 대표되는 전통적인 커뮤니케이션 모델은 경시되었고 새로운 커뮤니케이션 스타일이 주목을 끌었다.

(5) 2000년대: 21세기 소비문화로의 전환기

한국 사회는 2000년대에 접어들어 외환위기의 어려움을 이겨내고 다시 경제 성장을 모색했다. 이에 따라 사회문화적으로도 많은 변화가 수반되었다. 2000년에 남북정상회담이 열리면서 대외적으로는 평화 공존의 가치를 널리 알렸다. 2000년대는 개성시대 혹은 창조시대로 지칭되었다. 단순히 유행을 따르던 이전에 비해 2000년대 이후부터는 소비자들이 자기 위주의 유행을 스스로 창조하기 시작했다. 맹목적으로 유행을 따르지 않고 자신이 원하는 디자인을 구매하는 소비자가 증가함으로써, 시장은 기업 중심의 제품에서 소비자 위주의 제품으로 변화해나갔다.

뮤직비디오, 광고, 스포츠, 영상매체에 열광하던 N세대의 주된 대화 내용은 연예인의 동정이나 춤, 옷차림, 화장 등이었다. N세대는 연예인이 쓰는 유사 상품을 소비함으로써 자신의 이미지를 스타와 동일시했다. 그들은 자신의 이미지 제고를 위해 지리적 차별화를 시도했다. 이에 따라 홍대 앞 카페 골목, 압구정동 로데오거리, 신촌의 거리, 대학로 같은 N세대를 표방하는 거리 문화를 형성하며 그들만

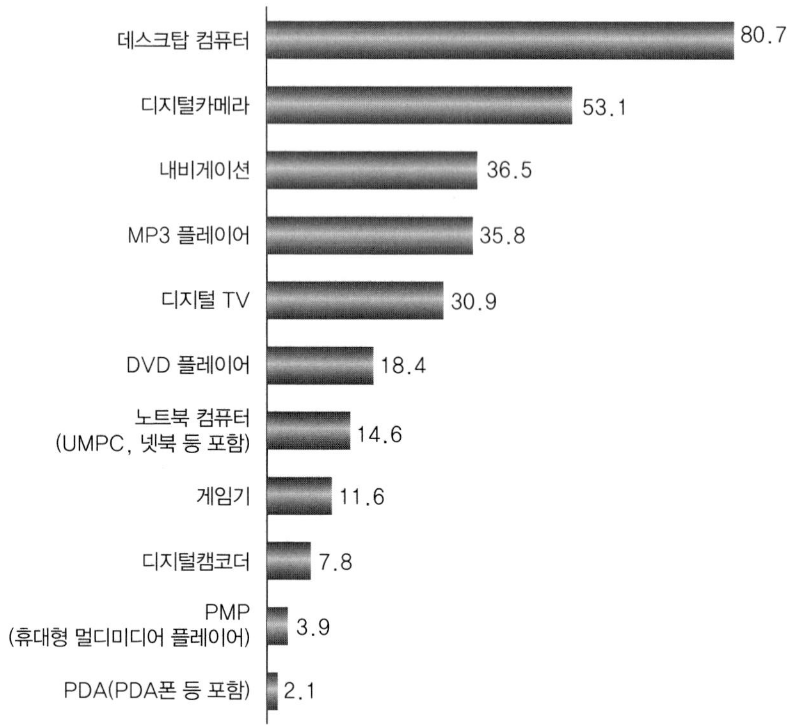

그림 1-5 ■ 2009년의 미디어 테크놀로지 보유율

의 소비 공간을 만들었다(김민정, 김성숙, 2005). 그곳에 존재하는 것만으로도 젊은이로서의 소속감을 느끼고 그 공간에서 유행되는 것들을 공유함으로써 안도감과 특권 의식을 갖는 것이 N세대의 소비문화의 특성이었다.

2000년대의 미디어 테크놀로지 광고에서는 상품 상징주의가 특히 강조되었다. 상품 상징주의는 사회적 지위를 나타내는 기능을 수행하는 동시에 상품 자체가 소비자의 가치관을 반영함으로써 자기를 표현하는 수단으로 작용했다. 이 시기의 광고에서는 쾌락적 동기를 제공함으로써 소비자들에게 동질적인 경험을 공유하도록 했다. 상품 상징주의는 경험의 의미를 누적하는 수단이 되었으며, 과거의 경험을 회상하게 하고 제품의 경험적 가치관을 투영했다.

개인용 컴퓨터(PC)의 기술이 발달함으로써 새로운 형태의 대중문화를 형성하게 하는데 영향을 미쳤다. 그 결과 2009년 기준으로 〈그림 1-5〉에서처럼 데스크톱 컴퓨터를 보유한 가정이 80%에 이르렀다(한국인터넷진흥원, 2009). 2011년부터는 개인용 컴퓨터 광고가 서서히 줄어든 반면에 스마트폰, 랩탑, 태블릿PC 같은 첨단 미디어 테크놀로지 광고가 급증했다. 이런 광고들은 디지털 문화생활을 이끌어가는 사회문화적 메시지로써 중요한 역할을 담당했다.

2000년대 후반에 접어들어 젊은이들은 짧고 간결하며 논리적이지 않고 감각적 분절음(비트)을 써서 대화하는 향이 많았다. 예를 들면, "싫어", "왜?", "그냥" 같은 식이었다. 좋아하는 가수나 노래가 쉴 새 없이 바뀌는 현상 역시 비트가 지닌 속도감 때문이었다. 심지어 이들은 자신을 지칭하는 단어까지도 '신세대'에서 'X세대'와 'Z세대'로 쉴 새 없이 바꾸어 나갔다(한현우, 이동혁, 1998). 신세대는 그들만의 언어를 사용했는데, 비속어보다 컴퓨터 사용과 관련된 전문 용어를 일상생활에 끌어들이는 경우가 많았다. 예컨대, 컴퓨터를 켜도 작동하지 않는다는 "부팅이 안 된다"를 "생각이 잘 안 난다"는 뜻으로, 하드디스크 드라이브를 초기화했다는 "하드를 포맷했다"를 "여자 친구를 정리했다"라는 뜻으로 사용했다.

인터넷이 널리 보급되면서 인터넷 채팅에서는 알파벳 약어가 많이 사용되었다. 예를 들어, 'cu'는 "또 만나자(see you)", 'bbl'은 "조금 있다 올게(be back later)", 'invu'는 "네가 부러워(I envy you)", 'btw'는 "그건 그렇고(by the way)", 'oc'는 "알겠어(oh, I see)"라는 뜻으로 쓰였다. 대부분이 미국 인터넷 이용자들이 사용하는 약어를 들여온 것으로 일부 약어는 일반에게도 알려져 여성의류의 브랜드 이름으로도 사용되었다. 그리고 '광합성'은 야외에서 햇볕 쬐기, '메뚜기'는 대학 도서관에서 자기 자리를 못 잡아 자리를 옮겨 다니는 학생, '박물관'은 낡은 책만 있는 대학도서관을 비꼬는 은어로 쓰였다. 따라서 "박물관에서 메뚜기하지 말고 광합성이나 하자"는 말은 "도서관에서 남의 자리 돌아다니지 말고 나가서 햇볕이나 쬐자"라는 뜻으로 사용되었다. 이 밖에도 신입생 수련회를 뜻하는 오리엔테이션의 영어 약칭인 'OT'는 발음대로 읽어서 '옥의 티'를 뜻했으며, 캠퍼스 커플의 약자인 'CC'는 '침팬지 커플(못생긴 연인)'이라는 은어로도 쓰였다(권태호, 1997).

그렇지만 신세대 문화는 개별화되고 파편화된 감성 체계와 순간적 감각을 중시했다는 점에서 '즐거운 아류'라는 한계가 있다고 비판받기도 했다. 신세대의 소비문화는 새로운 세대가 주체적으로 부상하는 과정에서 형성되지 않았고, 소비가 소비를 생산하는 자본의 확대 전략과 문화의 상품화 전략에 따라 확대 재생산되었다는 한계점도 있었다. 신세대 문화를 비판하는 사람들은 대체로 이런 관점에서서 신세대 문화에 대해 비판했다. 당시의 신세대들은 기존의 질서에 대해 공격적이고 저항적이었지만 소비문화의 한계를 벗어나지 못했던 것이다.

(6) 2010년대: 한국 소비문화의 스마트화기

스마트폰이 보편적으로 활용됨으로써 2010년대는 본격적인 스마트 시대로 접어들었다. 2010년대의 소비 심리는 크게 다섯 가지로 요약할 수 있다. 첫째, 정보에 의한 실질적 가치 소비가 보편화되면서 인터넷, 모바일 웹, 소비 경험에 힘입어 소비자들은 더욱 똑똑한 소비를 즐겼다. 둘째, 다양성에 대한 욕구가 보다 강해져 소비자들은 경험 소비를 즐기기 시작했다. 셋째, 바쁘고 복잡한 세상에서 간편하고 쉽게 소비하고 싶어하는 심리에 따라 소비자들은 편리함을 중요시했다. 넷째, 합리적인 감성 소비를 추구하는 소비자들이 늘어났다. 소비자들은 가격이나 기능 같은 합리성을 추구하면서도 감성에 따라 최종 구매를 결정하는 경우가 많았다. 다섯째, 개중(個衆) 소비 성향이 늘어났다. 친구나 연예인이 구매한 제품에 대해 동조하는 소비도 여전히 존재했지만 이와 동시에 자기만의 개성 있는 스타일을 찾는 소비자 집단이 증가했다.

2010년대의 소비자 특성은 네트워킹 파워로 요약된다. 스마트 모바일족(族)이란 시간과 장소에 구애받지 않고 스마트폰 같은 모바일 기기를 이용해 외국어를 배우고 물건을 구매하거나 다양한 정보를 습득하는 사람들을 가리키는 신조어이다. 2010년대의 네트워킹 파워를 간략히 설명하면 다음과 같다(한국방송광고진흥공사, 2010).

첫째, 오피니언 파워(Opinion Power)로 신제품의 입소문을 주도하는 계층으로, 타인의 사고나 행동에 영향력을 행사하는 조기 수용자(early adopters) 집단을 말한다. 기업이 발송한 제품정보를 오피니언 리더가 먼저 받아들이고, 오피니언 리더가 이를 일반 소비자나 대중에게 전달하는 개념으로 기업의 홍보 활동에도 두루 이용되고 있다.

둘째, 프리미어 파워(Premier Power)로 대한민국 상위 5%의 상류 소비자 계층을 의미한다. '절약'을 추구하던 기존의 가치를 버리고 '가치'와 '만족'을 중시하는 변화된 소비패턴을 추구한다. 이 계층의 소비자들은 가격이 높아도 가치가 있으면 기꺼이 지갑을 연다. 삶의 질을 추구하는 웰빙 현상이 확산되며 고품질의 프리미엄 상품을 선호하는 계층이 늘어나고 있다. 더불어 핵가족 위주의 소비문화가 확산되면서 감성과 혜택을 추구하는 고기능 제품에 대한 선호 현상이 두드러지고 있다.

셋째, 실버 파워(Sliver Power)로 경제적으로 안정적이며 소비력 있는 시니어 집단이다. 주로 50-64세 연령층으로 경제력과 건강을 바탕으로 능동적 삶을 추구하며 소비수준이 높은 세대를 말한다. 앞으로 다가올 실버시장의 트렌드를 이끌면서 정보와 여가 및 금융시장을 중심으로 실버산업의 성장을 주도할 것으로 기대되는 소비자 계층이다.

넷째, 우먼 파워(Woman Power)로 집안 살림에 매진하는 전업주부 여성이 아닌 일하는 엄마인 알파맘(Alpha mom) 계층이다. 남자에게 뒤지지 않는 엘리트 소녀를 의미하는 알파걸(Alpha Girl)에서 파생된 용어로 가사와 자녀양육 및 직장생활을 병행하는 기혼여성이다. 이 계층은 전체 기혼여성에 비해 인생의 분명한 목표를 지니며 건강보다 일을 중시한다. 또한, 자녀 교육에 적극적으로 투자하며 패션이나 유행에 민감하다.

2010년대의 미디어 테크놀로지 광고는 소비자에게 환상과 신화를 제공했다. 신화란 문화적 가치관을 묘사하는 환상의 형태로 이야기나 인물을 형상화하는 것인데, 현대 광고는 그러한 신화를 창조하고 유지하는 역할을 수행한 것이다. 현대 광고는 상품 판매의 한 가지 수단이라는 본래의 기능을 넘어서서 소비문화의 새로운 관점을 제시했으며, 상품과 소비자를 연결하는 가교 역할을 담당해 경제 활동을 촉진시켰다. 2010년대의 미디어 테크놀로지 광고는 현실의 일부를 구성하며 우리의 삶을 개인적 방식으로부터 공동체의 방식으로 바꾸며, 현대 소비대중 문화를 형성하는 주요 요인으로 작용했다.

CHAPTER **02**

영상 미디어 제품 광고의 변천

【가족 공동체의 형성과 해체: 흑백TV에서 컬러TV, 케이블TV, 위성TV, DMB, IPTV, 스마트TV까지】

사람들은 다른 매체보다 훨씬 많은 시간을 텔레비전과 함께 보낸다. 일하고자는 시간을 제외하면 어떤 것보다 더 많은 시간을 텔레비전을 보는 데 소비한다. '멀리 보는 것(seeing at a distance)'을 의미하는 텔레비전 미디어는 시각과 청각의 결합을 통해 인간 커뮤니케이션의 재원형화를 이룩했다. 기술과 다양한 장치를 통해 과거 시간을 영상공간에 결합시킴으로써 인쇄 미디어에 의해 선형적으로 왜곡된 인간의 사고 체계를 원시 오감 커뮤니케이션 시대로 회귀하는 것이 가능하게 되었다(오미영, 정인숙, 2005).

텔레비전은 중앙집중적 이야기 체계로 우리 삶의 일부이며 파편이라고 할 수 있다. 문자 해독과 물리적 이동이라는 오래된 난관을 극복하면서 텔레비전은 사회화와 생활 정보의 가장 중요한 원천이 되었다(가브리엘 와이만, 2003). 대표적인 미디어 테크놀로지로 간주되는 텔레비전은 1960대말까지만 해도 가족용(가정용) 제품이 아니었다. 그러다가 점차 텔레비전이 널리 보급되어 집집마다 안방이나 거실에 자리를 차지하면서 TV시청은 가족 단위의 소비로 바뀌었다. 이런 과정을 거쳐 현재는 IPTV나 DMB 방송이 출현했으며, 개인용 컴퓨터나 휴대폰으로 혼자서 텔레비전을 보는 시청 행태로 변모했다. 〈그림 2-1〉은 1980년대 이후 텔레비전 수상기의 변천 과정을 제시한 것이다.

1990년대까지만 해도 텔레비전을 통해 제한된 영상만 시청할 수 있었다. 그러다가 1995년 들어 텔레비전에 컴퓨터를 연결하는 일이 가능해지면서 웹TV(MS)를 통해 웹 서핑과 이메일도 할 수 있게 되었다. 2000년부터는 PDP/LCD를 이용해 고해상도의 텔레비전을 볼 수 있게 되었고, 2007년 이후에는 인터넷TV(애플, 삼성)도 널리 보급되어(김선중, 조기성, 류원, 이호진, 곽종철, 2011), 각자의 개성에 따라 텔레비전을 볼 수 있게 되었다.

1960년대부터 대중화된 텔레비전 수상기의 광고물을 분석하면 미디어 테크놀로지의 소비경험을 엿볼 수 있다. 미디어 테크놀로지의 소비 가치가 광고에 어떻게 재현되었고 사람들의 일상생활은 어떻게 달라졌을까? 그리고 한국에서 테크놀

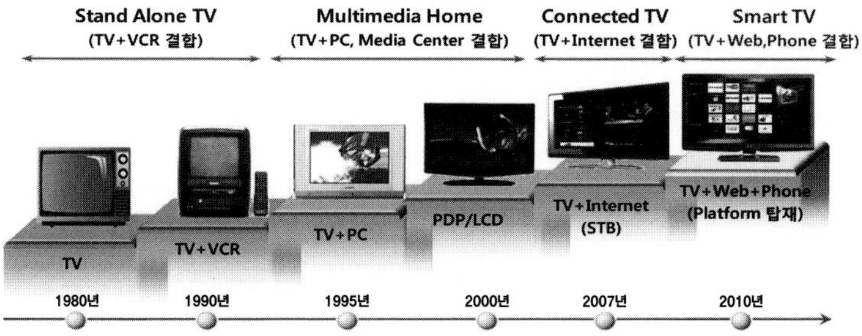

그림 2-1 ■ 1980년대 이후 텔레비전 수상기의 변천
자료원: 김선중 외 (2011). p.55.

로지의 소비문화는 어떻게 변천해 왔을까? 보다 구체적으로, 흑백TV, 컬러TV, 케이블TV, 위성TV, DMB, IPTV, 스마트TV 같은 영상 미디어 제품 광고를 두루 살펴보면서, 미디어 테크놀로지의 변천에 따라 우리나라 소비문화가 어떻게 변화해 왔는지 알아보자.[2]

---

2 이하는 다음의 논문을 요약한 것이다. 김병희 (2015a). "텔레비전 수상기 광고를 통해 본 소비문화의 변천: 1962-2012." 광고연구, 105, pp.164-203.

01 흑백TV 광고의 흐름

1) 1960년대의 흑백TV 광고

우리나라 가전산업의 역사는 1958년에 금성사(LG전자의 전신)가 설립되면서 시작되었다. 금성사가 설립될 무렵 국내 가전산업은 불모지대나 다름없었다. 한국에 텔레비전 수상기가 처음 등장한 것은 1954년 7월 30일이었다. 미국 RCA가 한국 대리점에서 20인치 화면의 폐쇄회로 텔레비전 수상기를 일반 시민에게 공개하면 텔레비전이 처음으로 알려지게 되었다. 1961년에 국영 KBS-TV가 개국하면서 공보부에서 텔레비전 수상기 20,000대를 1차로 도입해 월부로 보급하면서 텔레비전의 수요가 늘어났으며 일반인들도 텔레비전에 관심을 갖게 되었다(김병희, 2015a).

화신산업주식회사의 웨스팅하우스 TV수상기 광고(1962)에서는 "테레비(텔레비전)는 Westinghouse"라는 헤드라인 아래, 테-불(테이블)형 23인치와 19인치 및 포-타불(포터블)형 19인치 상품을 소개했다. 규격을 인치(inch)라 하지 않고 인치를 뜻하는 '촌(吋)'으로 표기하고 세계적 기준에 따라 텔레비전을 선택하라며, 다음과 같은 보디카피를 제시했다. "테레비의 부피가 엷고, 화면이 평면에 가까우며, 화면이 장방형(長方形, 내각이 모두 직각이고 가로 세로의 길이가 다른 네모꼴)이고, 대형 스크린이어야 하며, 근거리 시청에도 지장이 없도록 보안장치(Tinted Filter)가" 있어야 한다는 내용이었다.

보디카피에서 제시한 다섯 가지는 요즘 텔레비전의 선택 기준으로 적용해도 큰 무리가 없는 수준이다. 텔레비전이 어떻게 진화할지 예상했던 대로 기술이

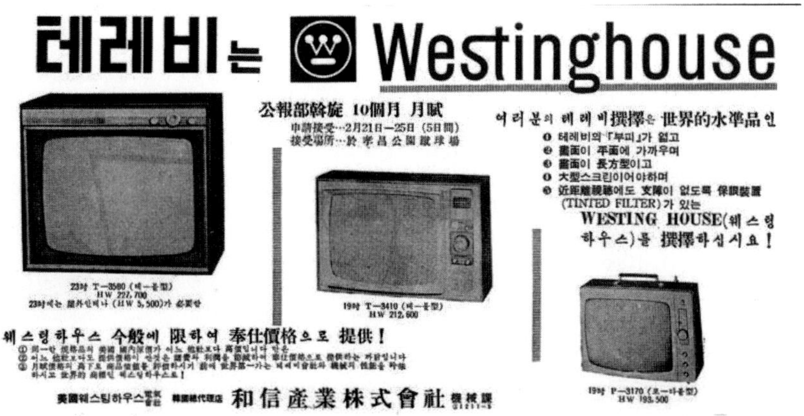

그림 2-2 ■ 화신산업 웨스팅하우스 TV 광고 (동아일보, 1962. 2. 21)

발전했기 때문이다. 당시에는 텔레비전 수상기를 국내에서 생산하지 못해 정부는 1962년 무렵에 수입 텔레비전 수상기를 두 차례에 걸쳐 면세로 도입해 월부로 보급했다. 효창공원 축구장에서 10개월 월부로 텔레비전 주문 신청을 받는다는 행사 고지 광고 내용은 그런 정책이 반영되었다는 증거이다.

국산 흑백텔레비전 1호인 금성사의 VD-191 모델이 생산된 것은 1966년 8월이었다. 진공관식 19인치 1호 제품이라는 뜻의 VD-191은 진공관 12개와 다이오드 5개를 채택하고 다리 4개가 달린 가정용 제품이었다. 1966년 당시에 19인치 텔레비전의 값은 일제 100,000원, 미제 130,000원 정도였으며, 국산화 예상가는 87,683원으로 산출되었다. 가격의 50%에 해당되는 제세공과금(특판세, 물품세) 42,000원이 가격 상승의 주요인이었다. 금성사는 비정상 수입품의 가격 체계에 입각한 특판세를 텔레비전 생산에 필요한 부품에 적용하는 것은 모순이며, 물품세는 국산화 이전의 외국 완제품 사용을 억제하기 위한 세금이라는 점을 강조해 세금을 조정해야 한다며 정부를 설득했다. 결국 상공부는 1966년 7월 9일, 1차 생산된 19인치 500대의 판매가를 대당 63,510원으로 승인했다. 이는 원가 44,427원에 적정 이윤 10%와 물품세 30%를 가산한 것이었다. 당시에 80kg들이 쌀 한 가마 값이 2,500원이었는데, 텔레비전 한 대 값이 63,510원이면 쌀 25가마 이상을 살 수 있는 고가였지만 반응은 폭발적이었다.

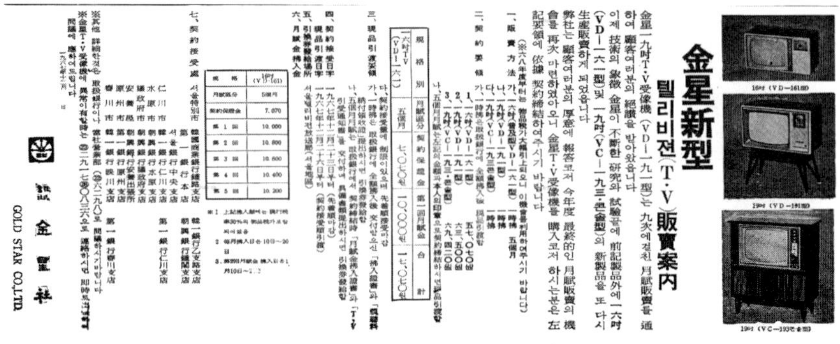

그림 2-3 ■ 금성사 VD-191 TV 월부판매 광고(경향신문, 1967. 12. 26)

이 무렵 "은행창구를 통한 TV수상기 구입신청 경쟁률이 평균 20대 1"일 정도로 텔레비전이 인기를 끌었고, "10개월 월부 판매"의 경우는 "50 대 1의 격심한 경쟁"을 나타냈다(조선일보, 1966. 8. 28). 금성사는 VD-191 TV 월부판매 광고(1967)를 시작했다. 헤드라인은 "금성신형 텔리비전(T · V) 판매 안내"였다. 금성사가 계획한 1차 공급량은 약 1,000대였지만 이 제품이 출시되자 열흘간 구입 신청된 물량만도 서울시내 1만 4천 8백 건, 전국적으로 2만여 건에 달해, 금성사 1차 공급 계획량의 20배에 가까웠다. 사람들은 텔레비전이 없는 사람에게 우선적으로 공급한다는 정부 방침에 따라, 텔레비전이 없다는 사실을 증명해야 했으며 증명을 해도 공개 추첨에 당첨되어야 살 수 있었다.

"7월 21일에 달 착륙!"이라는 헤드라인은 인류 최초의 달 착륙이자 최초로 만국 공용으로 지상파를 탄 아폴로11호를 금성 신형 텔레비전으로 감상하라는 유혹이었다. '아폴로'라는 이름은 인류 공용의 감탄과 감동이자 과학의 상징이 되었고, 미지의 대상이자 국제적인 아이콘이 되었다. 당시에 창궐했던 눈병이 우주선을 발사할 무렵에 나왔다고 해서 '아폴로 눈병'으로 부르기까지 했다. 이처럼 아폴로 열풍이 불게 된 데는 텔레비전 방송 송출의 시작이라는 시대적 배경과 국산 텔레비전 생산으로 인한 수상기 보급이 지대한 영향을 미쳤다.

흑백텔레비전이 날개 돋친 듯 팔리기 시작한 것은 1969년부터였는데, 당시 신문광고를 보면 아폴로 붐을 느낄 수 있다. 달과 우주선이 나오는 광고 비주얼

그림 2-4 ■ 금성사의 달 착륙 안내 TV 광고 (동아일보, 1969. 7. 4)

은 마치 월드컵 붐에 따라 디지털TV가 성황리에 판매된 것과 같은 분위기다. 소비자들은 인류 최초로 달에 착륙하는 장면을 텔레비전 화면에서 직접 육안으로 보고 싶었을 것이다. 아폴로11호가 달에 착륙해 암스트롱이 달 표면에 첫 걸음을 내딛는 순간, 집집마다 탄성과 환호성이 울려 퍼졌고 이때부터 소년들의 장래 희망에 '우주비행사'가 추가되었다(LG홈페이지, 2015).

1960년대 텔레비전 수상기 광고를 통해 본 테크놀로지와 일상생활의 변화는 다음과 같다. 1954년 7월 30일, 한국에 텔레비전 수상기가 등장하자 항상 라디오만 듣던 사람들에게는 텔레비전을 보는 것만으로도 진귀한 경험이었다. 당시 우리나라에서는 라디오를 통해 뉴스나 드라마를 접했는데 네모난 상자를 통해 뉴스나 드라마를 접하게 되었으니 놀라운 세상이 펼쳐진 것이다. 텔레비전 생산량이 부족해 시민들은 텔레비전을 사기 위해 기다려야 했고, KBS에서는 흑백텔레비전을 공개 추첨 형식으로 할당하는 일이 벌어졌을 정도로 텔레비전의 인기는 대단했다. 박정희 정권의 조국 근대화 5개년 계획에 따라 국토개발 사업이 시작되었고, 그와 더불어 각종 전기전자 제품이 소비욕구의 대상으로 자리 잡았다. 그 시절의 전기전자 제품이란 오늘날의 품질과는 질적으로 다른 초보 수준 형태였지만 다가올 1970년대의 소비문화의 융성기를 예고하기에 충분했다.

2) 1970년대의 흑백TV 광고

1970년대에 들어서는 트랜지스터 텔레비전 수상기가 등장했다. 금성판매주

그림 2-5 ■ 금성사 트랜지스터 TV 광고 (동아일보, 1970. 10. 1)

식회사의 광고(1970)에서는 "아빠는 축구팬 나는 만화 팬. 아빠, 엄마, 누나, 내가 좋아하는 프로가 모두 다를 때, 우리집 온 가족은 모두 불만투성이"라며 "한 사람에 한 대씩" 금성 소형 트랜지스터 텔레비전을 갖자고 주장했다. 1인 1대의 텔레비전을 갖자는 메시지는 당시 수준에서 볼 때 파격적이었다. 금성사의 IC-TR TV 광고(1974)에서는 "더 좋은 TV는 없을까"라며 본격적으로 기술력을 강조하고 나섰다. 이 광고에서는 반도체 집적회로를 실물로 제시하면서, 새 회로 IC-TR, 새 감각

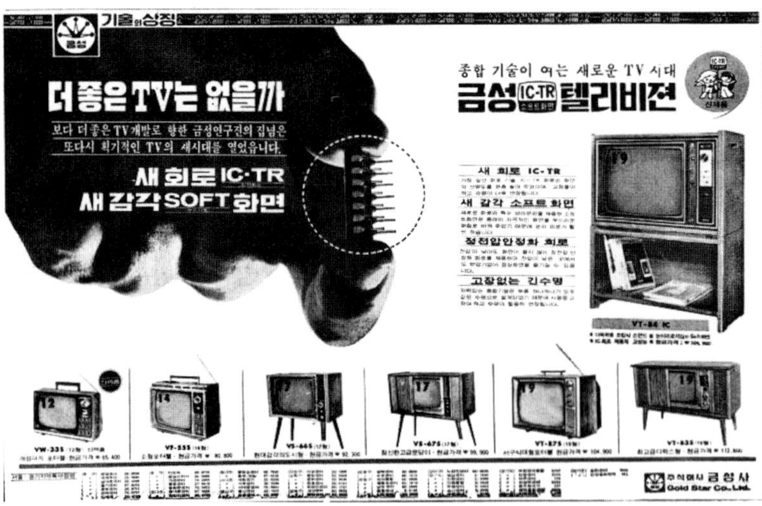

그림 2-6 ■ 금성사 IC-TR TV 광고 (동아일보, 1974. 5. 21)

그림 2-7 ■ 금성사 순금튜너 TV 광고 (경향신문, 1975. 9. 18)

SOFT 화면, 정전압 안정화 회로, 고장 없는 긴 수명을 강조했다. 금성사 순금튜너 TV 광고(1975)에서는 “왜? 금성 TV만이 순금을 사용할까요.”라는 헤드라인을 써서, 텔레비전의 두뇌에 해당되는 튜너를 순금으로 만들었다고 자랑스럽게 알렸다.

1975년에 들어서는 절전형 텔레비전이 등장했다. 삼성전자 이코노TV 광고에서는 이코노가 절전형이라며 전기세 걱정을 하지 말라고 강조했다. 이코노TV는 우리나라 텔레비전 산업에 일대 혁신을 일으켰다. 당시 브라운관 제조업체의 최대 목표는 순간 수상 CRT의 개발이었다. 종전의 텔레비전은 스위치를 넣은 뒤 20초 이상이 지나야 화면이 제대로 나왔지만, 순간 수상 CRT가 개발되자 시간이 5초 이내로 단축되었다. 세계에서 세 번째로 절전형 텔레비전을 개발한 삼성전자는 이코노TV의 모델을 학사모를 쓴 부엉이 교수로 선정해 모든 매체의 광고에 부엉이 교수를 등장시켰다. 1975년 8월에 출시된 이코노TV는 나오자마자 기존의 텔레비전보다 2배 이상 판매되었다. 그리고 1976년에는 전년 대비 500%가 늘어나 수출물량 세계 1위를 차지했다(이진수, 2005). 이코노TV 광고(1975)의 카피를 보면 다음과 같다. “징글) 이코노- 이코노- 이코노-/ 아이) 야- 올빼미 박사다. 삼성 이코노 텔레비전이 뭔가요?/ 올빼미) 음- 국내 텔레비전의 결점인 예열 없이도 켜면 바로

그림 2-8 ■ 삼성전자의 이코노TV 광고 (1975)

화면이 나오는 경제적 텔레비전이란다/ 징글) 이코노- 이코노-/ 아이) 고맙습니다/ Na) 앞서가는 새 기술- 삼성 이코노 텔레비전."

금성 샛별TV 광고(1978)에서는 당대의 톱스타 최불암을 모델로 활용해 "핀트적중 선명화면. 선명한 텔레비전은 여러분의 눈을 보호해줍니다"라는 메시지를 전달했다. 광고를 보면 텔레비전 가격이 99,210원이라는 자막이 있는데, 당시에 자장면 한 그릇이 100원이었다는 점에서 텔레비전이 상당히 고가품이었음을 알 수 있다. 1978년의 교육방송 시청준비 완료를 앞두고 제작한 광고에서는 블랙 그린 브라운관을 채택해 시청자의 눈이 편해진다며 "교육방송 시청에 좋은 텔레비전은 눈을 보호 해야죠"라며 추가적인 소비자 혜택을 내세웠다.

셋별 시리즈 이후 등장한 금성 황금회로 TV 광고(1978)에서는 교육방송 시청준비 완료를 앞두고 블랙 브라운관을 채택해, "눈의 피로를 없앤 블랙, 그린, 당신이 눈을 보호하는 블랙그린 브라운관"이라는 카피를 통해 눈을 보호한다는 사실을 부각시켰다. 카피는 다음과 같다. "남) 자, 이리 와서 봐요 이리 와서 봐요. 안돼요, 안 돼. 여러분, 너무 가까이에서 시청하고 계신 거 아닙니까? 눈에 해롭습니다. 적당한 거리를 찾으세요./ 자막) 좋은 TV 시청거리 3M/ Na) 눈을 보호하는 블랙

그림 2-9 ■ 금성사의 샛별TV 광고 (1978)

그린 브라운관/ 자막) 눈을 보호합시다/ Na) 금성 황금회로 텔레비전."

1970년대 텔레비전 광고를 통한 소비생활을 살펴보면, 1970년대 초반에는 텔레비전이 매우 귀했지만 1970년대 중반을 지나면서 텔레비전은 부의 상징으로 자리매김했다. 이코노의 삼성, 샛별의 럭키금성, 대한텔레비전의 대우 같은 현재 대기업으로 성장한 기업들이 텔레비전 시장에 뛰어들었다. 텔레비전이 본격적으로 가정에 보급되기 시작한 것은 1970년대 후반이었다. 이전에는 신문이나 잡지에서 정보를 얻던 사람들이 텔레비전이 등장한 이후에는 실시간으로 정보를 얻게 되었다. 당시 엄청난 인기를 끌었던 프로 레슬링을 비롯한 각종 예능 프로그램을 보고 이야기 거리를 얻었고, 삼삼오오 모여 전날 본 텔레비전 프로그램을 주제로 놓고 대화를 나눴다. 이제, 텔레비전은 여가 시간에 무료함을 달래주는 친근한 미디어가 되었다.

1979년에 박정희 정부가 막을 내렸다. 생활에 여유가 생기기 시작하면서 1970년대 초반만 하더라도 부의 상징이었던 텔레비전은 1980년대 초반에는 여느 가정집에나 한 대 씩은 있는 평범한 가전제품이 되었다. 1970년대의 광고는 직설적으로 메시지를 전달하는 스타일이었다. 1969년에서 1975년까지는 텔레비전 광고의 성

그림 2-10 ■ 금성 황금회로 TV 광고 (1978)

장기이기도 하다. 이때부터 광고의 문화적 영향력이 향상되었는데, CM송이 감성적 카피와 더불어 소비자의 인기를 얻었으며 대중음악의 새 영역을 개척했다.

컬러TV 광고의 흐름

02

1980년대는 컬러텔레비전의 시대로 텔레비전이 주요 생활필수품이 되었다. 1980년 12월 1일 '수출의 날' 기념식을 컬러텔레비전으로 중계한 이후, 1981년부터 본 방송을 컬러로 송출했고 이어 3월 1일부터 광고를 포함한 모든 프로그램을 컬러로 송출했다. 컬러TV 방송은 한국 사회 전반에 색상의 혁명을 불러일으켰으며, 새로운 미디어 테크놀로지는 문화 전반에 엄청난 영향을 미쳤다(신인섭, 서범석, 1998). 미디어 테크놀로지의 발달은 문화예술의 향유 방식을 바꿨으며, 소비자의 소비생활 패턴에도 다양한 변화를 가져왔다. 대상을 실감나게 표현하는 컬러텔레비전이 등장하자 소비자들을 열광했으며, 프로그램 내용이 다양해지자 안방의 오락문화도 달라졌다

전두환 정권이 등장한 1980년대에는 언론기본법이 제정되고 언론통폐합이 이루어졌다. 방송광고 판매의 독점기구인 한국방송광고공사(KOBACO, 현 한국방송광고진흥공사)도 창립되었다. 1981년 4월에 본격화된 컬러텔레비전 방송은 텔레비전 방송광고를 비롯한 텔레비전 관련 산업은 물론 한국사회 전반에 '색상 혁명'을 불러일으켰다. 1974년부터 아남전자에서 생산하던 컬러텔레비전은 1977년부터 금성사, 삼성전자, 대한전선에서도 생산하기 시작했고, 컬러 방송이 시작되면서 1980년부터 국내 판매가 현실화 되었다. 기존의 17인치 흑백텔레비전을 시청하던 가정에서 14인치의 컬러텔레비전으로 바꿀 정도로 가격이 비쌌지만 집에서 컬러 화면을 본다는 것은 천지개벽이나 다름없었다.

1) 1980년대의 컬러TV 광고

현대 사회에서 텔레비전은 성능과 디자인과 따라 교체할 수 있는 제품이 되었지만, 국산 컬러텔레비전이 처음 판매되기 시작했을 무렵에는 텔레비전이 고가품이었기 때문에 한번 사면 족히 10년은 써야 했다. 이런 사정을 반영이나 한 듯이 금성 칼라비전 하이테크TV가 출시되고 나사 한국 광고사에 길이 남을 불후의 명카피가 탄생했다. "순간의 선택이 10년을 좌우합니다." 1980년부터 금성사의 모든 광고에 이 슬로건을 썼는데 지금까지도 많은 사람이 기억할 정도로 공전의 히트를 기록했다. 광고 효과를 바탕으로 금성사의 하이테크TV는 당시에 혼수품 1호로 자리 잡았다. 금성사 하이테크TV 광고(1981)의 카피는 다음과 같다. "Na) 선명하고 아름다운 하이테크의 세계. 브라운관의 성능이 화면으로 나타납니다. 선명한 자연색을 그대로 재현하는 고성능 하이테크 브라운관./ 노래) 선명한 자연색 금성 컬러TV 하이테크/ Na) 순간의 선택이 10년을 좌우합니다./ 기술의 상징- 금성./ 여자) 절전하세요."

1982년에 들어서는 테크놀로지 분야에서 컬러 전쟁이 일어났다. 혁신 상품이었던 초기의 컬러텔레비전에서는 선명한 화질이 상품력을 결정하는 핵심 관건이

그림 2-11 ■ 금성사 하이테크TV 광고 (1981)

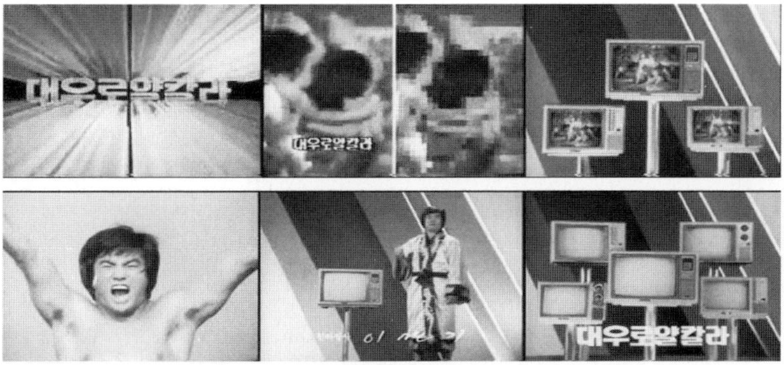

그림 2-12 ■ 대우전자 로얄 컬러TV 광고 (1983)

었다. 이에 따라 삼성전자는 이코노 컬러텔레비전 '어린이의 마음' TV 광고(1982)를 통해 어린이 마음처럼 깨끗한 선명함을 강조했다. 삼성전자는 500만대 생산돌파를 알리는 광고도 집행하며, "선명 색상을 재현하는 이코노 색신호 IC"나 "이코노 칼라는 어린이의 마음처럼 깨끗하고 아름답습니다" 같은 카피로 국내 시장의 확대에 힘썼다. 대우전자 로얄 컬러텔레비전 광고(1983)에서는 씨름선수 이만기를 모델로 활용해 주목도를 높이고 씨름 기술과 텔레비전의 기술을 비유적으로 표현했다. 카피는 다음과 같다. "Na) 대우 로얄 칼라./ 이 두 개의 화면을 비교해 보십시오./ 더욱 섬세한 브라운관 색 세포/ 정확한 색상 깨끗한 화면, 기술의 승리/ 대우 로얄 칼라/ 이만기) 역시 중요한 건 기술이죠./ 브라운관이 좋은 대우 로얄 칼라./ Na) 대우전자."

1980년대의 가전제품은 얼마나 새로운 세계를 표현하고 담아내는지가 광고의 주된 화두였다. 스타일과 트렌드에 중점을 두는 요즘과는 달리, 1980년대에는 꿈에서나 그려보던 미래를 화면 속에 얼마만큼 그럴듯하게 묘사하느냐가 품질 경쟁의 화두였다. 가왕 조용필을 모델로 활용한 금성사 미라클TV 광고(1986)에서는 30가지 리모컨 기능과 광결합 AV 시스템을 설명하고 그런 성과가 '기적인가 기술인가' 소비자에게 질문을 던졌다. 광고 카피는 다음과 같다. "남자1) 기적인가 기술인가,/ 뉴미디어 시대의 첨단TV 금성 미라클/ 첨단의 커스텀 반도체와 광결합 소자의 기술이/ 기적의 영상세계를 펼칩니다/ 뉴미디어 시대의 뉴미디어 TV- 금성

그림 2-13 ▪ 금성사 미라클TV 광고 (1986)

미라클.”

이밖에도 금성사의 딱따구리 시력보호TV 광고(1986)에서는 시력 보호를 강조했다. “딱따구리) 칵칵 오늘 얘기는 금성 시력보호 텔레비전. 노래) 가까이 가면 꺼지고 물러서면 켜지는 금성 시력보호 텔레비전. 딱따구리) 자동 거리 감지 장치가 있어요. 노래) 걱정하지 마세요. 아이들 눈을 보호해요. 여자) 텔레비전은 멀리서 보세요. 노래) 금성 시력보호 텔레비전.”이라는 카피를 썼다. 광고에 귀여운 딱따구리 캐릭터를 등장시켜 아이들에게 텔레비전 앞으로 가지 말 것을 종용하며 자동거리 감지 장치가 설치되어 있다는 설명을 덧붙이고 시력보호를 강조했다.

LG전자 둘리 미라클TV 광고(1987)에서는 다음과 같은 카피를 썼다. “노래) 나만이 아는 비밀번호로 비밀번호를 알아야 켜지는 금성 미라클. 비밀번호를 쏙쏙쏙. 아무리 켜도 안 되죠. 비밀번호를 아셔야죠./ 서정희) 쉿, 기억하세요. 비밀번호. 리모컨은 계산기로도 사용하세요./ 노래) 금성 미라클.” 이 광고에서는 귀여운 둘리 캐릭터와 CM송을 연결하고 모델 서정희를 활용해 전반적으로 부드러운 분위기를 연출했다. 텔레비전의 전원을 아무 때나 켜지 못하도록 비밀번호 기능을 살린 이 텔레비전은 자녀들을 관리하고 싶어하는 부모들의 관심을 끌기에 충분했다.

삼성전자 엑설런트V2 TV 광고(1987)에서는 화질은 기본이고 음향까지 좋아졌다면서 첨단 다기능의 리모컨을 강조했다. 광고 모델을 쓰지 않고 향상된 기능을 보여주기에 충분했는데, 광고 카피는 다음과 같다. “남) 영상 기술의 한계에 도

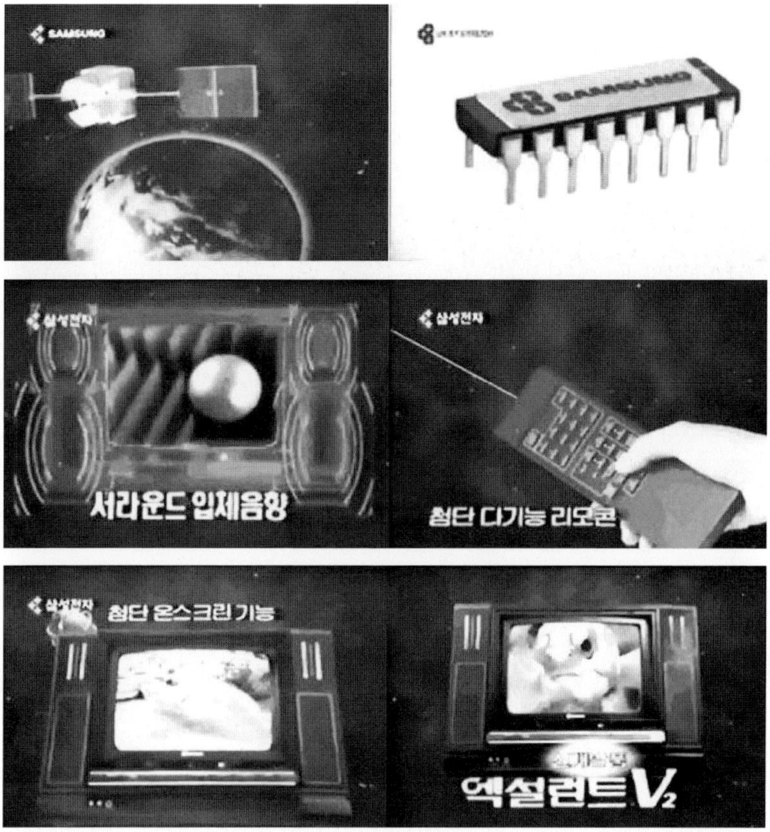

그림 2-14 ■ 삼성전자 엑설런트V2 TV 광고 (1987)

전했다/ 뉴미디어 시대의 고품격TV- 엑설런트V2/ 고밀도 첨단 반도체가 펼치는 고화질 영상/ 첨단의 음향 반도체가 들려주는 서라운드 입체음향/ 이것이 뉴미디어 시대의 고품격TV/ 와 놀랍군!/ 삼성 엑설런트V2- 삼성전자.”

금성사의 미라클 알파TV 광고(1989)에서는 로봇을 등장시켜 로봇이 상징하는 과학적 첨단 기술을 강조하며 신비로운 분위기를 연출했다. 이 광고에서는 하이터치 디자인, 수퍼스윙 시스템, 그리고 서라운드 입체음향을 지녔다는 특성을 알리는 데에 무게를 실어, 첨단 실험실 분위기로 묘사함으로써 소비자의 호기심을 자극했다. 광고 카피는 다음과 같다. “남1) 첨단 TV를 만났다/ 금성 미라클 알파/ 이것이 수퍼스윙 시스템/ 수퍼 서라운드 입체음향/ 첨단 시스템 TV- 금성 미라클 알파.”

그림 2-15 ■ 금성사 미라클 알파TV 광고 (1989)

이 시기의 컬러TV는 소비자가 문화예술을 즐기는 방식에도 영향을 미쳤다. 컬러TV 광고에서 다양한 개성을 찾은 소비자는 소비생활 패턴에 있어서 이전과는 달리 남을 모방하기보다 자신의 개성을 추구하기 시작했다. 컬러텔레비전에 등장한 여러 장면에서 대상의 생생한 느낌(sizzle)이 구현되자, 사람들은 좀 더 화려한 느낌을 선호했고 서서히 쾌락적 소비문화도 보편화되기 시작했다. 드라마 콘텐츠의 내용이 그 이전에 비해 다양해지고 소비자의 여가활동도 달라졌으며, 기존의 극장을 넘어설 정도로 안방극장 문화가 서서히 정착되기 시작했다.

2) 1990년대의 컬러TV 광고

1990년대에 접어들어 방송 환경이 비약적으로 발전했다. 1991년에 SBS가 개국한 이후, 1995년에는 부산방송(PSB), 대구방송(TBC), 광주방송(KBC), 대전방송(TJB)이, 1997년에는 인천방송(ITV), 울산방송(UBC), 전주방송(JTV), 청주방송(CJB)이 개국했다. 1995년 3월에는 케이블TV 서비스가, 1995년에는 KBS 인터넷 방송 서비스가 시작되었다. 1996년 7월 1일에는 무궁화위성을 이용한 위성 실험방송이 실시되었고, 1997년에는 최초의 독립 인터넷 방송인 M2TV가 개국했으며, 1999년 12월에는 방송법이 개정되었다.

텔레비전의 보급이 보편화되고 미디어 영향력이 보다 확장되면서 텔레비전 시청에 따른 시력 저하가 사회적 쟁점으로 떠올랐다. 이런 사정을 반영해 개발한 것이 시력보호 텔레비전이다. 금성사의 시력보호 TV 광고(1990)의 카피는 다음과 같다. “오늘 얘기는 금성 시력보호 텔레비전. 가까이 가면 꺼지고 물러서면 켜지는 금성 시력보호 텔레비전- 자동거리 감지장치가 있어요. 걱정하지 마세요. 아이들 눈을 보호해요. 텔레비전은 멀리서 보세요. 금성 시력보호 텔레비전.”

1991년 광고에서는 생생한 영상 기술력에 대한 메시지가 강조되었다. 금성사의 수퍼 미라클 CC 광고(1991)에서는 살아있는 영상을 보고 싶어 하는 소비자의 기대에 부응하기 위해 노란색 물고기 모델을 활용해 생생한 영상을 생동감 있게 표현했다. 광고 카피는 다음과 같다. “살아있는 영상을 보고 싶다. 금성 수퍼 미라클 CC. 고감도 CC 블랙 브라운관. 금성 수퍼 미라클 CC.” 대우전자의 수퍼비전 임팩트TV 광고(1991)에서도 화질을 강조했다. 텔레비전이 보편화되면서 소비자는 보다 좋은 화질과 음성이 구현되는 텔레비전을 원했다. 광고에서도 소비자의 기대를 충족시킬 기술력이 구현되었다고 강조했다. 광고 카피는 다음과 같다. “충격영상 대우 수퍼비전 임팩트. 더욱 선명하다. 더욱 웅장하다. 이런 TV를 기다렸다. 이제, 대형 TV는 대우 수퍼비전 임팩트.”

그림 2-16 ■ 금성사 수퍼 미라클CC TV 광고 (1991)

그림 2-17 ■ 대우전자 수퍼비전 임팩트TV 광고 (1991)

대우전자의 임팩트 플러스 광고(1992)를 보자. 1세대 텔레비전은 흑백TV, 2세대 텔레비전은 컬러TV, 3세대 텔레비전은 라벤더 브라운관을 사용한 대우 임팩트 플러스TV라는 사실을 강조하기 위해 빨간 장미꽃을 활용해 화질의 차이를 선명히 드러냈다. 광고 모델 유인촌이 내레이션으로 전달하는 카피는 다음과 같다. "흑백으로 시작된 TV의 역사. 이제 2세대 컬러TV로 발전했습니다. TV는 이제 제 3세대 라벤더 브라운관을 채용한 임팩트 플러스입니다. 자- 보시죠! 라벤더 브라운관이 색 번짐을 없애주고 명암을 또렷이 살려냅니다. 브라운관이 바뀌면 TV가 달라집니다. 제3세대TV- 대우 임팩트 플러스."

이 광고에서는 색 번짐이 없는 라벤더 브라운관을 통해 한국의 색이 구현되었다며, 좋은 화질을 갈망하는 소비자 심리를 자극했다. 이어지는 임팩트 플러스 TV 광고(1993)에서도 라벤더 브라운관을 통해 비로소 한국의 색을 찾게 되었다고 강조했다. 카피는 다음과 같다. "우리의 가락이 있다. 우리만의 색이 있다. 이 오묘한 우리의 색을 고스란히 전해드리는 라벤더 브라운관. 색 번짐이 없는 이 라벤더 화질. 자 한번 비교해볼까요? 색 번짐이 없으니까 정말 깨끗하죠. 라벤더 브라운관

그림 2-18 ■ 대우전자 임팩트 플러스 광고 (1992)

은 대우 임팩트 플러스. 이제 라벤더로 보십시오."

마찬가지로 삼성전자의 시네마TV 광고(1991)에서도 색상을 강조했다. 화면에 등장하는 앵무새를 활용해 색이 선명하게 살아있는 느낌을 제시했다. 독수리

그림 2-19 ■ 삼성전자 시네마TV 광고 (1991)

그림 2-20 ■ 삼성전자 시네마TV 광고 (1992)

의 날갯짓 소리를 들려주며 소리가 살아있다고 표현함으로써 선명한 영상과 생생한 소리를 동시에 강조하고자 했다. 광고의 마지막 부분에서는 앵무새가 "시네마"라고 발음하도록 연출해 시네마TV의 브랜드 이름을 환기시켰다. 광고 카피는 다음과 같다. "얇은 TV의 명작 시네마TV. 색이 살아있다. 소리가 살아있다. 고품격 시네마TV- 삼성 엑설런트."

텔레비전 시청이 가족들이 함께 보는 오락시간으로 자리 잡은데 까지는 좋았지만, 각자 보고 싶은 프로그램이 다른 경우가 생겨 가족끼리 채널 다툼이 일어나는 경우도 많았다. 삼성전자의 시네마TV 광고(1992)에서는 시대상을 반영해 소비자의 채널 다툼을 해소했다고 하면서 두 개의 화면을 동시에 시청할 수 있다는 장점을 설명했다. 자막으로도 "두 화면 동시 시청 가능"을 강조한 이 광고 카피는 다음과 같다. "두 화면을 동시에 본다. 삼성 시네마TV. 소리가 살아있다. 영상이 살아있다. 시네마의 생생한 질감 세계. 대형TV의 명작- 삼성 시네마TV."

연이어 삼성전자는 거세게 불어 닥친 노래방 열풍을 반영한 텔레비전을 선보였다. 삼성전자의 바이오TV 노래방 광고(1993)에서는 텔레비전이 단순히 방송을 보는 도구만이 아니라 노래방의 기능까지 갖춘 제품으로 발전했음을 보여주었

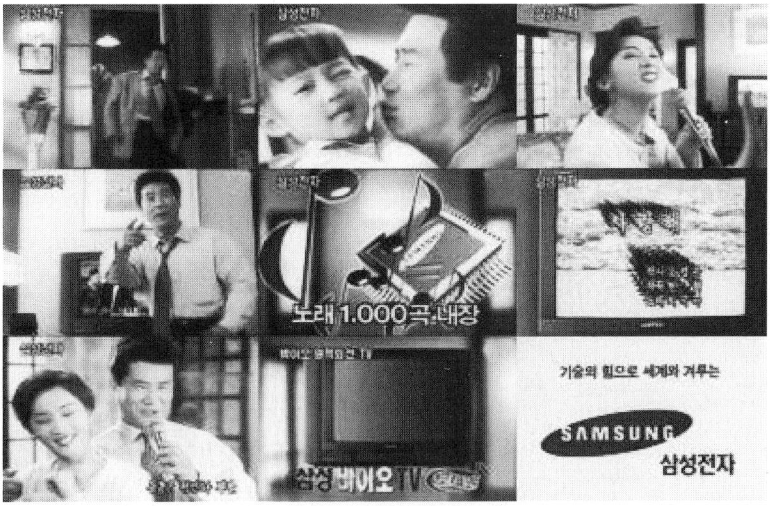

그림 2-21 ■ 삼성전자 바이오TV 노래방 광고 (1993)

다. 실제 부부가 출연한 이 광고에서는 평소에는 술 마시고 늦게 들어오는 남편이 노래방 TV 때문에 귀가 시간이 빨라져 가정적인 남편이 된다는 재미있는 소재로 제품의 특성을 알렸다. 방송을 보는 것 말고도 추가로 노래방 기능을 바라는 소비자의 마음을 담아 낸 카피는 다음과 같다. "짜라라짜짜짜-" "아빠- 술냄새" "흥. (노래 부르며) 싫다 싫어 당신 모습이" "어? 여보 이거 TV야? 노래방이야?" "반도체 하나에 노래 1000곡을 담았습니다." "(노래 부르며) 사랑해 당신을-" "남편을 일찍 들어오게 하세요." "우리 아빠 노래 실력 요-거래요." "삼성 바이오TV 노래방. 삼성전자."

LG아트비전 와이드 광고(1995)에서는 "화면이 넓어지면 화상을 자를 필요가 없다"는 카피와 함께 좁은 곳에서 고생하고 있는 도마뱀의 고민을 보여주고 있다. "시야가 좁아 답답하다. 화면이 실감나지 않는다."는 사람들의 고민을 도마뱀의 고민과 일치시켜 넓은 화면으로 고민을 해결했다고 강조했다. 카피는 다음과 같다. "화면이 넓어지면 화상을 자를 필요가 없다." "시야가 좁아 답답하다. 화면이 실감나지 않는다. LG아트비전 와이드는 보다 넓게 보다 생생하게 실재감 있는 극장의 생생한 분위기를 그대로 느낄 수 있다. 인체공학에 의한 시야각의 연구로부터 얻은

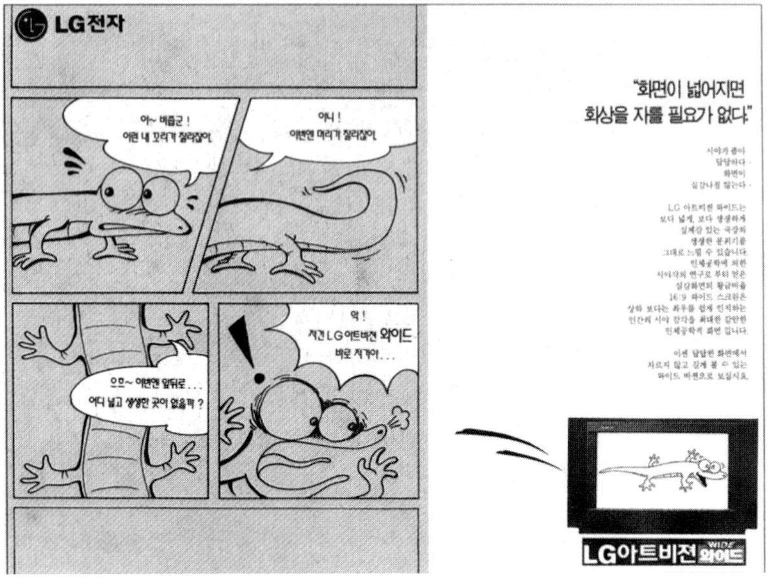

그림 2-22 ■ LG아트비전 와이드 광고 (1995)

실감 화면의 황금비율. 16:9 와이드 스크린은 상하 보다 좌우를 쉽게 인지하는 인간의 시야 감각을 최대한 감안한 인체공학적 화면이다. 이젠 답답한 화면에서 자르지 않고 길게 볼 수 있는 와이드 비전으로 보십시오."

1995년에 위성방송 시대가 개막되자 방송시장의 판도에 엄청난 변화가 일어나기 시작했다. 보다 다양한 프로그램을 좀 더 좋은 텔레비전으로 보기를 바라는 사람들이 많아지자, 대우전자는 새로운 텔레비전을 출시했다. 대우전자의 개벽 X5 광고(1996)에서는 연구진들이 열심히 텔레비전을 연구하는 모습을 보여주며 신뢰감을 제고하며, 와이드 방송은 와이드 화면으로 보고 일반 방송은 일반 화면으로 시청이 가능하다는 점을 내세웠다. 광고 카피는 다음과 같다. "Na) 위성방송시대 개막. 와이드 방송은 와이드 화면으로, 일반 방송은 일반 화면으로 즐긴다. 일반 TV와 와이드 TV가 하나로. 이제, X5 한 대면 충분하다. 와이드 겸용 TV- 개벽 X5."

마찬가지로 삼성전자의 명품 플러스원 광고(1996)에서는 사람들이 좋아하는 축구를 활용해 "숨어있던 화면을 찾았다"는 강력한 카피를 활용했다. 더 넓어진 텔레비전 화면을 보여주며 좁은 화면으로는 볼 수 없었던 부분까지 한층 넓어진 화

그림 2-23 ■ 대우전자 개벽X5 광고 (1996)

면으로 즐길 수 있다며 소비자 혜택을 강조했다. 광고 카피는 다음과 같다. "네, 좋은 찬스입니다. 아- 네, 긴장되는 순간입니다. 절묘한 패스였습니다. 아니, 저 선수가 어디 숨어있었죠? 숨어있던 화면을 찾았다. 삼성TV 명품 플러스 원. 삼성전자."

LG아트비전 와이드 광고(1997)에서는 생생한 자연의 모습을 화면에 담아 넓어진 화면을 강조했다. 아프리카 원주민들이 깜빡 속아 TV 속으로 들어간 동물을 덫을 놓아 사냥한다는 다소 억지스런 설정이었다. 그렇지만 세세한 표현 하나하나가 재미있어 화면이 살아있는 텔레비전을 강조하기에 손색이 없었다. 카피는 다음과 같다. "크롬 아이(eye)가 최적의 화질을 찾는다. 살아있는 화질을 잡았다.

그림 2-24 ■ 삼성전자 명품 플러스 원 광고 (1996)

그림 2-25 ■ LG아트비전 와이드 광고 (1997)

LG아트비전 라이브." 넓어진 화면의 장점과 소비자 혜택을 간명하게 표현한 광고였다.

대우전자의 개벽 매직 광고(1997)에서는 처음에 다 같이 축구를 보던 사람들이 화질이 더 뛰어난 개벽 매직TV로 옮겨가자 마지막에는 애완견만 남는다는 내용이었다. 더 좋은 화질의 혜택을 알릴 수 있는 차별적인 메시지가 돋보이는 광고다. 화질의 차이를 강조하는 카피 흐름은 다음과 같다. "아 답답하네, 이거." "화질의 차이, 사람이라면 다 압니다." "대우 개벽 매직." "개벽은 화질."

LG아트비전 와이드 광고(1998)에서는 넓은 화면을 통해 실제 롤러코스터를 타는 것처럼 실감나게 표현해 생생한 긴장감을 전달했다. 카피는 "실감나는 TV. LG아트비전 와이드"이다. 이어지는 LG아트비전 라이브 광고(1998)에서는 동물들의 눈을 클로즈업해 눈이 화질을 결정한다고 강조하며, 텔레비전의 눈인 디지털 아이(eye)가 뛰어나 선명한 화질을 볼 수 있음을 환기했다. 더 좋은 화질을 갈망하는 소비자의 욕구에 호소하는 광고였다. 카피는 다음과 같다. "눈이 화질을 결정한다. TV의 눈 디지털 아이. 눈이 더 선명하다. LG아트비전 라이브."

대우전자의 벽걸이TV 광고(1999)를 보자. 이 광고에서는 최초로 벽걸이

그림 2-26 ■ 대우전자 개벽 매직TV 광고 (1997)

TV를 출시했다며 소비자의 호기심을 자극하면서 대우전자의 앞선 기술력을 강조했다. 새로운 텔레비전을 갈망하는 소비자 욕구를 반영해 무겁고 두꺼운 텔레비전 대신 얇고 가벼워 벽에 걸어놓고 볼 수 있다고 했다. 혁신적인 제품을 알렸던 광고 카피는 다음과 같다. "모두가 안에서 크기를 자랑할 때 우리는 더 큰 세상을 생각했습니다. 얇게 만들어 벽에 거는 신 영상 기술. 대우전자가 해냈습니다. 한발 앞선 기술- 대우전자."

정보사회에 접어든 1990년대는 테크놀로지의 소비문화가 보편적으로 확산

그림 2-27 ■ LG아트비전 TV 광고 (1998)

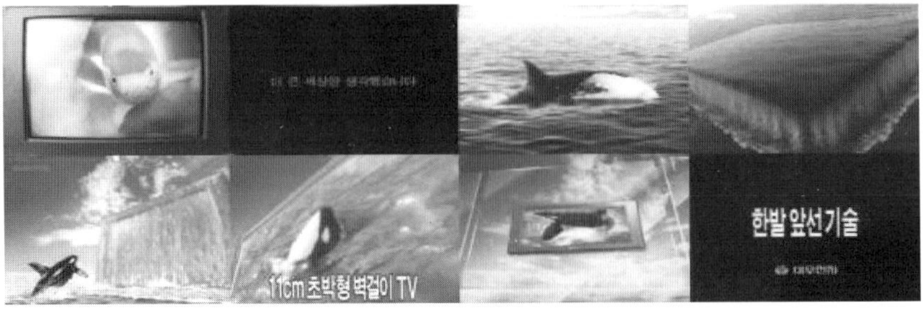

그림 2-28 ■ 대우 벽걸이TV 광고 (1999)

되었다. 세기말적 불안감과 세대 간의 갈등 속에서 X세대와 네티즌은 포스트모던 취향을 파격적인 테크놀로지 광고에서 찾았다. 포스트모던 광고는 전통적 광고에 비해 반형식, 비합리적, 서술 구조의 해체, 이미지 중심적, 복합성, 페미니즘적 시선이라는 특성을 지니고 있었다(강명구, 1993). 포스트모던 광고에서는 메시지의 전복과 해체를 통해 수용자 스스로가 메시지 내용을 재구성하도록 했다. 이는 이전에 볼 수 없었던 광고 커뮤니케이션의 새로운 스타일이었다.

1990년대 중반에는 1인당 국민총생산이 10,000달러에 이르렀고, 표준화와 몰개성화인 대중소비로부터 개성화와 차별화 및 다양화를 추구하는 소비의 성숙단계로 진화했다. 1990년대의 한국 사회는 의식주 영역에서 양적 소비로부터 질적 소비로 소비문화의 전환이 이루어진 시기였다. 1990년대의 텔레비전 수상기 광고는 소비문화의 전환에 일정한 영향을 미쳤다. 화질, 음향, 화면 같은 텔레비전의 핵심 기술이 발전함으로써 더 좋은 텔레비전을 기대하던 소비자들의 욕구에 응답했다. 광고 표현에서도 소비자의 소비 욕구를 자극하는 메시지를 정교하게 구사했다.

3) 2000년대의 컬러TV 광고

우리나라의 소비문화는 2000년대 들어 새로운 전환점을 맞이했다. 미디어 테크놀로지 광고에서는 상품 상징주의를 강조하는 메시지가 자주 등장했다. 상품 상징주의는 사회적 지위를 나타내는 동시에 소비자의 가치관을 반영한다. 상품 상징주의가 반영된 미디어 테크놀로지 광고는 소비문화의 메시지로 작용하며 소비자에게 소비 가치의 경험을 권고한다. 2000년대의 텔레비전 수상기 광고 역시 사람

그림 2-29 ■ 필립스TV 광고 (2000)

들에게 소비의 기쁨을 경험하라고 권고했다.

지금은 삼성전자와 LG전자가 가전업계를 대표하지만 2000년대에는 필립스, 대우, 소니 같은 여러 회사가 있었다. 삼성전자 텔레비전 광고에서 평면의 디지털 화질을 강조했다면, 필립스TV 광고(2000)에서는 PDP 텔레비전의 42인치 대화면 디스플레이를 강조했다. 카피는 다음과 같다. "날마다 새로운 감각으로 깨어난다. 21세기형 PDP TV. 필립스가 선보이는 최첨단 영상 과학, PDP TV. 42인치 플라즈마 디스플레이 대화면으로 살아있는 영상을 즐겨 보십시오."

한일월드컵이 열린 2002년에는 월드컵과 관련된 광고가 많았다. 삼성전자 파브 광고(2002)에는 축구황제 펠레가 모델로 등장해, 승리를 이끄는 건 스타가 아니라 팀워크라는 자막으로 팀워크의 중요성을 강조했다. 브랜드 이미지를 제고하기 위한 이 광고의 카피는 다음과 같다. "자막) 축구의 황제 펠레. 승리를 이끄는 건 스타가 아니라 팀워크다. Na) 이 세상 최고의 브랜드는 당신이다."

이 무렵에 음향 지원이 뛰어나다는 홈시어터를 알리는 광고도 많았다. 삼

그림 2-30 ■ 삼성전자 파브 TV 광고 (2002)

성전자 파브 TV 광고(2002)의 다른 버전에서는 저명한 지휘자 카라얀을 등장시켰다. 카피는 다음과 같다. "Na) 불멸의 거장 카라얀! 그에겐 누구도 모방할 수 없는 특별함이 있다. 이 세상 최고의 브랜드는 당신이다. 파브." 이 광고에서는 '모방할 수 없는 특별함'이라는 카피를 자막으로 넣어 탁월한 음향의 성능을 드러냈다. 이 광고에서의 '그'는 카라얀이지만 파브 홈시어터 텔레비전을 동시에 호명하는 대명사이기도 했다. 이전의 광고에서 디자인을 주로 강조했다면 홈시어터가 등장한 2002년 이후부터는 텔레비전의 영상과 음향을 주로 소구했다. 홈시어터가 나온 다음부터 소비자는 극장에 가지 않고도 집에서 생생한 음향과 영상을 즐길 수 있게 되었고, 이로 인해 사람들의 여가와 일상생활도 이전과는 다른 패턴을 보여주었다.

샤프전자의 LCD 텔레비전 광고(2003)에서는 벽걸이형보다 좋은 LCD 텔레비전의 장점을 강조했다. 핵심 카피는 다음과 같다. "그냥 벽걸이형 TV도 자부심이 되겠지만... 그래도 화질 차이 때문에... 모든 벽걸이형TV가 화질을. 그렇지만... 그래도 화질 차이 때문에... 다른 벽걸이형 TV보다 조금은 비싸지만... 그래도 화질 차이 때문에... 화질 차이 때문에 샤프 LCD TV가 전 세계에서 가장 많이 선택되고 있다." 벽걸이형 텔레비전이 다수 출시된 상황에서, 샤프전자는 가격은 조금 비싸도 화질이 좋기 때문에 벽걸이형보다 LCD 텔레비전을 선택하는 사람들이 많다는 점을 핵심 메시지로 내세웠다.

LG전자의 엑스캔버스 TV 광고(2005)에서는 텔레비전 생방송의 멈춤 기능을 알렸다. 카피는 다음과 같다. "생방송을 멈춘다. 엑스캔버스만의 타임머신 기

그림 2-31 ■ LG전자 엑스캔버스 TV 광고 (2005)

능. Na) 생방송을 멈출 수 있는 건- 엑스캔버스." 첨단 기능을 갖춘 텔레비전에 대한 사람들의 기대치가 높은 상황에서 축구선수 박지성을 모델로 활용해 첨단 디지털 기술을 강조했다. 박지성이 슛을 날리는 장면에서 부자가 중계화면을 잠시 멈추고, 골이 오른쪽으로 들어갈지 왼쪽으로 들어갈지 이야기하는 상황을 설정해 제품의 특성을 설명했다.

삼성전자의 파브 TV 광고(2008)에서는 텔레비전과 USB의 결합을 제품 특성으로 제시했다. "TV+USB. PAVV, USB 동영상을 열다. TV의 미래를 열다."처럼 간명한 카피를 써서, USB에 들어 있는 영상을 텔레비전으로 볼 수 있다고 했다. 삼성전자의 또 다른 파브 TV 광고(2009)에서는 "살아있는 그대로 하이퍼리얼 화질. 빛의 TV. Samsung PAVV LED."라는 카피로 FULL HD 텔레비전의 출시를 알리는 기존의 메시지에서 FULL HD의 특성을 보여주는 쪽으로 광고의 표현을 바꿨다. 초원에 표범이 등장하면 남자가 텔레비전으로 표범을 잡는다는 상황을 설정해, LED의 생생한 화질 때문에 살아있는 표범을 그대로 잡았다는 내용이다. 광고의 중간 부분에서 텔레비전의 옆면을 보여주며 두께가 얇다는 점도 강조했다. 2009년 이후부터 두께가 얇은 텔레비전이 폭발적인 인기를 누렸다.

한편, LG전자의 엑스캔버스 TV 광고(2009)에서는 "완벽함을 위해 슬림은 기본. 프레임까지 사라져야 한다. Na) XCANVAS LED"라는 카피를 썼다. 그동안 화질의 장점을 광고했다면 이 광고에서는 얇은 두께(slim)를 본격적으로 강조하기 시작했다. 광고의 전반적 배경은 엑스캔버스 텔레비전의 색깔과 거의 유사한 검은

그림 2-32 ■ 삼성전자 파브 TV 광고 (2008)

색으로 처리했다. 제품 색깔과 제품을 설명하는 배경은 물론 광고 모델 다니엘 헤니의 정장 차림의 의상도 검정색이었다. 전반적으로 고급스런 느낌을 살리기 위해 검은색 계열의 컬러 마케팅을 시도한 것이다. 이 광고를 기점으로 텔레비전의 두께가 얼마만큼 얇아질 수 있는지가 시장에서의 핵심 쟁점으로 떠올랐다.

2000년대 텔레비전 수상기 광고는 소비자에게 텔레비전의 미래에 대한 환상과 신화를 제공했다. 나아가 상품 판매의 수단이라는 본질적 기능을 넘어서 소비문화의 새로운 관점을 제시했으며 상품의 소비 가치와 소비자를 연결해 경제 활동을 촉진시켰다. 텔레비전 수상기 광고는 광고물에서 현실의 일부를 구성함으로써

그림 2-33 ■ LG전자 엑스캔버스 TV 광고 (2009)

일상생활에 영향을 미쳤으며 소비대중 문화를 형성하는 주요 요인으로 작용했다.

2000년대에는 홈시어터(Home Theater, 가정 극장)의 등장이 소비자의 소비패턴을 가장 크게 변화시켰다. 아파트 거실의 벽체에 고화질의 대형 TV스크린을 설치해주는 멀티미디어 아파트가 등장해, 거실에서 극장수준의 영화를 감상하고 고화질 텔레비전을 시청했으며, 음악 감상은 물론 인터넷 사용에 이르기까지 다양한 멀티미디어를 즐길 수 있게 되었다(박신영, 2001). 당시의 기사를 보면 홈시어터를 구매해서 설치한 부인의 인터뷰 내용이 많았다. "남편 퇴근시간이 빨라져 가족끼리 지내는 시간도 많아졌어요. 아이들도 게임이나 노래를 할 때 정말 실감난다며 좋아해요. 여름휴가는 홈시어터가 있는 집안에서 보내기로 했어요."(박윤철, 2000). 이처럼 홈시어터의 등장으로 집안에서 즐길 수 있는 안방문화가 차츰 자리를 잡았다.

홈시어터가 등장한 이후 DVD의 매출도 증가해 모름지기 DVD 플레이어로 대표되는 홈시어터 시대가 현실화되었다. 당시의 언론에는 DVD의 매출 증가를 알리는 기사가 자주 등장했다. DVD 플레이어로 대표되는 홈시어터(가정극장) 시대가 성큼 다가온 것이다. 집에서 DVD 플레이어와 앰프 스피커를 연결해 DVD 타이틀로 영화와 공연을 즐기는 마니아가 증가했다. 하이텔과 천리안 및 유니텔에서 활동한 오디오 비디오(AV) 동호회의 회원이 대략 5만여 명에 달했고, 아마추어 수준인 팬까지 합치면 20만 명에 육박했다. 2001년에만 20만대 이상의 DVD 플레이어가 판매되었다(김태완, 2001).

2000년대의 텔레비전 수상기 광고에서는 시간이 흐를수록 기존의 보는 텔레비전을 넘어서 다양한 기능을 강조하는 쪽으로 메시지의 방향이 달라졌다. 이에 따라 여러 가전업체에서는 기능과 성능이 뛰어나고 디자인 측면에서도 돋보이는 텔레비전 수상기를 개발하려고 노력했다. 그 결과 2010년대에 접어들어 미디어 테크놀로지의 결정체인 스마트TV가 우리 생활 속으로 한층 가깝게 다가오게 되었다.

03 케이블TV 광고의 흐름

케이블TV는 방송센터와 수신자(가입자) 사이를 동축 케이블이나 광섬유로 연결해 프로그램과 데이터를 보내는 유선방송 방식이다. 종합유선방송의 법적 정의는 영상, 음성, 음향 등을 유선 전기통신 시설을 이용해 수신자에게 송신하는 다채널 방송이다. 지상파 방송이 전파의 직진성 때문에 빌딩이나 산에 막혀 수신 장애를 받는데 비해, 케이블TV는 전파 신호의 품질이 안정되고 혼선이 없다.

1991년 12월 31일, 케이블TV 도입의 기본 법률인 '종합유선방송법'이 제정되고, 1992년 6월 30일에는 이 법의 시행령이 대통령령으로 제정되었다. 1993년 6월 1일, 정부는 종합유선방송의 시작을 공표했다. 1995년 1월 5일, 프로그램 공급자 21개사와 종합유선방송국 39개사가 참여한 가운데 총시청 가구 9,625세대를 대상으로 시험방송을 개시했다. 문제점을 보완해 3월 1일부터 본 방송을 개시해 2개월의 무료 운영을 거쳐 5월 1일부터 유료방송을 시작함으로써, 우리나라도 본격적인 종합유선방송 시대가 시작되었다. 기존의 텔레비전과 케이블TV의 특성을 1995년의 시점에서 비교하면 〈표 2-1〉과 같다.

케이블TV의 미디어적 특성은 다음과 같다(윤석민, 1996). 첫째, 다채널 전문방송이라 기술적으로는 채널을 수백 개까지 확장할 수 있다. 채널마다 독창적인 프로그램을 방송하기 때문에 시청자는 자신의 기호나 취향에 알맞게 프로그램을 선택할 수 있다. 둘째, 쌍방향 시스템을 통해 다양한 부가 서비스가 가능해졌다. 시청자가 프로그램에 직접 참여할 수 있는 쌍방향 프로그램의 응용 범위가 넓어 시청자는 유익한 콘텐츠를 두루 즐길 수 있다. 셋째, 저렴한 가격에 방송을 볼 수 있다는 경제성이 뛰어나다. 설치비 4-6만원과 월 수신료 17,000원 정도에 케이블TV

표 2-1 ■ 텔레비전과 케이블TV의 특성 비교

	텔레비전	케이블TV
송신방법	전파를 이용해 무선으로 영상정보 송신	유선(wire/cable)을 통해 영상정보 송신
채널용량	12개 채널(실제 사용가능 채널은 6~7개 채널)	수백 개 채널
소유형태	정부나 전국적인 거대기업이 지배하고 소유	대부분 소규모 조직으로 운영하나 대기업 참여 증가
교류방법	일방적 교류(일방적 정보전달)	쌍방적 교류(방송센터와 시청자가 메시지 교환 가능)
수신상태	전파 문제로 화질이 고르지 않고 전파방해 지역은 화면상태 불량	유선 전송 시스템이므로 언제 어디서나 고품질의 화면 유지 가능

자료원: 윤석민 (1996).

채널(유료채널 제외), 지상파 방송, 위성방송을 시청할 수 있다. 넷째, 지역밀착 미디어로써 지역의 특성에 알맞은 상세한 정보를 접할 수 있다. 케이블TV는 지역 정보 제공의 기능이 뛰어나므로 도시와 지역 간에 균등 발전을 모색하는데 영향을 미친다.

1) 1990년대의 케이블TV 광고

위성방송 시대가 개막되자 방송의 판도에 많은 변화가 일어났다. 사람들은 보다 다양한 프로그램을 좀 더 좋은 텔레비전으로 보기를 원했으며, 케이블TV는 이를 반영해 개인 맞춤형과 상호작용성이라는 특성을 구현하려고 노력했다. 한국종합유선방송협회의 케이블TV 고지 광고(1995)에서는 '30개의 채널'을 강조해 유선 채널보다 다양화된 채널을 기대하던 소비자에게 혜택이 많다는 점을 강조했다. 광고 카피는 다음과 같다. "남자Na) 30개 채널 케이블TV/ 남자1) 사람에 따라 입맛이 다르듯/ 이제 TV도 취향에 따라 마음대로 골라보실 수 있습니다./ 남자Na) 케이블TV/ 남자1) 언제나 볼 수 있는 방송, 깨끗한 화면. 바로 케이블TV이다./ 남자Na) 각기 다른 30개 개성 있는 방송./ Song) 케이블TV/ 남자1) 지금 지역 방송국으로 신청하십시오."

그림 2-34 ■ 한국종합유선방송협회 케이블TV 광고 (1995)

영화 전문 케이블TV인 캐치원 광고(1995)를 보자. 이 광고에서는 영화평론가 유지나 교수가 출연해 캐치원 채널에서 많은 영화를 방영한다는 전문가 보증형 스타일의 광고를 했다. 이 광고에서는 유니버셜, 월트디즈니, 파라마운트, 워너브라더스 같은 영화사에서 제공하는 영화를 '캐치원' 채널 하나로 다 볼 수 있다며, 마지막 장면에서는 TV개봉관 '캐치원'이라는 카피와 총알 속 영화사들의 엠블럼을 제시해 '캐치원' 채널에 대해 소개했다. 광고 카피는 다음과 같다. "영화 팬이라면 좋은 영화를 남보다 빨리 보길 원하죠. 파라마운트, 월트디즈니, 유니버셜, 워너브라더스, 20세기폭스. 할리우드 5대영화사 최신작들이 캐치원에서 독점 방영됩니다. 한 달에 120편씩 최신영화가 가장 빨리 TV로 옵니다. 캐치원! 보고 싶었던 바로 그 영화들. 빠르고 편하게 받아보는 방법, TV 개봉관- 캐치원. 지금 가입하십시오."

그림 2-35 ■ 케이블TV 캐치원 TV 광고 (1995)

케이블TV와 함께 확장된 다채널 시대에는 방송 프로그램의 선택성, 내용의 다양성, 시청의 편의성이 구현되었다. 채널 선택권이 늘어나면서 사람들의 시청 패턴이 달라졌고 자연스럽게 라이프 사이클도 달라졌다. 대중의 개념보다 분중(分衆)의 의미가 강조되는 다채널 시대에 케이블TV는 지상파 텔레비전이 주도하던 대중문화와는 별도로 분중의 문화를 창출하기 시작했다. 그리고 서울 중심의 방송망 구조에서 벗어나 지역 문화를 활성화하는 계기를 제공했다.

2) 2000년대의 케이블TV 광고

위성방송 시대가 개막되자 방송의 판도에 많은 변화가 일어났다. 사람들은 보다 다양한 프로그램을 시청하기를 원했다. DV HDTV 광고(2007)는 케이블TV 브랜드의 하나인 DV를 소개하는 광고였다. HDTV가 등장하자 소비자는 화질이 더 좋은 영상을 기대했고 이런 기대를 반영해 디지털 방송이 시작되었다. 디지털 방송은 아날로그 방송보다 화질이 좋다는 장점이 있다. 이 광고에서는 소비자의 욕구와 시장 상황을 반영해 다음과 같은 카피를 썼다. “그녀에겐 이 남자다. 그들에겐 HDTV다. HDTV엔? DV가 답이다! 이젠 케이블TV 영화 채널도 스포츠도 드라마도 HD화질로! HDTV는 DV로 보라! 다 되는 TV- DV.”

2008년에는 디지털 케이블 방송이 시작되었다. 한국케이블TV방송협회 광고(2008)에서는 지금까지 미디어가 어떻게 변화해왔으며 미래에 어떻게 진화할 것인지 미디어의 역사를 보여주는 내용으로 구성했다. 아날로그 방송에서 디지털로 진화하는 과정을 보여주며 소비자에게 새로운 디지털 방송 미디어를 소개했다. 2008년에 방송된 광고였지만 그 후 우리나라 미디어의 변화를 거의 그대로 적중시켰다. 카피는 다음과 같다. “자막) 1920년 라디오의 탄생/ 1950년 흑백TV 방송 시작/ 1980년 컬러TV 방송 시작/ 1995년 케이블TV 방송 시작/ 2012년 아날로그 방

그림 2-36 ■ DV HDTV 광고 (2007. 11)

그림 2-37 ■ 한국케이블TV방송협회 광고 (2008)

송 종료/ 2013년 텔레비전 진화의 새로운 시작/ Na) 2013년 온 세상이 디지털.”

한국디지털케이블TV 광고(2009)에서는 케이블TV가 거의 자리 잡은 상황에서 다양한 정보와 지식을 전문채널을 통해 습득할 수 있다는 케이블TV의 장점을 소개했다. 전문성을 기대하던 소비자 욕구를 반영한 내용이었다. “국민의 사랑만이 국민TV의 이름을 허락합니다.” 이런 카피는 디지털 케이블TV의 보급에 적극적으로 기여했다. 케이블TV가 널리 보급되면 다수의 시청자들이 환호하는 국민TV가 된다면서 케이블TV가 선택이 아닌 필수라는 사실을 알렸다. 카피는 다음과 같다. “Na) 국민여동생. 국민가수. 국민타자. 국민꽃남. 국민MC. 그리고 국민TV. 남자Na) 국민의 사랑만이 국민TV의 이름을 허락합니다. 여자Na) 디지털 케이블TV.”

케이블TV가 보편화되자 시청자의 채널 선택의 기회도 많아졌다. 경제, 음식, 패션, 오락 같은 전문 채널이 등장해 텔레비전에서 전문지식을 얻을 기회도 많아졌다. 요리 채널, 스포츠 채널, 음악 채널, 게임 채널 같은 틈새 미디어 시장도 성장했다. 케이블TV는 개인이 자유롭게 상호 연결하는 개인 맞춤형이기 때문에 기

그림 2-38 ■ 한국케이블TV방송협회 광고 (2008)

존의 대중매체에는 없던 새로운 소비 모델을 창출했다(이성호, 2009). 시청자의 지식수준이 향상되자 시청자의 소비생활과 여가생활에 있어서도 변화가 시작되었다. 쇼핑 채널, 교육 채널, 스포츠 채널은 야외 활동으로 여겨지던 쇼핑이나 교육을 안방으로 끌어들였다.

소비자는 전문 채널을 통해 더 손쉽게 여가생활을 즐기고 잉여 시간을 더 생산적인 부분에 투자했다. 케이블TV에서 전문 지식을 쌓은 시청자는 점점 더 똑똑한 소비자가 되었다. 광고 메시지도 생산자의 일방적인 자랑이 아닌 소비자 지향적인 메시지로 변했다. 게임이나 스포츠 전문 케이블 채널은 시청자의 여가생활을 바꿨으며, 여가활동의 다양한 패턴을 제시하면서 시청자들의 만족감을 높여 나갔다. 결국 케이블TV는 시청자의 소비생활과 여가생활에 엄청난 영향을 미치고 시청자의 문화적 눈높이와 지식수준을 향상시켰다.

위성TV 광고의 흐름

04

2000년대 초반에 주변을 둘러보면 디지털TV, 디지털 카메라, 디지털 오디오, 디지털 핸드폰에 이르기까지 온통 디지털 세상이었다. 혼수를 준비하는 신혼부부의 70%정도가 디지털 가전을 선호할 정도로 소득 수준이 향상되면서 고화질과 고음질로 대표되는 디지털에 대한 수요는 나날이 급증했다. 디지털 시대의 쌍방향 커뮤니케이션 매체들이 쏟아져 나오는 가운데 시시각각 다른 형태의 미디어가 새로운 구조로 자리 잡은 것이다. 1대 N이라는 불특정 다수를 대상으로 하는 디지털 위성방송은 미디어 생태계와 소비자의 일상생활에도 다양한 영향을 미쳤다.

우리나라는 아날로그 위성방송을 거치지 않고 바로 디지털 위성방송을 시작했다. 1996년 7월 1일 오전 10시에 KBS가 위성 시험방송을 실시한 이후, 지상파 방송3사는 2001년 말부터 디지털 방송 서비스를 부분적으로 시작했고, 일부 케이블TV의 SO(System Operator)에서도 디지털 방송을 추진했다. 2002년 3월 1일, 스카이라이프(SkyLife)는 무궁화위성 3호를 통해 본격적인 위성방송 서비스를 시작했다. 위성방송은 위성으로부터 직접 전파를 송신하기 때문에 화질이 선명하고 전국에 동시 방송을 할 수 있다. 그렇지만 위성방송 초기에는 사람들이 위성방송에 관심조차 없었고 그 성격도 알지 못했다.

스카이라이프는 기존의 디지털 위성방송과 차별화된 서비스를 제공했다. 시청자들은 영화, 드라마, 스포츠, 오락, 교육, 음악, 정보, 취미 등 장르별로 140여개의 채널을 즐기게 되었다. 디지털 압축 기술로 다수의 채널을 전송함에 따라 시청자들은 수백 개의 채널을 선명한 고품질 영상과 CD 수준의 음질로 즐길 수 있게 되었다. 스카이라이프에서 가입자에게 기존의 케이블TV와 달리 PPV 맞춤형 서비스[3])를 제공하자 명실상부하게 미디어 소비의 개인화가 가능해졌다.

소비자의 특성에 따라 스카이라이프가 특화된 서비스를 제공하자 2000년대의 케이블TV와는 확연한 차이가 나타났다. 위성방송 광고에서는 개인화된 맞춤형, 묶음형, 다양한 프로그램을 개인의 취향에 맞게 골라볼 수 있다는 특성을 강조해 소비자 심리를 자극했다. 더욱이 2005년에 국내 최초로 선보인 스카이라이프의 양방향 광고는 텔레비전 광고와 인터넷 광고의 특성을 모두 반영하는 마케팅 수단으로 떠올랐다. 타깃 맞춤형의 양방향 프로모션으로 시청자 정보를 바탕으로 1개의 프로그램에 1개의 광고만을 노출해 혼잡도를 줄이고 광고 집중도를 증대시켰다.

스카이라이프(SkyLife) 론칭 광고(2001)에서는 존 F. 케네디, 마릴린 먼로, 그리피스 조이너 같은 명사의 후광 효과를 내세웠다. 론칭 캠페인에서 기존 방송과는 '차원이 다른 방송'이라는 콘셉트를 전달하기 위해 이전의 광고에서 보지 못한 모델을 활용해 메시지를 차별화했다. 카피는 다음과 같다. "그는 못 봤다" "그녀도 못 봤다" "아깝다, 청춘! 스카이라이프도 못보고." "하늘만큼 좋은 방송." "자막) 140여개 채널 디지털 위성방송" "징글) 스카이라이프." 스카이라이프의 브랜드 인지도는 이 광고를 통해 순식간에 향상되었다. 3개월 만에 60만 가구가 가입했고 본 방송을 시작한지 한 달 만에 13만대의 수신기가 보급되었다. 이는 우리나라보다 먼저 위성방송을 시작한 외국과 비교해도 놀랄만한 성과였다. 일본의 스카이퍼

그림 2-39 ■ 스카이라이프 론칭 광고 (2001)

[3] 시청자가 전화나 리모컨을 이용해 프로그램을 주문하면 PPV 사업자가 셋톱박스에 신호를 보내 시청자가 주문한 프로그램에 한해 시청할 수 있도록 암호를 해제해주고 프로그램 당 비용을 청구하는 방송 서비스이다.

펙(SkyPerfec) TV는 20만 가구를 확보하는데 4개월, 프랑스의 TPS는 12만 가구를 확보하는데 5개월, 스페인은 10만 가구를 돌파하는데 약 5개월이 소요되었다.

스카이라이프가 2002년에 출시한 IMAP(In-Motion and PorTable) 서비스에는 '차량용서비스(In-Motion)'와 '휴대용서비스(PorTable)'가 있었다. 자동차로 이동하는 중에도, 여행지에 가서도, 고화질 고음질의 다채널 디지털 위성 방송을 즐길 수 있게 되었다. 디지털 위성방송은 위성을 이용해 방송 서비스를 제공하기 때문에, 안테나와 수신기만 갖추면 산간이나 도서 지역을 불문하고 광범위한 지역에 고품질의 방송이 가능했다. 이전까지는 거의 다 집에서 텔레비전을 시청했지만, 스카이라이프가 나온 다음부터 상황이 달라졌다.

스카이라이프의 IMAP 서비스로 인해 집안과 집밖은 물론 자동차, 배, 비행기 같이 움직이는 이동공간에서도 언제 어디서나 텔레비전을 즐길 수 있게 되었다. 2000년대부터 주5일제 근무가 확산됨에 따라 관광 레저에 대한 관심이 높아져 야외에서의 여가 활동이 늘어났다. 변화된 라이프스타일에 맞춘 스카이라이프의 IMAP 서비스는 시간적, 공간적 제약을 벗어나 '집밖에서도 볼 수 있는 텔레비전'이라는 틈새시장을 공략한 것이다.

스카이라이프 TV 광고(2002)에서는 어디에서나 디지털 위성방송을 즐길 수 있다는 콘셉트를 잘 표현했다. 다리 위를 질주하는 고급승용차를 탄 젊은 여성 CEO가 달리는 차안에서 뭔가를 보며 미소 짓고 있다. 자동차가 호텔 앞에 서자 이병헌이 뒤따라 나오며 "저 잊으신 거…"라고 말하는 순간 낭만적인 분위기는 절정에 이른다. 깜박 잊었다는 듯이 여성 CEO가 가방 속에서 꺼낸 것은 스카이라이프 리모컨이었다. 기존 차에서 보던 방송과 다른 생생한 디지털 위성방송이라는 점을 홀로그램으로 표현했다. 스카이라이프 안테나를 달고 해안도로를 따라 자동차가 질주하는 장면은 스카이라이프만의 즐거움을 전달하기에 충분했다. 카피는 다음과 같다. "Na) 생생한 디지털 위성방송을 차에서도 즐긴다. 스카이라이프. 남) 장소 초월. 자막) SkyLife 한국 디지털 위성방송." 장소와 관계없이 디지털 위성방송을 즐길 수 있는 스카이라이프의 차량용 서비스와 휴대용 서비스는 분명 변화된 소비자의 욕구를 충족시킬 새로운 방송이었다. 이처럼 IMAP 서비스는 텔레비전을 보는 공간적 제약을 뛰어넘었고, 쌍방향 서비스는 TV를 시청하는 새로운 방법을 제시

그림 2-40 ■ 스카이라이프 TV 광고 '이병헌' 편 (2002)

했다. 쌍방향 방송은 정보검색, 이메일, 쇼핑에 이르기까지 단순히 '보는 TV'에서 '하는 TV'로 소비자의 방송 시청 스타일을 바꾸는데 혁명적인 영향을 미쳤다.

스카이라이프는 2004년 9월에 디지털 가전 트렌드와 연계해 국내 최초의 HD전용 채널인 SkyHD 서비스를 실시했다. 지상파 방송은 당시에 주당 13시간 정도의 HD방송을 하고 있었고, 케이블 방송은 고전을 면치 못하고 있었다. 당시에 디지털 가전 시장은 하루가 다르게 성장세를 키워갔다. 2003년까지 HDTV 판매는 약 200만대에 이르렀고 홈시어터 시장도 55만대 정도로 약진했다. 따라서 스카이라이프는 HDTV나 홈시어터 같은 디지털 가전을 제대로 즐기려면 수신기와 스카이라이프가 있어야 한다는 사실을 유명인을 통해 알렸다.

카피는 다음과 같다. "날씨, 게임, 검색. 꼭 선택 채널만 해야 되나? 난 TV로 한다. Na) 국내 최초 쌍방향 방송 시작. 남) 전인권도 달았다. 인권이 라이프"(전인권 편, 2003. 5). "음- HDTV, 홈시어터. 근데 이것만 있으면 뭐해. 요게 있어야 제대로지. 이제, 디지털 위성방송으로 즐기자. 여) 인순이 라이프"(인순이 편, 2003. 9). "HDTV만으론 HD방송을 못 본 데유-."(이봉주 편, 2003. 11). HD방송을 보는데 있어서 HDTV만 있으면 된다는 소비자의 오인을 불식시키고, 그 해결책으로 스카이라이프의 SkyHD 서비스를 제안하기 위해, 캠페인의 연결고리를 개인의 라이프스타일 속에서 찾았다. 즉, 카리스마와 개성이 강한 여러 유명인들이 일상생활 속에서 스카이라이프의 다양한 서비스를 즐기는 모습을 광고 메시지로 구체화시켰다.

그림 2-41 ■ 스카이라이프 TV 광고 인순이 편 (2003. 9)

스카이라이프 광고 '오바마' 편(2009)에서는 미국 대통령 버락 오바마를 모델로 활용해 화제를 모았다. 소비자들은 "진짜 같다" "닮은 모습에 알고도 속는다"고 하면서 폭발적으로 반응했다. 오바마의 연설 장면을 그대로 패러디한 이 광고에서는 오바마의 유사 모델을 등장시키고 오바마의 대선 캠페인 카피였던 "지금 바꾸세요(Now, Change)!"까지 고스란히 광고 카피로 전용했다. 이 광고에서는 '변화의 바람'이라는 콘셉트를 바탕으로 미국 대통령의 이미지를 활용해 명품 HD방송이 45개로 늘어난다는 혜택을 전달하는데 성공했다. 카피는 다음과 같다. "여) 알고계십니까? HD에도 명품이 있다. 스카이라이프의 HD채널이 올해 45개로 늘어납니다./ 자막) 국내 최다 HD채널 스카이라이프 1588-3002/ 여) 지금, 바꾸세요!/ 자막) 명품HD 명품생활/ 징글) HD는 SkyLife/ 남) 거기 스카이라이프죠?"

라디오나 텔레비전은 1960년대 말까지만 해도 가족 단위의 소비가 아니었다. 지방에서는 지역 유지의 대청마루에 모여 텔레비전을 시청하는 마을 단위의 소비가 이루어졌고, 도시에서는 만화방에 가서 극장에서 영화를 보듯 단체로 텔레비

그림 2-42 ■ 스카이라이프 TV 광고 '오바마' 편 (2009)

전을 시청했다. 그 후 CATV나 위성방송이 등장하면서 개인용 컴퓨터나 휴대폰을 통해 혼자서 텔레비전을 시청하는 스타일로 변모해갔다. 1960년대 가족 단위의 소비 패턴을 거쳐 2000년대에 접어들어 개인 수준의 소비로 바뀌는데 미디어 테크놀로지가 많은 영향을 미쳤다.

스카이라이프는 국내 최대의 디지털HD 방송 시청자를 확보했다. 광고 효과 차원에서는 구매력이 있고 광고 주목도와 시청률이 높고 여가시간이 많아 다채널 시청을 할 수 있는 여성 전업주부를 대상으로 광고를 했을 때 더 높은 효과를 기대할 수 있었다. 스카이라이프는 유료방송 중에서 월 이용료가 17,400원으로 가장 높았다. 그렇지만 경제적 여유가 있어 수신료가 높아도 취향에 맞는 맞춤형 채널을 원하던 사람들에게는 케이블TV처럼 가격 경쟁력을 크게 고려하지 않아도 되었다.

2000년대에는 정보통신의 발달이라는 도구적 변화 이외에 사회문화적 변화도 소비자의 소비패턴에 영향을 미쳤다. 이전에는 적정가를 선호하는 소비자가 많았지만 2000년 이후에는 개인의 가치관에 따라 높은 가격대를 선호하는 소비자도 늘어났다. 2000년대의 스카이라이프 광고는 경제적인 여유가 있는 사람들의 욕구를 자극하며 스카이라이프의 인지도를 높였다.

위성방송이 발달하자 일방적 커뮤니케이션이 아닌 쌍방향 커뮤니케이션이 이루어졌다. 과거에는 상상하지 못했던 일들을 텔레비전을 통해 장소에 제한 없이 손쉽게 할 수 있게 되었고, 소비자의 소비문화도 달라졌다. 과거에는 영화 관람은 영화관에서, 텔레비전은 집에서 시청하는 것이 보통이었다. 채널마저도 방송되는 프로그램 안에서 고를 수밖에 없었다. 그렇지만 위성방송이 등장한 다음부터는 영화 콘텐츠를 집에서 선택할 수 있게 되었다. 또한, 위성TV와 IPTV가 결합되어 위성TV로는 다양한 채널을 골라보고 IPTV로는 놓친 프로그램을 '다시보기' 서비스를 이용해 다시 보는 시청자들도 늘어났다. 새로운 시청 패턴이 형성되기 시작한 것이다.

05 DMB 광고의 흐름

DMB(Digital Multimedia Broadcasting)는 언제 어디서나 나만의 방송을 볼 수 있는 개인형 매체이다. 1인 1대의 텔레비전 시대를 앞당기는 DMB 단말기의 크기는 보통 2.5인치, 최대 7인치를 넘지 않는다. 주로 이어폰을 끼고 이동하면서 방송을 시청하기 때문에 철저히 '나만의 TV'가 가능한 개인화형 매체이다. DMB 방송은 지상파 DMB와 위성 DMB로 대별할 수 있으며, 위성 DMB의 경우 고정형 서비스와 이동형 서비스로 나눌 수 있다.

이동하면서 볼 수 있는 DMB 서비스가 상용화되면서 시청 장소의 제약이 사라졌으며, PDA나 차량용 단말기를 쓰게 되면서부터 안테나와 단말기가 더욱 소형화되었다. 광범위하게 보급된 이동통신 단말기를 통해 DMB는 멀티미디어 서비스를 경제적으로 제공했으며, 시청자들은 개인의 상황에 따라 얼마든지 자유롭게 채널을 선택할 수 있게 되었다. DMB의 소비에 있어서 이동성이라는 혜택 자체보다 개인화에 따른 개인의 사적 영역(private sphere)을 확장시킨다는 측면에서 변화의 추이에 주목해야 한다는 주장도 제기되었다(윤석민, 김수정, 2005).

텔레비전 방송이 사람들의 생활 패턴을 사사화(私事化, privatization)한 시점에서 DMB는 사적 공간을 확장하면서 틈새 수요를 창출했다. 당시 우리나라에서는 개인의 사적 영역을 물리적 측면에서나 심리적 측면에서나 확보하기 어려웠다. 이런 상황에서 모바일 기술이 급속히 확산되었고 연령에 따라 텔레비전 프로그램의 수요가 다르다는 점을 감안해도, 모바일 텔레비전(mobile television)의 확산 속도는 예상보다 훨씬 빨랐다(윤석년, 이재호, 2004). 결국 DMB는 〈표 2-2〉에서 알 수 있듯이 방송에 대한 기존의 개념을 완전히 바꾸고 새로운 방송 패러다임을

표 2-2 ■ 방송 개념의 변화

구분	디지털 환경	DMB 환경
방송	대중에 대한 고정 수신이 아닌 개인에 대한 다양한 프로그램 수신	방송의 멀티미디어성, 양방향성 극대화, 통신과 서비스 융합
방송 사업자	방송 프로그램 송출국에서 콘텐츠를 제공하는 콘텐츠 서버로 개념 전환	멀티미디어 서비스를 제공하는 멀티플렉서(Multiplexer)
수용자	수동적 수신자에서 능동적 추구자로 개념 전환	멀티미디어 서비스 이용자(User)
방송편성	방송국 주도의 편성에서 수용자 요구에 맞는 맞춤형 편성으로 전환	공간과 시간을 초월한 개인별 이용(Personal amusement)
메시지	디지털 테크놀로지를 바탕으로 멀티미디어 통합형 콘텐츠	양방향 멀티미디어 방송통신 융합 서비스 구현
송수신 채널	수용자의 다양한 수용환경에 탄력적으로 대응하는 다양한 송신 채널	지상파, 위성 DMB
수신기	방송통신 기능이 결합된 다기능복합 수신기	이동성과 휴대성이 강한 개인용 멀티미디어 복합 수신기

자료원: 윤석년, 이재호 (2004).

제시했다.

로저스(Rogers)는 미디어의 특성을 기술하는데 있어서는 두 가지 측면을 고려해야 한다고 했다. 즉, 어떤 유형의 정보(메시지)를 제공하는지, 그리고 어떤 형식으로 정보의 유통과 배포가 이루어지는지가 중요하다는 뜻이다. 두 가지의 차원이 중앙집권화 되었는지 아니면 분권화되었는지에 따라 미디어를 크게 네 가지로 구분할 수 있겠다. 미디어의 특성을 구분하는 첫 번째 차원은 누가 메시지(콘텐츠)의 생산을 통제하는지의 문제이고, 두 번째 차원은 누가 메시지의 유통과 흐름을 통제하는지의 문제다. 메시지의 흐름을 통제한다는 것은 메시지가 유포되는 시간이나 어떤 메시지를 언제 유통시킬 것인지 그 시점을 결정하는 것이다.

DMB는 메시지의 성격이나 배포되는 양식에 있어서 기존의 텔레비전을 이동성이 있는 개인용 단말기로 서비스하는 성격이 강했다. DMB는 기존의 방송과 같은 전달형 커뮤니케이션이라는 점에서는 같았으나 메시지 배포의 체계가 달라져

그림 2-43 ■ 테크노 블루 54 인쇄 광고 (2010)

기존 방송에 비해 훨씬 진화된 방송이었다. 개인화된 이동형 텔레비전인 DMB 서비스는 기존의 방송 서비스와는 전혀 다른 면모를 보여주었다. 송수신의 어려움 때문에 초기의 DMB는 안테나를 활용했지만, 지금은 어디에서나 이어폰만으로 최고 수준의 DMB 콘텐츠를 수신할 수 있게 되었다. 또한, 테크노 블루 54 광고(2010)에서 알 수 있듯이, 타임머신 기능을 통해 지난 방송도 재생시켜 편리하게 시청할 수 있게 되었다. 결국 DMB 서비스는 수동적인 방송 시청 행태를 능동적인 시청 행태로 바꾸는데 결정적인 영향을 미쳤다고 평가할 수 있다.

IPTV 광고의 흐름

06

인터넷 프로토콜 텔레비전(Internet Protocol Television)의 약자인 IPTV는 초고속 인터넷을 이용해 정보 서비스, 동영상 콘텐츠, 방송을 텔레비전 수상기로 제공하는 방송 서비스이다. 텔레비전이라는 방송 분야와 초고속 인터넷이라는 통신 분야가 융합된 방송 서비스라는 점에서 IPTV는 디지털 컨버전스의 한 유형이다. 그렇지만 컴퓨터 모니터 대신 텔레비전 수상기를 이용하고 마우스 대신 리모컨을 사용한다는 점에서 기존의 인터넷TV와 차이가 있다. 비디오를 비롯한 방송 콘텐츠를 제공한다는 점에서는 일반 케이블 방송이나 위성방송과 IPTV가 별다른 차이점이 없지만 양방향성을 추구한다는 점에서는 상당한 차이가 있다.

인터넷을 이용해 텔레비전 시청은 물론 채팅, 홈쇼핑, 다채널보기도 가능해졌다. 지상파 방송이나 케이블TV 또는 위성방송과는 달리 시청자들은 IPTV를 통해 자신이 원하는 시간에 보고 싶은 프로그램만 볼 수 있다. 따라서 IPTV는 텔레비전 방송의 주도권이 방송사나 중계업자로부터 시청자에게 넘어가게 하는 계기를 제공했다. 디지털 미디어 기술이 발달함에 따라 대중들이 미디어 콘텐츠의 제작과 유통에 참여할 수 있게 되었고, 이에 따라 소수의 참여를 통해 권력을 행사하던 주류 미디어의 영향력도 점점 해체되기 시작했다(조두영, 2008).

1) 2000년대의 IPTV 광고

2000년대의 IPTV의 광고를 보면 유머 소구가 대세였다. 대중에게 회자된 대부분의 광고가 웃음을 자아내는 유머 소구 기법을 적용했다. 그렇지만 SK브로드밴드 광고(2009)에서는 그런 틈새를 비집고 들어가 감성 소구 기법을 사용했다. 희

그림 2-44 ■ SK 브로드밴드 광고 (2009. 1)

망찬 멜로디에 포부가 담겨있는 가사, 그리고 아름다운 바이올렛 화면을 채운 섬세한 일러스트는 오감을 자극하기에 충분했다. 획기적인 발상이나 자극적인 요소는 없었지만 소비자를 주목하게 하는 자신감 있는 메시지를 전달했다.

이 광고에서는 재방송으로 보고 싶은 것이 많은 소비자의 마음을 읽어내 IPTV로 해결하라는 정보를 제공했다. 인터넷 텔레비전이기 때문에 재방송 시간을 찾아보거나 굳이 컴퓨터를 켜 다운받지 않아도 된다는 장점을 강조했다. 대부분의 가정에서는 다양한 채널을 시청하기 위해 텔레비전에 유선을 접속하고 있었는데, 이 광고가 나온 다음부터 IPTV 서비스에 가입한 소비자들이 급증했다. 카피는 다음과 같다. "못 보던 세상 이제 시작이야/ 뭔가 보고 느끼고 경험하고 싶어/ 누구도 볼 수 없었던 보여주지 못했던/ SEE THE UNSEEN 브로드밴드/ 약간의 TV/ 약간의 인터넷/ 전화 약간 합치면 못 보던 세상. 이젠 내딛자 뛰어들자 들어가 보자/ SEE THE UNSEEN/ SK Broadband."

KT에서는 2009년 초기에 QOOK으로 브랜드 이름을 바꾸며 인터넷, 집 전화, 텔레비전의 결합 상품을 선보였다. 광고에서는 서비스가 저렴하면서도 혜택이 많다는 점을 강조했다. 가정용 서비스라는 점에 초점을 맞춰 50% 할인 혜택을 제시해 관심을 끌었으며, 타사와 비교하는 방법으로 호감을 유도하며 구매 확률을 높여나갔다. 빨리빨리 속성이 있는 한국인에게 '빠름'을 강점으로 내세운 쿡의 특성은 장점이 많았다. "쿡TV하면 최신 영화를 내 마음대로. 요즘 누가 기다렸다 보니? QOOK TV로 바로바로! 최신영화 및 최신 '미드'는 물론, TV 프로그램, 교육, 스포츠 등 8만 6천여 편의 다양한 콘텐츠 확보. 고화질 네트워크 기반의 우수한 화질 및 탁월한 안정성. 지상파 및 CATV에서 보면 다양한 채널을 실시간으로 시청."

극장가기를 귀찮아하거나 집에서 편하게 영화나 콘텐츠를 즐기고 싶어 하는 소비자에게는 기쁜 소식이었다. 위성TV의 불편함을 보완하고 기존의 CATV까지 즐길 수 있고 고화질 네트워크 기반의 우수한 화질 및 탁월한 안정성을 갖추었다는 카피는 많은 소비자를 위성TV에서 발을 돌리게 했다. 광고계에서 센세이션을 일으킨 KT의 IPTV 서비스인 QOOK TV의 티저 광고(2009)를 보자. "집 나가면 개고생이다!" "집에서 쿡(QOOK)해!" 같은 카피와 함께 산악인 엄홍길의 실제 등반 영상을 활용해 그가 고통스러워하는 장면을 다큐멘터리 식으로 풀어나갔다. 하루에도 수십 편 씩 쏟아지는 광고의 홍수 속에서 "집 나가면 개고생이다"라는 슬로건은 소비자의 관심을 끌기에 충분했다.

2009년의 쿡 티저 광고를 보자. 인간이 달에 착륙해 깃발을 꽂는 순간 인간의 역사가 새로 쓰였다. 마찬가지로 "쿡(QOOK)"하는 순간 우리 생활도 새로워진다는 뜻을 전했다. 쿡TV를 보는 순간, 라이프스타일이 바뀐다는 뜻을 전달했다. "쿡! 하는 순간 인류의 역사가 바뀌었다. 새로운 걸 원해? 집에서 QOOK해- QOOK-" "쿡! 하는 순간 세계 청년문화가 바뀌었다. 새로운 걸 원해? 집에서 QOOK해- QOOK!" 무엇을 바꾸겠다는 메시지는 언제나 새롭다. IPTV를 도입하는 초기에 새로운 시장을 개척하는 일이었던 만큼 소비자에게 친숙하면서도 전략적으로 다가갔다.

2) 2010년대의 IPTV 광고

현대의 소비자는 아마추어적인 소비를 하지 않고 전문적인 소비자 입장에

그림 2-45 ■ 쿡 시리즈 광고 (2009)

서 소비하는 경향이 있다. 단순히 광고에서 전하는 메시지만으로는 그들을 설득시키고 구매 행동까지 이끌어 내기는 어렵다. 기업의 고급 정보를 소비자도 쉽게 접근할 수 있게 되었고, IPTV는 기존의 소비 패턴에 편리함을 높였다. 모델 선우용녀의 과장된 말투가 인상적이었던 쿡 광고(2010)의 카피는 다음과 같다. "아침 드라마 좀 봐야지-" "엄마- 한밤중에 아침 드라마를 찾으시면 어디 아프신 거 같잖아요." "쿡TV를 내 맘대로 QOOK TV!" "TV가 용 됐네. 용녀! 용녀-" "언제 적 거니 그게-" "집에서 쿡해! 쿡-."

다양한 정보가 들어있는 DAL을 통해서 소비자는 원하는 시간에 콘텐츠를 소비하거나 판촉에 참여할 수 있어, 광고주는 IPTV를 브랜드 마케팅의 중심 거점으로 활용했다. 광고 미디어로써의 IPTV는 기존 미디어에 비해 3가지 강점이 있었다. 첫째, 보다 정확한 타깃 마케팅이 가능해서 목표 소비자에게 효과적으로 도달할 수 있었고 결과적으로 불필요한 매체비를 절감할 수 있었다. 둘째, 소비자와 실시간으로 상호작용을 할 수 있었기에 브랜드에 대한 정보 전달은 물론 브랜드 판매를 연동할 수 있었다. 셋째, 상호작용을 통해 소비자의 데이터베이스를 축적해 장기 커뮤니케이션 전략 수립을 위한 타깃 프로파일을 구축할 수 있었다.

이 무렵 일부 이용자 사이에서는 'IPTV 폐인'이란 말이 유행처럼 번졌다. 기존 방송의 일방향성 시청에 길들여진 시청자들도 보고 싶을 때 콘텐츠를 찾아보았고, 원하는 시간에 쇼핑하는 재미에 빠져들었다. 광고주도 시청자의 연령, 시청 시간대, 선호 콘텐츠를 분석해 IPTV의 양방향 광고를 활용했다. 드라마를 시청하던 주부가 여주인공이 들고 있는 핸드백이 마음에 들어 바로 마우스로 클릭했더니, 제품에 대한 정보가 한눈에 들어오는 창이 모니터에 뜨고, '구매하기' 버튼을 클릭하자 다음날 핸드백이 집으로 배송되는 상황이 현실적으로 거의 가능해진 것이다. 소비자들은 쌍방향성과 실시간성이라는 IPTV의 실시간 커뮤니케이션을 경험했다. 이에 따라 여가와 소비패턴 같은 모든 라이프스타일이 바뀌게 되었다.

07 스마트TV 광고의 흐름

2012년 12월 31일, 지상파 방송국의 아날로그 방송이 종료되었다(〈그림 2-46〉 참조). 방송의 전면 디지털화로 우리나라 방송은 바야흐로 스마트 시대를 맞이한 것이다. 스마트TV는 텔레비전, 휴대폰, 컴퓨터 같은 세 가지 스크린을 자유자재로 넘나들며 데이터가 끊어지지 않고 동영상을 볼 수 있는 텔레비전이며, 인터넷 TV나 커넥티드 TV라고도 불린다. 스마트TV는 콘텐츠를 인터넷에서 실시간으로 다운받아 볼 수 있고, 뉴스, 날씨, 이메일 등을 바로바로 확인하는 커뮤니케이션 센터의 역할을 할 수 있다. 모바일 시장을 뒤집은 스마트 열풍이 텔레비전 시장까지 확대되어, 2010년대에 접어들어 스마트TV는 3D 기술과 더불어 미디어 트렌드를 주도했다.

그림 2-46 ■ 디지털 방송 전환 체험차량 출정식 (2012. 3. 29)

삼성전자와 LG전자에서는 각각 원빈과 현빈을 모델로 써서 스마트TV 보급에 팔을 걷고 나섰지만, 스마트TV는 소비자에게 여전히 낯선 개념이었다. 2010년의 스마트TV 판매량은 30만여 대 수준에 그쳤다. 디지털TV, IPTV 등 OOOTV라는 용어가 난립하는 상황에서 스마트TV가 어떻게 다른지 써보지 않고서는 선뜻 이해하기 어려웠다. 흑백텔레비전에서 컬러텔레비전으로의 교체나, 브라운관 시대에서 LCD 텔레비전 시대로의 변화는 소비자들이 직접 느낄 수 있었다. 그렇지만 스마트TV와 기존 LCD TV의 차이를 실질적으로 느끼기 어려웠기 때문에 구체적이고 실질적인 혜택이나 경험이 있어야 했다. 예를 들어, 텔레비전에서 와이파이(WiFi)가 지원되고 연결 방식이 쉬워진다거나 하는 구체적인 서비스를 소비자들이 느낀다면 스마트TV의 이용률이 급격히 높아질 수밖에 없었다.

LG 인피니아 스마트TV 광고(2011)에서는 모델 원빈을 활용해 스마트TV에 대한 관심을 환기했다. 이 광고가 집행될 무렵에는 스마트TV가 도입되는 초창기였기 때문에 브랜드 인지도를 제고하는 것이 주요 광고 목표였다. 카피에서는 '쉽고' '빠르다'고 하면서 누구나 쉽게 스마트TV를 이용할 수 있다고 강조했다. 가전제품을 살 때 주부들이 가장 많이 관여하는데 이 광고에서는 주부가 느끼는 기계에 대한 두려움이나 신제품에 대한 심리적 부담감을 줄이는데 초점을 맞췄다. 소비자의 호기심을 자극해 스마트TV를 직접 써보고 싶은 욕구를 불러일으키는 단서가 카피의 곳곳에 녹아있었다. 주요 카피는 다음과 같다. "Na) LG 인피니아 스마트TV. 쏘는 대로 반응하리라. 자막) 콘텐츠 인터넷 어플리케이션. Na) 매직 모션 리모컨으로 쉽고 빠르게. LG INFINIA 스마트TV. 자막) LG Life's Good."

삼성전자의 스마트TV 광고(2012)에서는 스마트TV의 첨단 기술력과 소비자 혜택에 대해 자세히 설명했다. 카피는 다음과 같다. "스마트한 능력의 차이- 당신의 TV는 세계 최초 TV 앱스토어를 통해 무료 3D 콘텐츠까지 끊임없이 업데이트 되는가?" "변함없는 화질의 차이- 당신의 TV는 일반 영상에서 3D영상까지 한 올한올의 디테일을 살려내는가?" "실시간의 차이- 당신의 TV는 TV를 보면서 실시간으로 SNS와 인터넷을 검색할 수 있는가?" "5mm의 초슬림 베셀의 디자인 차이. 일반 영상부터 3D 입체영상까지 변함없이 디테일한 화질의 차이. Full HD 3D의 입체감 차이. 실시간 SNS와 인터넷 검색의 스마트한 능력 차이. 세계 최초 TV

그림 2-47 ■ LG 인피니아 스마트TV 광고 (2011. 2)

앱스토어를 통한 업데이트 능력의 차이. 5년 연속 세계 1위 브랜드의 차이. 3DTV 살 땐 무료 3D 콘텐츠가 있는지 꼭 확인하세요. 삼성 스마트TV는 70여개의 3D콘텐츠를 무료로 즐길 수 있다." 스마트TV에 호감을 가진 소비자나 아직 잘 모르는

그림 2-48 ■ 삼성전자 스마트TV 광고 (동아일보, 2012. 5. 21)

소비자 모두에게 호소하는 광고였다. 카피에서 '차이'라는 단어를 계속 사용해 남다른 소비를 하고 싶어 하는 소비자 집단을 겨냥했다.

방송국에서 송출한 방송을 보는 기기가 이전의 텔레비전이었다면, 스마트TV는 인터넷과 TV의 결합이었다. 그렇지만 스마트TV는 인터넷에 연결된 텔레비전이라는 단순한 개념을 넘어 스마트폰과 컴퓨터의 복합 기능 이상의 텔레비전이었다. 스마트TV의 경쟁자는 스마트폰, 태블릿 컴퓨터, 개인용 컴퓨터일 수밖에 없었다. 많은 시간을 텔레비전을 보며 소비하는 현대인의 일상에서 단지 텔레비전 시청에 그치지 않고 다양한 일을 할 수 있는 스마트TV가 우리 삶에 미친 영향은 가히 혁명적이었다. 스마트TV라는 미디어 테크놀로지는 사람들의 생활을 스마트 라이프로 바꾸었으며, '스마트 홈(Smart Home)'을 구현하는 새로운 패러다임을 제시했다.

1960년대의 텔레비전 수상기 광고에서는 소비문화 형성기의 예고편을 엿볼 수 있었고, 1970년대의 광고에는 대중사회와 소비문화의 형성기의 흔적이 나타났다. 1980년대의 광고에서는 정치적 억압 시기에 안방문화가 정착되는 세세한 면모를 확인할 수 있으며, 1990년대의 광고에서는 양적 소비에서 질적 소비로 바뀌는 양상이 엿보였으며, 2000년대의 광고에서는 상품 상징주의와 가정극장의 소비 패턴이 등장했다. 그리고 2010년대 광고에서는 스마트 소비 패턴이 지배적으로 나타났다.

텔레비전 수상기 광고는 시청자나 소비자에게 새로운 상품 정보를 제공하거나 소비문화 트렌드를 제시하면서 우리나라 대중문화의 형성에 지대한 공헌을 했다. 미디어 테크놀로지는 인간의 욕구와 상상력에 따라 탄생한다. 사회인류학자 알프레드 겔은 다음과 같이 말했다(강진숙, 2010). “미디어는 인민이 가진 온갖 열정을 표현하기 위해 탄생하며, 미디어 테크놀로지는 개인을 넘어 총체적인 사회적 요구가 있을 때에 발달한다.” 이처럼 인간의 욕구와 상상력을 구현하며 발달해온 미디어 테크놀로지는 앞서가는 문명 기기가 분명하다. 따라서 사람들의 누적된 욕구가 상업적 이해를 대변할 때 미디어 테크놀로지는 더욱 더 발달할 것이다.

CHAPTER **03**

음성 미디어 제품 광고의 변천

【소리와 대중가요의 매혹성: 전축에서 라디오, 오디오, 카세트 플레이어, MP3 플레이어까지】

음성 미디어는 소리를 전파한다. 일찍이 나치즘 치하의 독일이나 전시의 일본에서는 축음기, 전화, 라디오 같은 음성 미디어를 통해 지배자의 소리를 대변하는 국가적 소리문화를 형성해나갔다. 요시미 슌야(吉見俊哉)는 '소리의 자본주의' 개념을 제시하며 소리(음성, 음향)는 부르주아적 기호로 유통시키고 소비해가려는 사회적 전략이라고 설명했다. 18세기 말에 접어들어 음향 복제 미디어가 등장하고 소리 문화가 변용된 것은 산업혁명이나 자본주의의 결과가 아니라, 소리 자체로 자본주의를 받아들이는 계기를 마련했다는 것이다. 소리의 영역에서 라디오가 대표선수 격이라면, 축음기(전축)와 전화는 라디오를 보완하는 서포터스라고 할 것이다(요시미 슌야, 2005).

1960년대 후반부터 세계적으로 유행했던 미국의 로큰롤과 히피 문화가 우리나라에 빠르게 도입되기 시작했다. 이때부터 청년층의 대표적 만남의 장소인 다방의 DJ가 인기를 끌었으며 LP판은 청년문화의 상징이 되었다. DJ가 주도하던 음악다방 문화는 1980년대에는 라디오 음악 FM 전문 DJ의 시대로 이어져 1990년대 말까지 전성기를 누렸다. SP라는 음반 포맷의 한계 때문에 음반화가 여의치 못했던 교향곡과 오페라들이 음반으로 제작되었다. 제작된 음반은 유럽을 넘어 비유럽 국가들의 음악적 취향까지도 잠식해 나갔다. 음악의 이러한 변화는 플라스틱 기술과 프레스 기술의 발전으로 가능해진 LP판이 아니었다면 불가능한 일이었다(김토일, 2005).

사실 LP판으로 불리던 레코드의 60년 역사는 대중음악의 역사와 맥을 같이하며 가장 오랫동안 대중의 사랑을 받았다. 연이어 등장한 카세트테이프와 CD(Compact Disc)는 그 역사가 LP판에 못 미쳐 모두 단명했다. 카세트테이프의 정식 명칭은 콤팩트 카세트(Compact Cassette)이다. 라디오에서 음악을 자유롭게 들으려면 소리를 담아두는 장치인 음반과 전축이 반드시 필요했다. 라디오와 전축에서 흘러나온 노래, 만담, 드라마에는 어떤 시대의 풍경이 반영되게 마련이다.

1960년대에 접어들어 라디오 방송국이 잇따라 개국했다. 1961년 7월에 서울국제방송(HLCA)이, 8월에 광주기독교방송(HLCL)이, 11월에 이리기독교방송(HLCM)이 개국했고, 부산문화방송(MBC)은 12월에 서울 지역 라디오 방송을 시작했다. 1962년 10월에는 기독교방송이 방송 허가를 받았고, 동아일보사는 1963년 4월 25일 동아방송(DBS) 라디오를 개국해 국내 최초로 방송을 겸영하는 신문사가 되었다. 우리나라 전체의 텔레비전 수상기가 34,774대에 불과했던 1963년 무렵에는 라디오가 대세였다(김병희, 2011).

한국에서 최초로 라디오를 자체 생산한 시기는 1959년 11월 15일로, 지금의 LG전자의 전신인 금성사에서 진공관식 A501형 라디오 80대를 생산한 것이 처음이었다. 1966년에 FM 겸용 라디오가 나왔고, 1970년에 FM 스테레오라디오가 등장했다. 1965년 6월, 서울 FM방송국이 89.1MHz로 개국한 이후 문화FM과 한국FM 같은 민간 FM방송이 개국했다. 그러나 이러한 민영방송의 다양화 형태는 1980년 12월에 유럽 같은 공영화 방식으로 전환되었다.

1960년대에 라디오는 춘추전국시대를 맞이했지만, 텔레비전 수상기가 널리 보급되기 시작한 1970년 이후부터 라디오 영역은 급격히 위축되었고 컬러텔레비전이 등장하자 더욱 축소되었다. 새로운 미디어가 등장하면 구시대의 매체는 서서히 사라질 것이라고 생각할 수 있지만 실상은 그렇지 않다. 텔레비전이 출현했을 당시만 해도 라디오가 곧 사라질 것이라고 예측한 학자들도 있었지만, 오늘날에도 라디오 채널은 새로운 모습으로 변화하면서 다른 매체들과 경쟁하면서 대중의 사랑을 꾸준히 받고 있다.

01 전축 광고의 흐름

1877년 11월, 『미국의 과학(Scientific American)』이라는 잡지와 일간지에 축음기(Phonograph)의 발명을 알리는 기사를 내면서 토머스 에디슨은 최초의 축음기 발명자가 되었다. 1948년에 등장한 LP는 이전의 SP에 비해 재생 시간이 늘어났고 재생 주파수의 영역도 확대되었다. 텔레비전이 등장한 직후 라디오의 인기가 잠시 떨어졌지만, 제2차 세계대전이 끝나자 전축과 레코드에 대한 수요가 차츰 증가했다. 1955년 11월에 미국에서 빌보드 톱100(Billboard Top 100) 차트가 처음 등장한 이후, 1960년대에 들어서는 45RPM의 LP포맷 레코드를 재생하는 전축이 화려하게 부활했다.

미국에서는 엘비스 프레슬리(Elvis Presley)의 로큰롤(Rock'n Roll)이 인기를 끌었고, 영국에서는 전설적 록밴드 비틀즈(Beatles)가 등장한 다음부터 전축에 대한 수요도 급증했다. 레코드 플레이어는 점차 기성세대에 반항하는 문화적 상징으로 자리매김했다. 라디오도 전축과 공생 관계를 유지하며 시장을 키워갔으며 구미 선진국에서는 음악FM 라디오 DJ(Disc Jockey)들이 명성을 떨쳤다. 음반 판매량으로 대표되는 음악 산업의 중심에는 라디오와 LP판이 동시에 재생되는 '전축 라디오'도 있었다.

천일사의 별표전축은 우리나라 전축의 원조이다. 1957년 당시 금성사의 진공관용 라디오 A-501이 소개되기 전에는 미군 부대에서 흘러나온 중고 라디오를 해체해 서울 청계천 주변에서 조립한 라디오 겸용 전축이 대부분이었다. 1970년대의 음악 애호가들이 가장 선호한 물건은 단연 고급 전축이었다. 당시의 젊은이에게 성능 좋은 마이크와 스테레오 스피커를 장착한 전축은 환상적인 상품이었다. 전축의 원조였던 천일사의 별표전축은 나중에 태광전자에서 인수해 별표전축 에로이카라는 브랜드로 명맥을 이어왔다. 당시의 전축 가격은 평균 150,000원으로 당시 회사원의 다섯달치 월급과 같았다고 한다.

1) 1960년대의 전축 광고

우리나라에서 판매된 초창기의 전축 광고를 보자. 태양 라디오 전축 광고(1962)는 1960년대의 전축 광고 중에서 거의 유일한 전면 광고였다. 빨강색으로 부각시킨 헤드라인은 "TAIYANG 라디오 · 전축 선풍적(旋風的) 인기리(人氣理)에 판매중(販賣中)!"이었다. 전축을 라디오처럼 광고한 점이 특이하다. 태양 스테레오 전축에서 만든 HE-80 모델을 라디오라고 발표했다. 라디오 전축을 판다는 내용으

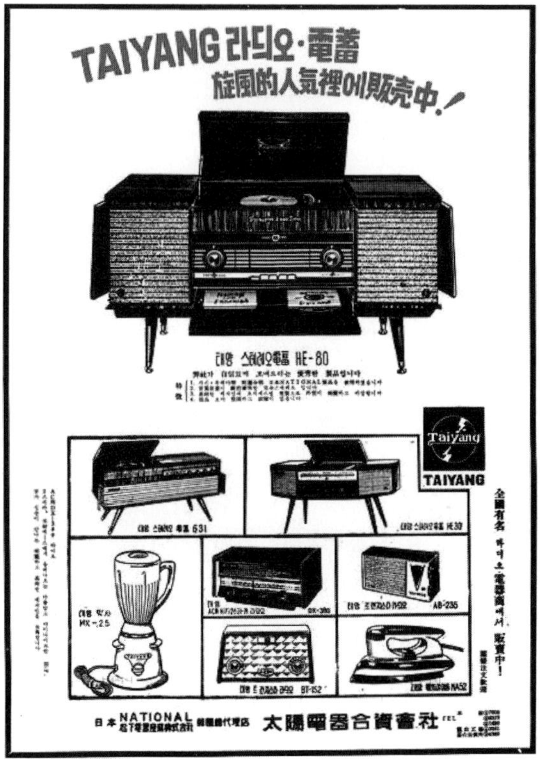

그림 3-1 ■ 태양 라디오 전축 광고 (경향신문, 1962. 11. 8)

로 추정되며, "월부판매 안내"로 전축이 비싼 물건이니만큼 물건 값을 다달이 나눠 받는다고 했다.

"전축 월부(月賦) 일부(日賦)"(경향신문, 1963. 12. 21), "현금가격에 월부판매 봉사! 전축월부(電蓄月賦)"(경향신문, 1965. 4. 23) 같은 신문 기사의 헤드라인에서 알 수 있듯이, 이 시기에는 전축을 '월부'나 '일부'로 판매하는 광고가 많았다. 다달이 내는 월부 금액이 버거운 일반인들에게 며칠마다 나눠 내는 '일부'는 더 매력적으로 다가갈 수 있었을 터이다. 신용을 중시한다는 내용을 강조했는데, 소비자에 대한 기업의 신뢰를 중요한 가치로 삼고 있었음을 확인할 수 있다.

문화전파사의 콜럼비아형 FM전축 광고(1969)에서는 이전에는 볼 수 없었던 전축의 기능과 신제품의 특성을 강조했다. FM 전축 메이커나 독수리표 같은 내용으로 FM전축의 강점을 알리기 위해 고민했음을 알 수 있다. 남녀가 우아한 표정을 지으며 사랑을 속삭이는 장면을 일러스트레이션으로 표현하고 "생음의 감동을 여러분의 가정으로" 보내준다는 카피를 써서 한껏 분위기를 띄웠다. 전축 광고에 제품과 사람을 동시에 등장시킨 것이 인상적이다. 보디카피에서도 이전과는 달리 한문보다 한글을 더 많이 썼다.

그림 3-2 ■ 문화전파사 FM전축 광고 (동아일보, 1969. 5. 26)

1960년대의 전축 광고가 일상생활에 미친 영향은 다음과 같은 신문 기사에서도 확인할 수 있다. "고급화의 물결 11: 전축"이라는 제목의 신문 기사에서는 "그 기술, 품질, 보급은 어디까지 왔나?"라고 물으며, "TV 붐에 밀려 보급율 저조. 조립 과정 일관성 없고 70%가 월부로 판매해"라고 보도했다(매일경제, 1968. 4. 15). "시장에서 흔히 볼 수 있는 전축들은 외형 디자인만 그럴싸할 뿐 음질과 수명은 그만큼 조악한 상품들이라는 것이 전문가의 평이다. 따라서 우리나라 전축도 기술자의 조립과정이 충실히 이행될 수 있다면 외국제에 못지않을 정도로 발전할 수 있다는 것이다. 현재 국내 전축 시세는 최고 8만원에서 최하 2만원까지 형성되어 있다. 더우기(더욱이) 1년 전부터 유행했던 월부판매 제도로 총판매 70%가 월부로 팔리고 있으며 현금거래는 극소수에 달하고 (......) 특히 근래에 일고 있는 TV붐으로 전축수요는 차츰 줄어들었다는 것이다. 현재 국내 주요 전축 조립업체는 '별표' '독수리표' '화신전축' 등 3-4개가 매월 4백대 정도를 조립했다." 이 기사에서 당시의 전축이 조악한 조립 수준이었는데도 불구하고 월부 판매가 인기를 끌었을 정도로 호응을 얻었음을 확인할 수 있다.

2) 1970년대의 전축 광고

LP전축은 LP(Long Playing)판에서 유래한 것으로 일명 도너츠판이라고 불린 LP판에는 굵은 선(홈)으로 음반의 트랙을 구분했다. 음반의 트랙 위로 빙상 선수가 묘기를 부리듯 전축 바늘이 일정한 속도로 이동하며 홈과 마찰하면서 소리를 내는 마법 상자와 같았다.

태광그룹 천일사의 별표전축 첫 번째 TV 광고(1971)를 보자. 광고 카피에서 알 수 있듯이 광고 메시지 전체에서 수출을 강조했다. 1970년대부터 수입과 수출에 대해 전 국민의 관심이 많았던 상황에서 소비자들은 이 광고를 보고 자부심을 느꼈을 수도 있다. 589,500원이라는 가격은 당시 기준으로 고가에 해당되었다. 주로 부잣집에서나 살 수 있는 전축이었을 것이다. 광고 카피는 다음과 같다. "여자Na) 지나친 소비는 낭비다./ 남자Na) 국내 오디오 산업의 선구자/ Na) 별표전축 천일사는 세계 38개국에 수출, 세계적인 음향기기로 성장했다./ 오디오의 걸작- 구

그림 3-3 ■ 태광그룹 천일사 별표전축 광고 (1971)

라파형 천일 컴퍼넌트. 국내 판매 단행."

문화전파사의 독수리표 전축 광고(1970)에서는 헤드라인에서 독수리표 전축이라는 브랜드 이름을 크게 강조하고 "10개월 예약판매 예약접수 70년도 신제품 출현!"이라는 판매 메시지를 추가했다. 두 대의 전축 제품 위에는 "하루 100원 절약하여 여러분의 가정을 생음의 전당으로"라는 카피를 써서 전축을 쉽게 구매할 수 있는 방법을 제시했다. 이 광고에서는 라이프스타일을 환기했는데 제품에 특이 사항이 없을 때 사용자의 취미나 일상을 광고 메시지로 활용하는 경우이다. 1970

그림 3-4 ■ 문화전파사 독수리표 전축 광고 (1970. 2. 21)

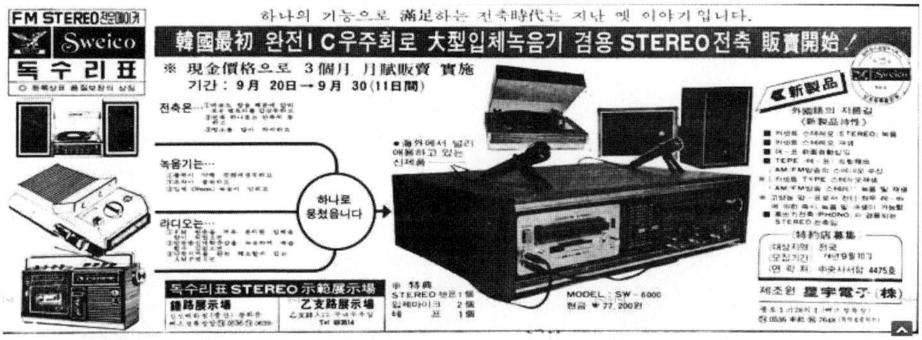

그림 3-5 ■ 성우전자 독수리표 스테레오 광고 (동아일보, 1974. 9. 20)

년대에는 현금이 귀하던 시절이라 소비자들은 월부 구매를 선호했을 것이다.

성우전자의 독수리표 STEREO 광고(1974)에서는 "한국최초 완전IC 우주회로 대형입체녹음기 겸용 STEREO 전축 판매 개시!"라는 헤드라인을 써서 완전 집적회로(IC)의 전축이라는 사실을 강조했다. 신제품이라는 사실을 알리며 전축의 특성에 대해 자세히 설명했다. 보디카피에서는 녹음기와 라디오에 대한 상세한 설명도 추가함으로써 소비자들의 이해를 도왔다.

금성 다이나믹스 전축 TV 광고(1978)의 카피는 다음과 같다. "새로운 세계가 열립니다/ 새로운 소리가 들립니다/ 새로운 우리의 세계가 열리고 있습니다/ 금성 다이나믹스-." 1970년대의 전축 광고에서는 대체로 제품을 강조하는 사진을 활용했듯이, 이 광고에서도 제품의 이미지를 핵심 비주얼로 강조하여, 음성 메시지와 자막으로 전축의 성능을 표현했다. 이런 메시지를 통해 당시의 소비자들은 음성 미디어 제품의 매력에 빠져들었을 것이다.

"음반을 겹쳐 놓으면 압력 받아 빨리 손상. 그 보관 요령과 손질법을 알아보면"이라는 제목의 신문 기사에서는 전축의 핵심인 LP판에 대한 손질 방법을 상세히 설명했다(경향신문, 1976. 11. 1). "한 장씩 케이스에- 꼭 세워서", "계절 바뀔 때마다 기름으로 닦고 전축 곁에 두지 말도록", "작은 마찰에도 먼저 흡수... 열에 약해", "각박한 현대생활의 스트레스를 벗어나기 위해 같은 취미를 즐기는 부부가 늘어"라고 하면서 LP판을 잘 손질해야 한다고 권고했다.

그림 3-6 ■ 금성 다이나믹스 전축 광고 (1978)

LP전축은 개인이 음악을 감상할 수 있는 중요한 미디어였다. 음악다방에서는 DJ가 LP전축을 이용해 음악을 들려주었다. 그러나 LP전축보다 음질이 뛰어나고 곡의 보관도 용이한 카세트테이프가 등장하면서 소비자들이 LP전축을 구매하던 장면도 눈에 띄게 줄어들었다. 오랫동안 사랑받았던 LP판과 LP전축은 카세트테이프와 CD의 등장으로 급속히 몰락했다. 어느 가게에 가도 LP전축보다 카세트테이프를 트는 일이 많았다. 나아가 카세트테이프와 CD 역시 MP3와 스마트폰이 등장하면서 시장에서 거의 사라지게 되었다. 불과 30년 사이에 벌어진 일이었다.

1970년대의 음악 애호가에게 고급 전축은 가장 갖고 싶은 구매 목록이었다. 음악 애호가에게 별표전축은 가장 인기를 끌었는데, 이에 대응해 등장한 것이 성우전자의 독수리표 전축이었다. 독수리표 전축은 별표전축만큼 큰 인기를 끌지는 못했다. 1978년 이후에 카세트테이프가 대중화 되면서 성우전자의 쉐이코 카세트는 전축을 사지 못했던 젊은이들에게 대단한 인기를 얻었다. 따라서 전축 전문회사인 천일사에서 생산한 별표전축은 수출까지 하며 무역 기업으로까지 성장했지만, 대기업들이 첨단 전자 오디오 시장을 잠식해가면서 사양길에 접어들었고, 천일사도 세월 속으로 사라지게 되었다.

3) 1980년대의 전축 광고

1980년대에는 인기 품목이 전축에서 오디오로 바뀌었다. 1985년에 오디오 관련 광고가 나오기 시작하면서 오디오 시장은 새로운 수요 패턴으로 전환되었다. LP전축이 바늘로 노래가 흘러나오게 하는 기기였다면, 오디오는 바늘 없이 원음을 그대로 재생시키는 방식을 적용했다.

오디오 전문회사 태광전자는 구 모델 전축을 새것으로 교환하는 '구모델 전축 교환판매' 광고 캠페인(1982)을 벌였다. 다음과 같은 신문 기사에서 1980년대의 면모를 확인할 수 있다. "휴대용 소형 카세트 녹음기에 맞서 음반을 사용하는 전축도 소형화시켜 휴대할 수 있도록 하려는 아이디어에서 만들어진 이 새 상품은 휴대용 녹음기처럼 생긴 몸통에 음반을 끼워 넣고, 몸통 속에서 꺼내면 레코드가 회전한다. 대형 스피커에 연결시켜 사용할 수도 있는 이 제품은 주로 캠프 등 야외에 나가 음악을 즐기고 고객을 대상으로 개발된 것이다."(경향신문 1983. 2. 3). "바늘 없는 전축으로 지금까지의 전축은 바늘로 음을 재생시켜왔으나 CDP는 음성신호를 디지털 신호로 바꾸어 음반에 축적시키고 이를 다시 레이저 광선에 의해 음을 재생시킴으로써 음반 외 손상 없이 반영구적으로 사용이 가능하다고 한다."(경향신문, 1983. 12. 30).

롯데파이오니아 광고(1984)에서는 전축에서 오디오로 소비문화가 바뀌고 있다는 사실을 알려주었다. "장한 이 순간..... 롯데파이오니아 오디오로!"라는 헤드라인에서 신제품에 대한 기업의 강한 자신감을 엿볼 수 있다. 광고에서는 개인의 일상생활에서 영광스런 순간을 만나는 사람에게 롯데파이오니아를 선물하라는 메시지를 함께 전달했다.

그림 3-7 ■ 롯데파이오니아 광고 (동아일보, 1984. 1. 20)

전축은 1970년대에 큰 인기를 끌었지만 1980년대에 접어들어 그 인기가 점점 떨어지게 되었다. 1993년에 미니 전축이 나오기도 했지만 다가오는 디지털 기기를 상대하기는 어려웠다. 노래하는 자동차 모양의 전축 관련 기사에서는 기존의 전축 모양과는 다른 전축이 소개되었다(매일경제, 1993. 1. 28). 레코드판을 놓고 그 위에 스피커와 앰프가 내장된 자동차 모양의 소형전축이 레코드판 위를 빙빙 돌면서 음악을 재생했는데, 기존의 전축이 사라지자 아이디어 상품으로 나온 미니 전축이었다.

라디오 광고의 흐름

02

1960년대는 라디오의 황금기였다. 라디오 수신기가 급속히 보급되자 라디오는 문화통합적 미디어로 대중문화를 주도했다. 1960년대 초반의 라디오 문화의 형성 과정은 세 가지로 요약할 수 있다. 첫째, 1960년대 초반에 라디오의 제도화 과정은 산업의 성장과 보급의 확대, 프로그램 제작의 관행화, 그리고 편성의 합리화를 통해서 이루어졌다. 둘째, 당시의 라디오는 다양한 문화형식들을 매개하며 문화통합적 미디어로 자리 잡았다. 셋째, 1960년대 초반에 라디오가 매개한 것은 국가공동체와 사사화된 경험이었다(주창윤, 2011).

1960년대 문화현상의 특성의 하나로 대중 매체를 통한 경험의 확산을 들 수 있다. 라디오, 영화, 잡지가 급속히 성장하고 텔레비전이 도입되자 대중들은 대중문화에 대한 경험의 폭을 넓혔다. 과거에도 대중 매체는 대중문화의 형성에 상당한 영향을 미쳤지만, 대중의 일상을 1960년대만큼 지배하지는 못했다. 그 무렵 라디오는 상당한 영향을 미쳤다. 그에 비해 영화, 잡지, 신문은 공적 영역과 사적 영역에서 그리고 전국에 걸쳐 라디오만큼 영향력을 발휘하지는 못했다. 따라서 1960년대를 라디오 문화를 형성하는 역사적 계기를 마련해준 시점이라 할 수 있다.

1960년 무렵은 한국 사회에서 라디오가 제도화되는 전환기였다. 이승만 정권과 박정희 정권은 국영방송 KBS 라디오를 정권의 정당성 확보와 국가 재건의 매체로 활용했다. CBS가 개국함에 따라 라디오 방송은 독점 국영 체제에서 국영과 상업방송의 공존 체제로 변화했다. 1960년대 라디오의 경쟁 체제는 부산문화방송(1959), 서울문화방송(1961), 동아방송(1963), 라디오 서울(1964)이 개국하면서 더욱 확대되었다. 프로그램 제작과 편성에 있어서 다양화와 안정화라는 내적 변화와 정치적 · 산업적 변화라는 외적 환경이 결합되며 라디오의 제도화 과정이 진행되었다.

1960년대를 전후해서 라디오 문화는 대중문화의 중심으로 부상했으며, 대중은 라디오를 통해서 경험을 확장해 나갔다. 라디오는 공적 경험과 사적 경험을 매개하며 개인, 가정, 마을공동체, 국가공동체를 이어주었다. 당시의 라디오 서사는 다양한 문화형식들을 포괄함으로써 '듣는' 경험을 넘어서 '읽거나' '참여하도록' 청취자를 이끌었다. 이런 맥락에서 라디오를 들었던 사람들은 라디오 '청취자'였지만, 동시에 라디오 '독자(reader)'이기도 했다. 그렇지만 라디오가 제도화되는 과정에서 청취자는 '독자'나 '관객'의 위치에서 벗어나기 시작했다. 미군정기 이후부터 라디오는 국가권력에 종속되어 공적 문화를 생산하는 동시에 개인화, 상업화, 일상성, 가족, 오락 중심의 사적 문화의 생산과 소비라는 두 가지 요인이 함께 접합되어 라디오 문화를 형성하는데 영향을 미쳤다(주창윤, 2011).

1) 1960년대의 라디오 광고

1951년, 금성사에서 최초의 국산 라디오 A-501을 생산한 이후, 1960년대에 접어들어 라디오의 황금기가 되었다. 수신기 보급이 급증하자 라디오는 통합적인 대중문화를 주도했다. 1960년을 전후해 음악(공연, 연주, 경연), 공연예술, 문학, 영화, 레코드에 이르기까지 다양한 문화형식이 라디오에서 경쟁했다. 라디오는 다양한 문화형식이 경쟁하는 장이기도 했지만, 다른 한편으로 '듣는' 매체인 라디오의 특성에 적합하지 않은 형식들도 그 경쟁에 가세했다. 그 시기는 보고, 듣고, 읽고, 참여하는 다양한 문화형식들이 서로 경쟁해 라디오의 특성과 수용의 맥락에 맞는 형식들만 살아남는 전환기였고, 프로그램의 경쟁 속에서 라디오 문화의 위치를 찾는 과정이기도 했다(주창윤, 2011).

금성사의 라디오 광고(1961)를 보자. 헤드라인은 "외제(外製)에서도 볼 수 없는 멋장이- 탁상형 트란지스타"이다. 외제품이 더욱 세련되고 개성 있게 받아들여지던 1960년대에 외제에서도 볼 수 없는 멋쟁이라는 수식어를 붙여 트랜지스터의 세련미와 개성을 돋보이게 했다. 비주얼 하단에 배체된 라디오는 손잡이와 안테나가 있는 평범한 라디오이다. 비주얼 상단에 있는 라디오는 탁상에 안전하게 올려

그림 3-8 ■ 금성사 탁상형 트란지스타 광고 (경향신문, 1961. 1. 26)

놓을 수 있도록 제작된 탁상형 트랜지스터로 디자인 스타일이 돋보인다. 세련된 파마머리를 한 볼륨감 넘치는 여성이 바닥에서 라디오를 듣고 있는데, 탁상형 트랜지스터를 듣는 소비자의 일상을 제시한 것이나 마찬가지였다.

금성 트란지스타 라디오 광고(1962)의 헤드라인은 “전기 없는 농어촌의 벗 금성 트란지스타 라디오!”이다. 라디오가 널리 보급되면서 나타난 가장 두드러진 현상은 각종 민중오락이 장소를 초월해 라디오를 통해 전달되었다는 사실이다. 근대화 과정에서 라디오가 어떤 영향을 미쳤는지는 다음 글에서 상세히 알 수 있다. “도시 오락이 농어촌에 전달되고 향토 오락이 도시에, 또 습속을 달리하는 향토에 소개되는 일만이 아니다. 결국에는 오락을 공급하는 장소인 흥행장 안에만 틀어박혀 있던 연극, 연예 같은 흥행물 오락이 중계방송에 의해 흥행장이라는 협소한 울타리를 벗어나 광범위하게 방송되는 것”이다(요시미 슌야, 2003). 매일같이 농사일을 하느라 바쁜 농어촌에는 삶의 활력소가 필요했다. 라디오는 힘든 농사일을 잊게 해줄 수 있는 ‘벗’ 같은 존재였으리라.

금성사 A-504 라디오 광고(1962)의 헤드라인은 “명랑한 가정마다 금성라디

그림 3-9 ■ 금성 트란지스타 라디오 광고 (경향신문, 1962. 11. 16)

오"이다. 금성사는 1951년 최초의 국산 라디오 A-501을 생산했는데 A-504는 후속 제품이다. 박정희 정부는 정부 정책과 뉴스 전달 수단으로 라디오를 새로 보기 시작했고, '농촌 라디오 보내기', '1가정 1라디오', '전자제품 국산화' 정책에 힘입어 급속도로 라디오가 퍼져나갔다. 하지만 원래의 목적과는 달리 국민은 라디오를 통해 상실감과 시대적 불안감을 달랬다. 시인 김수영은 "명랑한 가정마다 금성 라듸오" 라는 광고 헤드라인을 비꼬면서, 〈금성 라디오〉(1966)라는 시에서 "명랑하지 않은 시대에 명랑한 시대를 꿈꾸며"를 노래했다.

> "명랑하지 않던 시대에 명랑한 날을 꿈꾸며
>
> 금성라디오 A504를 맑게 개인 가을날
> 일수로 사들여온 것처럼
> 500원인가를 깎아서 일수로 사들여온 것처럼
> 그만큼 손쉽게
> 내 몸과 내 노래는 타락했다
>
> 헌 기계는 가게로 가게에 있던 기계는
> 옆에 새로 난 쌀가게로 타락해가고
> 어제는 카시미롱이 들은 새 이불이
> 어젯밤에는 새 책이
> 오늘 오후에는 새 라디오가 승격해 들어왔다

그림 3-10 ■ 금성사 A-504 라디오 광고 (경향신문, 1962. 2. 20)

아내는 이런 어려운 일들을 어렵지 않게 해치운다
결단은 이제 여자의 것이다
나를 죽이는 여자의 유희다
아이놈은 라디오를 보더니
왜 수련장은 안 사왔느냐고 대들지만"(김수영, 1966/2003).

금성사 금성트란지스타 광고(1963)의 카피는 "즐거움을 실어오고/ 피로를 실어가는/ 금성 트란지스타"이다. 헤드라인의 수준이 이전의 라디오 광고의 카피

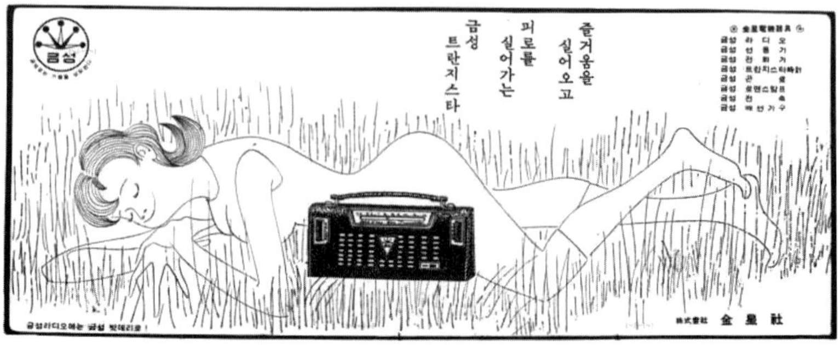

그림 3-11 ■ 금성사 금성트란지스타 광고 (경향신문, 1963. 8. 6)

보다 한 단계 높아졌다. 소비자의 마음을 움직일 수 있는 카피를 썼다. 놀랍고 공감할만한 소비 가치를 환기하는 징표라 할 정도로 주목할 만하다. 세련된 레이아웃과 섬세한 일러스트레이션은 감성적인 카피와 만나 소비자의 구매 욕구를 자극하기에 충분했다.

금성사의 금성라디오 광고(1964)의 헤드라인은 "언제 어데서나 여러분의 벗!! 금성라디오"이다. 라디오는 여러 채널이 있어 듣고 싶은 채널을 마음대로 골라 들을 수 있다. 간혹 혼자 있고 싶을 때나, 벗이 필요할 때, 자신의 깊은 마음을 나누고 싶을 때, 심심할 때가 있는데, 그런 순간이라면 언제 어디에서나 금성라디오가 벗이 되어주겠다며 소비자의 마음에 서정적으로 다가갔다. 언제 어디에서나 가지

그림 3-12 ■ 금성사 금성라디오 광고 (동아일보, 1964. 7. 25)

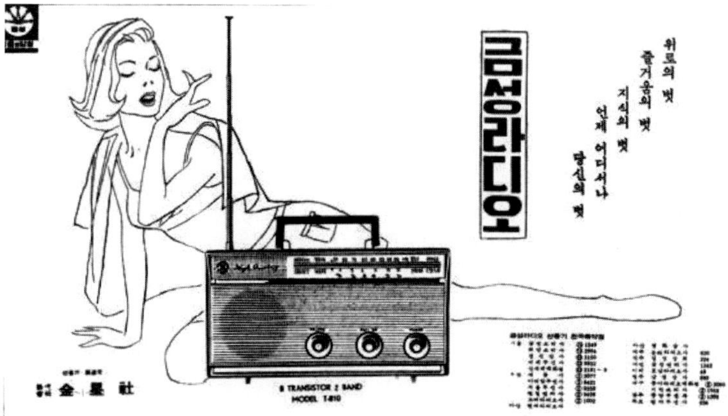

그림 3-13 ■ 금성사 금성라디오 광고(동아일보, 1965. 8. 14)

고 다니기에 편하다는 사실을 알리기 위해, 검지 하나로 라디오를 들고 있는 장면을 비주얼을 표현해 가벼움을 느끼도록 표현했다.

금성사의 금성라디오 광고에서 1960년대의 라디오 청취 행동을 엿볼 수 있다. T-810 트랜지스터 라디오의 안테나를 한껏 뽑아 올린 여인이 눈을 감은 채 음악에 취해 고혹적인 자태로 라디오를 듣고 있다. 별도의 헤드라인 없이 금성라디오라는 브랜드를 내세웠다. "위로의 벗/ 즐거움의 벗/ 지식의 벗/ 언제 어디서나/ 당신의 벗"이라는 보디카피에서 알 수 있듯이, '벗'이라는 단어를 네 번씩이나 강조했다. 라디오의 손잡이도 세워 놓아 언제 어디서나 휴대할 수 있음도 빼놓지 않았다.

요약하면, 인생의 희로애락을 느끼는 순간에 라디오는 늘 벗이 되어준다는 내용이다. 오래도록 친하게 사귀어 온 사람이 친구라면 서로 깊은 마음까지 나누는 사이는 벗인데, 친구는 벗에 비할 바가 못 된다. 지금은 자주 쓰이지 않는 벗이라는 단어를 강조했던 점에서 볼 때, 당시에 라디오는 마음까지 주고받은 미디어라는 자격을 얻었다(김병희, 2012). 그 시절에는 라디오 소설이 폭발적인 인기를 얻었는데 요즈음의 인기 드라마 이상이었다. 라디오가 벗 같은 매체였기에 가능한 일이었다.

금성사 금성FM라디오 광고(1967)의 헤드라인은 "기술의 상징 금성이 낳은 한국최초의 금성FM라디오"이다. 당시의 금성사는 기술 개발에 막대한 투자를 해서 주목할 만한 브랜드를 키워냈다. 금성라디오는 기술의 상징이라고 불릴만한 대

그림 3-14 ■ 금성사 금성FM라디오 광고 (동아일보, 1967. 7. 29)

단한 능력으로 한국 최초로 FM라디오를 만들었다는 사실을 알리고자 했다. 사람들은 '기술의 상징'이라는 헤드라인을 보고 금성사에 신뢰를 보냈고, 최초의 FM라디오라는 사실에 더욱 관심을 가졌을 것이다.

광고에 묘사된 비주얼에서는 라디오를 들으며 어딘가로 신나게 가고 있는 소녀의 모습을 보여주었다. 그 어딘가는 보디카피에서 암시하듯이 푸른 들, 높은 산, 또는 넓은 바다일 수 있었다. 최초의 FM라디오라 사람들이 제품의 진면목을 제대로 알지 못할 수도 있었는데, 광고에서는 그런 점을 염려해 제품의 특성을 상세하게 설명했다. 보디카피에서는 금성라디오의 장점과 소비자 혜택을 알아볼 수 있도록 친절하게 상세한 정보를 제공했다.

시인 김수영은 〈금성 라디오〉(1966)라는 시에서 금성라디오 A504를 500원 깎아 일수로 사들였다고 묘사했다. 시인의 감수성으로 보기에 라디오는 전후의 황폐한 시대 속에서 사람들의 정신과 육체를 타락시키는 기계에 불과했다. 장점도 많았지만 시인은 라디오를 그렇게 느꼈다. 하지만 라디오는 대중의 애환을 달래줄 미디어가 부재했던 시대에 사람들이 삼삼오오 모여서 귀를 기울일 정도로 대단한 영향력을 가졌다. 1960년대 후반에는 라디오가 사치품 단속 목록에 오를 정도로 귀하신 몸 대접을 받았다.

육중하고 우직해 보이는 라디오가 공동체의 한 가운데에 선 것이다. 사람들은 라디오를 통해 서로를 만났고 서로의 이야기를 공유했다. 세상의 희로애락이 라디오에 통째로 들어왔다. 이처럼 라디오는 전쟁터의 이야기도 권력의 이동도 가장 먼저 알리는 전령 같은 역할을 맡았다. 이후 컬러텔레비전 수상기가 전국에 보급되었지만 라디오는 소멸하지 않고 지금도 특유의 기능을 발휘하고 있다. 사람들은 라디오 방송의 DJ가 전하는 메시지와 음악을 들으며 한 시절을 보냈다. 그동안 라디오는 텔레비전과 함께 공존할 수 있는 나름대로의 전략을 모색해, 텔레비전이 없는 시공간에 재미있는 이야기를 전하는 방식을 채택했다. 그 결과 사람들은 출퇴근 시간에 자동차에서 뉴스를 접했고, 오전과 오후의 프로그램에 청취자로 참여하기도 했다.

2) 1970년대의 라디오 광고

1970년대에 접어들어 스포츠에 대한 관심이 증가했다. 사람들은 스포츠를 하는 도중에도 라디오 듣기를 원했다. 범성전자 판스타 라디오 광고(1970)에서는 소비자 심리를 공략해 스포츠를 즐기면서도 라디오를 들을 수 있다는 장점을 구체적인 화면으로 표현했다. 카피는 다음과 같다. "Na) 판스타./ 여자Na) 이 놀라운 스테레오 음향./ 남자Na) 맑고 깨끗한 초미니 강력 사운드./ 범성전자 판스타./ 여자Na) 즐거운 여행길에 다정한 동반자./ 판스타 라디오./ 남자Na) 경기장에서도 판스타./ 다양한 색상의 오디오 패션./ 증폭 스피커는 워커맨에 꼭 필요합니다./ 소형 카세트의 범성전자."

이 광고에서는 기쁨, 편리함, 즐거움 같은 소비자 혜택을 먼저 알리고 제품의 기능을 나중에 구체적으로 설명하는 형식을 취했다. 깨끗한 음질, 녹음기능, 테크 기능 같은 다양한 장점이 있다고 설명했다. 광고에서는 제품을 클로즈업 시키고 등산, 라이딩, 경기장 같은 장소에 따라 판스타를 사용하는 상황을 보여주었고, 내레이션으로 음향의 우수성과 휴대의 편리성을 강조했다. 소비자들은 장점이 많은 제품을 써보고 싶어 하며 상품의 매력에 이끌려 소비 욕구를 충족했을 것이다.

새한정밀공업 디지털시계라디오 광고(1972)의 헤드라인은 "시계가 따로 필요없읍니다"이다. "칼라사진의 명문 새한칼라가 온갖 힘을 다해 육성한 새한정밀"의

그림 3-15 ■ 범성전자 판스타 라디오 광고 (1970)

제품은 시계기능이 되는 라디오라는 것이다. 이 광고는 제품 자체를 보여주면서 시계 기능을 부각시키며 시각적으로 표현했다. 보디카피에서는 시장에서 반응이 좋다면서 소비자의 신뢰를 얻으려 했다. 1970년대에는 풍요롭고 자유로운 생활 속에서 라디오가 널리 보급되어 문화의 기술 의존적 성격이 더욱 강해졌다. 라디오에 시계 기능을 더해 보다 실용적이라는 소비자 혜택을 강조해 제품의 소비를 유도했다.

오리엔트 AV상사 스포츠용 라디오 광고(1974)에서는 스포츠 활동을 하며 들을 수 있는 크기가 작은 소형 라디오의 특성을 설명했다. 스포츠를 즐기며 라디오를 들을 수 있다는 사실을 광고에서 특히 강조했다. 한 손안에 들어오는 라디오를 비주얼로 보여주며 초미니 크기라는 사실을 부각시킴에 따라 소비자가 선택할 수 있는 폭이 더욱 넓어졌다. "초미니 포켓용"이자 "스포츠 중계, 등산, 낚시, 여행

그림 3-16 ■ 새한정밀공업 디지털시계라디오 광고 (경향신문, 1972. 8. 12)

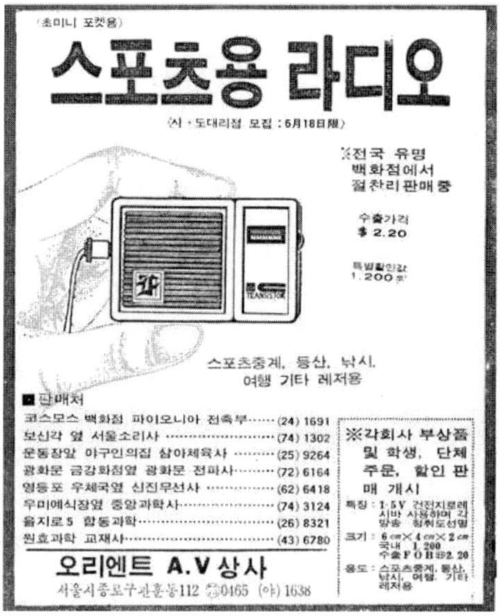

그림 3-17 ▪ 오리엔트 AV상사 라디오 광고 (경향신문, 1974. 6. 15)

기타 레저용"이라는 광고 카피가 특히 매력적으로 다가갔을 터이다.

새한정밀공업 디지털크럭 라디오 광고(1974)에서는 1970년대 산업화의 여파로 선물하는 제품도 달라졌음을 알 수 있다. 합성수지, 그릇, 라디오 같은 경공업 제품이 등장했고 식생활과 무관한 여성속옷, 과자, 양산이 선물용으로 인기를 끌었다. 이 광고에서는 고등학교에 갓 입학한 여고생이 라디오 선물을 받고 기뻐하는 모습을 시각적으로 표현했다. 졸업과 입학 선물용으로 좋다고 강조한 보디카피는 다음과 같다. "영광의 졸업, 희망의 진학을 축하합니다./ 오늘의 기쁨을 영원히 간직하세요./ 정확한 시간과 FM의 감미로운 음악을 함께/ 즐길 수 있는 새한 디지털 크럭 라디오는/ 젊은이의 빛나는 앞날을 축복하는 약속의 선물이다./ 졸업의 기쁨, 진학의 기쁨, 선물의 기쁨/ 디지털 크럭 라디오."

이어지는 새한정밀공업 새한 디지탈크럭 라디오 광고에서도 "당신의 생활을 윤택하게 합니다"라는 헤드라인을 써서 윤택한 생활을 강조했다(동아일보, 1974. 9. 21). 보디카피는 다음과 같다. "지금은 바야흐로 디지탈크럭 라디오 시대이다. 새한정밀은 1973년에 250,000대를 미국과 구라파 등 세계 각지에 수출했다.

그림 3-18 ■ 새한정밀공업 디지털크럭라디오 광고 (동아일보, 1974. 2. 15)

디지털크럭 라디오가 전 세계에 애용되는 이유는 생활에 필요한 여러 가지 기능을 갖추고 있기 때문이다. 정확한 시간과 FM음악을 함께 즐기세요." 정확한 시간과 감미로운 음악을 함께 즐길 수 있으며, 젊은이의 빛나는 앞날을 축복하는 선물이라는 표현으로 라디오 선물에 대한 긍정적인 반응을 유도한 광고들이다. 1970년대에

그림 3-19 ■ 성우전자 쉐이코 카세트 라디오 광고 (동아일보, 1976. 11. 9)

졸업이나 입학을 앞둔 사람들은 이 라디오를 많이 선물 받았을 것이다.

성우전자 쉐이코 카세트 라디오 광고(1976)에서는 "이제부터 본격적인 카세트 라디오를 즐겨 주십시오"라는 헤드라인을 활용했다. 라디오에 카세트 기능이 더해져 필요에 따라 라디오를 듣거나 녹음테이프를 들을 수 있는 스타일이었다. 광고에서는 제품 비주얼을 크게 내세우며 두 가지 기능을 쉽게 인지할 수 있도록 강조했다. 이런 광고를 통하여 비로소 카세트 겸용 라디오가 널리 퍼지게 되었다.

남화 자코 카셋트 라디오 광고(1978)의 헤드라인은 "제일 작은 카셋트와 제일 작은 FM라디오가 만났습니다"이다. "카셋트와 F/AM 라디오- 그것은 전혀 다른 세계이다. 복잡한 기계적 구조를 갖는 카셋트, AM라디오보다 몇 배 정교한 회로를 요구하는 FM라디오, 카셋트 하나만으로도, FM라디오 하나만으로도, 자코는 너무 비좁다. 그러나 고도의 정밀성은 전자산업의 생명. 회전하는 극소형 모터와 IC회로가 자코의 소형화를 실현시켰다. 보다 작게, 보다 완벽하게- 이것이 바로 자코이다."

이 제품은 카셋트와 FM 라디오 기능이 모두 가능한 카세트 라디오였다. 광고에서는 두 손으로 카셋트 라디오를 만지고 있는 비주얼을 통해 손바닥 정도 크

그림 3-20 ■ 남화 자코 카셋트라디오 광고 (동아일보, 1978. 6. 5)

기로 기존 라디오보다 소형화시킨 제품이라는 사실을 보여주었다. 보디카피에서는 카셋트와 FM라디오의 기능이 합쳐진 카세트 라디오가 기존 제품과는 전혀 다른 신세계라고 표현했다. 이런 광고를 보며 1970년대 사람들은 새로운 기술에 대한 호기심과 흥미를 가졌을 것이고 구매욕을 키웠을 것이다.

대한 카셋트라디오 오렉스 광고(1979)에서는 전축과 라디오 기능이 합쳐진 제품의 특성을 강조했다. 신제품을 보여주었기 때문에 사람들은 신제품의 새로운 기능에 더 많은 관심을 가졌을 것이다. 보디카피에서는 선진국에서만 생산하던 최신 스테레오 라디오와 전축을 자사에서도 개발해 혜택을 제시했다고 설명했다. 제품의 특성을 차별화시킨 것이다. TC-6060W이 “맑은 샘물처럼 흐르는 소리를 듣는 기쁨”을 주고, “여러모로 유익하게 쓰는 편리함”이 있고, “오순도순 흐뭇한 순간을 담는 즐거움”이 있다는 점을 특히 내세웠다.

보디카피는 다음과 같다. “새로운 제품입니다./ 좋아하는 음악을 깨끗한 음질로 충분히 들을 수 있고, 즐겁고 꼭 간직하고 싶은 순간을 녹음하며, 가정과 야외에서 여러모로 요긴하게 쓰일 때가 많습니다./ 오렉스의 새로운 제품인 TC-6060W는 카셋트로서는 최대출력 4W와 6.5인치 초대형 듀얼콘 스피커로 섬세하

그림 3-21 ■ 대한 카셋트라디오 오렉스 광고 (동아일보, 1979. 4. 30)

고 웅장한 음의 세계를 펼쳐드리며,/ 카셋트의 생명인 테크의 기능 또한 제일 뛰어나 각종 녹음, 회화공부 및 비싼 과외 대신 귀여운 자녀들의 학과 공부용으로 아주 적격입니다./ 아울러 즐거운 가족기념 행사시 실내와 야외에서 마이크 앰프로도 폭넓게 이용하실 수 있습니다." 1970년대에는 소비자들이 외국산 제품을 선망하는 경향이 있었는데, 이 광고에서도 그러한 소비 경향을 은근히 부채질했다.

삼성전자 카세트 라디오 신문 광고(1979)에서는 신제품을 보여주며 제품별 특장점을 상세히 설명했다. "카세트 라디오의 베스트셀러"라는 헤드라인에 "다양한 모델 삼성 카세트- 음질과 패션 감각이 똑같이 뛰어납니다"라는 서브 헤드라인을 활용했다. 보디카피는 다음과 같다. "스테레오를 위한 딜럭스/ 신제품 ST-329 \158,500/ 2WAY, 4스피커 시스템의 완전 스테레오 사운드/ 야외에서도 즐길 수 있는 고출력, 고감도 마이크 믹싱장치/ 큐.리뷰 버튼/ 입체음향을 즐길 수 있는 메트릭스 회로 장치/ 라우드니스 회로 내장/ 새 감각의 서구적 디자인/ 신제품 RC-327 \76,800/ 경음악에 맞추어 노래나 시를 동시 녹음 재생할 수 있는 마이크 믹싱장치/ 용도에 따라 편리하게 사용할 수 있는 2스피드 테이프 전환방식/ 초소형 고감도 콘덴서 마이크 내장/ 모니터 음으로 녹음위치를 손쉽게 찾을 수 있는 큐.리뷰

그림 3-22 ■ 삼성전자 카세트 광고 (매일경제, 1979. 8. 27)

버튼/ 6인치 듀얼콘 우퍼의 박력 있고 풍부한 원음 재생/ 외부 마이크와는 별도로 초고감도 콘덴서 마이크 부착/ AC DC 겸용/ 테이프 주행 자동정지 장치/ 자동 주파수 조절/ 자동 녹음레벨 조절."

1970년대 말부터 활발히 보급된 카세트 라디오는 기술이 향상되어 하이파이급 이상의 기능을 넘보게 되었고, 하이파이에 비해 비교적 저렴한 가격과 휴대의 편리함으로 인해 음악의 대중화에 크게 기여했다. 대한전선 카세트 라디오 태풍5 광고(1979)에서는 "태풍5 나만의 파트너입니다"라는 헤드라인으로 라디오가 사람들의 파트너 역할을 한다는 점을 강조했다. 혼자서, 산과 들에서, 회화 공부할 때 같은 사용 상황을 설명하며 라디오가 일상생활의 파트너임을 환기했다. 따라서 당시의 소비자들은 일상생활의 파트너를 구한다는 마음으로 라디오를 구매했을 것이다. 보디카피는 다음과 같다.

"보고, 듣고, 녹음하는 즐거움을 하나로- 이름은 태풍5. 길이는 42.2cm, 높이 12.8cm, 폭 30.2cm, 우리나라에서 처음으로 5인치 TV와 AM/FM 라디오, 고성능 카셋트가 하나로 되었다. 휴대가 간편하고, 어느 장소에나 잘 어울리며, 용도가 다양해서 이미 칼라 TV가 널리 보급되어 있는 유럽과 일본에서도, 선풍적 인기를 모아 나가고 있다. 나의 개성, 나의 시간을 충족시켜주는 나만의 파트너- 태풍5."

"산과 들에서- 자연을 벗 삼아 스포츠 중계를 보는 즐거움- 태풍5. 태풍5의 손잡이만 잡으면 어디든지 OK. 단풍잎이 아름다운 산과 들을 찾아 나설 땐, 꼭 태풍5와 함께 하세요."

"낚시와 항해하며 호수와 낚시를 드리우고 담배 한 대 피우는 기분으로 FM 음악을 감상하며, 여기다 월척까지 낚으면 그 날 기분은 하늘을 날을 듯- 태풍5. 긴 항해 중에 사랑하는 가족의 음성을 듣고 싶을 때도 태풍5."

"차 내에서도 카-코드(Car Cord)와 밧데리를 이용, 차내에서도 편안히 보고 들을 수 있어 운전 피로를 날려보내 드리는 태풍5. 밧데리 사용 시, 슈퍼(Super)나 알카리 밧데리를 쓰시면 훨씬 더 오랜 시간을 즐길 수 있다."

"혼자서- 맘에 드는 프로를 조용히 보고 싶거나, 밤이 깊도록 잠 못 이룰 때, 독신의 외로움이 살포시 밀려올 땐 태풍5. 또 숙직 시에도 좋다."

"점포용으로도- 약국 이발소 등 각종 점포에서 손님과 함께 프로를 즐기며-

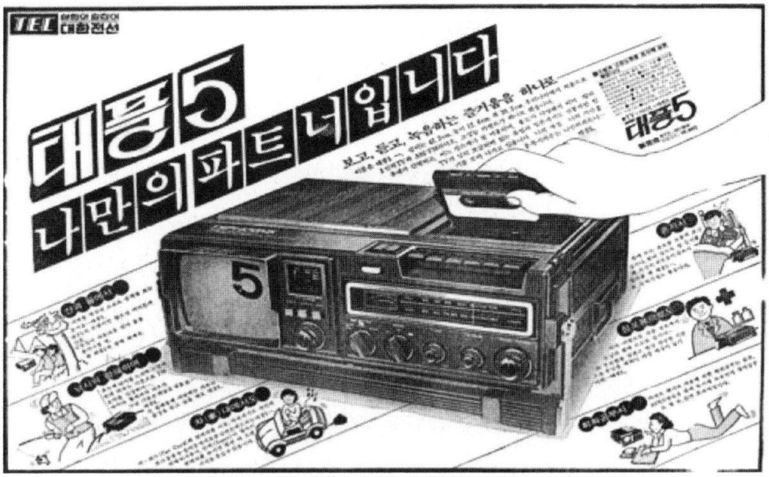

그림 3-23 ■ 대한전선 카세트 라디오 태풍5 광고 (경향신문, 1979. 10. 31)

또 무료함을 달래고 항상 명랑한 기분으로 손님을 대하니 자연 매상이 높기 마련-태풍5."

"회화 공부 시- 카셋트 테이프 사용에 의한 회화공부는 물론, AFKN 방송을 보며 동시에 녹음해 영어공부도 할 수 있어 효과적이다."

1970년대에 산업화가 진전되면서 라디오 제품의 종류가 많아졌고 그에 따라 라디오 시장의 경쟁도 심화되었다. 당시에 라디오를 소개하는 다음과 같은 기사들이 계속 등장했다. "천우사 카세트 레코더 연 5백만불 목표"(매일경제신문, 1974. 4. 20), "화신 소니 오디오 시판 추진"(매일경제신문, 1976. 8. 13), "금호전자 카세트 라디오 신모델"(매일경제신문, 1979. 6. 14) 같은 헤드라인을 단 기사였다.

라디오 제품 광고의 크리에이티브도 달라지기 시작했다. 상품만 등장시키던 이전의 광고에 비해 1970년대에는 라디오 제품과 소비자를 연결하는 감각적 광고가 나오기 시작했다. 1970년대에 라디오는 사람들에게 어떤 의미가 있었을까? 그 시대의 광고에서 라디오가 소비자의 일상생활과 연결된 흔적들을 다수 발견할 수 있다. 휴식과 기분전환, 사회적 상호작용, 자아실현 같은 세 가지 동기 때문에 여가 시간에 미디어를 이용하는 경향이 많다(윤언정, 2011).

첫째, 인간의 생리적 욕구는 미디어 이용동기 중 오락적 동기와 관련된다.

1970년대의 라디오 광고는 소비자의 휴식과 오락에 영향을 미쳤다. “낚시와 항해하며 호수와 낚시를 드리우고 담배 한 대 피우는 기분으로 FM음악을 감상하며-여기다 월척까지 낚으면 그날 기분은 하늘을 날을 듯”이라는 카피에서 라디오가 휴식의 도구였음을 확인할 수 있다. 다른 광고에서도 “감미로운 음악을 즐길 수 있다”, “즐거운 스포츠 중계를 즐길 수 있다”, “무료함을 달랠 수 있다” 같은 카피를 통해 오락성을 설명했다. 당시의 소비자들은 라디오를 들으며 휴식과 오락을 즐겼음이 분명하다.

둘째, 인간의 안정-귀속 욕구는 미디어 이용동기 중 사회적 상호작용 동기와 관련되며, 자존 욕구는 자기객관화 욕구와 관련된다. 1970년대에는 문화의 기술 의존적 특성이 증대되었고 생존 욕구에서 문화적 욕구로 전환되었다. 라디오 광고에서는 “소비자의 생활을 윤택하게 한다”, “젊은 행동파의 멋을 표현할 수 있다” 같은 카피를 통해 사회적 지위에 대한 경쟁 심리를 유도했다. 소비자들은 자신의 자존 욕구를 충족시키기 위해 라디오 제품을 소비했을 것이다.

셋째, 인간의 자아실현 욕구는 미디어 이용 동기 중 간접경험을 확대하는 동기와 관련된다. 이는 자아를 실현하는 동기이자 미디어를 도구적으로 이용하려는 동기와 같다. 1970년대에는 영어 공부에 관심이 많아 영어 조기교육 열풍이 불었다. 라디오 광고에서는 “회화공부는 물론 AFKN 방송을 보며 동시에 녹음해 영어공부도 할 수 있어” 효과적이라며 라디오의 실용성을 강조하기도 했다. 소비자들은 영어교육에 관련된 자아실현 욕구를 라디오에서 충족할 수 있으리라고 기대했을 것이다.

1970년대의 라디오 미디어의 테크놀로지에서는 카세트 라디오의 등장이 가장 주목할 만했다. 카세트 라디오가 처음 나왔을 때, 사람들은 크기가 너무 커서 밖에 들고 나갈 엄두를 내지 못했지만 크기가 점점 작아지고 휴대하기도 좋게 바뀌게 되자 사람들은 야외에서도 음악 테이프나 라디오 방송을 들으려고 카세트 라디오를 들고 나갔다. 카세트 라디오로 라디오 방송이나 녹음된 카세트테이프를 들을 수 있어서, 카세트라디오는 복합기의 기능을 수행했다.

그림 3-24 ■ 대진음향의 FM스테레오라디오 광고 (매일경제, 1981. 4. 23)

3) 1980년대의 라디오 광고

대진음향의 FM스테레오라디오 광고(1981)에서는 음성을 녹음했다가 마이크로컴퓨터의 명령에 따라 음성합성 장치로 재현해서 시계를 안 보고도 시간을 알 수 있다는 점을 표현했다. 시각 장애인에게 특히 유용했을 제품이었다. 헤드라인은 다음과 같다. “국내 최초의 FM-STEREO-라디오 FM-Boy 판매개시.” 보디카피에서는 안테나 없이도 완벽한 FM 스테레오 방송을 청취할 수 있고, 언제 어디서나 음악 감상, 등산, 낚시, 학습, 조깅, 데이트를 즐길 수 있다는 사실을 부각시켰다. 완벽한 스테레오를 동시에 즐길 수 있고, 주머니에 넣거나 벨트에 부착해 걸어 다니며 청취할 수 있으며, 하이파이 콤퍼넌트 스테레오의 원음을 즐길 수 있다는 점을 강조했다.

선글라스 라디오인 룩사운드(LookSound)도 등장했다. 룩사운드는 1980년대 중반에 미국을 비롯한 세계 30여 나라로 수출되던 스포츠 레저용 상품으로 ‘86 아시안게임’과 ‘88서울올림픽’ 무렵에 국내 판매를 시작했다. 룩사운드 라디오 광고(1985)에서는 “초정밀 수입 보안 렌즈에 의한 고급 선글라스에 고감도, 고성능 IC 라디오가 조화된 스포티하고 캐주얼한 새로운 레저 상품으로 두 가지 요구를 동시에 충족”시킨다며, 라디오가 캐주얼한 레저 상품이라고 강조했다.

당시의 신문 기사를 보면 ‘말하는 시계 라디오’를 알리는 내용이 자주 등장했다. 예를 들어, “‘말하기’ 키를 눌러놓으면 현재시각을 매 30분마다 자동적으로 말을 일러주는가 하면 ‘현재시각이 약속시간이다’ ‘일어날 시간이다’ 등을 반복적으

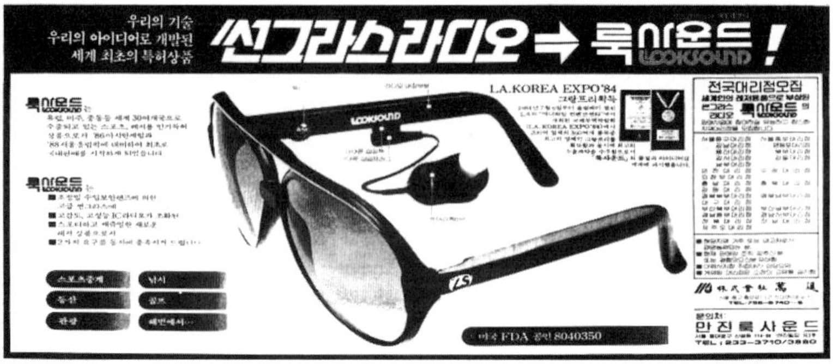

그림 3-25 ■ 룩사운드 라디오 광고 (매일경제, 1985. 8. 5)

로 말해주는 말하는 시계 라디오가 금성사에 의해 개발되었다"는 기사가 대표적이다(동아일보, 1982. 3. 2). 현대정밀상사의 COMBAT-1 라디오 광고(1989)에서는 "라디오와 후레쉬, 싸이렌이 만났다," "올 여름 바캉스는 COMBAT-1과 함께!" 같은 두 가지 헤드라인을 동시에 활용해서 라디오의 기능성을 강조했다.

1960-1970년대에 라디오의 성능이 급속히 발전하고 질적으로도 향상됨으로써 라디오에 친숙한 사람들이 늘어났다. 1980년대에 들어서 사람들이 라디오의 기본 기능 이외의 추가적인 기능을 기대하며 작고 편리한 제품을 찾게 되자, 소비자 행동의 변화에 발맞춰 편리한 용도의 라디오가 출시되었다. 1980년대부터는 소득 수준이 향상되자, 상품의 물질적 사용가치는 물론 미학적 · 상징적 가치를 고려해 값이 비싸더라도 양질의 상품을 구매하는 쪽으로 소비자의 선호가 변화했다(박명희, 송인숙, 손상희, 이성림, 박미혜, 정주원, 2006). 기존의 라디오뿐만 아니라 부가적 기능이 합쳐진 라디오도 출시되었다.

컬러텔레비전의 등장을 비롯해 미디어 환경이 급변한 1981년에 우리나라 광고계에는 일대 혁명이 일어났다. 컬러텔레비전 환경에 차츰 적응하기 시작한 광고업계는 화려한 영상 시대를 열어가기 시작했다(마정미, 2004). 영상시대가 개막되자 듣는 라디오의 시대는 점차 저물기 시작했다. 1980년대에 들어서는 국민의 의식구조가 양적인 물질 충족의 단계에서 질적인 생활향상 추구로 이행했으며, 여가생활의 중요성이 강조되었고 여가의 대상과 방법도 보다 다양하게 전개되었다

그림 3-26 ■ 현대정밀상사 COMBAT-1 광고 (한겨레, 1989. 7. 11)

(김영빈, 1997).

서민들의 여가 활동은 라디오 청취로 이어졌다. 1980년대는 라디오 음악 FM 전문 DJ가 인기를 끌었으며 1990년대 말까지 전성기를 누렸다. 1980년대에는 1970년대에 비해 라디오 제품 광고의 수가 현저히 줄어들었지만 라디오의 영향력 자체는 줄어들지 않았다. 라디오는 1980년대부터 지금까지 약간의 부침을 거치면서도 꾸준히 인기를 유지해 라디오의 황금시대를 지켜냈다. 컬러텔레비전이나 VCR이 등장했지만 대중들은 라디오에서 정보를 듣고 여가를 즐기기를 마다하지 않았다.

03 오디오 광고의 흐름

오디오란 데이터나 디지털 신호 처리에 의해 변조된 각종 데이터를 D/A 변환기를 통해 아날로그 오디오로 변환시키는 디지털 시스템이다. 아날로그 오디오에 비해 좋은 음질을 들을 수 있다는 장점이 있다. 1990년대 들어서 우리나라 경제가 급성장하자, 국민의 소비량도 늘어났고 생활비에서 문화비 지출이 차지하는 비중도 급격히 증가했다. 이런 상황을 반영하듯 취미생활을 위해 노래도 듣고 다른 오락 기능도 할 수 있는 오디오들이 많이 출시되었다. 1980년대 이후 사람들은 오디오에 대해 더 많은 관심을 가졌으며 그에 따라 오디오는 점차 인기 품목으로 떠올랐다.

1) 1980년대의 오디오 광고

동원전자의 역사는 곧 한국 하이파이(Hi-Fi)의 역사나 마찬가지다. 1970년 무렵, 우리나라에서는 한두 군데의 영세업체가 라디오나 저음의 전축을 생산하고 있었다. 이런 상황에서 동원전자는 '한국ELECTRO-VOICEit'을 설립해 하이파이 스테레오 음향기기를 생산하고 수출하기 시작했다. 바야흐로 우리나라에 하이파이 오디오 시대가 개막된 것이다. 동원전자 인켈 광고에서 당시의 상황을 생생히 엿볼 수 있다.

"우수 국산품 생산업체 탐방- 동원전자 편"이라는 시리즈 제목에서 알 수 있듯이, 이 동원전자 인켈 광고(1984)는 신문사의 기획 시리즈 광고였다. 광고를 보는 순간 굵은 서체로 표현된 "동원전자, 외국에서 세계정상급 품질로 인정된 오디

그림 3-27 ■ 동원전자 탐방 광고 (경향신문, 1984. 8. 23)

오 기술을 토대로 첨단 기술산업을 향한 제2의 도약시도."라는 헤드라인이 지면을 압도한다. 서브 헤드라인은 다음과 같다. "국내와 유럽지역에서는 '인켈' 브랜드로, 미주지역에서는 '셔우드' 브랜드로 100여종의 Hi-Fi 오디오 제품을 수출 · 판매하여 세계적인 오디오메이커로 성장한 동원전자가 이제는 그 정상급 기술을 토대로 컴퓨터 주변기기 등 첨단 기술산업에 도전하고 있다."

이 무렵 금성사도 고출력 미니컴포넌트를 시판했다. 금성사는 좁은 공간에서도 생생한 원음을 즐길 수 있는 고출력 미니 컴포넌트(유니크 500)를 개발해 본격적인 시판에 나섰다. 경박단소(輕薄短小)의 형태로 제작된 이 제품은 기존 제품보다 크기와 중량을 절반 가까이나 줄여 폭 34.4Cm의 미니 사이즈이면서도 하이파이 컴포넌트의 정격 출력인 40와트의 웅장한 음향을 구현하는 것으로 유명했다. 금성유니크 500 TV 광고(1986)의 카피는 다음과 같다. "금성 유니크 500/ 콤퍼넌트의 작은 거인/ 고출력 뮤직파워 200W 고감도 디지털 튜너와 더블뱅크/ 12밴드 그래픽 이퀄라이저/ 다기능 유니크 컴퍼넌트/ 컴퍼넌트의 작은 거인 금성유니크."

그림 3-28 ■ 금성유니크 500 광고 (1986. 6. 1)

금성유니크는 AM/FM 각각 7개의 방송 주파수를 기억하는 메모리 기능이 있어 다양한 채널을 선택할 수 있고, 잡음을 감소시키는 돌비 시스템을 내장하고 있어 맑고 깨끗한 음향을 즐길 수 있다고 강조했다.

2) 1990년대의 오디오 광고

1990년대에는 다양한 종류의 오디오가 출시되었다. 아남오디오는 오디오에 관심이 많은 소비자들의 의견을 반영해 기능을 향상시킨 델타 오디오를 출시했다. 아남오디오 델타 광고(1991)에서는 "탄생부터 다르다!/ 순음 오디오- 델타 1000"

그림 3-29 ■ 아남오디오 델타 광고 (동아일보, 1991. 5. 21)

이라는 헤드라인을 써서 순음 오디오를 강조했다. 본문에서는 “마침내 오디오 팬들의 오랜 열망이 이루어졌다!/ 오디오팬 849명의 의견을 모아 탄생시킨/ 도시형 콤포넌트 델타 1000!”이라는 리드 카피를 써서 오디오의 기능, 성능, 가격, 외관, 크기를 강조했다. 소비자들이 원하는 요구를 반영해서 만들었다는 사실을 상세히 알렸다. 소비자들은 자신의 기대를 반영한 제품을 좋아하며, 소비자의 요구 사항을 반영한 기업이 소비자로부터 더 많은 사랑을 받는다. 따라서 이 광고는 아남오디오에 대한 호감도를 높이는데 기여했을 것이다.

1990년대에는 문화 생활비의 지출이 급속히 증가했고 가계의 소비지출 비용도 늘어났다. 소비자들은 저렴한 오디오보다 성능이 뛰어난 오디오를 찾는 경우가 많았다. 롯데매니아 오디오 909R 광고(1990)의 카피는 다음과 같다. “프로페셔널 오디오/ 롯데매니아 909R-/ 가격이냐? 음질이냐?/ 오디오를 구입하실 때에는

그림 3-30 ■ 롯데매니아 오디오 909R 광고 (동아일보, 1990. 3. 9)

10분 이상 들어보시고 음질로 선택하십시오./ 오디오의 생명은 음질이다. 한번 구입하시면 10년 이상 듣는 오디오- 가격도 중요하지만 오디오의 생명은 역시 음질이다.” 1990년대에는 가격을 중시하는 소비자도 있었지만, 가격보다 기능을 더 중시하는 소비자가 많았다. 1990년대에 접어들어 한국 경제가 급성장하면서 국민의 소비 지출이 늘어난 점도 오디오 선택에 영향을 미쳤다.

롯데매니아 CD 오디오 TV 광고(1993)에서는 오디오의 기능과 특성을 실감나게 표현했다. 이 오디오는 듣는 기능만이 아닌 CD를 넣어 실행하면 오디오에 장착된 스크린에서 영상이 나온다는 특성이 추가되었다. 이 광고를 통해 당시의 소비자들이 한 가지 제품에서 여러 기능을 실행하는 제품을 선호했음을 알 수 있다. 카피는 다음과 같다. “롯데매니아 비디오 CD/ CD로 고화질 영화를 본다/ CD로 생생한 영상음악을 즐긴다/ CD로 영상 노래방까지/ 오디오와 영상의 완벽 추구-

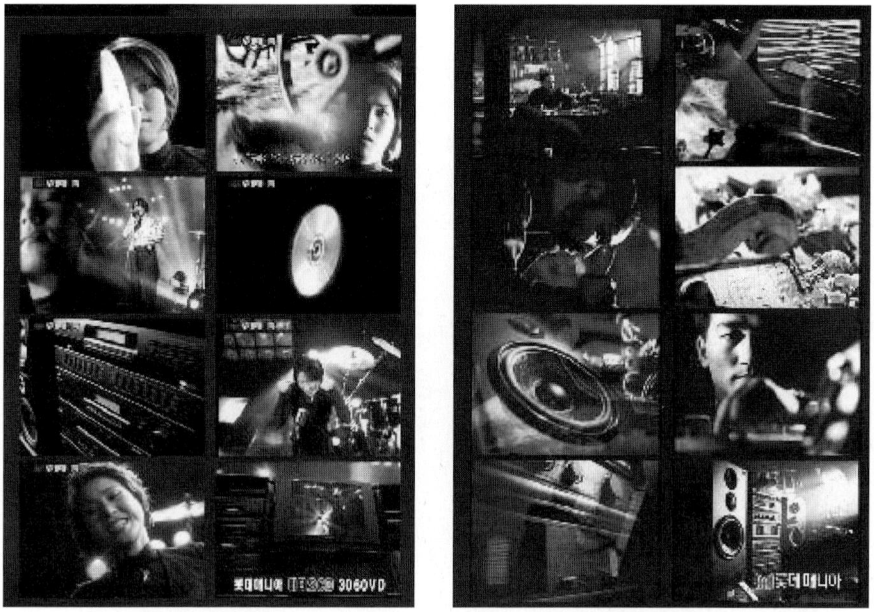

그림 3-31 ■ 롯데매니아 CD 오디오 광고 (1993. 1)

롯데매니아 비디오CD/ 전문 오디오사가 만들어 그 차이가 확실합니다./ 롯데매니아 오디오CD 3060."

하나의 제품에 여러 기능이 있는 편리한 제품을 선호하는 추세는 예나 지금이나 크게 다르지 않다. 단순한 음악 재생 기능에 더해 영상까지 즐기고 싶은 소비자들의 심리를 자극하는 광고였다. 롯데매니아 오디오의 후속 광고(1993)에서는 장인이 목재를 정교하게 다듬듯이 오디오의 음향과 음질을 정교하게 다듬었다는 점을 강조했다. 소비자들은 제품을 구매할 때 가격도 생각했겠지만 1990년대 이후 오디오의 기능적 측면에 더 많은 관심을 가지기 시작했음을 이 광고에서 확인할 수 있다.

삼성전자 디지털 멀티오디오 윙고 TV 광고(1999)는 1999년에 인기를 끌었던 배우 전지현을 통해 오디오의 새로운 쟁점을 만들어 냈다. 광고에서는 모델들의 연기력을 바탕으로 멀티 오디오의 기능을 상세히 설명했다. CD와 카세트가 하나로 합쳐지고, 마이마이와 CD가 하나로 합쳐져 따로 따로 쓸 수 있고, 합쳐서도 쓸

그림 3-32 ■ 삼성전자 멀티오디오 윙고 광고 (1999. 1)

수 있다는 멀티 오디오 윙고만의 특성을 재미있게 표현했다. 이 광고를 통해 당시의 소비자들이 갖가지 재미를 느낄 수 있는 제품을 선호했다는 사실을 확인할 수 있다. 여러 제품의 특성을 광고 모델들이 재미있게 표현함으로써 소비자의 소유욕을 자극했다. 카피는 다음과 같다. “Na) CD와 카세트가 윙고 하나로/ 자막) CD와 카세트가 윙고 하나로!/ 여) 윙고 하나면 돼/ Na) 디지털 멀티오디오 삼성 윙고/ 자막) 디지털 멀티오디오/ 또 하나의 가족- 삼성전자.”

1990년대는 문화 생활비의 지출이 급증해 가계지출 내역도 그 이전에 비해 많이 변했다. 당시의 소비자들은 문화생활을 위해 기능도 뛰어나고 경제적으로도 도움이 되는 오디오를 찾았으며, 이런 측면이 반영된 오디오 광고가 소비자의 주목을 끌었을 것이다. 1990년대의 X세대는 비교적 풍요로운 환경에서 젊은 시절을 보냈다. 고등학생 시절에는 H.O.T.와 젝스키스의 음악에 빠졌고, 대학생 시절에는 공부 대신 사랑과 청춘을 불사른 젊은이들이 많았다.

'가요계의 르네상스 시대'라고 할 정도로 대중문화가 발달한 때가 1990년대이기도 했다. 〈응답하라, 1997〉의 포스터에 나오는 "열여덟, 오빠들은 내 삶의 전부였다"라는 카피처럼 H.O.T.나 젝스키스 같은 오빠들을 열광적으로 쫓아다니는 '빠순이'도 이때 탄생했다. 이들의 노래는 오디오, 워크맨, CD 플레이어로 퍼져나갔다. 당시의 소비자들은 음악만 듣는 오디오가 아닌, 오디오 기능에 영상 기능을 추가한 오디오를 선호했으며 광고에서는 여러 기능을 실행하는 오디오 제품을 강조했다. 소비자들은 기능, 성능, 가격, 외관, 크기에 따라 자신의 원하는 오디오를 고를 수 있게 되었다.

그림 3-33 ■ 삼성전자 디지털 네트워크 오디오 광고 (2000. 8)

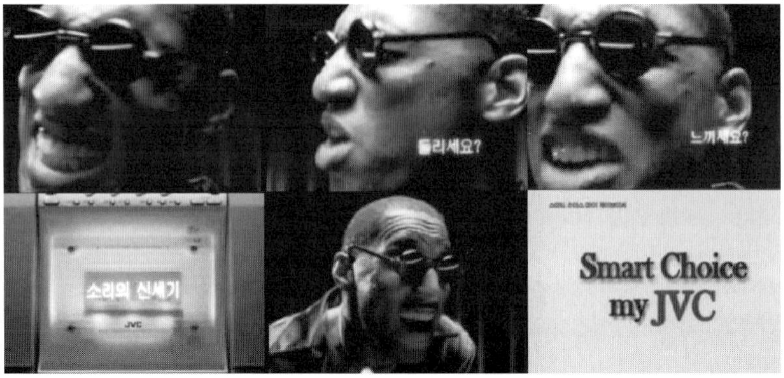

그림 3-34 ■ JVC 오디오 광고 (2000)

3) 2000년대의 오디오 광고

삼성전자 디지털 네트워크 오디오 TV 광고(2000)에서는 마치 SF영화의 한 장면처럼 화려하면서도 몽환적 느낌을 만들어냈다. 카피는 다음과 같다. “여) 지친 내 영혼 아지트가 필요해/ 내 영혼이 쉴 곳은 아지트/ Na) 이제 오디오를 PC로 접속한다/ 디지털 네트워크 오디오.” 디지털 네트워크 오디오라는 점을 부각시키면서 PC로도 접속할 수 있는 새로운 형식의 오디오이다. 2000년대의 초기 광고라고 생각해보면 주목을 끌기에 충분한 기술력이다.

일본 빅터사(JVC)는 1927년에 설립된 전자회사로, 최초로 일본에 텔레비전을 도입하고 VHS 비디오 기록 장치를 개발한 것으로 유명하다. JVC 텔레비전 광고(2000)의 카피는 다음과 같다. “따비둡바바~따비둡 바바 (흥얼거림)/ 들리세요?/ 느끼세요?/ (JVC 오디오 제품이 등장하며) 소리의 신세기/ Smart Choice my JVC.” 광고에서는 JVC 오디오의 노래를 듣고 흥겹고 즐거워하는 모델의 모습을 엿볼 수 있다. “들리세요? 느끼세요?”라는 카피는 자막과 음성으로 동시에 전달했다. JVC 오디오 사운드를 통해 모두 함께 음악을 즐길 수 있다는 핵심 메시지가 인상적이다.

아이오디오 TV 광고(2004)에서는 젊은이들의 자유분방한 열정을 표현하기 위해 일상의 다양한 장면들을 설정했다. 자유분방하게 즐기는 일상의 장면들을 보

그림 3-35 ■ 아이오디오 광고 (2004. 8)

여주면서 "실감 음질- MP3"라는 카피를 썼다. 언제 어디서든 장소에 관계 없이 실감 MP3를 들을 수 있다는 장점은 음악을 사랑하는 소비자에게 크게 사랑받을 수 있는 혜택이었다. 활동적이고 적극적인 성향이 강한 소비자들의 내적 심리를 자극했다. 마무리 카피에서는 "품질 경쟁력 1위"를 강조하며 소비 가치를 환기했다. 또한, 인켈의 Living Audio-WA240 잡지 광고(2012)에서는 아예 침실의 일부분으로 자리잡은 리빙 오디오의 이미지를 제시하고 "Good Night!"이라는 카피를 썼다.

그림 3-36 ■ 인켈 Living Audio-WA240 광고 (2012)

전문 오디오는 분명 그것을 흠모하는 마니아 계층이 존재한다. 그렇지만 대중적인 오디오는 일반인들도 광고의 영향에 따라 제품을 사는 경향이 높다. 2000년대에 접어들어 사람들은 오디오를 활용한 취미 생활을 즐겼으며, 음악을 들으며 젊은 시절의 추억을 만들었다. 사람들은 오디오를 보면서 지나간 시간의 추억을 가장 먼저 떠올린다는 조사 결과도 있다. 학창시절 친구들의 사진이나 물건을 보면서 옛 추억에 빠지는 정서나 마찬가지다.

드라마 〈응답하라, 1997〉이나 〈응답하라, 1988〉에서는 그 시절 첫사랑에 대한 기억, 음악에 빠져 살던 사람들, 정신없이 보낸 젊은 시절을 자세히 보여주며 1990년대와 2000년대 초반의 노래를 들려주었다. 그 드라마의 매력은 공감과 추억이었다. 오디오는 그때나 지금이나 단순한 음악 전달 기기가 아니라 추억을 배달하는 기억의 소품이다. 지금은 컴퓨터나 핸드폰에서 아무 때나 자신이 듣고 싶은 노래를 들을 수 있지만 그때는 그러지 못했다. 그래서 오디오는 더 절실하고 행복했던 기억의 소품으로 남을 것이다.

카세트 플레이어 광고의 흐름

04

스마트 미디어 시대에도 이어폰을 귀에 꽂고 음악을 듣는 사람들을 거리에서 쉽게 만날 수 있다. 1980년대에는 제조사와 관계없이 모든 휴대용 카세트테이프 재생기를 소비자들은 '워크맨'이라 불렀다. 엉터리 영어지만 폭발적 인기를 얻어 보편적으로 쓰이는 일반 명사가 되었다. 실제로 영국의 옥스퍼드 사전에는 1986년부터 '워크맨(Walkman)'이 단어로 등록되었고, 1997년부터는 모든 휴대용 CD 플레이어 모델의 제품명이 CD워크맨으로 통일되었다. 필립스(Philips)의 콤팩트 오디오카세트(Compact Audio-Cassette)가 개발된 것은 1962년이었다. 1979년에 일본의 소니에서 휴대용 카세트테이프 재생기기 '워크맨'을 출시하자 카세트테이프는 절정의 인기를 누렸다. 소니 워크맨을 들으며 조깅을 하는 것은 당시 유행의 상징이었다. 미니 카세트인 워크맨이 등장한 배경은 다음과 같다.

1970년대 초반 무렵에는 언제 어디에서나 원하는 음악을 듣기가 쉽지 않았다. 당시의 LP레코드는 매체와 재생기의 크기가 워낙 커서 휴대용으로 제작하기 어려웠다. 일본 소니(Sony)는 워크맨 이전에 프레스맨(Pressman)이라는 카세트테이프 레코더를 판매하고 있었다. 소니의 젊은 기술자들은 이를 가지고 다니기 편하게 재생용으로 개조해 음악을 즐겼다. 소니의 창업자 모리타아키오(盛田昭夫, 1921-1999)와 기술팀장 쿠로키야스오(黒木靖夫, 1932-2007)는 이런 광경을 보며 재생 전용 휴대용 카세트테이프 기기를 만들겠다고 했다. 하지만 엔지니어들은 반대했다. 청각 장애인의 보청기 같아 일본인들이 이어폰에 거부감을 느낀다는 점이 반대하는 이유였다. 그러나 소니의 명예회장인 이부카는 카세트 플레이어의 뛰어난 음질에 착안해 당시에 연구 중이던 헤드폰을 플레이어와 연결해 새로운 상품을

그림 3-37 ■ 최초의 워크맨 TPS-L2 모델 (1979)

출시했다.

소니에서 '워크맨(Walkman)'을 출시하자 시장은 새로운 국면으로 전개되었다. 모든 기능을 재생에 집중한 결과, 당시의 소형 기기로는 불가능하다고 여겼던 고음질의 스테레오 음향을 들을 수 있게 되었다. 최초의 워크맨 'TPS-L2' 모델은 1979년 7월에 일본에서 처음 출시되었다(〈그림 3-37〉 참조). 워크맨은 출시 초기에 언론의 혹평을 받았고 출시 첫 달에 불과 3천대라는 부진한 판매량을 기록했다. 그렇지만 음질이 좋고 쓰기 쉽다는 입소문이 나고 소니의 적극적인 PR 활동이 더해져, 출시 2개월 만에 초기 생산 물량인 3만대가 모두 매진되었고, 그 다음부터는 생산이 수요를 따라가지 못할 정도로 인기를 끌었다(김영우, 2011). 〈Time〉지 온라인 판은 1923년 이후 출시된 상품 가운데 인류 생활에 가장 큰 영향을 미친 100대 제품을 소개했는데, 거기에 '워크맨 TPS-L2'도 선정되었다(유대근, 2010).

1990년대에 접어들어 휴대용 음악 재생기 시장은 급격한 변화를 맞이했다. 카세트테이프, CD, MD가 아닌 디지털 음악 파일을 매체로 사용하는 재생기가 각광받기 시작했다. 휴대용 음악 재생기의 디지털 음악 파일은 종류가 매우 많지만,

그 중에서도 MP3 형식의 파일이 가장 많이 쓰여 디지털 음악 파일 재생기는 통칭 'MP3 플레이어'로 불렸다. 1998년에는 세계 최초로 국내 업체가 MP3P의 원천기술을 개발했다. 테이프를 들고 다닐 필요 없이 '워크맨' 보다 더 작고 가볍고 더 많은 곡을 저장할 수 있고 장시간 청취할 수 있는 MP3P는 음악 재생 기기의 판도를 바꿔놓았다.

워크맨과 같은 크기로 비슷한 성능의 마이마이(mymy)가 우리나라에서 나오자마자 한국의 젊은이들 사이에서 큰 파장을 일으켰다. 마이마이의 인기와 영향력은 MP3 플레이어와는 비교할 수 없을 정도였지만, MP3와 CD 플레이어의 등장으로 인해 카세트 시장은 점점 축소되어 2000년대 초반엔 시장에서 거의 모습을 감추었다. 〈표 3-1〉에서 음악산업협회와 이동통신사의 자료를 종합해 구성한 2000년대 초반 음악시장의 규모를 확인할 수 있다(송형석, 2005).

오프라인 음반시장은 줄어들고 있고, 모바일 음악시장은 크게 성장했다는 사실을 〈표 3-1〉에서 확인할 수 있다. MP3뿐만 아니라, 휴대폰으로도 음악을 다운받고, 퍼스널 컴퓨터를 이용해 MP3처럼 사용하는 소비자가 증가해 카세트테이프와 CD 플레이어의 소비량은 자연스럽게 줄어들었다. 그러나 학업 영역에서는 카세트 플레이어가 여전히 두루 활용되었다. 소비자들은 CD나 MP3 플레이어 같은 첨단기기로 음악을 즐기면서 외국어 공부는 카세트테이프의 이용을 고집했다. 소비자들은 더 좋은 음질의 음악을 듣기를 갈망했다. 테이프에서 CD로, CD에서 MP3로, MP3에서 MQS로 음악 플레이어의 변화는 계속될 수밖에 없었다.

2000년대 초반에 한국이 MP3P의 종주국으로 자리매김하자 LG전자와 삼성전자는 자사의 미니 카세트를 단종시켰다(윤민용, 2010). 워크맨은 소비자 심리를 정확히 반영한 놀라운 제품이었다. 워크맨을 듣고 있는 한 사람 한 사람은 분명

표 3-1 ■ 2000년대 초반 음악시장의 규모 (단위: 억원)

구 분	2001년	2002년	2003년	2004년
오프라인 음반시장	3,733	2,861	1,833	1,000
모바일 음악시장	700	1,187	2,540	4,500-5,000

특정 장소에 있지만 마치 그 자리에 없는 듯이 존재하며, 워크맨을 사용하는 사람들은 어느 곳에서나 그 장소를 마치 자기 안방 같은 개인적 공간으로 경험할 수 있게 되었다(요시미 순야, 2006). 결국 워크맨은 소비자 심리를 철저히 분석하고 나서 만들었기 때문에 소비자 욕구를 충족시킨 제품이었다고 평가할 수 있다.

인터넷을 통한 팬클럽 활동이 활성화되자 서로 오프라인에서 만나지 않아도 어떤 유대감을 가진 다양한 커뮤니티가 형성되기도 했다. 커뮤니티에 소속된 사람들은 팬덤(fandom) 현상[4)]을 통해 주체를 구성했다. 열정의 과잉이라는 특성도 지닌 팬덤 현상은 시간의 흐름에 따라 내용이 변형되기도 했다. 열성 팬들은 문화상품의 내용을 변형시키고 가공하는 경우도 많았는데, 디지털로 유통되는 MP3 파일이 문화상품의 변형을 확산하는 핵심 요인으로 작용했다.

1) 1980년대의 카세트 플레이어 광고

1980년대에 헤드폰을 끼고 다녔던 중고생들은 음악만 들었던 게 아니라 조그맣고 예쁜 카세트 플레이어의 매력을 몸소 체험했다. 삼성전자 마이마이(mymy)는 스테레오 카세트가 담배 갑 2개 정도의 크기로 무게가 400g 정도에 불과했고 2개의 헤드폰을 쓸 수 있고 스피커가 없다는 특성이 있었다. 마이마이는 디자인과 기술에 대한 잠재력을 소비자들이 느끼도록 한 전자제품 이상의 그 무엇이었다.

미국의 팝음악을 동경하던 젊은이들에게 당시의 유명한 팝송을 걸어 다니며 들을 수 있다는 것은 대단한 일이었다. 카세트 플레이어를 가방에서 꺼내 이어폰을 꽂고 있는 것만으로도 친구들의 부러움을 샀다. 등하교 길에는 전영록과 김현식 같은 가수의 테이프를 듣고, 야간 자율학습 시간에 FM라디오로 '가위바위보'나 '별이 빛나는 밤에' 같은 프로그램을 듣기도 했다. 당시 우리나라에서 마이마이의 인기와 영향력은 나중에 등장한 MP3 플레이어나 아이팟과도 비교할 수 없을 정도였다.

삼성전자 마이마이 광고(1981)에서는 마이마이를 혼자 듣기보다 둘이서 들을 때 더 신나고 재미있다는 메시지를 전달하는데 치중했다. 연인끼리 음악을 함께

---

4 팬덤 현상은 특정 인물이나 분야를 열성적으로 좋아하는 사람들이나 그러한 문화현상을 가르킨다.

듣는 장면을 제시하고, "둘이라면 더 신나죠- mymy"라는 헤드라인 아래 "둘이서 함께 들을 수 있읍니다"라고 하면서 둘이서 함께 들을 때 왜 더 신나는지 보디카피에서 전달했다. 광고의 오른쪽 상단에 마이마이의 특성을 제시하고 그 아래에는 제품 사진을 첨부해서 소비자의 구매를 유도했다. 전체적으로 제품의 특성 위주로 정리했기 때문에 내용을 이해하지 못하는 소비자는 없었을 터이다. 보디카피는 다음과 같다. "마이마이는 헤드폰 잭 2개로 '너와 나' 둘만의 세계를 즐길 수 있다. 거리에서, 산에서, 캠퍼스에서...... 둘이서 걷는 즐거움. 둘이서 듣는 즐거움. 신나는 리듬이 쏟아질 땐, 마음도 표정도 걸음걸이도 똑같아지죠."

"음악을 들으면서 대화할 수 있읍니다"라는 강조 카피에 다음과 같은 보디카피를 덧붙였다. "또 하나의 즐거움은 마이마이 토크라인- 둘이서 함께 음악을 듣다가 헤드폰을 벗지 않고도 대화를 속삭일 수 있읍니다. 토크라인 버튼만 살짝 누르면 OK. 서로의 말이 헤드폰을 통해 생생하게 전달됩니다." "작다/ 멋있다/ 편리하다"는 혜택을 제시하고 6가지 포인트를 강조했다. "젊은 감각에 딱 어울리는- 깜찍한 미니사이즈/ 두 사람이 함께 즐길 수 있는- 2 헤드폰 잭/ 두 사람이 헤드폰을 통해 대화를 할 수 있는- 토크라인/ 양쪽 스테레오 음량을 조절하는- 슬라이드식

그림 3-38 ■ 삼성전자 마이마이 광고 (동아일보, 1981. 6. 3)

볼륨 스위치/ 1.5V 건전지 3개로 10시간 이상 사용- AC/DC 겸용/ 카세트테이프 2개들이 휴대용 케이스도 드립니다."

미니 카세트 광고를 본 1980년대 소비자의 소비 패턴이 어떠했을지 알아보자. 대우 카셋트 요요 TV 광고(1986)는 미니 카세트와 어울리는 경쾌한 비주얼과 음악으로 시작된다. 핵심 고객층인 10-20대의 젊은 소비자들은 단순한 디자인보다 다양한 색깔이 혼합된 디자인을 선호했다. 다양한 디자인과 색상을 추구했다는 점에서 당시의 젊은이들은 '우리'라는 공동체적 특성이 아닌 '나'라는 개인주의 성향이 강했음을 알 수 있다. 이런 경향은 "이름 색깔 모양 가지가지 요요"라는 카피나 다음과 같은 당시의 신문 기사에서도 자주 나타났다. "방학 첫날 부모와 함께 소형 카세트를 사러 백화점에 온 최군은 집에 부모님이 듣는 전축과 카세트 녹음기가 있지만 '내 것'을 갖고 싶어 부모를 졸랐다며 '우리 반 친구들 중 3분의 1 이상이 자기만의 카세트를 갖고 있다'고 했다."(동아일보, 1987. 7. 20).

"건전지여 안녕" "속도를 마음대로" 같은 카피에서 알 수 있듯이, 오늘날에는 카세트 플레이어에 당연히 있어야 할 기술도 당시에는 신선하고 획기적인 기술이었다. 광고에서는 다양한 디자인과 이색적인 기능을 특히 강조했는데, 미니 카세트의 주요 고객층에게 자기 것을 소유하라는 메시지를 전달했다. 획일적인 사회구조에서 벗어나 자기만의 개성을 추구하는 경향도 갈수록 두드러졌다. 당시의 소비자들은 이전의 획일화되고 공동체적인 구매 활동에서 벗어나 개인적인 구매 활동을 즐기기 시작했다. 카피는 다음과 같다. "남자Na) 이제부터 미니 카세트는 대우 요요/ 노래) 건전지여 안녕- 요요. 속도를 마음대로 요요요- 이름 색깔 모양 가지가지 요요-/ 대우 미니 카세트 요요."

금성 미니 카세트 아하(A-HA) TV 광고(1987)에서도 "싱싱한 젊음의 감탄사", "깜찍한 디자인", "음의 색깔이 마음대로" 같은 카피를 써서 젊은 세대들을 겨냥했다. 비주얼에서도 젊은 층을 내세워 감성적으로 소구했는데, 당시의 젊은 세대가 패션과 유행에 민감하고 개인적인 것을 추구하는 소비생활을 했기 때문이다. 소니의 '워크맨'이 미니 카세트를 총칭하는 고유명사로 쓰일 정도로 큰 반향을 불러일으켰다는 사실에 유념해, 새로운 트렌드를 만들겠다는 의도로 "카세트의 새 이름"이라는 카피를 쓰고 '아하'라는 새로운 브랜드 이름을 사용했다. 당시 신세대들

그림 3-39 ■ 대우 카셋트 요요 광고 (1986)

의 민감한 감수성을 고려한 이름이었다.

종전에 없던 미니 카세트가 등장하자, 사람들은 언제 어디에서나 자신이 좋아하는 음악을 손쉽게 들을 수 있었다. 음악과 친숙해지고 언제 어디서든 음악으로 위로받을 수 있는 환경이 조성되었다. 음악에 관심이 많은 소비자들이 늘어났고 이런 경향은 음악 문화의 발전에도 영향을 미쳤다. 카피는 다음과 같다. "여자1) 아하/ 여자2) 카세트의 새 이름/ 여자1) 아하/ 여자2) 싱싱한 젊음의 감탄사/ 여자1) 아하/ 여자3) 깜찍한 디자인 작아서 더욱 좋아요. 이퀄라이저로 음의 색깔이 마음대로/ 노래) 금성 미니 카세트- 아하."

삼성전자 마이마이 광고(1988)에서는 "음악은 달라도 우리는 하나"라는 헤

그림 3-40 ■ 금성 미니 카세트 아하 광고 (1987)

드라인 아래 다음과 같은 카피를 덧붙였다. "세계 젊은이의 사운드 마이마이/ 첨단 카세트 기능을 이 가격에-/ 디자인도 내 맘에 쏙 들어요./ 외부 스피커 내장- 이어폰으로 듣다가 스피커로도 들을 수 있어요./ 충전 회로 내장- 건전지로도 충전식으로도, 편리하게 마음대로/ 핀 마이크- 때로는 MC기분, 옷깃에 꽂아 녹음해 보세요." 이 광고에서는 왼쪽 상단에 첨단 카세트 기능을 소개하는 동시에 '학생가장 돕기 콘서트' 같은 프로모션 활동도 전개했다.

거실 한구석을 차지하고 있던 육중한 오디오 세트를 대신해 1980년대 들어서 휴대용 카세트 플레이어가 차례로 등장했다. 음악 테이프를 허리춤에 찰 수도 있고 가방에 넣을 수도 있는 미니 카세트를 통해 걸으면서도 음악을 들을 수 있게

그림 3-41 ■ 삼성전자 마이마이 광고 (경향신문, 1988. 7. 26)

되었다. 이렇게 휴대용 카세트 플레이어는 1980년대 젊은이의 생활을 바꿔놓았다. 1983년에는 테이프를 꺼내지 않고도 테이프의 앞뒷면을 마음대로 바꿔 들을 수 있는 오토리버스 기능의 마이마이 시리즈도 탄생했다.

1980년대 후반기에 들어서는 미니 카세트를 모르는 사람이 없을 정도로 시대의 상징이 되었다. 1980년대 초반의 '워크맨' 광고는 제품의 정보전달에 관한 헤드라인과 카피가 주를 이루었다. 소비자들은 집에서 LP판이나 오디오 레코더를 이용해 음악 감상을 했으며, 이동하면서 음악 감상을 하는 것은 상상도 하지 못했다. 개인 휴대용 기기에 대한 인식이 전무했던 시절이었다. 소비자들은 최초의 휴대용 미니 카세트가 나오기 이전까지는 가족 모두의 공동소유라는 생각을 가지고 카세트를 구매했다.

중반기로 넘어가면서 소비자의 욕구는 공동의 소유에서 나만의 것을 갖겠다는 개인적 성향으로 점차 바뀌었다. 남들과 다르게 자신을 표현할 수 있는 제품이 인기를 끌자 획일적인 소비생활에서 벗어나 보다 다양하게 세분화된 소비생활을 영위하게 되었다. 당시의 신문기사나 광고에 소비생활의 변화가 생생하게 묘사되었다. 1980년대 중후반기에는 전반기와는 달리 정보전달 위주의 내용보다 매력과 디자인을 강조한 광고들이 다수 등장했다.

1980년대 광고에는 뉴웨이브의 영향을 받아 경쾌하고 빠른 템포의 배경음악이 많이 쓰였다. 종전에 없던 미니 카세트가 등장한 다음부터 소비자들은 언제 어디에서나 자신이 좋아하는 음악을 쉽게 들을 수 있게 되었다. 음악과 친숙해진 소비자는 음악에 더 많은 관심을 가지게 되었고 음악 시장도 더욱 활성화되었다. 후반기에 접어들어 개인의 소유를 추구하는 소비생활이 일반적인 경향으로 자리 잡았다.

입학과 졸업 선물로 미니 카세트는 더욱 각광받았고 미니 카세트를 가진 사람은 그렇지 못한 사람들이 부러워하는 대상이 되었다. 언제 어디에서든 미니 카세트로 음악을 즐기는 소비자들이 늘어나 나중에 가서는 보편적인 현상이 되었다. 이처럼 개인의 만족을 위한 소비 행위가 사회적으로 일반화되었다. 결국 1980년대의 미니 카세트에 대한 소비 패턴은 공동체적 소비에서 개인적인 소비로 변화했고, 나아가 대중적이고 일반적인 소비 행태로 변화하는 면모를 보여주었다.

이처럼 카세트 플레이어는 1980년대의 음악에 대한 취향과 음악 선호 패턴은 물론 소비자의 일상생활에도 엄청난 영향을 미쳤다. 젊은이들이 귀에 이어폰을 꽂고 뭔가를 듣고 있는 지금의 모습은 예전 모습과 다를 바 없다. 이제는 듣는 것뿐만 아니라 영화를 보고, 교육방송을 보고, TV를 보고, 게임을 하는 등 여러 가지를 할 수 있게 되었다. 1980년대의 카세트 플레이어는 사람들의 꿈이 담긴 전자제품을 넘어서는 전자제품이었다.

2) 1990년대의 카세트 플레이어 광고

1990년대에 접어들어 음악은 실내에서만 들을 수 있다는 틀을 깨고 음악의 선율을 걸으면서도 들을 수 있는 미니 카세트가 널리 확산되었다. 손바닥만 한 크기에 귀에 꽂는 이어폰으로 구성되어 있어, 소비자들은 자신이 원하는 음악을 원하

그림 3-42 ■ 소니 레코딩워크맨 광고 (동아일보, 1990. 1. 22)

는 장소에서 자유롭게 들었고 편리하게 보관하기도 했다. 소니의 레코딩 워크맨 광고(1990)에서는 "걸으면서 듣고, 걸으면서 녹음하는- 레코딩 워크맨"이라는 헤드라인을 써서 제품의 특성을 알렸다. 최신 워크맨을 가운데에 두고 양쪽에 세련된 옷차림의 젊은 외국인 모델을 배치함으로써 주목도를 높인 광고였다.

처음에는 작은 크기에 재생 기능만 갖춘 휴대용 음향기기로 시작했지만, 워크맨은 점차 크기를 더 작게 하고 기능은 추가시키며 디자인까지 다양화했다. 광고에서는 초미니 레코딩 워크맨은 물론 무선 리모컨 워크맨, 여름용 워크맨, 일반용 워크맨, 레코딩 워크맨 같은 다양한 워크맨의 종류를 나열하며 소비자의 취향대로 구매하라고 했다. "수험생 여러분의 합격을 기원합니다" 같은 캐치프레이즈를 통해 청소년층에게 소구하며, 세련된 옷차림의 젊은 외국인 모델을 활용해 미니 카세트의 세련미를 부각시켰다. 소비자들은 가격과 기능을 비교하면서 자신의 취향에 맞는 미니 카세트를 선택했을 것이다.

삼성전자 마이마이 POCA 광고(1991)의 헤드라인은 "마이마이 포카가 만나본 신승훈의 포켓속"이다. 당대의 인기 가수 신승훈을 모델로 써서 감성적으로 소구한 광고이다. 곧이어 "햇살고운 7월의 어느 날 오후 '신승훈'의 포켓을 뒤져보았습니다"라는 서브 헤드라인으로 뒷받침하고 다음과 같은 상세한 보디카피를 썼다. "포켓속의 초미니 카세트 마이마이 포카 무선 이어폰- 카세트와 연결이 필요

그림 3-43 ■ 삼성전자 마이마이포카 광고 (경향신문, 1991. 7. 26)

없는 무선이어폰. 국내 최초로 무선 이어폰을 사용해 출퇴근, 등하교의 주머니가 가방에서 카세트를 꺼내는 불편없이 더욱 편리하게 사용하실 수 있습니다. 쾌속충전- 10분 쾌속충전의 혁신 충전방식. 국내 최단 10분 쾌속 충전으로 테이프의 앞뒷면을 모두 들을 수 있어 충전 시 오래 기다려야 하는 번거로움이 없어졌습니다. 중저음 사운드- 콤포넌트 음질의 중저음 수파사운드. 휴대용 카세트로는 획기적 중저음 수퍼사운드를 사용. 고급 콤포넌트에서나 즐길 수 있었던 중후한 음질을 박진감 있게 즐기실 수 있습니다."

한빛전자의 맥가이버 카세트 광고(1993)에서는 맥가이버라는 만능 요소를 카세트의 다목적 기능에 비유해서 표현했다. "맥가이버 카세트?"라는 헤드라인에 "지구상에서 가장 진화된 카세트, IC MAN"이라는 리드 카피를 덧붙이고, 다음과 같은 보디카피를 사용했다. "이렇게 다재다능한 카세트 보셨습니까? 외국어 공부, 음악 감상은 물론 노래와 웅변연습에서 유치원 교육, 경찰 업무, 또는 기록업무에 이르기까지. 다목적으로 요긴하게 쓸 수 있는 카세트는 IC MAN밖에 없습니다. IC MAN은 최신 카세트에 첨단음성 반도체를 장착해, 선택 → 무한반복 → 녹음 → 속도조절 기능을 추가함으로써 그 활용범위를 대폭 키운 혁신적 만능 카세트입니다. SONY도 형님하는 IC MAN! 지구상에서 가장 진화된 카세트입니다." 지구상에서 가장 진화된 카세트라는 핵심 광고 주장에 얼마나 많은 소비자들이 공감했을지는 모르겠지만, 카세트 플레이어를 다목적용으로 널리 알려진 맥가이버 칼에

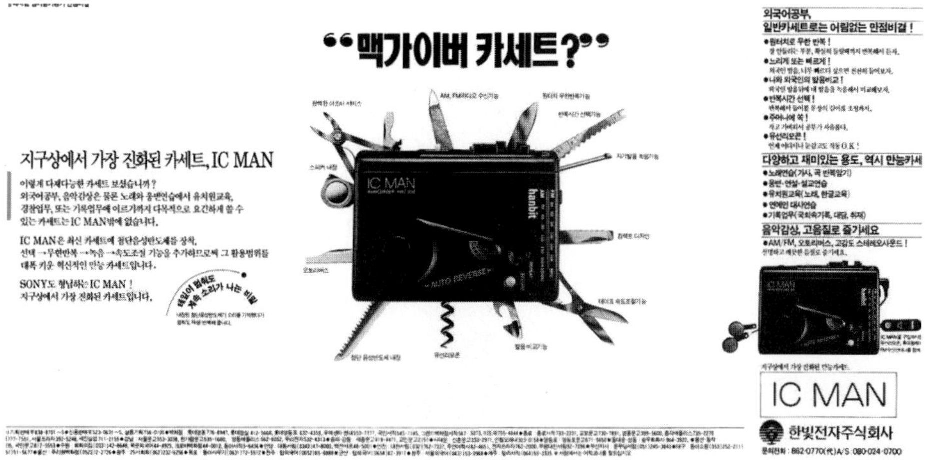

그림 3-44 ■ 한빛전자 맥가이버 카세트 광고 (동아일보, 1993. 6. 3)

비유한 점에 대해서는 무척이나 흥미로워 했을 것이다.

1996년 뉴욕페스티벌에서 금상을 수상한 삼성전자 마이마이 광고(1996)에서는 "사운드 인력의 법칙- 좋은 소리에는 당기는 힘이 있다"라는 카피로 캠페인을 전개했다. '좋은 소리'를 고유판매제안점(USP: Unique Selling Proposition)으로 강조한 이 광고에서는 크기는 최소지만 원음 재생은 최상이라는 메시지를 전달했다. 외국 카세트 업체의 이어폰들이 삼성전자의 마이마이로 끌려가는 모습을 정자들이 움직이는 듯이 표현한 인상적인 광고였다(윤구현, 1996). 좋은 소리에는 당기는 힘이 있다는 표현 콘셉트를 인기 있는 곳에 항상 인파가 몰린다는 평범한 진리로 형상화했다.

미니 카세트가 재생 기능만 가지게 되면서 스피커 기능이 없어지게 되었다. 따라서 기기 자체는 물론 스피커 역할을 하는 이어폰이 빠져서는 안 될 핵심 요소가 되었다. 이를 환기하기 위해 이어폰을 응용해 '사운드 인력의 법칙'을 자석에 빗대어 표현했다. 이 광고에서는 음질을 가장 강조했으며 소비자들 역시 음질을 보고 제품을 구매했을 것이다. 기존의 많은 이어폰들이 제품을 향해 가지만 정작 제품에 맞는 이어폰은 따로 있다는 점을 시각적으로 보여주었다.

LG전자의 아하프리 광고(1996)는 청소년에게 친숙한 브랜드 아이덴티티를

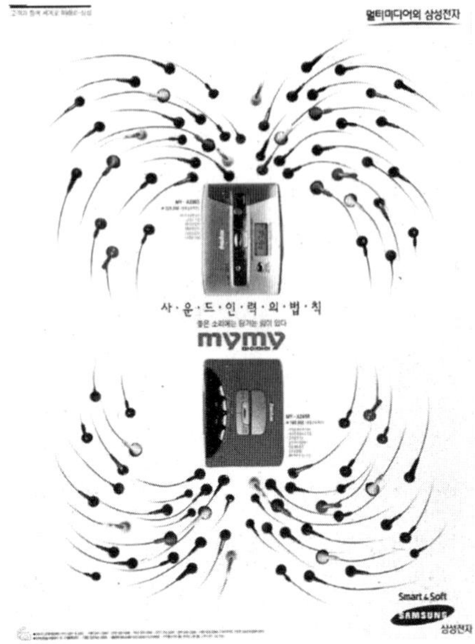

그림 3-45 ■ 삼성전자 마이마이 광고 (동아일보, 1996. 4. 3)

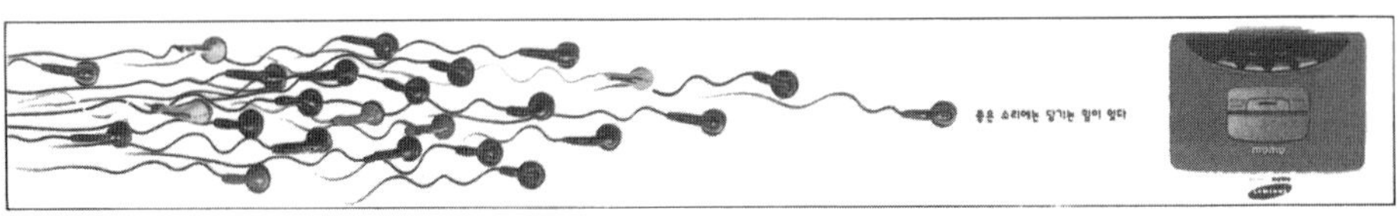

그림 3-46 ■ 삼성전자 마이마이 광고 (매일경제, 1996. 7. 5)

개발하는데 초점을 맞췄다. 아하프리는 감성적 표현으로 '자유'를 강조했다. 당시에 청소년으로부터 사랑받던 만화가 이은혜 씨의 〈블루〉에 등장하는 인물 캐릭터를 활용해 소비자의 공감대를 얻었다. 문화적 가치를 부각시키기 위해 인물 캐릭터를 활용했는데 당시의 소비자들은 매우 긍정적으로 반응했다. 당시의 신세대들은 아하프리로 음악을 들으며 자유의 진정한 가치를 느꼈을 것이다. 카피는 다음과 같다. "낯선 곳으로 떠나는 거야/ 흥미로운 타인과 만나고 새로운 도시를 포옹하며.../ 다시 쏟아 부을 생의 에너지를 자유 충전 하는 것- 아하프리/ 그것이 진정 내 스타일의 자유!"

삼성전자 마이마이 TV 광고(1997)에는 컬러풀한 색깔의 이어폰이 등장했

그림 3-47 ■ LG전자 아하프리 광고 (동아일보, 1996. 6. 9)

다. 의인화된 형형색색의 이어폰이 미니 카세트 플레이어 쪽으로 몰려가는 이유는 휴대용 카세트 플레이어가 끌어당기는 매력이 있었기 때문이다. 남성의 정자가 수정을 위해 여성의 나팔관을 향해 진격하는 것 같은 모습을 생생하게 표현했다. tvN의 인기 드라마 〈응답하라, 1997〉에서는 성인이 되기 전에 방황하는 청소년 군상들의 모습을 생생히 묘사했다. 마이마이 광고에서도 미니 카세트 플레이어에 매력을 느낀 청소년 군상들의 욕구를 잘 표현했다. “마이마이가 다이어트 했다”, “좋은 소리에는 군살이 없다” 같은 카피에서도 소형이라는 장점을 익살스럽게 표현했다.

1997년에 MP3가 등장함으로써 카세트 시장은 위기를 맞았다. 자동차 카세트도 CD 플레이어와 MP3 등 첨단 음향장비에 떠밀려 구시대의 유물로 전락할 위기를 맞았다. CD와 MP3가 발명되기 전까지 카세트테이프는 그 편리한 사용법으로 인해 오랫동안 사랑을 받아왔다. 시장의 위기 속에서 등장한 LG전자의 아하프리 TV 광고(1997)에서는 당시 청소년들에게 대단한 인기를 얻었던 탤런트 이의정을 모델로 활용했다. 이 광고에서는 제품의 다양한 특성을 소비자 혜택으로 연결했

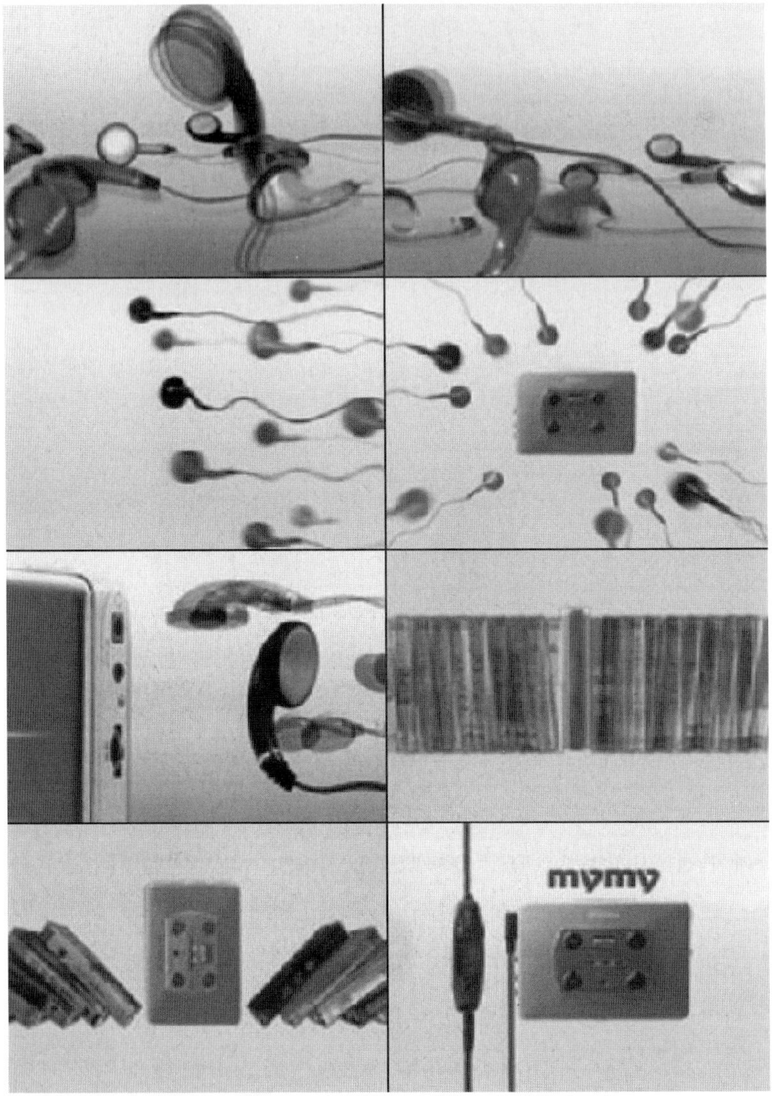

그림 3-48 ■ 삼성전자 마이마이 광고 (1997. 1)

다. 이미 소비자에게 인식된 '장시간 재생'이라는 소비자 혜택에 더 깜찍해진 디자인과 이어폰 액정 리모컨 기능을 세세하게 알렸다. 광고에서는 또한 밖에서는 미니 카세트 역할을 하고 안에서는 충전하며 음악을 들을 수 있는 미니 컴포넌트라

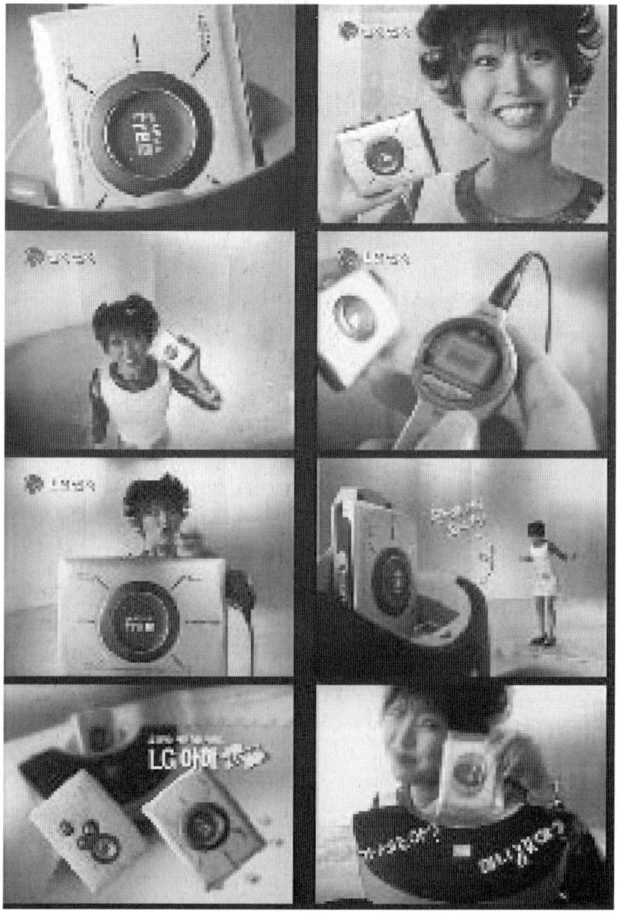

그림 3-49 ■ LG전자 아하프리 광고 (1997)

는 사실을 강조했다. 카피는 다음과 같다. "여자) 오-래 가는 카세트! 모양은 더 깜찍해졌고! 액정 리모컨이네?/ Na) 밖에선 카세트! 안에서 초미니 컴포!/ 여자) 충전을 하면서도 들을 수 있네-/ Na) 아하프리! 프리!/ 여자) 카세트야? 미니컴포야? 카세트야? 미니컴포야?"

LG전자의 또 다른 아하프리 TV 광고(1999)에서는 누구나 한번쯤 겪었을 만한 아침 지하철 풍경을 LG 아하프리 사용을 통해 유머러스하게 표현했다. 카피는 다음과 같다. "여1) 난 아하프리다!/ 여2) 어, 저거 내건데./ 여1) 충전을 하면서

그림 3-50 ■ LG전자 아하프리 광고 (1999. 1)

도 들을 수 있네- 카세트야? 미니 콤포넌트야? 카세트야? 미니 콤포넌트야?/ 함께) 으, 하/ 여1) 아! 감사합니다./ 다함께) 하하하/ 여2) 으하하하하-/ 자막) 3차원 입체음향은 몰랐지!/ Na) 작지만 짱짱하다- 아하프리.” LG의 아하프리는 카세트 플레이어를 업그레이드 한 복합 기능의 제품이었다. 광고에서는 제품의 복합 기능을 표현했다. 기능적 혜택의 요소들을 아침 지하철 풍경 속에 배치해 유머러스하고 친근하게 표현했다. 지하철을 이용해 출퇴근하는 소비자라면 LG 아하프리의 광고 메시지에 충분히 공감하면서 소비의 기쁨을 누렸을 것이다.

1990년대의 소비자들이 미니 카세트 광고를 보고 어떻게 소비생활을 했을지 살펴보자. 워크맨은 1979년에 출시되어 처음에는 재생만 가능했으며, 1980년대에는 널리 대중화되었다. 1990년대에 들어서는 가전제품이 “음식 데우기와 채소 데치기 기능 중심의 10만원 대 전자레인지”, “송수신 기능뿐인 가정용 팩시밀리”, “단 한번 버튼 조작으로 예약녹화가 가능한 VTR” 같은 단순 기능만 남긴 모델들로 급속히 대체되었다. 새로운 기능을 추가한 고가품이 외면당하고 “단순하게 아름답다” 같은 신조어처럼 기본 기능만 살린 단순 제품들이 널리 확산되었다(정은영, 1994).

1990년대는 카세트 플레이어 제품이 성숙기 시장으로 넘어가는 시대였다. 기술 발달에 따라 미니 카세트에 녹음 기능이 추가되고 부가적 기능도 늘어났다. 다양한 기능과 디자인으로 무장한 카세트 플레이어가 등장함에 따라, 광고에서도 카세트 플레이어의 기능과 디자인을 강조했다. 이에 따라 소비자들은 재생 기능만 가진 카세트 플레이어에서 다양한 성능과 디자인의 미니 카세트 쪽으로 시선을 돌렸다. 1990년대 미니 카세트의 주요 소비 계층은 X세대였다. 광고에서는 카세트 플레이어의 어학 기능을 공부에 도움이 된다는 쪽으로 연결했다.

1990년대의 카세트 플레이어 광고의 소구 방법은 크게 두 가지였다. 카세트 플레이어를 소유함으로써 느끼는 심리적 효용 가치와 다양한 기능을 지닌 카세트 플레이어를 사용하면서 느끼는 기능적 가치를 강조한 것이다. 광고주들은 이와 같은 두 가지 기능을 판매 소구점으로 내세웠다. 소비자들은 생활 속에서 다양한 기능을 가지고 있는 카세트 플레이어가 필요했으며 세련되고 앞서가는 자신의 이미지를 표현할 심리적 가치가 필요했다.

이에 따라 카세트 플레이어는 당시의 X세대에게 단순한 기능상품이 아닌 문화상품으로 자리매김했다. 1990년의 신세대들은 대중문화적 유행에 민감한 세대였다. 점점 더 새로운 미니 카세트들이 나오고 광고가 쏟아지는 상황에서 그들은 유행에 뒤쳐지는 것을 퍽 싫어했을 것이다. 허리에 미니 카세트를 차고 스테레오 헤드폰을 끼고 거리를 활보하는 젊은이들은 마치 1920-1930년대의 모던 보이나 모던 걸 같았다. 당시의 젊은이들은 “귀에 이어폰을 꽂는 순간 수많은 군중 속에서도 나만의 공간이 생기는 문화적 혁명”(이윤주, 2011)을 자신이 주도한다고 생각했을 수 있다.

3) 2000년대의 카세트 플레이어 광고

2000년대 초반에도 MP3나 카세트 플레이어는 꽤나 비싼 전자기기였다. 없어도 생활이 불편하지는 않았지만 무리해서 반드시 사야 할 제품은 아니었다. 카세트테이프는 녹음하기가 쉬워 연인들이 좋아하는 노래를 녹음해 주고받는 사랑의 메신저로 쓰였다. 그렇지만 CD와 MP3 같은 새로운 제품이 발명되면서 카세트테이프의 인기는 점점 시들어갔다. 카세트테이프의 마지막 보루였던 오디오북 시장에서도 수요가 급감했다. 2006년 카세트테이프는 오디오북 시장에서 총 판매량의 7%를 차지하는데 그쳤다.

LG전자의 아하프리 2i 광고(2000)를 보자. N세대를 겨냥해서 나온 LG 아하프리 2i의 특성은 소형 오디오와 카세트의 결합으로 밖에서는 휴대용 카세트 플

그림 3-51 ■ LG전자 아하프리 2i 광고 (2000)

그림 3-52 ■ 소니 워크맨 광고 (2009)

레이어로, 집에서는 볼륨감 넘치는 오디오로 사용할 수 있다는 점이었다. 헤드라인으로 쓰인 "또 하나의 나"라는 카피는 소비자에게 개성 있게 살아가자는 메시지였다. 당시에 MP3는 20만원대이고 휴대용 카세트 플레이어는 10만원대 중반이었지만, 아하프리 2i는 일반형이 199,000원이었고 고급 옵션형이 400,900원이었다.

이 카세트 플레이어에는 전기능 무선 리모컨 시스템이 갖춰져 있어 충전하는 상태에서도 리모컨으로 카세트를 작동할 수 있고 헤드폰 좌우에 고음과 저음을 분리하는 트윈 스피커가 달려 있었다. 트렌드를 중시하고 시대에 뒤쳐지고 싶지 않은 N세대에게는 MP3 이상의 매력적인 요인이 되었을 것이다. 이 무렵의 MP3는 용량이 크지 않아 음악을 10개 이상 저장하기에 무리가 있었다. 노래를 많이 저장하고 싶으면 음질을 포기해야 했다. 그러나 카세트 플레이어로는 20곡에 가까운 노래를 들을 수 있었다. 게다가 트윈 스피커로 인해 훨씬 더 좋은 음질로 노래를 즐길 수 있다는 점은 소비자에게 매력적인 요소였다.

소니의 워크맨 광고(2009)에서는 "내 워크맨에는 어떤 옷이 어울릴까?"라는 헤드라인을 써서 워크맨도 사람처럼 스타일에 맞게 파우치를 착용시켜 멋있게 꾸밀 수 있다고 강조했다. 증정용 파우치가 포미닛 멤버 5명의 개성과 스타일을 살려 직접 디자인한 것이라며 소비자의 구매를 유도했다. 광고에서는 모델의 몸을 가리고 워크맨과 파우치를 나열하고 개인에게 알맞은 워크맨을 배치해 카피를 뒷받침했다. 지면 아래쪽에는 크리스마스 분위기를 연출해 소비자의 호응을 유도했다.

소니 워크맨 TV 광고(2009)에서는 배우 류승범을 광고 모델로 활용했다. 워크맨을 차고 클럽 DJ처럼 이리저리 음악에 한껏 취해 있는 모습은 소비자에게 열광의 도가니를 느낄 수 있게 했다. 광고의 마지막 부분에서는 "음악에 미치다"라

그림 3-53 ■ 소니 워크맨 광고(2009)

는 카피를 써서, 배우 류승범과 흘림체의 서체가 저절로 음악과 어우러지게 했다.

2000년대에 접어들어 MP3와 CD 플레이어의 등장으로 인해 카세트 플레이어의 설 자리가 점점 사라졌다. 카세트 플레이어와 워크맨의 차이는 휴대용이냐 그렇지 않느냐의 차이도 있었겠지만 가장 큰 차이점은 '혼자 듣기와 함께 듣기'의 차이였다. 이어폰을 귀에 꽂고 혼자 듣는 것과 여러 사람과 함께 노래를 즐기는 것은 분위기 면에서 크게 다르기 때문이다. 1980년대 이후 카세트 플레이어는 대부분의 가정이 하나씩 갖고 있던 필수품이었다. 카세트테이프에 소리를 녹음해 재생하는 이 기기는 전축과 더불어 가정용 오디오 노릇을 톡톡히 했다. 특히 카세트테이프만 구매하면 레코드판이나 라디오에서 흘러나오는 노래를 녹음해 듣거나 선물할 수 있는 것이 장점이었다. 여기에 크기를 줄인 휴대용 제품까지 등장해 갖고 다닐 수 없는 레코드판의 한계를 넘어섰다.

1990-2000년대 청소년들은 '워크맨'에 열광했다. 수학여행을 갈 때면 허리춤에 워크맨이나 그 '짝퉁'이라도 차고 음악을 들었다. 이후 워크맨은 CD 플레이어로 바뀌었다. 영화 〈건축학개론〉에서 수지가 갖고 다닌 얇고 디자인이 좋은 CD 플레이어는 부유한 아이들이나 가질 수 있는 선망의 대상이었다. 워크맨과 CD 플레이어에서 단연 으뜸인 브랜드는 소니였다. 이때만 해도 소니는 기술적 혁신의 아이콘이었다(최은혜, 2012). 미니 카세트는 휴대하기 편리해 소비자의 개인주의 성향을 강화한 측면이 있었다. 소니의 성공 신화는 그리 오래가지 못했다. 워크맨이 등장한 이후 약 20년 이상 인기를 끌었지만, 워크맨은 경쟁사의 기술력 향상에 대응하지 못했고 소비자의 욕구를 완벽히 반영하지 못했다. MP3 플레이어가 본격적으로 보급되자 MD는 내리막길을 걷기 시작했고, 2011년 8월에 MD 워크맨의 생산이 종료되었다(김영우, 2011).

소니의 워크맨은 단순한 상품이 아니라 세계인의 생활을 바꾸어놓은 엄청난 문화적 산물이었다. 1970-1980년대 미국 팝음악의 전성기를 만끽하고 싶어 했던 전 세계 젊은이들에게 음악을 사치품이 아니라 실용품으로 만들어준 것이 바로 워크맨이었다. 1979년에 휴대용 카세트 플레이어가 처음으로 등장한 이후 우리나라에서 만든 '마이마이'가 지금은 사라졌지만 누군가의 마음속에 뜨거운 열정과 희망으로 남아있을 것이다(최경원, 2009).

소니는 2010년부터 "워크맨"의 원조인 카세트테이프 플레이어의 일본 내 판매를 중단했지만(조은주, 2010), 워크맨이 우리나라 소비자들에게 미친 영향은 상상을 초월했다. 워크맨, MP3 플레이어, 스마트폰, 태블릿PC 같은 미디어 테크놀로지가 발달할수록 사회적인 문제점도 돌출되기 시작했다. 소비자의 욕구를 반영한 맞춤형 제품들이 등장할수록 사람들이 점점 더 외로움을 느끼는 경우도 많았다. 워크맨은 걸어 다니며 음악을 들을 수 있는 놀라운 혁신 제품이었다. 성공한 혁신 제품도 시간이 지나면 구형이 되고 구식이 된다. 소니 역시 하락세에 접어들며 MP3 플레이어에게 자리를 내줄 수밖에 없었다.

MP3 플레이어 광고의 흐름

05

휴대용 MP3 플레이어는 1997년에 처음 등장했다. 엠피맨닷컴(옛 새한정보시스템)이 세계 최초로 '엠피맨(MPMan)'이라는 MP3 플레이어를 개발하는데 성공하자 전 세계의 관심이 집중되었다(〈그림 3-54〉 참조). 컴퓨터에서만 즐길 수 있던 MP3 음악을 컴퓨터 밖에서도 즐길 수 있게 되었기 때문이었다. MP3 플레이어는 워크맨의 지위를 더욱 압박하며, 테이프도 필요 없이 원하는 노래를 직접 선택해 얼마든지 들을 수 있는 새로운 음악 세상을 제시했다. 1998년, MP3 파일 포맷의 대중화를 시도한 첫 제품인 엠피맨은 주요 언론의 집중 조명을 받았으며 세계적인 히트 상품의 가능성을 인정받았다. 미국의 컴퓨터 전문지 〈바이트(BYTE)〉는 MPMan에 '베스트 멀티미디어의 하드웨어' 상을 수여했다.

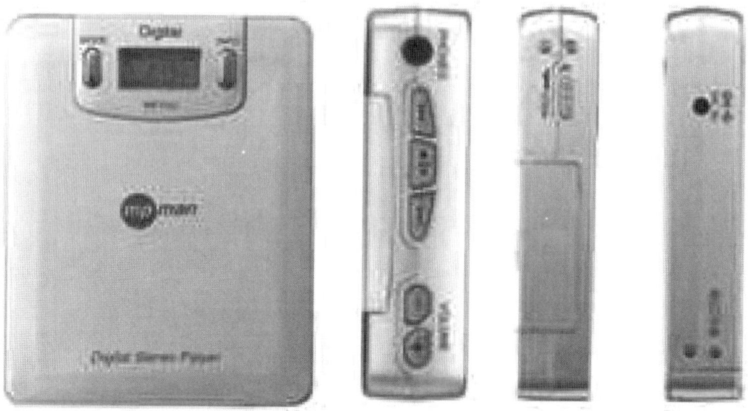

그림 3-54 ■ 세계 최초의 MP3 플레이어 MPMan

엠피맨닷컴에 이어 삼성전자나 디지털웨이 같은 업체가 앞을 다투어 MP3 플레이어를 개발했다. 한국은 MP3 플레이어의 선진국이었다. 가볍고 크기가 작아 휴대하기 편리한 MP3 플레이어는 음질이 뛰어나 카세트테이프 재생기는 물론 CD 플레이어를 위협할 정도로 인기가 대단했다. MP3 플레이어는 1990년대의 서태지와 아이들, HOT, 핑클, SES 같은 1세대 아이돌 가수들의 음반 활동에도 큰 영향을 미쳐, 이때부터 음반 산업은 매년 12%정도 성장했다.

휴대용 MP3 플레이어는 기존의 카세트나 CD 플레이어에 비해 크기가 작아 조깅, 구보, 등산 같은 운동을 할 때도 음의 혼선 없어 고음질의 음악을 들을 수 있었다. 반영구적으로 사용할 수 있고, 컴퓨터와 연결해 사용할 수 있고, 파일로 유통되기 때문에 구매하기 쉽고, 부가적 기능을 용도에 맞게 추가로 장착할 수 있다는 특성이 있었다.

MP3 음악 파일이 널리 보편화되면서 우리나라 음반산업의 구조도 변했다. 1997년 5월, 다섯 곳의 정보제공업체(IP)가 음악저작권협회와 저작권 계약을 체결하면서부터 MP3 음악 파일을 온라인에서도 다운받을 수 있게 되었다. 그에 따라 새로운 형태의 음악 유통구조가 형성되었고 디지털 저작권 문제가 관심사로 떠올랐다. 이 무렵 음악 파일을 불법적으로 거래하는 업체가 늘어나자 당시의 문화관광부에서는 저작 인접권 보호를 위해 관련 단체를 통합하는 방안을 제시하기도 했다(조헌주, 1999).

1) 1990년대의 MP3 플레이어 광고

1997년, 새한정보통신은 세계 최초로 MP3 플레이어를 판매함으로서 MP3 시장이 창출되었다. 새한정보통신의 MPMan 광고(1999)에서는 "새해 첫 기쁨, 세계 첫 기술"이라는 헤드라인으로 MPMan이 세계 최초라는 사실을 강조했다. "새한정보시스템이 세계최초 MPMan 개발기술로, 1999년 새해 첫 장영실상을 수상했습니다."라는 리드 카피에 이어 다음과 같은 보디카피를 이어갔다. "PC에서 음악을 다운 받아 듣는 세계 최초의 휴대용 MP3 플레이어. MPMan!/ 미국과 유럽 등지에서 열광적 지지를 받고 있는 가운데 장영실상을 수상./ 그 기술력을 국내외

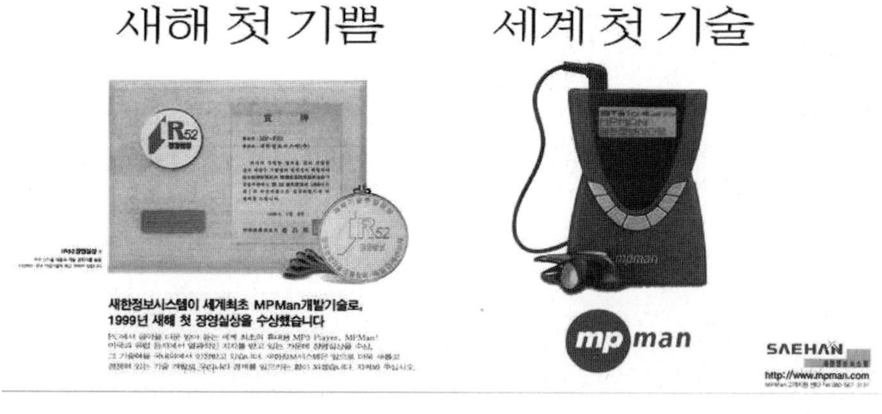

그림 3-55 ▪ 새한정보통신 MPMan 광고 (매일경제, 1999. 1. 4)

에서 인정받고 있습니다./ 새한정보시스템은 앞으로 더욱 새롭고/ 경쟁력 있는 기술 개발로 우리나라 경제를 일으키는 힘이 되겠습니다." 마이마이나 카세트 플레이어를 사용했던 소비자들에게 MPMan은 혁신 상품으로 다가갔을 것이다.

"세계 첫 휴대용 MP3 플레이어 MPMan!"(경향신문, 1998. 2. 16), "메모리 최대 96MB까지 확장"(동아일보, 1999. 10. 11) 같은 기사를 비롯해, 당시 언론에서는 최고의 발명품이라며 앞을 다투며 소개했다. 당시의 워크맨(마이마이)이 한창 유행했고 인기를 끌었지만 일일이 테이프에 녹음해야 했다. 그렇지만 MP3 플레이어로는 인터넷에서 언제든지 노래를 다운받을 수 있어 마이마이보다 효과적이었다. 음질도 테이프에 녹음한 것보다 훨씬 뛰어나고 용량도 커지자 우리나라 MP3 시장은 급속히 팽창했다. 2000년대에는 MP3 시장의 성숙기를 맞이해 소비자들은 다양한 디자인의 MP3 제품을 애용했다(나준호, 2000).

엠피맨(MPMan)과 같은 시기에 나온 유니텍의 로미(ROMI)는 기존의 테이프와 비슷한 모양의 MP3 플레이어를 먼저 선보였다. 당시 인기 스타였던 클론을 광고 모델로 활용한 유니텍 MP3 플레이어 로미 광고(1999)의 카피는 다음과 같다. "자막) 카세트테이프형 MP3 플레이어 로미/ CM송) 길에서는 이어폰으로 듣지/ 듣지-/ 집에서는 오디오로 듣지/ 듣지-/ 차에서는 카세트로 듣지/ 길에서는 이어폰으로 듣지/ 로미-/집에서는 오디오로 듣지/ 로-미/ 차에서는 카세트로 듣지/

그림 3-56 ■ 유니텍 MP3 플레이어 로미 광고 (1999)

로미! 로미!/ MP3 플레이어 로미! 로미!/ 다함께) 패션 목걸이형 줄리!/ Na) 유니텍 전자." 길에서는 이어폰으로, 집에서는 오디오로, 차에서는 카세트로 음악이 소비자에게 항상 붙어 다닌다고 하며, 언제든지 음악을 손쉽게 들을 수 있다고 강조했다.

사람들은 조깅하는 도중에도 음이 튀지 않는 장점을 활용해 조깅을 하면서도 MP3를 많이 사용했다. 휴대용 MP3P는 기본 저장 장치로 16-64MB의 플래쉬 메모리를 사용하고, 확장 메모리로 MMC(Multi Media Card)나 SMC(Smart Media Card)를 사용하는 MP3P이다. 크기가 명함 정도이고 무게가 70g이하로 가벼우며, 카세트테이프 모양에서 워크맨 모양까지 다양했다. MP3P는 조깅할 때도 음이 튀지 않고 휴대성이 뛰어나다는 장점이 있었지만, 저장 용량이 8-16곡 내외로 제한적이라는 결정적 한계도 있었다. 휴대용 MP3P는 설계와 제조가 비교적 쉬워 MP3P 산업에서 치열한 경쟁이 전개되었다. 국내에서는 새한엠피맨닷컴의 MP-F 시리즈, 유니텍의 ROMI 시리즈 같은 다양한 모델들이 각축전을 벌였다(나준호, 2000).

삼성전자의 애니콜 MP3폰에 이어 LG전자에서도 'MP프리'라는 제품을 내세워 삼성에 도전장을 내밀었다. 세계 최초로 휴대용 미니 카세트와 MP3 플레이

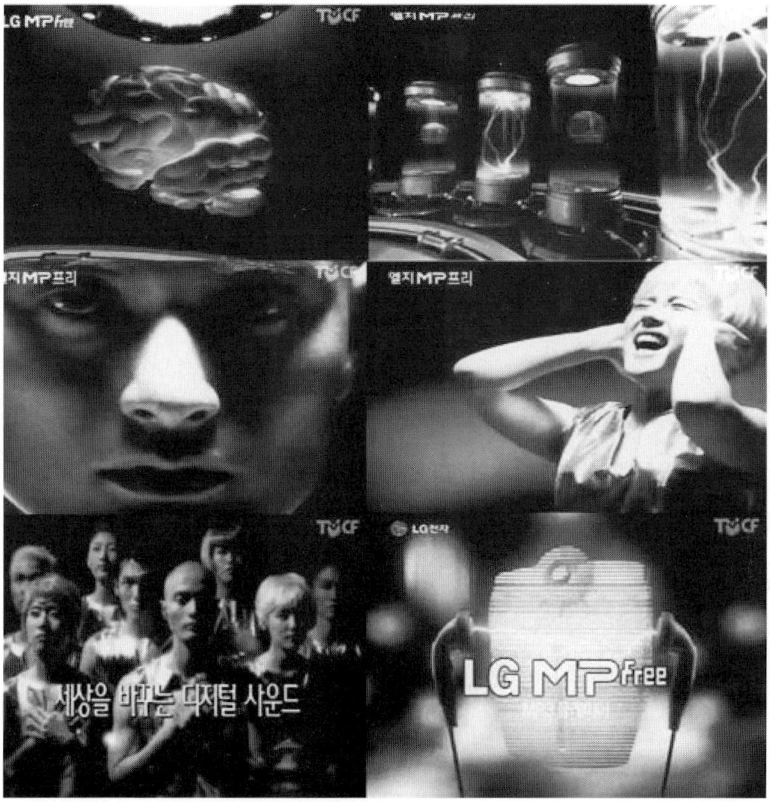

그림 3-57 ▪ LG전자 MP프리 광고 (1999)

어 기능을 갖춘 MP프리 TV 광고(1999)에서는 "세상을 바꾸는 디지털 사운드"라는 헤드라인으로 호기심을 자극했다. 비주얼 면에서도 각양각색으로 염색한 젊은 세대들이 등장했으며 MP프리 광고에서는 중고생에서 대학생에 이르는 젊은 세대들을 공략했다(정남기, 1999). 카세트 데크가 없어진 탓에 크기도 담뱃갑 모양을 넘지 않는 수준으로 줄어들었다(이계진, 1999). 기업에서는 형형색색으로 머리를 염색하고 인터넷과 휴대전화는 물론 MP3로 무장한 채 300mm 짜리 운동화를 신고 거리를 활보하는 N세대의 마음을 훔치기 위해 실로 화려한 마케팅 커뮤니케이션 활동을 전개했다.

MP3 플레이어는 시장에 출시된 이후 꾸준히 인기를 누렸으며, 새로운 기술

개발에 대한 소비자의 욕구에 따라 제품 기술도 진화되었다. 그만큼 소비자의 일상생활에도 많은 영향을 미쳤다. 우리나라에서 MP3 플레이어가 폭발적인 인기를 얻은 핵심 요인 두 가지는 다음과 같다.

첫째, MP3 플레이어가 등장함으로써 사람들이 외국어 공부를 보다 쉽게 할 수 있게 되었다는 점이다. 가정에 있는 오디오나 카세트플레이어에서 벗어나, 휴대용 카세트로 영어 테이프를 반복으로 청취하는 것처럼 MP3 재생기로도 영어공부를 할 수 있게 되었다. 영어 학습 파일 서비스도 제공되었다. MP3 재생기는 앞면에 액정화면이 있어서 음악을 들을 때 이 액정화면에 마치 노래방 화면처럼 대사가 나오기 때문에 영어 학습을 하는데 효과적인 도구가 되었다(성동기, 1999).

둘째, MP3 휴대폰이 개발되어 소비자들은 음악도 듣고 통화도 할 수 있는 이중의 혜택을 누리게 되었다는 점이다. 최초의 MP3폰은 무게 94그램과 두께 19mm로 가볍고 얇으면서 최대 연속통화 160분이 가능했다. 또한, 11시간 동안 음악을 연속 재생해 이동전화로 무선 인터넷에 접속한 뒤 음악파일과 영어회화 음성파일을 내려 받아 곧바로 이어폰을 꽂아 들을 수 있었다(김종래, 1999).

MP3폰이 등장하자 소비자들은 두 가지를 동시에 갖고 다니는 번거로움을 줄이게 되었다. 만약 MP3가 개발되지 않았더라면 나중에 나올 디지털 카메라폰 같은 휴대폰과의 결합 제품들이 나오지 못했을 수 있다. MP3 플레이어는 사람들의 일상생활에 막대한 영향을 미쳤다.

2) 2000년대의 MP3 플레이어 광고

2001년, 애플이 아이튠스로 대표되는 소프트웨어 중심의 MP3 플레이어 '아이팟'을 출시했다. 그 후 6년 만인 2007년에 1억 대를 판매하며 세계 MP3 플레이어 시장에서 70%가 넘는 점유율을 기록했다. 우리나라에서는 금융 위기를 벗어난 2000년부터 국내 음반사의 MP3 사업이 본격화되었고, 인터넷 무료 배포 계획을 세우면서 삼성과 LG가 본격적으로 MP3 사업을 시작했다.

삼성전자는 누드형 MP3 플레이어인 'YP-NEP32'와 'YP-NEU64'라는 2가지 제품을 출시했다. LG전자는 이색 광고로 N세대 공략에 나서 매월 서울지하철 5호

선과 대구지하철 1호선에 휴대폰, MP3 플레이어, DVD 플레이어 같은 디지털 제품광고와 IMT-2000 및 기업 이미지 광고를 했다. MP3 시장에서는 N세대를 공략하기 위한 마케팅 활동이 본격적으로 전개되었다. N세대는 쇼핑을 여가나 문화 활동이 아닌 취미생활로 생각했고, 브랜드의 선호 경향이 확실했으며 값비싼 브랜드를 선호하는 물질주의 성향이 강했다.

소비자들은 광고에 대한 민감도가 높아 자신의 취향을 반영한 재미있는 광고를 좋은 광고로 받아들였다. 당시에는 SKY 핸드폰 광고와 준(JUNE) 모바일 콘텐츠 광고가 폭발적인 인기를 얻었다(이수범, 2004). 삼성전자의 MP3 플레이어 Yepp 광고(2004)를 보자. 삼성전자는 1990년대 HOT의 뒤를 잇는 그룹 '동방신기'(유노윤호 믹키유천 영웅재중 시아준수 최강창민)를 광고 모델로 기용해 스타 마케팅을 시작하며 MP3 광고의 변화를 주도했다(이혜용, 2004). 동방신기의 스타 마케팅은 성공했고 삼성은 국내 시장에서 독보적인 1위로 자리 잡았다.

이 광고는 N세대를 위한 광고라는 평판을 듣기에 충분했으며 언론에서도 호평했다. 영화 〈매트릭스〉에서처럼 인간 도미노를 통해 제품의 특성을 표현했다는 평판을 얻었다. 이 광고에서 선보인 신제품 옙(모델명 YP-T5)은 초소형, 고음질, 세련된 디자인으로 휴대 음향기기로서의 성능은 물론이고 패션 아이템으로의 활용성도 뛰어났다. 동방신기 멤버가 목걸이, 팔찌, 의류 같은 소품을 활용한 모습이 신문광고를 통해 나가면서 유행코드로 부각되었다(황희창, 2004). 유행에 민감한 N세대를 겨냥한 이 광고는 패션 아이템을 구매하고 싶어 하는 소비자의 욕구를 자극했다.

2000년대 중반에는 스마트 플레이어가 등장하기 시작했다. 스마트 플레이어는 더 이상 음악만 재생하는 플레이어가 아니라, 멀티미디어 단말기로 불러도 손색이 없을 정도였다. 이 MP3의 용량은 1GB부터 40GB까지 다양했으며 영화 재생까지 가능할 정도로 선명해져서 소비자들의 호평을 얻었다. USB로 컴퓨터와 연결할 수 있고 와아파이(Wi-Fi)와 블루투스 지원도 가능해졌다. 동영상 파일도 재생해 쉽게 볼 수 있었고, 무선인터넷도 가능해 집에서만 하던 인터넷을 밖에서도 손쉽게 할 수 있게 되었다.

2000년대의 MP3는 일상생활에 활력을 불어넣는 필수 일용품의 하나가 되

그림 3-58 ■ 삼성전자 MP3 플레이어 옙 광고 (스포츠서울, 2004. 5. 5)

었다. 길 가는 사람 중에 이어폰을 안 꽂고 다니는 사람이 없을 정도로 MP3의 파급력은 대단했다. 좋은 MP3를 가진 사람은 부러움의 대상이 되었다. 2000년대는 MP3의 전성시대이자 스마트폰의 초기 단계였다. 사람들은 MP3가 나오고부터 디자인을 따지기 시작했고, MP3를 통해 자신의 개성을 드러내는 제품 상징성을 확보하려고 노력했다.

3) 2010년대의 MP3 플레이어 광고

삼성전자는 가수 서태지를 개념해 서태지 스페셜 옙 광고(2011) 캠페인을 전개했다. 당시 컴백을 앞둔 서태지를 내세워 한정판을 사면 불우이웃도 돕는다는 메시지를 전달했다. 광고 헤드라인은 "YEPP과 서태지가 만나 새로운 신화가 탄생되다!"이다. 곧 이어 다음과 같은 메시지를 전달했다. "가수 서태지와 최고 음질·기술의 MP3 대표 브랜드 삼성전자 '옙'이 만났다." 삼성전자와 서태지 컴퍼니는 상호 협력을 통해 서태지 15주년을 기념하는 'P2 서태지 스페셜 에디션'을 서태지 15주년 앨범 출시에 맞춰 선보인다고 밝힌 것이다. 제품 뒷면에는 서태지 친필 사인

그림 3-59 ■ 서태지 스페셜 옙 광고(파이낸셜뉴스, 2011. 3. 14)

도 인쇄했다고 강조했다. 삼성전자 옙의 서태지 활용 광고는 전형적인 스타 마케팅의 일환으로 전개되었다.

코원의 MP3 광고(2010)에서도 배우 강동원을 활용해 스타 마케팅을 전개했다. 이 광고에서는 강동원을 활용해 여성에게는 떨림을 남성에게는 동경을 전달하며 소비자의 기대감을 유발했다. 자막으로 제시된 광고의 보디카피는 다음과 같다. "Who 당신이 누구이든, Where 어디서나, When 언제나, What 필요로 하는 모든 것을 즐기며 학습할 수 있도록, Why 코원이니까." 이와 동시에 강동원의 목

그림 3-60 ■ 코원 MP3(PMP) 광고 (2010)

소리로 "코원이니까, No.1 코원"이라고 하며 코원의 MP3(PMP)가 최고의 제품이라는 사실을 강조했다.

삼성전자 옙 광고 '장근석과 시스타' 편(2010)에서는 "마법의 손짓(Magic Drag)"이라는 카피로 소비자의 주목을 끌었다. 배우 장근석과 걸그룹 씨스타의 효린은 삼성전자 MP3 플레이어 '옙' 광고에 쓰일 옙송도 발표했다. 새로운 옙송 '마법의 손짓(Magic Drag)'은 신나는 비트가 어우러진 일렉트로닉 댄스곡이었다. 이 곡의 뮤직비디오에는 장근석과 씨스타 멤버 전원(효린, 보라, 소유, 다솜)이 출연했다. 남녀 간의 풋풋한 사랑 이야기가 담긴 뮤직비디오에서 장근석은 효린의 마음을 얻으려고 고군분투하는 마술 소년으로 등장했다. 광고에서도 이들의 풋풋한 사랑 이야기를 전달했다. 이러한 스타 마케팅에 대해 젊은이들은 제품 구매로 응답했다.

그림 3-61 ■ 삼성전자 옙 광고 (2010)

2010년대에는 자신의 개성을 돋보이게 하기 위해서라면 좀 비싸더라도 반드시 구매하려는 소비자들이 늘어나 자신을 위한 투자나 소비를 아깝지 않게 여기기 시작했다. 좋은 제품이 나오면 바로 사고 자신의 제품이 뒤처진다고 생각하면 바로 구매하는 소비행태는 MP3 플레이어가 나오면서부터 시작되었다. 좋은 MP3 제품을 사려는 구매욕도 젊은 층에서 두드러졌다. 그래서 젊은이들을 겨냥한 광고들이 많았다. 기업 광고에서 젊음을 강조하자 소비자들은 MP3에 열광했다. MP3는 스마트폰의 초기 형태나 다름없었다. 그 무렵 과소비 행태를 비판하는 여론도 많았다. 거기에 아랑곳하지 않고 여러 기업광고 캠페인에서는 소비자에게 구매를 유도하며 스마트 미디어 시대를 선도해나갔다.

CHAPTER **04**

기록재생 미디어 제품 광고의 변천

【일상의 기록과 장면의 재구성: 카메라에서 비디오테이프레코더(VTR), CD 플레이어, DVD 플레이어까지】

우리나라가 정보사회에 진입하면서 미디어 테크놀로지의 발달 속도도 더욱 빨라졌다. 테크놀로지는 탈산업사회에서 사회변동을 앞당기는 기술로 작용했다. 기술(테크놀로지)은 생명, 물질, 정보로 구성된다. 특히 정보를 제어하는 기술은 신체, 미디어, 디지털이라는 세 영역으로 분류할 수 있다. 미디어는 기록에 필요한 용도에 알맞게 발달해왔다. 기록용 미디어에는 카메라, 녹음기, 카세트테이프, VTR, CD, DVD 같은 여러 종류가 있다.

1976년, 한국 최초의 카메라 코비카35 BC-1이 출시되었다. 사진에 대한 관심은 사회적 지위 고하를 막론하고 카메라 발명 이후부터 지속되어 왔지만(Sontag, 2005), 한국에서는 1970년대부터 사생활을 사진으로 기록하려는 대중적 열망이 본격적으로 확산되었다. 당시에 개인적 삶과 취향을 기록하기 위해 영상을 담는 카메라와 음성을 담는 카세트테이프가 사용되었다. 이후 비디오가 보급되고 디지털 카메라와 DVD가 개발되면서 일상의 기록은 중요한 생활이 되었다.

바르트에 의하면 사진에서 발견할 수 있는 것은 사회적으로 약호화된 스투디움(studium: 사회적으로 약호화된 기표적 상징)만 있는 것은 아니며, 한 장의 사진 속에는 한 가지 뜻으로만 해석되기 어려운 푼크툼(punctum: 개인에 따라 다양하게 해석하는 기의적 상징)도 있다(Barthes, 1981). 사람들은 일상을 시간이 정지한 상태로 기록하려고 하지만, 사진을 찍거나 소리를 녹음하는 것은 본질적으로 기기의 성능에 좌우될 수밖에 없다. 사람들은 사진을 찍으며 위안을 얻는데, 이런 이유 때문에 일상을 사진으로 기록하려고 한다.

1981년, 일본 소니(SONY)에서 세계 최초의 디지털 카메라를 개발한 이후 더 좋은 화질을 보증하는 광천변환장치(CCD)[5)]와 렌즈를 개발하려는 노력이 계속되었다. 한 달이 멀다 하고 새로운 제품이 개발되었다. 디지털 카메라의 우수한 성능을 알리는 신제품 광고에 노출된 소비자는 광고에서 전하는 메시지를 자연스럽

---

[5] 디지털 카메라에는 필름이 필요하지 않아 필름을 대신하는 광천변환장치(CCD: Charge Coupled Device) 칩이 내장되어 있다. 필름 카메라에서는 필름의 종류에 따라 사진의 정밀도가 결정되지만 디지털 카메라에서는 광천변환장치가 정밀도를 결정한다(정지훈, 2011).

게 받아들였다. 과거에는 사진이나 녹음기가 현실을 객관적으로 기록한다고 믿어왔다. 그렇지만 이제는 객관적으로 '보는 행위'로써의 사진이 아닌 주관적으로 '사진을 통해서 보는 행위'가 보편적인 인식이 되었다. 디지털 기술이 발달함에 따라 사진 조작이나 변형이 더욱 쉬워졌기 때문에 이제는 사진을 객관적인 기록이라고만 보지 않는다.

지금은 카메라의 기능이 거의 비슷비슷하다. 1970년대 이후 필름 카메라가 우리나라에 널리 보급된 이후, 1998년 무렵부터 우리나라에서 '디카'(디지털 카메라)라는 단어가 보편적으로 사용되었으니, 카메라의 확산 과정은 급속도의 발전과정을 거쳐왔다 할 수 있다. 인간의 사적 생활을 기록하는 것은 기록재생 미디어의 발전과 더불어 변해왔다. 사람들은 왜 사적 생활을 기록해서 남기려고 하는지, 사진기에서 시작된 기록재생 미디어의 보급이 사생활의 기록에 어떤 영향을 미쳤는지, 사적 생활의 기록을 넘어서는 변형된 창작 활동이 어떻게 이루어졌는지 보다 구체적으로 살펴보자.

01 카메라 광고의 흐름

카메라(사진기, camera)는 빛을 이용해 그림을 찍어 이미지를 기록하는 도구이며, 이렇게 해서 만들어진 이미지가 사진이다. 촬영된 이미지를 한 장씩 인화해 스틸 사진으로 제작하기도 하고, 여러 장의 촬영된 이미지를 이용해 영화와 같이 동영상을 제작하기도 한다. 최초의 실용적 사진기는 1685년 독일의 요한 잔(Johann Zahn)에 의해 개발되었고 가지고 다닐 수 있을 정도로 크기가 작았다. 1839년 구리판을 이용한 루이 다게레의 다게레오타이프(daguerreotype) 촬영술이 발명되어 대중에게 널리 사용되었다. 1841년에는 윌리엄 폭스 텔보트가 종이에 이미지를 기록하는 켈러타이프 촬영술을 발명했다(네이버 지식백과, 2015).

지금은 누구나 쉽게 카메라를 들고 사진을 찍지만, 사진과 카메라가 만들어지기까지는 꽤 오랜 시간이 걸렸다. 눈앞의 풍경을 이미지로 저장하는 기술이 하나로 집약되어야 사진이 완성되기 때문이었다(황왕수, 1992). 사진은 카메라가 찍지만 카메라에 앞서 사람이 사진을 찍는 성격이 있다. 과학기술이 발달함에 따라 카메라도 비약적인 발전을 거듭했다. DSLR 카메라가 보급화되기 전에는 SLR 카메라를 사용했다. SLR이란 렌즈와 필름 사이에 움직이는 거울로 화상을 초점 스크린에 투사하는 카메라로, 필름 카메라가 대표적이다. SLR의 시대를 이끈 팬탁스, 니콘, 캐논, 올림푸스 같은 일본 카메라 제조업체가 세계의 카메라 시장을 주도했다.

1980년대 후반에서 1990년대에 들어서면서 전자식 카메라가 등장했다. 1990년대 초기의 카메라는 거의 대부분이 필름 카메라였고, 사진을 찍으려면 필름이 필요했다. 필름시장은 미국의 코닥, 일본의 후지, 독일의 아그파가 유명했다. 코닥은 디지털 카메라 기술이 뛰어났지만 필름만 맹신하다 결국 회사의 문을 닫고 말았다. 지금은 스마트폰이나 디지털 카메라 때문에 필름 카메라는 거의 자취를 감췄다. 1990년대에 필름 카메라가 널리 보급되자 사람들의 라이프스타일도 크게 달라졌다. 우리나라에서 '디카'라는 단어가 쓰이기 시작한 것은 1998년 무렵부터이다. 디지털 시대의 사진은 일상적인 표현 매체로 현대예술 전반에 걸쳐 유희적 수단으로 활용되었다. 이제, 디지털 카메라와 스마트폰의 카메라는 연령과 세대를 초월해 널리 보급되어 일상생활에서 가장 보편적으로 활용되고 있다. 카메라는 동시대 시각문화의 최전방을 개척하면서 기록재생 미디어의 첨병 역할을 수행했다. 1960년대의 카메라 광고에서부터 최근의 디지털 카메라 광고에 나타난 소비문화 메시지의 변천을 알아보자.

1) 1960년대의 카메라 광고

지금처럼 카메라가 대중화되지 않았던 1960년대에 EE 카메라에 대해 상세히 보도한 신문 기사를 살펴보자. 헤드라인은 "편리한 EE 카메라"이고 보디카피는 다음과 같다. "'샤터만 누르십시요. 뒷 처리는 우리가 맡읍니다.' 1890년대에 처음으로 소형 '복스 키메라'와 '롤 필름'을 만들어낸 미국의 '이스트맨 코댁' 회사에서는 이렇게 누구나가 사진을 찍게 되었음을 선전했다. 1836년에 발명된 사진술 '복스 카메라'에서 다시 35밀리 카메라의 출현 등으로 눈부시게 번져왔으나 아직도 누르기만하라는 샤터는 조리개, 샤터 속도, 거리 맞추기 등 처음 배우려는 이에게는 까다롭기만 하다. '피사체를 향해 샤터만 누르십시요. 누구나가 노출에 구애되지 않고 사진을 찍을 수 있다.' 이것은 우주 시대에 어울리는 엘렉트릭 아이 카메라 전자식 자동 카메라의 선전문이다. 노출을 저절로 맞추어주는 엘렉트릭 아이 카메라는 요즈음 초보자들에게 널리 환영되고 있다."(동아일보, 1962. 7. 27).

EE 카메라는 별도로 쓰이던 노출계를 조리개와 셔터로 된 노출 메커니즘과 연결한 카메라였다. 특별한 경우를 제외하고 EE 카메라를 쓸 때에는 필름의 감광도만 맞춰놓으면 어떤 피사체를 찍을 때라도 거리를 맞추고 셔터를 누르면 되었다. EE 카메라가 널리 활용될 수 있었던 것은 노출계와 셔터 기능이 비약적으로 발전했기 때문이었다. 1962년의 신문 기사 안에 카메라 사진이나 비주얼은 없지만 메시지를 "노출이 자동적으로", "초보자에게는 안성맞춤", "샤터만 누르면 OK"라고

편리한 EE카메라

『샤터만누르십시요。뒷 치리는 우리가 맡습니다』——八九〇年代에 처음으로 小型「복스·키메라」와「롤·필름」을 만들어낸 미국의「이스트맨·코댁」會社에서는 이렇게 누구나가 寫眞을 찍게되었음을 선전했었다。一八三六年에 발명된 사진술「복스·카메라」에서 다시 35「밀리·카메라」의 출현등 으로 눈부시게 번져왔으나 아직도 누르기만하라는「샤터」는 조르개,「샤터」速度, 距離맞추기등처음 배우려는이에게는 까다롭기만 하다。『被寫體를향해 샤터만 누르십시요。누구나가 露出에 구애되지않고사진을 찍을수 있읍니다』—이것은 宇宙時代에 어울리는「엘렉트릭·아이·카메라」(電子式自動카메라)의 선전문이다。노출을 저절로 맞추어주는「엘렉트릭·아이」(EE)「카메라」는 요즈음初步者들에게널리환영되고있다。

그림 4-1 ■ 편리한 EE 카메라 홍보 기사 (동아일보, 1962. 7. 27)

썼다. 노출이 자동적으로 조정되고 셔터만 누르면 되었다. 그만큼 쉽게 초보자도 카메라를 사용하는데 있어서 불편함이 없다는 사실을 강조했던 셈이다.

“가정주부도 웬만한 건 손수 찍어. 합격의 감격 벅찰 때 유혹커지고. 카메라 인구가 늘어난다는 것은 그만큼 카메라 수준이 높아졌다는 말이다. 국제 사진 콘테스트에 나가서 입상, 입선하는 사람이 매년 늘어나고 국내에서도 신문사에서 여는 공개적 사진 콘테스트를 비롯해서 동호인 혹은 그룹끼리 여는 사진전이 매년 다채로워지고 있다. 뿐만 아니라 국전에도 사진부가 삽입될 정도로 우리나라의 사진은 확고한 위치를 점하게 되었다. 하나의 목표를 찾아 며칠씩 몇 달씩 헤매이어 하나의 테마를 위해 한자리에 잠복해서 몇 시간씩 기다리는 아마튜어 사진사, 혹은 카메라 매니어가 수두룩하다.”(매일경제신문, 1967. 3. 20).

일본 메이카이 카메라의 인쇄 광고(1969)를 보자. 메이카이 카메라를 추천하는 이유로 다음과 같은 사실을 들었다. 새로 개발된 MK렌즈를 사용했고, 거리 초점 날씨에 구애받지 않고 선명하게 찍히며, 가볍고 튼튼해 고장이 없으며, 누구나 손쉽게 다룰 수 있고, 특히 가격이 저렴하다는 사실을 강조했다.

2) 1970년대의 카메라 광고

이스트먼 코닥(Eastman Kodak)은 카메라를 비롯한 영상 제품과 관련 서비

그림 4-2 ■ 메이카이 카메라 광고 (동아일보, 1969. 4. 8)

스를 제공했으며 1970년대까지 카메라와 필름 분야에서 지배적인 위치를 유지했다. 우리나라에는 1970년에 진출해 제품만 수출하다 1989년에 두산상사와 합작해 한국코닥을 설립했다. 코닥은 "버튼만 누르세요 나머지는 우리가 알아서 해결해 드립니다."라는 광고 카피로 유명했다. 두산산업의 인스터마틱33 신문광고(1970)에서는 "Kodak이 보내드리는 가정용 카메라!"라는 헤드라인을 썼다. 언제 어디서나 사진을 찍고 싶은 때 '샷타(셔터)'만 누르면 어떤 카메라에 못지않은 훌륭한 사진을 찍는 카메라가 코닥의 인스터마틱33이라고 강조했다. 필름을 통째로 카메라에 넣기만 하면 모든 것을 완벽하게 할 수 있다는 카피가 인상적이다.

그림 4-3 ■ 두산산업 인스터마틱33 광고 (동아일보, 1970. 9. 1)

올림푸스 OM-1 광고(1973)에서는 광학기술의 진화와 역사를 보여주면서 혁신이라는 기업철학을 강조하는데 초점을 맞추었다. 올림푸스 OM시리즈의 초대 모델은 발매 당시에 세계 최소이자 최경량의 35밀리 SLR로 주목받은 OM-1 카메라이다. 미러 쇼크 카메라의 거울이 촬영할 때마다 움직이면서 흔들림을 흡수하는 에어댐퍼를 채택했고, 집광 콘덴서를 생략해 펜타프리즘의 곡면을 만들어 냈다고 강조했다. 설계나 기술에 있어서 차별적인 아이디어가 집약된 모델이라는 점을 광고에서 설명했다. 광고에서는 바디를 더욱 소형화하고, 셔터 음의 소리를 줄였으며, 미러 쇼크가 감소했다는 특성을 상세하게 알렸다.

삼성 미놀타 카메라 신문광고(1979)의 헤드라인은 "본격 카메라 1호- 삼성 미놀타 카메라"이다. 아폴로 8, 9, 10, 11호에 탑재되어 선명한 달 표면 칼라 사진을 찍어 전 세계로 전송했던 카메라가 바로 미놀타이다. 삼성은 일본의 미놀타를 카메라 사업의 파트너로 정해 카메라 사업을 펼쳐보겠다는 의지를 표현했다. "정밀산업을 향한 삼성의 의지가 마침내 본격적 카메라의 국내생산을 실현시켰습니

그림 4-4 ■ 올림푸스 OM-1 광고 (1973)

다. 이미, 축적된 기술과 경험으로 VTR, 전자렌지, 컴퓨터(한글터미날) 등 첨단의 정밀제품을 자체기술로 개발해온 삼성이 초정밀기술에의 새로운 거보를 내디딘 것이다. 쌓아온 정밀기술력을 카메라 생산으로부터 본격적으로 발휘하기 시작한 삼성. 이제, 삼성은 다가오는 80년대에 카메라, 팩시밀리 등 정밀광학 기계의 완전 국산화뿐만 아니라, 손목시계의 무브먼트, 로케트 · 항공기 엔진 등 정밀산업의 모든 분야에서도 한국기술의 새로운 이미지를 세계에 널리 떨칠 것이다."

삼성 미놀타 카메라 광고의 헤드라인에서는 "본격 카메라 1호"라는 사실을 알렸고, 보디카피에서는 정밀 기술력으로 세계수준의 카메라 사업을 펼치겠다는 의지를 표현했다. 기술 발전을 경제 불황이라는 이유로 외면하지 않고 받아들여 우리경제를 살리겠다는 의지를 천명했던 것이다. '본격적으로'라는 말은 경제 불황을 타개하겠다는 의지의 표현이었다. 소비자 가격은 하이매틱S를 기준으로 90,000원으로 당시의 외제 카메라에 비해 저렴한 편이었다.

대한광학에서는 코비카 카메라 쌍안경을 개발해 수출까지 했다. 카메라 쌍안경 광고(1976)의 카피는 다음과 같다. "코비카- 언제 어디서나 쉽게 친해지는 코

그림 4-5 ■ 삼성 미놀타 카메라 광고 (경향신문, 1979. 12. 20)

비카 카메라! 생활인의 멋, 생동하는 자연. 경이의 세계를 코비카는 포착한다. 세계 속에 수출 한국을 심어온 코비카! 우리들의 사랑을 받아 온 코비카! 광학산업의 선구자, 대한광학." 1960년대에는 카메라가 일부 부유층만의 재산목록에 들어가는 사치품이었으나 1970년대에는 상당히 많은 가정에 보급되었다.

코닥카메라 신문광고(1978)에서는 인스턴트 카메라라고 설명했다. 아마추어 전문가를 위한 컬러 필름은 1945년 이후에 널리 보급되었지만 사실상 처음 발

그림 4-6 ■ 코비카 카메라 쌍안경 광고 (1976)

그림 4-7 ■ 코닥카메라 신문광고 (매일경제, 1978. 6. 22)

그림 4-8 ■ 폴라로이드 신문광고 (매일경제, 1978. 9. 22)

매된 것은 1935년이었다. 1963년에 제판법이 대폭 개선되어 포지티브 컬러사진을 찍을 수 있게 되었다(한국후지필름, 2011). 폴라로이드 신문광고(1978)에서는 "세상에서 가장 편리한 포라로이드 카메라"라는 헤드라인을 사용했다. 1970년대에 카메라는 새로운 생활필수품의 하나로 자리 잡았으며 웬만한 가정에서 카메라 한 대쯤은 구비해야할 필수품이 된 것이다. 외제 카메라 위주의 시장에서 국산 카메라도 서서히 소비자의 호응을 얻기 시작했다. 소비자들은 다양한 디자인과 성능의 카메라를 쉽게 접하게 되었으며, 카메라는 실생활에 필요한 기록 저장용 미디어 테크놀로지의 핵심으로 떠올랐다.

3) 1980년대의 카메라 광고

사람들은 입학식과 졸업식 또는 생일 파티, 그리고 아름다운 풍경을 보았을 때 사진을 찍는다. 순간의 기억을 추억으로 간직하고 싶어서이다. '디카'(디지털 카메라)가 보급된 이후 필름 카메라 시절에는 볼 수 없었던 광경들이 자주 등장했다. 특별한 날에만 사진을 찍었던 습관이 달라진 것이다. 사람들이 모인 자리라면 언제 어디에서나 카메라를 꺼내 순간순간을 카메라에 담고, 누구나 망설임 없이 셔터를 눌렀다. 필름이 없어도 사진 촬영 즉시 결과물을 확인한다는 점이 디지털 카메라의 매력이었다. 디지털 카메라는 대중화에 가속도가 붙어 때와 장소를 불문하고 개개인의 필수품이 되었다.

1980년대에 디지털 카메라의 역사가 본격적으로 시작되었다. 디지털 카메라는 광천변환장치(CCD)를 개발하면서부터 필름 카메라에 없던 요소들을 발전시켜 디지털 기기의 총아로 떠올랐다. 필름이 필요하지 않는 디지털 카메라는 1981년 소니사에서 제작한 아날로그 카메라 마비카(Mavica)가 시초였다. 마비카가 출시된 지 3년 후인 1984년 로스앤젤레스 올림픽에서 일본 취재진들이 디지털 카메라로 촬영한 사진을 빠르게 전송함으로써 신문사의 사진 급송 시스템을 보여주었다. 이것이 디지털 카메라의 가능성을 세계에 알리는 계기가 되었다(장수연, 2008).

삼성 미놀타 신문광고(1980)에서는 힘든 경제난 속에서 가족 나들이조차 부담스러워 하는 사람들을 타깃으로 설정했다. 어머니도 쉽게 조작할 수 있는 카메

그림 4-9 ■ 삼성 미놀타 신문광고 (경향신문, 1980. 5. 9)

라를 만들었다고 하며, 경제적 어려움 때문에 나들이에 부담을 갖는 가정을 대상으로 카메라를 구매하라고 했다. "삼성 미놀타라면 엄마도 일류 카메라맨"이라는 헤드라인 아래 다음과 같은 보디카피를 썼다. "엄마에게 삼성 미놀타를 넘겨주세요./ 아빠도 아이들이랑 같이 찍으셔야죠./ 엄마 아빠 온 가족이 나들이 간 날 아빠만 하루 종일 사진 찍느라 바쁠 수 있나요. 아빠도 아이들이랑 같이 한번 찍으셔야죠. 이젠 엄마에게 카메라를 넘겨주세요. 삼성 미놀타 라면 엄마도 좋은 사진을 찍으니까요. 셔터속도와 노출이 필요 없는 삼성 미놀타. 실내에서나 어두운 곳에선 스위치만 눌러주세요. 플래시가 "퐁" 튀어나와 간단히 실내촬영을 즐길 수 있습니다./ 조작은 간단, 사진은 선명. 삼성 미놀타 카메라."

1980년대 후반기에 접어들어 우리나라는 88서울올림픽의 성공적 개최를 계기로 역사상 최고의 전성기를 누렸다. 경제적 여건이 좋아지자 사람들은 보다 풍요로운 문화생활을 즐기려고 했다. 가정마다 한대씩 있던 카메라가 자식이나 친지의 졸업과 입학 선물의 단골 품목으로 떠올랐고, 집안의 가보가 아닌 일상의 소지품이자 선물 품목으로 자리 잡은 것이다. 보다 여유롭고 풍요로운 생활은 좋았지만 개인별 전자기기가 늘어나면서 '내 것'을 중시하는 개인주의 문화가 성행하기도 했다. 다음과 같은 신문기사를 보자.

"전 같으면 집에 하나 장만해 두고 집안 식구가 공동으로 사용하던 물건을 요즈음은 청소년은 물론 어린이들까지 각자 소유하고 싶어한다. '가족공용'이 아닌 '나만의 것'을 가지려는 욕망은 경제적 여유에서 비롯된 것이지만 현대적 개인주의의 반영으로 많지 않은 가족구성원을 각각 고립시키는 역작용을 하는 것으로 지적된다. (......) 카메라 업계에서는 '나만의 포켓 카메라' 같은 광고 카피로 5천5백-6만원의 크게 비싸지 않은 카메라를 내놓고 있다. '예전에는 카메라 전축 등은 집안의 중요한 재산목록에 들어갔고 집안 식구들은 물론 이웃에서도 빌어다 쓸 정도였지요. 그런데 요즘은 아이들까지 카세트라디오 오디오 전화를 갖춘 제방에 틀어박혀 식구가 집안에 있어도 뿔뿔이 흩어져 지냅니다.' 주부 이경금 씨(45 · 서울 강남구 반포동)의 말이다. 그러나 이 씨도 자녀들이 자신의 생일에 비누 수건 등 '공동생활용품'을 선물해오면 나만을 위한 개인적 선물이 아닌데 대해 허전한 마음을 느낀다고 했다."(김순덕, 1987).

소득 수준이 높아지고 가족의 핵가족화가 진행되면서 가족공동체 의식은 무너지기 시작했다. 금성 캐논카메라 광고(1988)를 보자. "최고의 날, 최고의 선물 금성 캐논카메라"라는 헤드라인 아래 다음과 같은 보디카피가 이어지고 있다. "오늘은 새 출발의 날,/ '졸업과 입학을 축하한다. 자랑스런 너를 보면서 아빠는 네가 뭘 갖고 싶어 한지 잘 알고 있었다.' 하시며 나에게 주신 금성 캐논카메라/ 전자동 기능과 세련된 디자인으로 사랑받고 있는 금성 캐논카메라로 젊은 날의 추억을 담아 나만의 영상세계를 만들어 가야지." "어떤 순간도 놓치지 않는다- 오토보이3" "스냅 감각의 패션 카메라 스내피S." 이 광고에서는 카메라가 필수품이며, 금성 캐논카메라를 사지 않으면 급변하는 현대사회에서 시대에 뒤떨어질 수 있다는 느낌을 은근히 풍기며, 카메라 하나쯤은 소유하라는 메시지를 전했다.

카메라와 VTR이 한 대로 합쳐진 비디오 무비도 출시되었다. 기능적으로 새로운 신제품이 등장함으로써 사진은 물론 동영상도 카메라로 찍을 수 있게 된 것이다. 금성 VTR 비디오 무비 광고(1989)의 카피는 다음과 같다. "남자) 금성 비디오 무비/ 카메라와 VTR이 한 대로/ 금성 비디오 무비/ 누구나 손쉽게/ 소중한 순간을 영원히 남긴다./ 금성 비디오 무비/ 여자) TV 녹화도 하고 일반 테잎도 보세요." 이 광고에는 화목한 가족의 일상생활을 소재로 활용했지만 구체적인 내용은 카메라의 기능적 정보를 전달하는데 초점을 맞췄다. 헤드라인과 보디카피에서 카메라의 기능을 상세히 설명함으로써 비디오 무비의 혜택을 강조했던 셈이다.

삼성 카메라 AF ZOOM 700 광고(1989)를 보자. "세계가 놀란 카메라!"라

그림 4-10 ■ 금성캐논카메라 광고 (동아일보, 1988. 2. 6)

그림 4-11 ■ 금성 비디오 무비 광고 (1989. 1)

그림 4-12 ■ 삼성카메라 AF ZOOM 700 광고 (경향신문, 1989. 5. 17)

는 헤드라인 아래 다음과 같은 보디카피를 덧붙이고 있다. "35mm에서 70mm 까지, 표현 자유자재/ 카메라의 기술력, 어디까지 왔는가?/ 삼성의 첨단기술이 국내 최초로 독자 개발한, 새로운 차원의 전자동 줌 카메라 AF ZOOM 700." 이 광고에서는 기능적 정보를 많이 담았다. 품질과 성능 및 디자인의 우수성으로 1989년 2월 미국 댈러스에서 열린 PMA 카메라 전시회에서 세계인의 주목을 받았다는 점, 버튼 하나로 35mm에서 70mm의 클로즈업뿐만 아니라 마이크로 촬영까지 가능하다는 점, 그리고 어떤 구도의 광각과 망원 촬영도 가능한 전자동 줌 카메라라는 사실을 차근차근 설명했다. 소비자들은 이 광고에서 강조한 첨단 기술력을 믿고 사진의 환상적인 세계로 빠져들었을 것이다.

88서울올림픽 기간 중에는 각국 선수단에게 인기를 얻은 찰칵 시리즈 제품을 소개하는 홍보 기사도 나왔다. 아남정밀의 AD303 카메라는 "역광 촬영해도 사진 선명"을 강조하며 적외선을 이용한 근거리 자동 측정방식을 채택했기 때문에 초점이 자동 조절된다고 했다(경향신문, 1989. 12. 15). 이 카메라는 역광 촬영을 위한 자동 플래시가 발광되었기에 선명도가 뛰어난 사진을 얻을 수 있었다. 야간 촬영, 역광선 촬영, 연속 촬영도 가능한 카메라도 출시되었기 때문에, 카메라 회사에서는 제품에 대한 소비자 혜택을 알릴 수 있는 다양한 마케팅 활동을 전개했다.

4) 1990년대의 카메라 광고

1990년대 초반에 접어들어 X세대라는 단어가 대대적으로 유행했다. X세대는 패션 감각을 바탕으로 대중문화에 열광하고 자기 주장이 강한 세대로 규정됐으나, 전체 청소년의 10% 안팎에 불과했다. 첨단 유행을 선도했던 X세대는 구체적인 연령대나 특정 양식이 없이 기성세대에 대응하는 신세대를 일컫는 용어로 쓰이는 경우가 많았다.

현대 카메라 블랙스타 광고(1990)에서는 젊은 층을 타깃으로 삼아 "깜찍하고 대담한 젊음의 카메라"라는 헤드라인을 사용했다. 보디카피는 다음과 같다. "겨울여행, 겨울낭만, 현대 카메라- 블랙스타/ 카메라의 스타가 왔다. 새로 나온 현대 올림푸스 카메라 블랙스타! 유럽시장1위, 미국시장 3위를 석권한 올림푸스의 명성과 현대의 첨단기술이 만났다. 올림푸스의 첨단광학기술로 더욱 생생하게 젊음을 포착하는 카메라 블랙스타!/ 초미니, 초경량의 깜찍한 디자인, 연속 플래쉬, self timer, 자동 필름감기 및 되감기 기능까지, 겨울추억을 찾아 떠나는 젊음을 닮았다. 언제 어디서나 젊음과 함께하는 카메라- 블랙스타." 깜찍하고 대담한 젊음의 카메라라고 하면서 당대의 소비문화를 자극한 광고였다.

삼성카메라 AF-슬림 광고(1991)에서는 25가지 첨단기능의 최소형 최경량을 내세웠지만 가격은 언급하지 않았다. 보디카피는 다음과 같다. "24시간 셔터찬스를 갖고 다닌다./ 25가지 첨단기능의 최소형. 최경량/ 삼성카메라 AF-슬림." 합리적 가치를 추구하는 소비자는 제품을 선택할 때 품질 가치를 최우선으로 고려할 것이다. 이에 따라 가격과 품질을 중시하는 소비자는 고가품에 더 많은 구매욕을 느꼈을 것이다. 가치추구형 소비자는 가격과 원산지 같은 상품의 우월성을 바탕으로 실용적 가치를 극대화하는 성향이 있기 때문이다(김민정, 김성숙, 2005).

그림 4-13 ■ 현대 카메라 블랙스타 광고 (동아일보, 1990. 1. 10)

그림 4-14 ■ 삼성카메라 AF-슬림 광고 (경향신문, 1991. 3. 27)

그림 4-15 ■ 삼성 미놀타 카메라 광고 (동아일보, 1991. 12. 9)

삼성 미놀타 카메라 광고(1990)에서는 "해외로 출발한 80만대 째의 우리 카메라"라고 하면서 광고 상품의 원산지(country of origin) 효과를 강조했다. 상품의 원산지는 상품의 특성 중 품질과 관련해 가격과 함께 중요한 역할을 한다. 소비자는 경제적으로 우위에 있는 나라에서 생산된 물건일수록 품질이 뛰어나다고 생각하는 경향이 있다. 원산지 정보가 있으면 그 밖의 정보가 없어도 소비자는 상품의 가치를 추측하며, 원산지의 속성을 중시하는 소비자일수록 상품 구매의 동기도 높기 때문이다.

또 다른 미놀타 카메라 광고(1991)를 보자. "렌즈도 줌, 플래시도 줌! 사용하기 쉬운 인공지능 고급 카메라."라는 헤드라인에 이어 다음과 같은 보디카피를 사용했다. "줌 렌즈이기 때문에 줌 플래시./ 인텔리전트 기능을 보유." 당시 우리나라에서는 과잉 소비를 억제하자는 사회 운동도 전개했다(김민정, 김성숙, 2005). 삼성 Thank-Q 광고에서는 가격혁명과 기술혁명으로 카메라를 대중화하겠다는 메시지로 고가 카메라에 대한 소비자의 인식을 바꿨다. 1990년대에 등장한 전자식 카메라는 지금의 DSLR 카메라로 진화했다. 미놀타 카메라 광고에서는 "사용하기 쉬운 인공지능의 고급 카메라"라는 카피를 써서 젊은 세대를 벗어나 중장년층을 겨냥했다. 젊은 세대들도 편의성을 지향했지만 중장년층도 마찬가지였기 때문이었다.

1990년대 초반에 카메라는 고가의 귀중품으로 간주되었기 때문에 널리 보급되지 못했다. 과시적 소비 성향은 물질주의의 특성과 유사한데, 물질주의는 현대 소비사회에서 중요한 소비 동기의 하나이다. 제품을 사용한 소비자는 제품의 품질

그림 4-16 ■ 아남 니콘 카메라 광고 (동아일보, 1997. 4. 1)

에 대한 인식과 구매 전에 제품의 성능에 대해 가졌던 기대를 비교한다. 실제 성능과 기대 성능의 일치 여부에 따라 소비자들은 긍정적, 부정적, 중립적 감정을 경험할 것이다(양윤, 2008). 제품에 대한 기대성능의 수준은 제품 자체의 특성, 촉진 요인, 다른 제품의 효과, 그리고 소비자의 특성에 따라 달라지는데, 카메라는 소비자의 특성이 제품 선택에 있어서 가장 중요한 요인이었다.

아남 니콘 카메라 광고(1997)에서는 "21세기 명품"이라는 헤드라인을 사용했다. 1990년대에는 소비문화가 대중 소비사회의 전형적인 모습을 형성해나갔다(김정숙, 1998). 어떤 상품을 경험해보지 못한 상태에서는 제품의 명성으로 가치를 평가할 것이다. 과시소비란 타인에게 보여주기 위한 소비로 소비를 통해 타인에게 사회적 지위를 인정받으려는 뜻이 내포되어 있으며, 타인에게 과시할 수 있는 제품이나 서비스를 구매하는 경향이 있다. 과시적 소비는 시간과 제품에 따라 다양한 양상으로 전개되는데(이승신, 김소월, 2004), 1990년대에 접어들어 카메라도 과시적 소비 성향을 나타냈다.

현대전자 트립 미니(Trip Mini) 카메라 광고(1993)에서는 카메라의 기본 기능만을 보여주었다. 카피는 다음과 같다. "초경량 185g/ 초점 자동조절기능/ 65cm

근접촬영 기능/ 초점 고정기능/ 자동 플래시 기능/ 즐거운 여행, 트립과 함께!" 광고의 타깃은 사랑하는 연인이다. 광고에 나오는 배, 기차, 비행기는 커플들의 다정한 여행을 연상시킨다. 트립 미니 광고처럼 광고의 타깃과 마케팅 전략 또는 제품 성격에 따라 모델 전략은 달라지게 마련이지만, 다양한 세대를 동시에 겨냥하는 광고라면 '나홀로' 모델보다 '커플' 모델이 적격일 수 있다. 이 광고에서는 커플 모델로 다양한 세대를 동시에 겨냥함으로써 광고효과를 극대화했다.

삼성 케녹스 카메라 TV 광고(1997)의 카피는 다음과 같다. "자 찍어- 찍어- 이만은 해야!/ 짠!/ 뭐 이리 조그만 게 다 있대?/ 포켓 속엔 캐녹스/ 마이 포켓!" 개그맨 김효진과 김진수를 모델로 활용한 광고이다. 카메라가 좋다고 해서 이 제품에 대한 부정적 측면이 있는 소비자에게는 어떤 계기가 있지 않으면 태도가 변화하지

그림 4-17 ■ 현대전자 트립 미니 카메라 광고 (1993. 1)

그림 4-18 ■ 삼성 케녹스 카메라 광고 (1997. 1)

않는다. 균형이론에 의하면 상표태도는 소비자(태도형성의 주체), 상표(태도변화의 대상), 제3의 대상(상표와 연관된 대상) 같은 세 요인에 따라 변화는 것으로 알려지고 있다.

소비자의 관점에서 어떤 브랜드와 브랜드에 연관된 대상에 대한 태도가 일치하는 경우에는 균형관계를 이루는데, 이때는 상표에 대한 태도가 변화하지 않는다. 반면에 브랜드와 연관된 대상에 대한 태도가 불일치하면 불균형 관계를 유지하게 되며, 이때 브랜드에 대한 태도를 일치하는 방향으로 바꾼다(황병일, 박승환, 김범종, 최철재, 2009). 균형이론에 따르면 브랜드에 대한 태도를 긍정적으로 바꾸기 위해서는 목표하는 고객들이 좋아하는 광고 모델을 선정해야 광고 모델과 브랜드 간에 긍정적 연관성이 형성되는데, 이 광고에서는 모델 김진수와 김효진이 브랜드에 긍정적인 연관성을 형성하는데 기여했다.

지금까지 1990년대의 카메라 광고에 대해서 알아보았다. 디지털 카메라의 수요가 증가함에 따라 아날로그 카메라의 수요는 매년 감소하게 되었다. 아날로그 카메라를 대체하는 디지털 카메라가 등장하면서 필름 카메라는 사라지게 된다. 디지털 카메라는 신속하고 빠르게 영상을 담아 전송할 수 있다는 장점이 있었지만 개발 초기에는 비싼 가격으로 인해 폭 넓게 보급되기에는 한계가 있었다. 1990년대 초반에는 디지털 카메라 가격이 신문사 사진부에서 사용하는 전문가용 고급 카메라의 10대 값이 넘는 가격이었기 때문이다.

이후 기술 발전을 거듭했다. 그 결과 원가가 절감되고 가격이 낮아지면서 1988년 이후부터 신문 기자들이 디지털 카메라를 사용하면서 점차 일반인에게까지 수요가 확산되었다. 디지털 카메라와 기존 카메라의 가장 큰 차이는 인화를 기다리거나 대행하는 문화가 사라졌다는 점에서 찾을 수 있다. 디지털 현상소에 현상과 인화를 의뢰하고 나서 다시 인화된 필름과 사진을 찾으러 가야했던 번거로움이 사라지고, 촬영한 장면을 현장의 카메라에서 직접 확인할 수 있게 되었다.

1999년에 국내에 처음 등장해 일부 마니아를 중심으로 퍼져나간 디지털 카메라는 지속적으로 성능을 개선함으로써 가격을 인하했다. 결국 디지털 카메라는 젊은 층의 새로운 문화 아이콘이 되었으며, 사람들이 이미지를 대량생산하고 무한복제할 수 있는 계기를 제공했다. 사람들은 카메라 렌즈를 통해 일상의 가치와 의미를 새롭게 재발견하면서 사진을 추억을 보관하는 용도가 아닌 일상의 기록으로 만들어갔다. 디지털 카메라가 널리 보급되고 성능이 좋아지자 확산 속도가 더 빨라졌으며 바야흐로 1인 1디카(디지털 카메라) 시대가 열리게 되었다.

대부분의 디지털 기기가 그러했듯이 디지털 카메라 역시 사람들에게 세상에 대한 새로운 인식을 눈뜨게 했다. 디지털 카메라가 대중화되면서부터 사람들은 고상한 취미 생활로만 여기던 '사진 찍기'를 자신의 일상생활로 즐기게 되었다. 사람들은 순간을 간직하고 기록하려는 목적에서가 아니라 일상의 취미로 사진을 찍기 시작했다. 일상을 기록으로 남기기 위해 열심히 사진을 찍고 이를 주변 사람들과 공유하게 된 것이다. 결국 디지털 카메라와 스마트폰 카메라는 일상의 필수품이 되었다.

일상생활에서 다양한 용도로 디지털 카메라를 즐겨 사용하게 되면서 사람들이 지각하고, 이해하고, 소통하고, 표현하며 서로의 관계를 맺는 방식에 변화가 일어났고 자연스럽게 카메라 문화가 생겨났다. 그리고 자신이 찍은 사진을 개인 홈페이지나 블로그에 올리게 되면서 카메라로 일상을 기록하는 문화는 보다 빠르게 발전하고 확산되었다. 이처럼 필름 카메라에서부터 디지털 카메라로 변화하는 과정에서 소비자의 라이프스타일도 변화함으로써, 카메라는 일상생활에 꼭 필요한 필수품으로 자리 잡았다.

5) 2000년대의 카메라 광고

미러리스 카메라는 DSLR 카메라와 달리, 내부에 반사경(거울)이 없기 때문에 미러 리스(mirror less)라고 하며, 콤팩트 카메라와 DSLR 카메라의 특성을 모두 지니고 있어 하이브리드(hybrid) 카메라라고도 한다. DSLR 카메라처럼 렌즈를 갈아 끼울 수 있지만 본체의 크기는 콤팩트 카메라만큼이나 작았다.

성능 면에서 DSLR 카메라를 능가하지는 않지만 콤팩트 카메라보다 월등히 우수하며, 구경이 큰 렌즈를 장착하지 않는다면 콤팩트 카메라와 유사한 휴대성을 기대할 수 있다. 미러리스 카메라는 2008년에 출시된 파나소닉 DMC-G1, 2009년에 출시된 올림푸스 E-P1이 인기를 끌면서 카메라 시장의 새로운 블루오션으로 떠올랐는데, 거의 고사 상태에 이른 하이엔드 카메라 시장을 성공적으로 대체했다는 평가를 받았다. 미러리스(하이브리드) 카메라도 DSLR 카메라와 같이 마운트의 규격에 따라 호환되는 렌즈가 다르다(네이버 캐스트, 2016).

삼성 디지털 카메라 TV 광고 '압축' 편(2000)에서는 카메라의 크기가 작아졌다는 특성을 소구했다. 카피는 다음과 같다. "Na) 작아지고, 작아지고, 요렇게 카메라의 코까지!/ 코 하나에 3배줌! 신기하죠?/ 삼성 카메라 케녹스-!" 광고에서는 기존의 대형 카메라와는 달리 소형의 대중적 카메라이며 휴대하기 간편하다는 장점을 강조했다. 이에 따라 디지털 카메라의 대중화가 본격적으로 이루어지게 되었다.

당시의 신문 기사에서도 디지털 카메라의 시장이 확대되었다는 현상을 확인할 수 있다. "DSC(디지털 스틸 카메라)시장은 특히 컴퓨터 보급의 확대와 인터넷 확산으로 올해 중엔 지난해 6배가량인 20만대, 2001년엔 50만대로 폭발적인 성

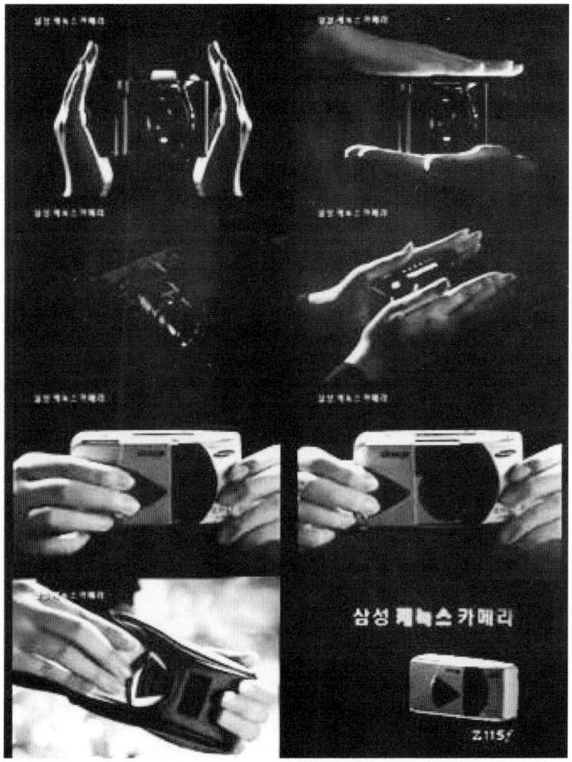

그림 4-19 ■ 삼성 케녹스 카메라 광고 (2000. 1)

장이 예상되고 있어 한일 간 시장 확보전이 더욱 치열해질 것으로 보인다."(윤진식, 2000). 디지털 카메라는 급속히 확산되었다. 20-30대의 전유물로 여겨지던 디지털 카메라의 사용 인구가 중장년층으로 확산되면서 디지털 카메라 열풍은 세대 간의 경계를 뛰어넘었다.

2000년을 전후해서 평생직장의 개념이 사라지자 디지털 사진 촬영 기술을 배우려는 중장년층도 증가했다. 2003년에 올림푸스 한국에서 개최한 디지털포토 아카데미 교육장에 참석한 300명 중 40대 이상의 중장년층이 25%나 되었다. 디지털 카메라는 필름 카메라에 비해 상대적으로 큰 LCD창으로 영상을 촬영할 수 있고, 장년층도 편리하게 사용할 수 있다는 장점이 있었다. 디지털 카메라의 편리함은 중장년층의 관심을 끌어 모은 또 다른 요인이었다(김원석, 2003). 디지털 카메

그림 4-20 ■ 캐논 슈터 광고 (2003. 7)

라는 단순한 카메라의 기능을 넘어서 사람들이 자신의 이야기를 써나가는 원고지이자 지난 이야기를 다시 펼쳐보는 책갈피 같은 성격을 지니게 되었다.

캐논 디지털 카메라 슈터의 TV 광고(2003)는 캐논의 초기 텔레비전 광고였다. 카피는 다음과 같다. "Na) 디지털 카메라의 선택. 캐논인가, 캐논이 아닌가,/ 캐논을 쥐는 순간/ Digital Canon Shutter/ 나는 캐논이다." 캐논 광고에서는 저명한 사진가 김중만을 모델로 활용해서 콤팩트 카메라에도 전문성이 있다고 강조하며 캐논의 브랜드 가치를 부각시켰다. 당시에 올림푸스가 일반인의 대중적인 사랑을 받았다면, 캐논은 전문가용 디지털 카메라로 사랑받았다.

후지 디지털 카메라 파인픽스의 TV 광고(2005)에서는 영화배우 조인성을 광고 모델로 활용했다. 카피는 다음과 같다. "Na) 너는 찍고 싶은 걸 찍을 수 있는

그림 4-21 ■ 후지파인픽스 TV 광고 (2005. 6)

가?/ 조인성) 흔들려도, 어두워도, 보다 선명한./ 후지 파인픽스." 드라마에서 낭만적인 이미지를 쌓은 조인성을 파인픽스의 색감 표현 기술과 손 떨림 방지 기능을 설명하는 대변인으로 활용했다. 날아가는 스카프, 흩날리는 머리카락, 바람에 움직이는 방울들, 날아가는 철새 같은 움직이는 피사체를 "너는 찍고 싶은 걸 찍을 수 있는가?"라는 카피에 실어 흔들림 없이 찍는다는 사실을 강조했다. 한 편의 뮤직비디오를 보는 듯한 감성적인 영상으로 표현했다. 카메라 광고에서는 대체로 전문 기능만을 강조하는 경우가 많은데, 이 광고에서는 카메라에 문외한인 일반인도 디지털 카메라를 편하고 쉽게 찍을 수 있다고 강조했다.

2007년까지는 많은 사람들이 작고 간편함이 장점이었던 콤팩트 카메라를 선호했지만, 2008년부터는 상황이 달라졌다. 디지털 카메라 사용자들은 휴대성과

그림 4-22 ■ 캐논 DSLR 광고 (2007. 11)

조작의 편리함을 넘어서, 콤팩트 카메라와 크기와 무게가 비슷하더라도 촬영하기 쉬운 고성능의 DSLR 카메라를 찾기 시작했다. DSLR 카메라는 누구나 사용할 수 있도록 기능은 더 쉽게 하고 성능은 첨단화시킨 제품이었다(박동민, 2008).

캐논 DSLR 카메라 텔레비전 광고(2007)의 카피는 다음과 같다. “04:00 AM/ 낯선 세상으로/ 여행을 시작했다./ Na) 세상이 달라 보인다. EOS 40D Canon.” DSLR 카메라는 콤팩트 디지털 카메라처럼 LCD로 실시간 확인할 수 있어, 촬영이 끝난 다음 곧바로 결과물을 볼 수 있었다. 광고에서는 콤팩트 디지털 카메라로 찍듯이, DSLR 카메라에 익숙하지 않은 사람들도 누구나 쉽게 사용할 수 있다는 점을 강조했다.

카메라 광고에는 당대 소비자의 생활 문화가 반영되었다. 2009년에 발표한

AP통신의 조사 결과에 따르면, 지난 10년간 인류생활을 변화시킨 50가지 물건에 디지털 카메라가 포함되었다. 2000년대 초기의 디지털 카메라 광고에서는 광고음악도 없이 카메라의 기능만을 집중적으로 알렸다. 2000년대 후반으로 접어들수록 소비자의 개인 미니홈피나 블로그가 일상화되면서 셀프 촬영과 편리한 사진 관리, 사진의 공유에 대한 소비자의 의견을 적극 반영한 카메라 신제품들이 출시되었다(이선영, 2009).

2000년대 후반에 접어들어 카메라 시장은 DSLR 카메라가 거의 장악했다. 사진작가나 마니아들이 들고 다니던 DSLR 카메라를 어린 학생이나 주부는 물론 중년 남성의 손에서도 쉽게 발견할 수 있었다. 각박한 생활 속에서 사진으로 추억을 남기고자 하는 문화적 욕구와 최신 IT기기에 대한 열광이 DSLR 카메라의 열풍을 이끌었다. 카메라 회사들도 보급형 카메라를 중심으로 치열한 경쟁을 벌였다. DSLR 카메라의 주 소비층은 여성이었다. 카메라 회사에서는 여성 사용자의 급격한 증가추세를 반영해 이들을 대상으로 카메라 활용 강의나 사진촬영 기회 같은 이벤트를 벌였다(임혜정, 2009). 올림푸스, 캐논, 니콘, 소니 같은 주요 카메라 회사에서는 다양한 문화행사와 연계한 브랜드 마케팅을 전개했다(강형석, 2009).

1970년대나 1980년대는 카메라 한 대만 있어도 '잘 사는 집'으로 대접 받던 시기였다. 그렇지만 2000년대 들어 디지털 카메라가 보편화되면서 '1인 1카메라' 시대가 열렸다. 특히 디지털과 만난 카메라는 크기가 작아지고 다양한 성능을 갖춘 '만능 엔터테이너'로 진화했다. 디지털 카메라를 대중화시킨 핵심 동력은 문화였다. 디지털 카메라가 다양한 문화와 맞물려 시장이 커지고, 사용자는 적극적으로 디카를 사용하고 공유하며 영향을 주고받았다. 문화를 떼어 놓고는 디카를 논할 수 없을 정도로, 필름 카메라가 '기억'을 찍었다면 디지털 카메라는 '문화'를 만들었다.

디지털 카메라는 소비자의 생활 속에 깊숙이 들어와 일상을 사진으로 기록하는 문화 활동이 빠르게 확산되었다. 자신을 드러내고 싶은 욕구와 취미 활동을 겸비한 블로그 및 출사 활동이 크게 영향을 미쳤다. 개방과 공유 및 참여를 기반으로 하는 웹2.0 문화를 디지털 카메라가 주도했다고 해도 과언이 아니다. 카메라 회사들도 사용자의 욕구를 반영한 문화 마케팅으로 시장을 공략했다.

2001년부터 시작된 싸이월드(www.cyworld.com)의 사진첩 서비스는 5년

만에 사진 콘텐츠가 60억장을 돌파할 정도로 대단한 인기를 끌었다. 자신의 모습은 물론이고 자녀의 성장 과정을 따로 기록하는 서비스도 등장했다. 싸이월드가 2006년에 오픈한 아기 전용 미니홈피 회원은 10만명을 훌쩍 넘길 정도로 인기가 많았다. 사진 촬영에 흥미를 느낀 사람들은 미니홈피 일촌 같은 폐쇄적 관계를 통해 자신을 드러내는 것에서 벗어나 블로그나 커뮤니티를 통해 불특정 다수와 사진을 매개로 관계를 맺기 시작했다.

다른 IT기기와 마찬가지로 신기술이 적용된 디지털 카메라가 쏟아져 나왔다. 중고품 거래가 활발한 DSLR 클럽의 회원장터 게시판에는 당시 하루 평균 1,500여건의 거래 요청 글이 올라왔다. 중고 디지털 카메라는 20대 대학생들부터 의사, 대학교수 등 40대 전문직에 이르기까지 다양한 계층에서 거래되었다(양종석, 2009). 디지털 카메라는 사진으로 일상을 기록하며 소중한 추억을 남기고, 새로운 문화를 선물해주는 감동적인 기계가 된 것이다. 디지털 카메라가 편리하기는 했지만 필름 카메라로 찍을 때의 기다림의 미학이나 우연의 묘미는 줄어들었다. 마음에 드는 사진 한 컷을 찍기 위해 필름 카메라로 신중에 신중을 기하던 찰나의 긴장된 순간은 사라지게 되었다.

6) 2010년대의 카메라 광고

기능이 뛰어나고 다양화된 콤팩트 디카, DSLR, 미러리스 카메라까지 등장함으로써 2010년부터 디지털 카메라의 춘추전국시대가 열렸다. DSLR의 꾸준한 상승세와 소셜 네트워크 환경에 초점을 맞춘 고기능성 콤팩트 디카의 성장이 맞물리면서, 2010년부터 카메라 시장은 그 어느 때보다 치열한 각축전이 벌어졌다. 카메라폰을 비롯해 스마트폰의 대중화와 미러리스 카메라 시장의 급성장이 콤펙트 디카 시장의 성장을 위협했다. DSLR이나 미러리스 카메라에는 없는 콤팩트 카메라만의 장점 때문에 간편 촬영을 원하는 사용자에게 지속적으로 인기를 끌었다(박지연, 2011).

캐논 EOS 550D는 자동 밝기의 최적화, 하이라이트 우선 기능, 주변 조도의 보정 기능 같은 자동 이미지 기능을 대폭 강화했다. 카피는 다음과 같다. “DSLR은 어렵다? 그렇지만 DSLR보다 훨씬 더 어려운 것들을 당신은 이미 잘 하고 계십니다. 운전, 자녀 교육, 그리고 요리들을 한번 시도해 보세요. 어렵지 않다. 시작하시면 아마 왜 이렇게 재미있는 걸 몰랐나 싶으실 겁니다. 어렵다 〈 어렵지 않다. EOS 550D." 이 광고에서는 사람들이 카메라 조작보다 훨씬 어려운 일들은 잘하는데 조작하기 쉽고 간편한 카메라는 잘 사용하지 않는다며 카메라 조작을 시도해보라고 권고했다.

캐논의 DSLR 카메라 광고에서는 브랜드를 일방적으로 강요하지 않고 소비자와의 공감대를 형성하려고 했다. 캐논 EOS 600D TV광고 '아빠' 편(2011)에서는 가족과 아이를 생각하는 30대 젊은 부모가 DSLR을 선택했다는 점을 자연스럽게 표현했다. "아이가 생기면 집도 차도 가구도 바꾸게 됩니다. 카메라는 어떠세요? 매일 매일이 다큐이자 뉴스인 생활. 다시 안 올 이 순간을 완벽하게 남기세요. 우리가족 첫 번째 DSLR EOS 600D 캐논." 이어지는 캐논 EOS 600D TV 광고 '엄

그림 4-23 ■ 캐논 EOS 550D 광고 (2010)

그림 4-24 ■ 캐논 EOS 600D '아빠' 편 광고 (2011)

그림 4-25 ■ 소니 알파NEX-F3 광고 (2012)

표 4-1 ■ 카메라 여가활동의 동기 요인

상위요인	하위요인	개념어
개인적 동기	자기 스타일	연구, 자기만의 흔적, 노력, 스타일
	삶의 기록 추구	딸과 동반, 인증사진, 여행, 기록, 가족 기록, 시간 기억, 추억 담기, 남는 건 사진뿐
	도전	탐색, 갈망, 새로운 장소, 출사, 계절, 날씨, 다른 분위기의 사진, 새로운 얼굴, 개인모델 요청, 운, 농땡이
사회적 동기	인정	잦은 접속, 댓글 확인, 쪽지, 친구 등록, 고수, 인정, 사람들 반응, 만족감, 포토아카데미, 열성적 참여, 멋짐, 잘 찍음
	동반의 즐거움	애들이 좋아함, 애들을 좋아하고 잘해줌, 좋은 이야기, 뒤풀이, 댓글, 추천, 마음이 가볍고 신남, 고마움, 뿌듯함
	과시	장비 병, 부러워하는 시선, 부러움, 좋은 장비, 멋짐, 큰 카메라, 뿌듯함, 사진 찍어달라는 요청
	사교	동호회, 정모, 번개, 회원들과 친분 쌓기, 회원 이상의 관계형, 회원들 간의 관계에 호의적, 친목 도모, 사람, 술자리, 즐거움, 함께 연구

마' 편(2011)의 카피는 다음과 같다. "아이의 표정은 이렇게나 다양한데 지금 당신의 카메라는 그 표정들을 다 담고 있나요? 매일 매일이 드라마이자 뮤지컬인 생활. 다시 안 올 이 순간을 완벽하게 남기세요. 우리가족 첫 번째 DSLR EOS 600D 캐논." 아이가 생기고 아이가 자라면서 뛰놀고 하는 가족의 모든 모습을 EOS 600D로 완벽하게 보존하라는 시리즈형 광고였다.

스마트폰 카메라는 날로 똑똑하게 진화를 거듭했다. 1000만 화소가 넘는 스마트폰 카메라가 속속 등장했고, 소셜네트워크서비스(SNS)를 통해 사진을 실시간으로 공유할 수 있도록 카메라에 무선랜(와이파이) 기능도 탑재하는 경우가 보편화되었다. 소니 알파NEX-F3 광고(2012)의 카피는 다음과 같다. "여) 알파 NEX의 이 깊은 색감과 화질 속엔 풍경도 다른 사람도 아닌 내 얼굴을 가장 잘 담고 싶었다. 그래서 NEX-F3/ 자막) DSLR 퀄리티로 찍는 셀카 NEX-F3/ 여) 내 얼굴이 작품이 되다- α NEX-F3/ 자막) SONY make believe." 사진 촬영을 할 때 좋은 색감과 좋은 화질 속에 자신의 얼굴을 가장 좋은 풍경으로 담고 싶다는 카피를 써서 셀카 기능이 특화되었다는 사실을 강조했다.

한국 사회에서 급속한 경제 성장으로 주5일 근무제가 시작되자 자연스럽게 여가 시간도 늘어났다. 여가 생활에 대한 인식도 기존의 양적 관점에서 여가를 어떻게 보내느냐에 대한 질적 측면으로 변화했다. 디지털 카메라로 사진을 찍는 것은 다양한 현장에서 여러 가지 사물을 기록하는 자기표현적 여가 활동에 해당되었다. 과거에는 사진 촬영이 취미 활동이라기보다 현장 기록을 위해 필요한 도구라는 인식이 강했다. 그렇지만 디지털 카메라가 등장한 다음부터는 그 인식이 바뀌었다. 카메라로 여가활동을 하는 사람들의 개인적 동기와 사회적 동기의 상세한 내용은 〈표 4-1〉에 제시하였다(최현욱, 이철원, 2010).

인터넷이 보편적으로 사용되고 인터넷 이용자가 증가했다는 컴퓨터 환경의 변화는 디지털 카메라의 수요에도 상당한 영향을 미쳤다. 컴퓨터에 사진을 보관하고 감상하거나 인터넷을 통해 사진을 전송하려고 할 때 디지털 카메라가 있으면 매우 편리했기 때문이었다. 이와 같은 이유로 2000년대 이후에는 필름 카메라를 이용하는 사람들이 급격히 줄어들었으며, 그 자리를 첨단 기술력으로 무장한 디지털 카메라가 대체하게 되었다.

비디오테이프레코더(VTR) 광고의 흐름

02

흔히 VTR로 알려진 비디오테이프레코더(Video Tape Recorder)는 자기(磁氣, magnetic) 테이프가 들어 있는 카세트테이프에 소리는 물론 영상까지 기록하고 이를 재생하는 장치를 말한다. 자기 테이프를 이용해 기록하기 때문에 즉시 기록하고 다른 내용으로 바꿀 수도 있어 편리했다. LG전자는 1979년에 국내 최초로 VTR을 개발한 후, 1981년에 컬러 VTR을 생산했고 전자식 VTR을 시판했다. 삼성전자는 1983년에 국내 최초로 초소형 VTR을 개발했다.

가장 폭발적으로 VTR이 판매되던 시기는 1980년대 후반이었다. VTR이 잘 판매되던 시기의 3대 가전제품은 TV, 냉장고, 세탁기였는데, VTR은 3대 가전에 들지는 못했지만 TV가 있는 가정의 절반은 VTR을 보유하고 있었다. 컴퓨터 하드디스크나 메모리 카드는 주요 저장 매체였다. 디지털의 장점은 탐색과 검색이 빠르고 편집이 간편하며 디지털 데이터이기 때문에 내용을 보관하기 쉽고 전파하기 쉬웠다. 따라서 디지털 기기 앞에서 비디오테이프는 경쟁이 될 수가 없었다.

금성사의 금성VCP 3000 신문광고(1983)에는 1980년대 초반에 등장한 VTR의 면모가 고스란히 드러나 있다. 제품을 크게 제시하고 "VIDEO의 대혁신 30만원대의 비디오 금성 VCP 탄생"이라는 헤드라인을 써서 소비자 혜택을 강조했다. 보디카피에서는 비디오 가격에 초점을 맞춰 소구했다. 1980년대에는 근검절약 정신을 바탕으로 합리적인 가격의 비디오를 찾는 소비자가 많았다. 대부분의 가정에서 비디오 하나쯤 장만하고 싶어도 가격이 만만치 않아 쉽게 살 수 없었기 때문에 이 광고에서는 합리적 가격을 내세워 소비자의 구매 행동을 유도했다. 30만원이라는 합리적 가격에 기능까지 뛰어난 VTR이라 어떤 소비자라도 마음이 끌렸을 것이다.

그림 4-26 ■ 금성 VCP 광고 (경향신문, 1983. 12. 24)

금성 전자식 VTR TV 광고(1985)를 보자. 1980년대 초반에 30만원대라는 합리적 가격을 내세웠으며, 카피는 다음과 같다. "Na) 금성 전자식 VTR/ 남) 첨단 기술이 첨단 제품을 낳습니다/ 금성은 꾸준히 연구 개발한 VTR 첨단 기술을 자랑하고 있습니다/ 자막) 전자식 VTR 개발/ VHS 마크 획득/ 30만원대 비디오/ 포터블 VTR 개발/ Na) 금성 전자식 VTR/ 남) 기술에는 인기가 따르고 인기는 기술로 지킵니다/ Na) 금성 전자식 VTR/ 순간의 선택이 10년을 좌우합니다/ 기술의 상징-금성." 합리적 가격이지만 기능도 뒤지지 않는다는 점을 강조했다. "순간의 선택이 10년을 좌우합니다"라는 슬로건에 특히 주목할 필요가 있다. 이는 소비자에게 후회하지 않을 선택을 하라는 금성사의 기업철학이 담겨있는 뛰어난 슬로건이다.

1980년대 후반에는 TV와 VTR이 합체된 비디오 비전이 인기를 끌었으며, 혼수품으로 비디오 비전을 준비하는 신부들이 많았다. 금성사의 금성비디오TV 신문광고(1987)에서는 "TV와 VTR이 한 대로- 금성 비디오TV"라는 헤드라인으로 혼수용 선물로도 금성비디오TV가 큰 인기를 모으고 있다고 상세한 카피로 설명했

그림 4-27 ■ 금성사 전자식 VTR 광고 (1985. 1)

다. 삼성전자의 삼성 비디오비전 신문광고(1988)에서는 결혼하는 신랑신부의 모습을 보여주며 혼수품으로 적합하다는 점을 강조했다. 헤드라인은 다음과 같다. "예약녹화 기능에 'CB브라운관' 'HQ 고화질'까지 갖춘 것은 이것뿐! 삼성 비디오비전 탄생!" 당시에 비디오 비전이 혼수로는 안성맞춤이었다. 1980년의 후반으로 갈수록 VTR의 인기는 더 높아졌다.

금성사의 금성VTR메리트 TV 광고(1988)에서는 이전에 볼 수 없던 VTR의 면모를 보여주었다. "Na) 첨단 VTR을 찾는다. 금성 VTR 메리트88/ 리모컨 하나로 올림픽을 예약녹화/ 개막식, 낮 프로, 심야 하이라이트까지. HQ 고화질로 훨씬 또렷하게/ 여) 예약 녹화 확실해요/ Na) 올림픽 대비형, 금성 VTR 메리트88." 첨단 VTR을 찾는다는 말로 시작한 이 광고는 소비자의 눈길을 끌기에 충분했다. 이

그림 4-28 ■ 금성비디오TV 광고 (동아일보, 1987. 11. 17)

그림 4-29 ■ 삼성 비디오비전 광고 (경향신문, 1988. 1. 1)

그림 4-30 ■ 금성 VTR메리트 광고 (1988. 1)

광고에서는 금성의 기술력으로 새로운 VTR을 출시했다고 하면서 예약녹화 기능이 있어 잠자는 시간에도 편리하게 녹화할 수 있다는 사실을 강조했다.

1980년대는 비디오테이프와 VTR이 널리 보급된 시대였다. 사람들은 VTR을 통해 영화를 보고 TV 방송을 녹화하며 여가 시간을 즐겼다. 88서울올림픽을 계기로 확대된 비디오 시장은 영화의 1천억원 시장을 능가하는 1,500억원의 규모로 성장했다. 생활수준도 향상되어 1990년 말에는 전국에 4백만 대의 VTR이 보급되었다. 2가구 당 1대꼴로 VTR이 보급되었다는 수치인데, 비디오 문화가 안방 깊숙이 침투했다는 뜻이다.

초창기에 음란 퇴폐 문화의 상징으로 소수 상류층의 전유물처럼 인식되던 비디오가 이제 사람들의 일상에 뿌리내렸다. 비디오 가게에 가서 하루 1000원 정도를 내면 거의 모든 영상물을 볼 수 있었다. 이 무렵의 영화들은 주로 홍콩이나 미국에서 직수입한 것들이었다. 일상의 추억을 비디오에 녹화해 VTR을 통해 보는 사람들도 늘어났다. 간직하고 싶은 추억을 VTR 미디어 테크놀로지에 저장하고 복원하려는 경향이 확산되기 시작한 것이다.

광고에서도 시간의 경과가 아닌 시간이 흐르면서 남겨진 추억을 영원히 간직할 필요가 있다고 강조했다. 추억은 기억 속에서 영원하지만 비디오테이프 안에서도 영원히 간직된다는 광고 메시지를 전달했던 것이다. 곳곳에 있던 비디오 가게들은 2000년을 기점으로 이용자가 줄면서 경영난으로 문을 닫는 곳이 많아졌고 결국 자취를 감췄다. 비디오테이프레코더(VTR) 역시 자취를 감출 수밖에 없었다.

CD 플레이어 광고의 흐름

03

콤팩트디스크(compact disc)는 디지털 정보를 저장하는 광디스크 매체이다. 일반적으로 영어 약자인 CD로 부른다. 원래는 음악 같은 소리 정보를 담는 매체였지만 나중에 다른 디지털 정보도 저장하는 기억 장치인 CD-ROM으로도 적용되었다. 오디오 신호를 담은 콤팩트디스크(오디오 CD)는 여러 개의 스테레오 트랙으로 나누어져 있으며, 샘플링 레이트(측정점의 세분율) 44.1 킬로헤르츠(kHz) 16비트 펄스 부호 변조(PCM) 코딩으로 저장되어 있다.

1980년대 초에 일본의 소니와 네덜란드의 필립스사가 공동으로 세상에 선보이면서 CD는 음반 산업의 침체를 타개할 히트 상품으로 떠올랐다. CD는 10년도 못 돼 저장매체 시장을 석권했으며 음반 산업의 위기를 타개했다. LP가 33⅓회전과 45회전이라는 두 가지 포맷으로 나뉘어 경쟁했듯이, CD 역시 다른 디지털 포맷과의 경쟁을 거쳐야 했다. 1990년에 출시된 소니 CD 플레이어는 당시 15만원 정도였다. 그때 워크맨 하면 삼성 마이마이 포카, 금성 아하, 대우 요요깜, SONY, AIWA 정도가 있었다. CD 플레이어는 당시에 흔하지 않았기 때문에 워크맨을 대체할 가능성이 높았다. 라디오 기능은 없었으며, 그밖에는 지금의 CD 플레이어와 거의 동일했다.

2000년대 초반에만 해도 음악 CD는 가장 인기 있던 선물 목록이었다. CD를 선물하는 것은 만원짜리 선물 이상의 의미가 있었고, 중고생들은 경쟁적으로 CD를 모으기도 했다. 사람들이 가정용 오디오를 갖고 싶어 한 배경에도 CD 플레이어가 있었다. CD는 발매 4년만에 LP 레코드를 추월하면서 화려한 CD시대를 열었으며, MP3가 탄생한 2000년까지 CD는 약 20여 년 동안 승승장구하며 가장 새롭고도 확실한 기술로 사랑받았다.

CD 플레이어의 대부분은 휴대용보다 가정용이나 일체형 혹은 벽걸이 형태로 많이 등장했다. CD의 음원을 컴퓨터로 옮겨 그것을 MP3, 휴대폰으로 옮길 수 있는 기술의 변화가 생겨났기 때문이다. 2000년대의 CD 플레이어는 뚜껑을 열고 CD를 넣고 뚜껑을 닫아 음악을 재생하는 형식이었다. 영화 〈건축학개론〉(2012)에서 여주인공과 남주인공이 함께 전람회의 '기억의 습작'을 CD 플레이어로 듣는 장면은 유명하다. CD 플레이어로 듣는 노래는 지금의 MP3와는 전혀 다른 느낌이었다. PC-FI가 유행처럼 번지면서 CD 플레이어의 판매가 확연히 줄었지만, 2000년대 후반에는 앰프보다 CD 플레이어 판매량이 더 많았다. CD 플레이어 광고를 보고 당시의 사람들이 어떻게 소비생활을 했을지 알아보자.

1) 1990년대의 CD 플레이어 광고

1990년대는 대중음악의 황금기였다. 김건모, 신승훈, 부활, 넥스트, 공일오비, 노이즈, 솔리드, R.ef, DJ Doc, 터보, 쿨, 룰라, HOT, 젝스키스, GOD 등 이름만 들어도 알만한 가수들이 많았다. 1980년대 말에 새로운 음악이 유행했고, 1992년에는 서태지 스타일의 음악이 대폭발했으며, 1990년대 후반에는 인디 음악이 부상했다. 그 무렵의 음악 애호가들은 CD 플레이어를 통해 음악의 풍요로움을 누렸다. "국내가요 CD 레코딩 붐"(경향신문, 1991. 3. 27)이라는 기사에서 알 수 있듯이, 콤팩트디스크는 대단한 반향을 얻었다.

인켈 CD 플레이어 신문광고(1991)에서는 "바로 인켈입니다"라는 슬로건 아래 "첨단 CDP 판매 50만대 돌파기념- 인켈 전품목 사은대잔치"라는 헤드라인으로 판매촉진 활동을 전개했다. 보디카피는 다음과 같다. "인켈은 언제나 고객여러분께 새로운 만족을 드립니다./ 끊임없는 기술개발과 품질혁신을 통해 최고의 제품만을 추구해온 인켈-/ 인켈은 국내 최초로 프론트로딩 방식의 5-CD 체인저를 개발해/ 제21회 한국전자전 신제품 개발 경진대회 최우수상을 수상한데 이어,/ CDP 판매에 있어서도 국내는 물론 해외에까지 우수성을 입증/ 50만대 판매를 돌파함으로써 기술의 인켈을 입증했습니다./ 좋은 오디오 인켈- 늘 고객의 집장에서 고객을 생각하며 언제나 새롭고 풍요로운 만족을 드립니다."

그림 4-31 ■ 인켈 CD 플레이어 광고 (동아일보, 1991. 9. 10)

CD-I는 VTR, 오디오, 컴퓨터 기능이 합쳐진 다복합 기기로 일반 CD 플레이어보다 그 범주가 넓었다. CD 플레이어가 값이 싸지자 소비자들은 보급형 CD 플레이어에 큰 관심을 나타냈다. 금성 CD-I 광고(1993)에서는 "세계 두 번째, 국내 최초- 금성CD-I 탄생"이라는 헤드라인과 "가정용 멀티미디어 CD-I시대, 금성이 처음 열었습니다"라는 서브 헤드라인으로 신제품 탄생을 알렸다. 보디카피는 다음과 같다. "이것이 멀티미디어 CD-I. CDP가 아닙니다. LDP가 아닙니다. VTR이 아닙니다. 컴퓨터도 아닙니다. 게임기는 물론 아닙니다. 이 모든 기능이 지름 12Cm의 CD-I 디스크 한 장으로 해결되는 새로운 가정용 멀티미디어. 금성 CD-I 플레이어!" "지름 12 Cm의 CD-I 디스크 한 장에 브리태니커 백과사전 20권이 들어간다. CD같은 크기의 CD-I 디스크 한 장이면 브리태니커 백과사전 20권이나 신문 1

그림 4-32 ■ 금성 CD-I 광고 (매일경제, 1993. 3. 22)

년 9개월치 또는 사진 5천장을 담을 수 있으며, 소리는 물론 움직이는 영상까지도 기록 · 재생할 수 있다." "CD-I한 대로 음악을 듣고, 노래를 부르고, 책을 읽고, 게임을 즐긴다. 일반 CD는 물론, 노래방 기능의 CDG, 사진을 저장한 포토-CD 등 모든 종류의 CD를 사용, 고음질의 음악 감상, 컴퓨터 게임, 노래방 기능을 즐길 수 있으며 곧 영화 감상도 가능해집니다."

금성 CD-I 광고(1993)에서는 "금성 CD-I 한 대면 아홉 가지 변화가 생깁니다."라는 헤드라인으로 생활의 변화를 상세히 소개했다. 보디카피는 다음과 같다. "VTR, 오디오, 컴퓨터, LDP의 기능이 하나로 합쳐진 가정용 멀티미디어, 금성 CD-I 갖고 계신 어떤 TV와도 연결됩니다. 금성CD-I 플레이어." CD-I 플레이어는 일방적으로 듣거나 보던 이전의 AV 기기와는 달리, 마치 사람과 대화하듯이 듣고 싶은 곡, 보고 싶은 사진, 하고 싶은 게임을 쉽게 찾아낼 수 있었다. 멀티미어는 더

그림 4-33 ■ 금성 CD-I 광고 (한겨레, 1993. 6. 23)

이상 차세대 기술이 아니었으며 CD-I 없이는 생활이 불가능한 시대로 접어들게 되었다.

2) 2000년대의 CD 플레이어 광고

삼성전자 옙(YEPP) CD 플레이어 신문광고(2001)에서는 비주얼 옆에 "Yeeeeeep!"이라는 카피 한 줄을 붙여 제품에 대한 승부를 걸었다. 보디카피는 다음과 같다. "Slim & Compact/ 감각적 초슬림 사이즈/ 고음질 귀걸이형 헤드폰/

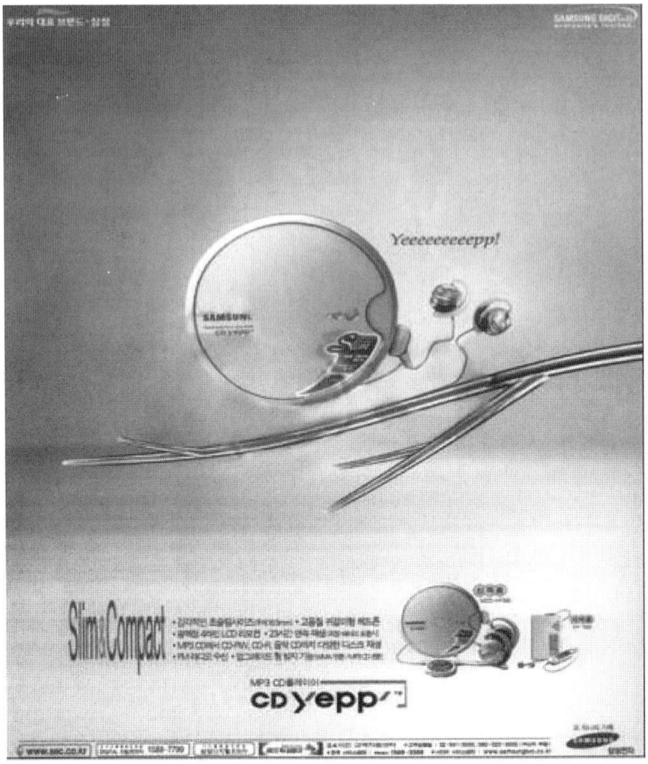

그림 4-34 ■ 삼성전자 옙 광고 (동아일보, 2001. 2. 1)

광액정 4라인 LCD 리모컨/ 23시간 연속 재생/ MP3 CD에서 CD-RV, CD-R, 음악 CD까지 다양한 디스크 재생/ FM라디오 수신/ 업그레이드 튐 방지 기능." CD-Yepp은 일반 오디오 CD는 물론 MP3 CD, CD-R, CD-RW 디스크까지도 재생할 수 있었다. 10여곡 정도 노래만을 재생하는 MP3 플레이어와 달리 MP3 CD를 이용해 200여곡의 노래를 저장해 들을 수 있었다.

당시 CD 플레이어의 최대 단점은 휴대용이라 하더라도 부피가 크고 두꺼워 휴대하기가 불편하다는 점이었다. 소비자들은 CD와 MP3 파일을 함께 저장해 재생할 수 있는 기기를 원했고, 삼성전자는 소비자의 욕구에 주목해 더 얇은 CD 플레이어인 CD-Yepp을 출시했다. MP3 CD는 CD-RW 드라이브를 이용해 650MB 용량의 CD에 한 곡당 평균 4MB 정도인 MP3 파일을 150~200곡 정도 저장했다.

그림 4-35 ■ 플레이스테이션2 광고 (동아일보, 2004. 4. 4)

CD-Yepp은 제품의 두께가 2.48㎝에 불과했고 청취 도중에 40초간 충격이 지속되어도 재생을 보정해주는 40초 튐 방지 기능과 100곡 이상의 노래를 빠르게 검색할 수 있는 '+10키'를 적용해 휴대의 편의성을 높였다(이국명, 2001).

휴대용 CD 플레이어나 MP3 겸용 CD 플레이어 같은 다양한 제품이 등장했지만 그것만으로는 한계가 있었다. 그래서 등장한 것이 비디오 겸용 CD 플레이어, DVD 겸용 CD 플레이어, 벽걸이형 CD 플레이어, 플레이스테이션 같은 제품이었다. 이런 제품을 멀티미디어 플레이어(multimedia player)라고 했다. 대체로 CD-1 플레이어, CD-ROM 드라이버, DVD 플레이어 같은 영상과 음성 데이터를 재생하는 멀티미디어 소프트웨어 재생용 장치였다.

플레이스테이션2는 일본의 소니 엔터테인먼트사에서 2000년에 발표한 가정용 게임기였다. 현실에 가까운 영상을 실현했으며 일반 DVD나 CD 플레이어로도 사용할 수 있고 영화 DVD를 이용해서 재생할 수도 있었다. 또한, 플레이스테이션2는 주변 기기와 접속할 수 있는 IEEE 1394, USB, 컴퓨터 카드의 포트가 있어 노트북 컴퓨터, 프린터, 디지털 카메라 같은 주변 기기와 연결하고 인터넷 접속도 가능했다. 플레이스테이션2 신문광고(2004)를 보자. "게임, 영화, 그리고 음악이라는 이름의 혼수- PlayStation2"라는 헤드라인 아래에 다음과 같은 보디카피를 덧붙였다. "어떤 날은 게임기로, 어떤 날은 DVD로 또 어떤 날은 CD 플레이어로! PlayStation2 하나면 신혼이 날마다 즐거워집니다." 비주얼은 '신혼 혼수'라는 콘셉트에 알맞게 예물 상자 안에 들어있는 플레이스테이션2의 제품 모습을 그대로 보여주었다.

기존의 일체형 CD 플레이어와 휴대용 MP3 및 오디오 DVD 일체형과 다른 벽면형 CD 플레이어도 등장했다. 뱅엔올룹슨(BANG & OLUFSEN)의 벽면형 CD 플레이어 신문광고(2006)의 카피는 다음과 같다. "지금껏 경험하지 못한 매혹적인 사운드 시스템"이라는 헤드라인 아래 다음과 같은 보디카피가 이어졌다. "뱅엔올룹슨이 새로운 오디오 시스템으로 또 한 번의 놀라움과 즐거움을 선사합니다." 이 CD

그림 4-36 ■ 뱅엔올룹슨 벽면형 CD 플레이어 광고 (문화일보, 2006. 2. 19)

플레이어는 벽면형 CD 플레이어 기능, 오디오 기능, 전등 기능을 겸비해 기존의 벽면형 CD 플레이어와도 확실하게 차별화되었다. 참신한 디자인과 기능이 돋보이는 이 제품은 광고 비주얼만으로도 충분히 소비자의 마음을 사로잡았을 것이다.

시장을 급속히 잠식한 MP3 플레이어가 등장함에 따라 CD 플레이어의 인기는 2000년대에 막을 내렸다. 국내에서 1984년에 첫 제품이 나왔지만 50만원대의 고가여서 대중화되지 못하다가 1988년에 20만원대의 제품이 등장해 55,000대가 팔렸다. 1989년에는 223,000대가 팔리며 시장이 급속히 팽창되었다. CD산업은 DVD 산업으로 확장될 가능성도 있었지만 MP3가 등장함으로써 결국 쇠퇴기에 접어들었다.

CD 플레이어가 일상생활에 미친 영향은 무엇일까? CD 플레이어가 등장함에 따라 음악을 듣는 장소는 실내에서 길거리로 확장되었다. 20대의 야외활동 시간을 늘리는데도 영향을 미쳤다. 5년 만에 세계 판매량은 1000만 대를 돌파했지만 CD 플레이어의 영광은 점차 저물었고, MP3 플레이어 시대가 되면서 CD 플레이어는 점점 잊혀졌다. CD 플레이어는 처음에는 대형이 강조되다가 나중에는 초소형의 휴대성이 강조되었다.

04 DVD 플레이어 광고의 흐름

두께 0.6 mm의 플라스틱 원판 두 장을 맞붙인 구조를 갖춘 DVD(Digital Video Disk)는 컴퓨터의 데이터 저장 능력의 한계를 보완했다. CD가 그림과 문자를 인쇄한 면의 뒤쪽에서 레이저 빛을 비춰 읽어내는 '한 면 한 층' 방식이라면, DVD는 한 면에 이중으로 정보를 기록하는 '한 면 두 층' 방식이다. 따라서 기억 용량이 CD보다 크며 한 층에 7시간 분량의 음악을 저장할 수 있다. 영상의 기억 용량에 있어서 비디오 CD는 74분간의 영상을 기록하는데 비해, DVD는 한 면 한 층에 133분간을 기록하고 화질도 뛰어났다. DVD는 모든 정보를 0과 1의 디지털 신호로 교환해 기록하고 압축 기술도 뛰어나 엄청난 양을 저장할 수 있었다(동경광고마케팅연구회, 1999).

1996년 11월, 일본에서 처음 개발된 DVD 플레이어는 1997년 3월에 미국에서 처음 상용화되었다. 처음에는 그다지 관심을 끌지 못했으나 1997년에 DVD 표준이 개발된 이후 다양한 애플리케이션에 응용됨으로써, CD를 잇는 차세대 광저장 장치로 각광받았다. 2000년대에는 DVD가 본격적으로 활성화되며 멀티미디어의 총아가 되었다. 문자, 출판, 신문의 출현으로 인류의 정보전달 효과가 급상승한 이후, 1990년부터 전화, 사진, 영화, 라디오, TV 기술이 비약적으로 발달하면서 멀티미디어의 기반이 구축되었다.

디지털 신호처리 기술이 발달함에 따라 아날로그 신호는 디지털 신호로 바뀌었다. 디지털 신호 정보는 질적 저하를 방지하기 쉽고 가공과 편집이 쉽고 컴퓨터 기술을 적용할 수 있는 장점이 많았다. 이 기술을 바탕으로 다양한 디지털 제품들이 상용화되었다. 컴퓨터 성능도 발달해 대용량 멀티미디어 정보를 처리하는 동시에 대용량의 저장 공간을 지닌 컴퓨터들도 보편화되었다. 이에 따라 소비자의 선호가 VTR 플레이어(아날로그 전자제품)에서 DVD 플레이어(디지털 전자제품)로 이동하는 현상이 나타났다.

1997년은 우리나라가 사상 초유의 경제위기를 겪은 해이기도 하지만 DVD가 출시된 해이기도 하다. 비디오는 부피가 커서 공간을 많이 차지하고 반복 재생하면 테이프가 늘어나 영상을 보존하기 어려웠지만, DVD 플레이어는 그런 단점을 보완했고 더 많은 영상을 대용량에 저장했기에 소비자의 선호도도 증가했다. 이에 따라 소비자에게 DVD 플레이어에 대한 정보를 전달하고 판매하기 위한 광고들도 다수 등장했다.

1) 1990년대의 DVD 플레이어 광고

삼성전자의 DVD 플레이어 신문광고(1996)를 보면 삼성전자가 국내 최초

그림 4-37 ■ 삼성 DVD 플레이어 광고 (매일경제, 1996. 10. 8)

그림 4-38 ■ 삼성 DVD 플레이어 광고 (1997)

로 개발한 DVD 플레이어 위에 금으로 된 트로피를 올려놓은 비주얼이 지면 가득히 들어온다. 이와 동시에 영화 스크린 샷이 날아오는 배경 효과를 제시함으로써 DVD 플레이어를 통해 소비자들이 고화질의 영화를 감상할 수 있음을 암시했다. "21세기 디지털 영상 음향의 결집체 – DVD. 삼성전자가 DVD 시대를 열었습니다"라는 헤드라인으로 본격적인 DVD 시대의 개막을 선언하면서 광고의 하단에는 DVD와 DVD 플레이어의 특성을 상세히 설명했다.

한국인의 과소비는 DVD 플레이어가 출시되기 한참 전부터 사회 문제로 떠올랐다. 소득 증가에 따라 소비자는 점차 고성능의 멀티미디어 기기를 선호했다. 삼성 DVD 플레이어 신문광고(1997)의 헤드라인은 "100% 디지털 세상, 삼성 DVD 플레이어와 함께 왔다! 디지털 영상 디지털 음향!"이다. 영화 매트릭스의 등장인물을 보여주면서 자사 제품을 광고했다. 해당 제품에서 이용할 수 있는 DVD 타이틀 콘텐츠를 배경에 제시하고 하단에는 DVD 플레이어의 특장점과 현재까지

그림 4-39 ■ 삼성 DVD 플레이어 광고 (매일경제, 1999. 12. 31)

출시된 DVD 타이틀의 콘텐츠를 소개했다.

삼성 DVD 플레이어 광고(1999)에서는 "이젠, 오디오로 영화까지 본다!"라는 헤드라인 아래 다음과 같은 보디카피를 썼다. "DVD 플레이어 겸용 오디오- 삼성 미니미니. 생각도 못했다! 디지털 기술로 DVD 플레이어가 오디오 속으로!" 오목한 테두리 안에 흡사 말들이 뛰어오는 듯이 표현했다. 스크린에서 말들이 힘차게 움직이는 비주얼 아래에 제품을 배치하고 제품에 대한 간단한 설명을 덧붙였다.

1990년대 중후반에 DVD 플레이어가 출시될 무렵 사람들의 여가 시간이 늘어났고, 영화를 보기 위해 극장을 찾기보다 집에서 가족끼리 DVD를 보는 '가정극장'이 활성화되었다. 소비자들은 애용해 오던 웅장한 크기의 오디오 세트를 처분하고 작고 아담하고 실용적인 DVD를 선호했을 것이다. 결합과 분리가 간편한 휴대용 카세트나 미니 오디오 같은 제품들처럼 DVD는 디자인뿐만 아니라 제품 개념 자체가 새로웠다. 이런 이유 때문에 DVD는 젊은 층의 특별한 주목을 끌었다.

경기불황으로 DVD 플레이어가 예상보다 판매율이 저조했지만 뒤늦게 '홈시어터(Home theater)'로 주목받았다. 당시의 소비자들은 디지털 멀티미디어의 급성장에 따른 생활의 윤택함을 기대했다. 실제로 멀티미디어 매체를 활용한 여가활동이 늘어났다. 이 광고에서는 단순히 DVD 플레이어만을 보여주지 않고 멀티미디어 기기(촬영/저장)의 발달 양상을 제시했다. 이로 인해 소비자들은 DVD 플레이어로 볼 수 있는 콘텐츠에도 관심이 많았다.

2) 2000년대의 DVD 플레이어 광고

필립스 DVD 플레이어 신문광고(2002)에서는 "감동이 해일처럼 밀려든다!"라는 헤드라인 아래 "해일처럼 밀려드는 스케일과 사운드/ 필립스 DVD 플레이어로 더욱 생생하게 즐겨보십시오."하는 서브 헤드라인을 덧붙였다. 필립스 DVD 플레이어를 통해 생생한 화질을 시청할 수 있다고 강조했다. 다른 제품의 DVD 플레이어를 사용할 때보다 더한 감동으로 집에서도 영화관에서처럼 영화를 볼 수 있다는 메시지를 전달한 광고였다.

그 후 DVD 플레이어는 다시 한 번 변화했다. DVD 플레이어가 나왔다고 해서 비디오를 전혀 쓰지 않는 것은 아니었다. DVD 플레이어만 있으면 기존 VTR 플레이어로 사용하던 비디오들을 쓸 수 없었던 문제점을 해소할 수 있게 되었다. 그런 문제점을 보완하면서 DVD 플레이어는 다른 디지털 제품과 함께 발전했다. 발전된 DVD 플레이어를 어떻게 소비자에게 전달했는지 광고 메시지를 살펴보자. 인켈 인테리어-VR758 잡지광고(2002)에서는 "신혼의 감각을 더하자! 인켈 인테리어- VR758. 실속은 기본, 디자인까지 꽉 잡는다."라는 헤드라인으로 소비자의 관심을 유도했다. 고화질, 고급 사운드, 그리고 인테리어에도 신경 쓴 디자인으로 신혼집의 행복한 분위기를 연출할 수 있다며 신혼부부의 구매욕을 자극했다.

삼성 DVD 플레이어 콤보 광고(2002)에서는 VTR을 샀을 때 DVD를 사지 않았다는 것을 알고 다시 DVD를 샀지만, DVD와 VTR을 따로따로 구매한 것을

그림 4-40 ■ 필립스 DVD 플레이어 잡지광고 (2002. 7. 1)

안타까워한다는 내용으로 메시지를 전개했다. 그래서 영화배우 안성기는 다시 삼성 DVD 플레이어 콤보를 구매했고, 마찬가지로 신혼부부도 혼수품으로 콤보를 샀으며, 비디오를 볼지 DVD를 볼지 행복한 고민에 빠졌다는 내용이다. 카피는 다음과 같다. "안성기) VTR 샀다- 아이고.../ 안성기) DVD 샀다- 아이고.../ 안성기) 콤보로 샀다-/ 신혼부부) 우리도 샀다!/ Na) DVD와 VTR이 하나로/ 안성기) DVD? VTR? DVD? VTR?/ Na) 삼성 DVD 플레이어 콤보/ 콤보로 샀다- DVD와 VTR이 하나로 삼성 DVD 플레이어- 콤보." 이 광고에서는 유명인 모델을 활용해 제품에 대한 신뢰감을 형성하고 신혼부부의 혼수품으로 제격이라는 메시지를 담았다.

LG DVD 콤비 홈씨어터 잡지광고(2002)의 헤드라인은 다음과 같다. "홈씨어터, 더 이상 마니아의 전유물이 아닙니다. LG DVD 콤비 홈씨어터." 이 광고에

그림 4-41 ■ 인켈 인테리어-VR758 잡지광고 (2002. 10. 1)

서는 콤비와 홈씨어터의 결합을 강조했다. 마니아가 아닌 누구라도 부담 없는 가격에 영화관 수준의 화질과 사운드를 집에서도 즐길 수 있다는 메시지를 전달한 것이다. 전자제품이 발전함에 따라 부담 없는 가격으로 모든 소비자들이 DVD를 즐길 수 있다는 인식이 확산되면서 광고에서도 그런 내용을 집중적으로 부각시켰다.

LG DVD 멀티 드라이브 신문광고(2006)에서는 멀티 드라이브에서 쓸 수 있는 CD들을 접시에 담긴 음식으로 표현한 비주얼과 모든 것을 소화할 수 있다는 카피로 웬만한 CD는 문제없이 쓸 수 있고 원하는 대로 편집할 수 있다고 설명했다. 핵심 카피는 "마음껏 다(多)- 소화할 수 있으니까"이다. 하나로 모든 것을 해결하고 싶어 하는 소비자 성향에 잘 맞춰진 제품이었다.

엡손 프로젝터 광고(2007)에서는 DVD뿐만 아니라 USB 기능과 내장형 스피커가 탑재되어 있어 프로젝터 하나로 집에서도 극장처럼 영화를 볼 수 있다는 정보를 전달했다. 카피는 다음과 같다. "하얀 벽, 그리고 엡손 프로젝터만 있다면 그곳이 극장이다. DVD, USB, 스피커까지, 엡손 올인원 프로젝터. 하얀 벽, 그리고 엡손 프로젝터만 있다면 그곳이 극장이다. 엡손 프로젝터." 방안의 물건을 던지면서 심하게 싸우던 남녀가 하얀 벽에 있던 책장을 쓰러뜨리고 싸운 다음, 다정한 모습으로 소파에 앉아 하얀 벽에 비치는 영화를 보면서 화해하고 즐거운 시간을 보

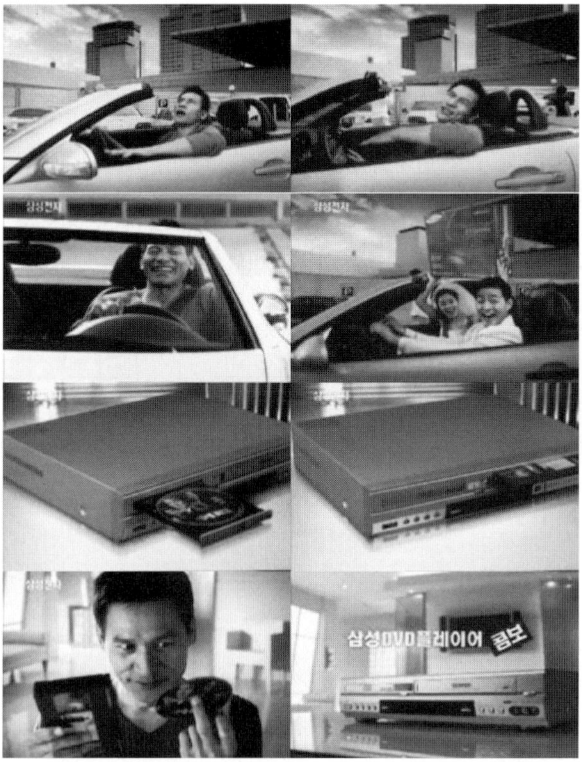

그림 4-42 ■ 삼성 DVD 플레이어 콤보 광고 (2002)

냈다는 구성을 바탕으로 판매 메시지를 전달했다.

1990년대의 경제 불황기를 겪은 이후 2000년대의 소비자들은 가격에 민감하게 반응했기 때문에 돈을 덜 쓰면서도 평소의 소비수준을 유지하기를 바랐다. 가격은 절반에 가까워도 기존 제품에서 얻었던 만족감을 그대로 느끼기를 원했다. DVD 플레이어는 같은 가격으로 다른 미디어들과 결합되며 계속 발전했다. 소비자들은 직접 영상을 찍고 편집하며 보관하는 것을 좋아했다. 이에 따라 전문가의 영역으로만 인식되던 영상 작업이 일반인들 사이에서도 서서히 보편화되기 시작했다.

비디오와는 달리 DVD에 많은 정보를 담을 수 있었다. 영화에서 삭제된 장면, 극장에서 공개된 장면과는 다른 버전(극장판, 감독판), 메이킹 필름, 관련 사진 정보나 음향을 수집하는 소비자들도 늘었다. 영화 마니아는 물론 일반인 사이에서

그림 4-43 ■ LG DVD 콤비 홈씨어터 잡지광고 (2002. 8. 9)

도 영화 수집이 취미로 떠오르기도 했다. 극장에서만이 아니라 집에서도 얼마든지 극장에서 보는 느낌으로 영화를 관람할 수 있었고, 바쁜 소비자는 DVD를 통해 지나간 영화를 볼 수 있게 되었다.

시간의 흐름에 발맞춰 네트워크 서비스가 발달함에 따라 원하는 정보나 파일을 언제든 불러올 수 있게 되었다. 더불어 정보 공유 사이트가 활성화되었다. 영화, 드라마, 쇼, 오락 프로그램의 특성상 1회성 소비가 보편화되자 굳이 DVD 형태의 미디어를 소장할 가치가 없어지기 시작했다. 더욱이 DVD는 DVD플레이어를 통해서만 즐길 수 있다는 단점까지 더해져 DVD 시장은 점점 쇠퇴하기에 이르렀다. 비디오나 DVD 대여점도 사라지게 될 수밖에 없었다.

3) 2010년대의 DVD 플레이어 광고

LG 인피니아 TV와 홈시어터 광고(2010)는 신혼부부를 대상으로 제품의 장점을 강조했다. 비주얼을 보면 제품을 제외한 나머지 부분을 간단한 그림으로 처리해 제품을 선명히 돋보이게 했다. 보디카피를 통해 "축구는 물론 영화나 드라마, 게임, 전용관에 온 듯 생생한 재미에 신랑의 사랑도 듬뿍-"이라고 하며, 신혼부부의 아름다운 사랑을 위해 제품을 구매하라는 메시지를 전달했다. 신혼의 아내가 쓴 일기형식으로 구성한 카피는 신혼부부의 공감대를 이끌어내려는 의도였다. 축구 좋아하는 남편을 위해 LG 인피니아 TV와 홈시어터를 준비했다는 것이다. 평소에는 깔끔한 디자인으로 거실을 빛내주다가 축구 관람을 할 때는 생생한 화질과 역동적인 사운드로 전용 스타디움을 만들어준다는 일상의 단면을 제시하면서 설득 메시지를 전달했다.

모뉴엘 홈시어터 잡지광고(2011)에서도 제품의 뛰어난 성능을 강조했다. 비주얼에서도 제품을 더 잘 보이게 표현했다. "단아함 속에 감추어진 폭발적 성능"이라는 헤드라인으로 단아한 디자인과 제품의 성능을 강조했다. 보디카피는 다음과 같다. "모뉴엘320은 컴퓨터 기반의 홈미디어 시스템으로 영화, 음악, 게임, 스토리지 서버 등 모든 멀티미디어 기기의 기능을 사용할 수 있는 프리미엄 HTPC이다." 광고에서는 보디카피와 헤드라인을 절묘하게 연결시키고 시각적으로 고급스러운 분위기를 제시함으로써 소비자들에게 소비의 진정한 가치를 환기했다.

그림 4-44 ■ 엡손 프로젝터 광고 (2007. 11)

그림 4-45 ■ 엡손 프로젝터 광고 (2007. 11)

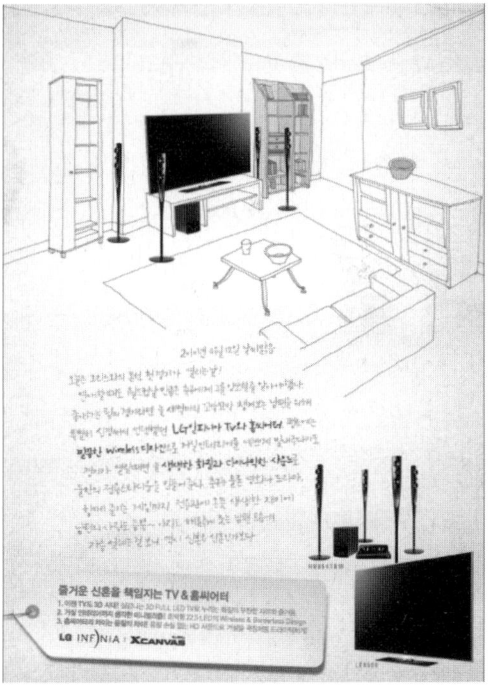

그림 4-46 ■ LG 인피니아 TV와 홈시어터 광고 (2010. 4. 9)

그림 4-47 ■ 모뉴엘 홈시어터 잡지광고 (2011. 10. 20)

급변하는 미디어 환경 속에서 미디어의 성장과 침체가 있을 수밖에 없다. DVD 플레이어가 2000년대에 붐을 이루면서 광고도 활성화되었다. 성능과 디자인을 강조한 DVD 플레이어 광고가 자주 나왔으며, 소비자들 역시 DVD 플레이어를 고르는 재미에 빠졌다. 소비자는 홈시어터(Home theater) 광고에서 DVD 플레이어 기능을 발견했다. 홈시어터 시스템의 넓은 스크린과 화려한 음향은 DVD 플레이어의 단순 기능을 뛰어넘었다. 그러나 DVD 플레이어는 2009년 이후부터 스마트폰, 스마트TV, PMP가 떠오른 다음부터 경쟁력이 떨어졌고 하나의 기능 제품으로 전락했다. 더욱이 네트워크를 통한 컴퓨터, 스마트폰, 태블릿 같은 N스크린에서 다양한 정보를 즐기는 스마트 시대에 접어들면서 DVD 플레이어는 2010년 이후 쇠퇴의 길로 접어들었다.

CHAPTER **05**

통신 미디어 제품 광고의 변천

【소통 방식의 차이와 변화: 유선전화기에서 카폰, 무선전화기, 무선호출기, 디지털 카메라폰, 스마트폰까지】

1960-1970년대까지만 해도 한국에서 전화의 보급은 보편화되지 못해, 도시와 농촌 간에는 적지 않은 격차가 있었다. 농촌에는 전화기가 이장 집에 한 대 밖에 없어서 전화가 걸려오면 온 동네에 방송을 해서 통화시키는 촌극이 벌어졌다(강준만, 2006, 2007; 윤상길, 2007). 그렇지만 전국이 단일 통화권으로 되면서 전화는 필수품이 되었고 소비자의 취향에 따라 점차 다양한 상품이 쏟아져 나왔다. 전화기는 삐삐, 시티폰, 카폰을 거쳐 휴대전화가 보편화되면서 커뮤니케이션 수단이라는 기본 기능을 넘어서게 되었다.

이에 따라 전화기 광고에서도 커뮤니케이션 기능뿐만 아니라 점차 부가적 기능을 강조했으며, 휴대전화는 단순한 소통 도구인 전화기의 기능을 넘어 패션 아이템이자 놀이의 도구가 되었다. 스마트폰으로 문자나 이모티콘을 주고받는 행태가 나타났는데, 이는 문자 언어의 한계를 넘어서려는 새로운 언어 현상이었다. 다양한 기능을 갖춘 휴대전화는 언제 어디서나 누구와도 접속할 수 있는 유비쿼터스 시대의 총아로 떠올랐다.

인터넷 카페, 미니홈피, 블로그의 기능을 이제는 휴대전화가 대신하게 되었는데 휴대전화는 사회의 개방성을 앞당기는 핵심 도구이며(Wise, 2000), 정보통신 산업의 총아가 되었다. 초창기의 유선전화기 광고에서부터 최근의 스마트폰 광고에 이르기까지, 전화기 광고에서 커뮤니케이션 미디어의 흐름을 엿볼 수 있다. 따라서 1960년대의 유선전화기의 광고에서부터 최근의 스마트폰 광고에 이르기까지 우리나라 전화기의 상품 메시지의 흐름을 분석해 볼 필요가 있다.

세계 최초의 휴대전화는 지금과는 달리 맨홀 뚜껑만한 크기였다. 농장을 운영하던 미국 발명가 네이슨 스터블필드(Nathan Stubblefield)는 1902년 자신의 과수원에 약 36m 높이의 안테나를 세우고 주변의 자기장을 이용해 무선으로 인간의 목소리를 전달하는 시스템 개발에 성공했다. 스터블필드는 그해 5월 30일 필라델피아 페어몬트파크에서 이 기계를 이용해 최초로 자신의 발명품을 선보였으며 이것은 훗날 '최초의 휴대전화'로 기록됐다. 그는 1908년에 움직이는 공간에서도 대화가 가능한 지금의 휴대전화와 가장 흡사한 통신 기기를 개발했다. 그는 모든 노력과 시간을 휴대전화 개발에 투자했지만 1928년에 사람들의 무지와 무관심 속에서 쓸쓸히 세상을 떠났다. 세계의 매체들은 그를 '휴대전화 기술의 아버지'로 소개하며 휴대전화 탄생 100년을 축하했다(송혜민, 2008).

전화기가 우리나라에 최초로 들어온 것은 1882년 중국으로부터이고, 최초로 전화통화가 이뤄진 건 1896년 궁내부에 자석식 전화기가 설치되면서부터다. 이어 1902년에 한성과 인천 간 전화가 개설됐고, 한성 전화소에서 전화 업무를 시작해 일반인에게 전화가 알려지게 되었다. 이후 1908년 공전식 방식, 1935년 기계식 방식이 도입되었다. 그러나 일제 강점기에 전화기는 일반 대중의 생활과는 거리가 멀었다. 그 후 1962년 체신 1호 시리즈가 개발되면서 일반 대중에게 전화기가 보급되었고 비약적으로 발전했다. 체신 1호 전화기는 자석식, 공전식, 자동식의 3가지 방식으로 구성되었으며 우리나라에서 최초로 생산된 국산 전화기였다(윤상길, 2007; 이병섭, 2013).

또한 1973년에 체신70호 시리즈가 개발되면서 현재 전화기의 모습을 갖추게 되었다. 1970년대까지만 해도 한국에서 전화기가 널리 보급되지 못했으며, 도시와 농촌 간에 적지 않은 격차가 있었다. 농촌에는 마을을 통틀어 전화기가 있는 집이 이장 집에 한 대밖에 없어, 전화가 오면 들판에서 일하던 사람을 불러다가 통화시키는 촌극이 벌어지기도 했다. 그렇지만 전국이 단일 통화권으로 바뀌면서 전화는 필수품이 되었고 점차 소비자의 취향에 따라 다양한 상품이 쏟아져 나왔다.

다음으로 등장한 것이 자동식 전화기로 급격한 산업화와 더불어 전화 가입자의 수요는 폭발적으로 증가했으며, 이에 대응해 전화기는 다시 획기적으로 변신했다. 가입자의 수적 증가는 수동에 의한 교환방식의 한계점을 노출했고 이에 따라 가입자가 직접 통화하고자 하는 상대방을 호출하면 기계가 연결시켜 주는 자동교환 방식이 이루어졌다. 1980년대에 접어들어 전자식 교환기가 개통되면서 전화기는 단순한 의사소통 기능뿐 아니라 편리한 다기능 정보통신 기기로 탈바꿈했다(윤상길, 2007).

최초로 개발된 자동식 전화기는 ST교환기와 연결된 다이얼식 전화기였다. 이 다이얼식 전화기가 지금 우리가 사용하는 일반 전화기라 할 수 있으며, 이후 전화기는 급속한 발전을 이루면서 기능과 디자인 면에서 우수한 제품들이 많이 등장했다. 상품으로서의 전화는 커뮤니케이션 수단이라는 기본적 기능 이외에도 시각미의 기능을 중시했다. 이런 기능은 삐삐, 시티폰, 카폰을 거쳐 휴대전화가 보편화되면서 더욱 부각되었다. 이에 따라 전화기 광고도 점차 커뮤니케이션 기능뿐만 아니라 부가 기능을 중심으로 소비자에게 다가갔고, 스마트폰은 결국 단순한 전화기가 아니라 패션 아이템이나 놀이 기구가 되었다.

무선전화기는 기존 유선전화기의 기본적 특성을 유지하며, 본체와 휴대장치 사이에 코드 대신 전파나 주파수를 이용해 음성 및 기타 데이터 신호를 처리했다. 사용의 편리성을 극대화시킨 전화기는 이후 유무선 겸용을 거쳐 복합 다기능 기기로 탈바꿈했다.

다양한 기능을 갖춘 휴대전화는 언제 어디서나 누구와도 접속할 수 있는 유비쿼터스 시대를 열어나갔다. 이는 컴퓨터가 수행하던 역할을 휴대전화가 상당히 대체한 것으로 사적 커뮤니케이션이 확산되는 것을 의미한다. 소비자가 문자 메시지에 이모티콘을 활용하는 것은 문자 언어의 한계에 음성 언어적 요소를 접목하려는 시도였다. 나아가 소비자는 아바타를 활용해 사이버 세계에서 자신을 대신할 대리인을 만들어내기도 했다. 그런 열풍을 바탕으로 스마트폰은 4,000만명 이상이 쓰는 디지털 시대의 총아로 떠올랐다. 통신 미디어 제품 광고의 변천을 시대의 흐름에 따라 살펴보기로 하자.[6)]

[6] 이하는 다음의 논문을 요약한 것이다. 김병희(2015b). "전화기 광고에 나타난 상품 메시지의 변화 추세 분석." 광고학연구, 26 (6), pp.349-377.

유선전화기 광고의 흐름

01

1) 1960년대의 유선전화기 광고

1960년대 들어 전화기에 대한 수요가 늘어남에 따라 전화 이용료가 대폭 인상되었다. "날로 늘어나는 전화수요, 중앙국 일주일간 오천원 올라, 동대문국서 일천회선 빌릴 계획"(매일경제, 1967. 2. 17)이라는 기사에서, 이용자가 증가해 요금을 올리고 회선을 빌려 쓸 계획을 세웠다는 사실을 알 수 있다. "전화기, 가정의 필수품화. 80%는 국내생산 유색이 대당 9천원 정도면 구입"(매일경제, 1968. 7. 22)이라는 기사에서 알 수 있듯이, 전화기가 국산화되며 가정의 필수품으로 떠올랐다.

전화 절제령과 도수제를 실행한다는 보도 내용을 보자. "전화 절제령(節制令) 도수제(度數制)에 눌린 인심"이라는 헤드라인 아래, "멀쩡한데 고장 딱지. 사용(私用) 감시에 모두 혈안(血眼) 되고 앞에 두고 벙어리 냉가슴"(경향신문, 1963. 1. 4)을 앓는다는 내용이다. 꽉 짜인 예산으로 살림하는 관청이라 전화 한번 거는데 미리 결제를 받거나 전화기를 자물쇠로 채우는 경우도 많았다. 전화기 받침대 신문기사나 전화기의 종류를 알리는 신문기사도 많았다.

1960년대의 전화기 광고(1963)를 보자. 신문기사의 내용을 반영하듯 체신부의 공익광고에서는 전화요금 아끼기 캠페인을 전개했다. 이 시절에는 전화 요금 예산이 정해져 있었고 일반인의 전화사용에도 제한이 있어, 전화사용 줄이기 캠페인을 한 것이다. "전화기는 아껴 쓰고 통화는 간단히!"라는 헤드라인으로 전화기를 소중히 다루고 "다이알(다이얼)은 정확히 돌립시다"라는 메시지를 전달했다.

전화기 쓰는 방법을 알려주는 공익 캠페인 TV 광고(e-영상역사관, 1962)를

그림 5-1 ■ 전화요금 아껴쓰기 광고 (경향신문, 1963. 12. 26)

보자. 이 공익 캠페인에서는 “우리들의 일상생활에 필요한 전화기 사용에 있어 지켜야 할 전화사용에 대한 에티켓들을 알아보겠읍니다.”라고 하면서 전화기 사용법을 설명했다. 이 광고에서는 소비자에게 전화를 제대로 사용하는 방법을 알려주고 잘못된 사실을 지적했다. 실생활에서 있을 수 있는 상황을 보여주며 소비자와의 공감을 유도한 점이 인상적이다. 꼭 필요한 전화만 걸고 수화기는 제자리에 다시 놓아야 한다고 강조한데서 알 수 있듯이, 당시의 소비자 대부분은 전화기 사용법에 익숙하지 않았다.

체신부(방송통신위원회의 전신)의 전화 거는 방법 광고(1969)를 보자. “전화기는 소중히 취급합시다!”라는 헤드라인 아래 전화 거는 방법을 상세히 설명했다. 전화를 하려면 “먼저 상대의 전화번호를 확인”해야 하는데 “0번도 번호”라며 “0020번에 걸 때 0번을 돌려야” 통화가 이루어진다는 점을 단계별로 설명했다. 가

그림 5-2 ■ 공익 캠페인 TV 광고 (e-영상역사관, 1962)

입 전화는 다이얼을 손 고리까지 정확하게 돌리고 나서 손가락을 뺀 다음, 수화기를 들고 발신음을 들은 뒤, 상대의 호출음이 들리면 통화하라고 했다. 또한, 상대의 화중음(상대가 통화중임을 알리는 소리)이 들리면 수화기를 놓고 1-2분 기다린 후, 다시 걸고 상대가 나오면 통화하라고 설명했다.

공중전화는 수화기를 들어 새 주화 5원짜리를 넣고, 발신음이 들리면 다이얼을 손 고리까지 정확하게 돌리고 손가락을 뺀 다음, 상대의 호출음을 들어야 한다고 했다. 수화기를 놓으면 넣은 돈이 나오는데, 상대의 통화음이 들리면 상대와 통화를 해야 한다는 것이다. 카피 설명만으로는 부족하다 싶었는지 각각의 상황을 그림으로 상세히 묘사했다. 오른쪽에서 왼쪽으로 읽어야 전화 거는 순서가 설명이 되는데, 왼쪽에서 오른쪽으로 읽는 지금과는 다르게 구성했다.

광고 지면의 중앙 아래쪽에 '부탁의 말씀'이라며 강조한 점이 특히 재미있다. "전화기는 소중히 관수(간수)해 주십시오." "마음대로 전화기에 손을 대지 마십시오." "수화기를 내려놓은 채 두지 마십시오." "전화는 다른 사람 집에 설치할 수 없습니다." "10:00-11:30. 15:00-17:00. 과히 급하지 않은 용무의 전화는 이 '러시아워'를 피해 거시면 보다 빠르고 쉽게 거실 수 있으며 이 시간은 꼭 걸어야 할 다른 사람을 위하는 길입니다." 스마트폰은 쓰지 않을 때 자동으로 절전 모드로 들어가고, 손을 대서(touch screen) 작동시키며, 통화의 러시아워가 따로 없이 24시간 내내 통화할 수 있다. 상대방이 끊으면 저절로 통화가 끊기는 스마트폰에 견줘보면,

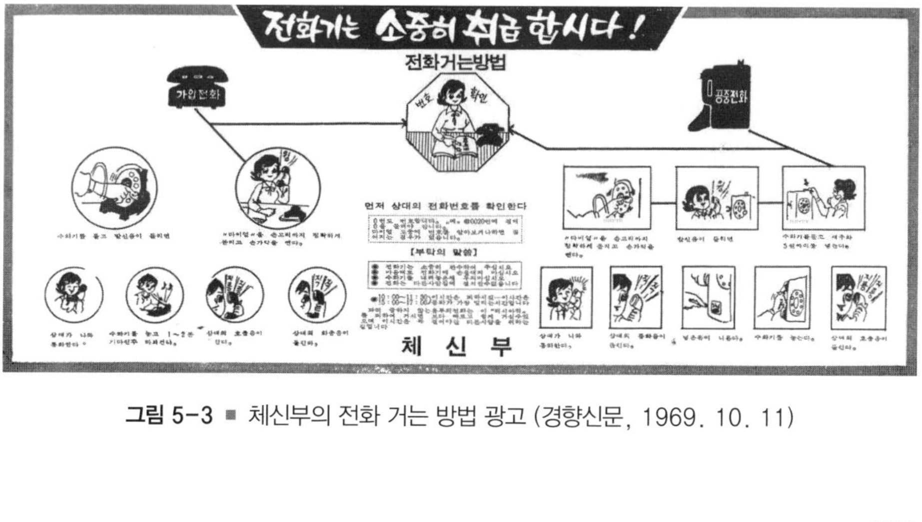

그림 5-3 ■ 체신부의 전화 거는 방법 광고 (경향신문, 1969. 10. 11)

그림 5-4 ■ 금성 자동 전화기 광고 (매일경제, 1969. 8. 11)

'부탁의 말씀'에서 강조한 5가지 사항들이 머나먼 옛날이야기처럼 느껴진다.

금성 자동전화기의 광고(1969)를 보자. 이 광고에서는 "금성 자동 전화기는 세계적 전화기로 인정받고 있읍니다"라는 헤드라인으로 금성 전화기가 수출품이라는 점을 알렸다. 지면 우측에 자동전화기의 특성을 나열했는데, 우아한 외형과 아름다운 광택을 지니고, 고성능의 송수화기는 잡음 없이 맑고 깨끗하며, 투명한 회전판은 다이얼을 빠르고 정확하게 돌리는 데에 편리하다는 것이다. 특수 설계한 다이얼은 부드럽고 정확히 동작하며 수명이 길고, 벨소리를 부담 없이 들을 수 있게 음향 레벨을 유지하며, 기계적 견고성을 지닌 부품과 구조는 전화기의 오랜 수명을 보장한다고 했다.

1960년대의 전화기 관련 신문기사를 보면 전화기의 편리함을 강조하는 기사도 있지만, 전화기를 쓰지 못하는 가난한 사람들의 절도에 관한 보도도 많았다. 전화기의 보급은 1960년대 초반부터 두드러져 1960년대 후반부터는 자동전화기로 발전되었는데, 전화기의 보급과 사용방법에 대한 광고가 많았다. 당시에는 LG의 전신인 '금성' 브랜드가 대표적이었다. 체신부에서는 광고를 통해 전화기의 사용방법을 알렸다. 전화 요금이나 사용을 절제시키는 절제령 제도가 시행되자 소비자의 불만이 가중되었지만, 전화기는 커뮤니케이션을 위한 미디어 테크놀로지로서의 위상을 견고하게 다져나가기 시작했다.

2) 1970년대의 유선전화기 광고

1970년대에는 집에 TV나 전화기가 있으면 부자라고 했을 정도로 TV와 전화기는 귀한 물건이었다. 고질적 식량난에서 벗어나지 못한 1970년대 초반까지만 해도 우리나라는 기본적인 생필품조차 부족한 상황이었다. 시골에서 시외전화를 걸려면 시간이 너무 많이 걸려 시골에 사는 주민들은 불평불만이 끊이지 않았다고 한다. 시골에서 서울로 전화를 한 번 걸 때마다 주민들은 우체국에 가야 했는데 보통 서너 시간을 기다려도 시외전화가 연결되지 않는 일이 허다했다. 이에 따라 정부는 전화 수급을 원활히 하기 위해 1976년부터 서울을 비롯한 도시와 농어촌에 23만 6천 회선의 전화를 증설하는 방침을 발표했다. 이 시기의 전화 교환원은 정보화 사회의 꽃이자 정보를 매개하는 서비스 전문직의 대접을 받았다.

1960-1970년대에는 전화선 자체에 소유권이 설정되었다. 1970년대를 다룬 소설에는 백색전화와 청색전화가 자주 등장했다. 전화기 자체가 재산이었던 시절이다 보니 한 동네마다 한두 집에만 전화기가 있었고 이 전화기를 온 동네 사람들이 빌려 썼다. 백색전화와 청색전화는 전화기의 색깔이 아닌 전화 가입 대장 명부의 색깔이다. 전화선 자체에 소유권이 설정되어 있어 양도할 수 있었던 백색전화는 체신부의 승인을 얻어야 설치할 수 있었다. 반면에 소유권의 설정이나 양도나 증여의 개념이 인정되지 않는 것이 청색전화이다.

백색전화의 경우 전화선의 공급은 한정되어 있는데 수요가 점차 늘어나니 소유자가 비싼 값에 전화선의 권리를 사고팔게 되어 투기 대상으로 변질되는 부작용을 낳기도 했다. 당시 서울의 집 한 채 값이 230만원 정도였는데 백색전화 한 대 값이 260만원까지 치솟은 적도 있었다.

1970년대는 전화번호부가 귀한 대접을 받았다. 한국전화번호부공사(현 한국전화번호부주식회사)의 '광고 모집' 편(1971)을 보자. 지면을 이등분해서 왼쪽에는 전화번호부 광고의 특성을 설명하고 오른쪽에는 광고 단가를 제시했다. "무엇을 원하십니까?"라는 의문형 헤드라인 아래, 기업체가 유명해지기를 원하는지, 상품이 잘 팔리기를 원하는지, 무엇을 원하는지를 물었다. "소원을 이루어주는" 전화번호부 광고는 높은 공신력, 많은 이용자, 싼 광고료, 좋은 효과, 긴 수명이 자랑이라고 하면서 500만 서울시민이 주요 고객임을 특히 강조했다.

광고 형태도 요금에 따라 다양했다. ‘직업별 중복’ 광고료 600원에서 ‘특대’ 광고료 280,000원까지 광고의 크기나 유형별로 광고 요금을 다양하게 제시해, 광고주의 형편이나 필요에 따라 알맞게 선택하게 했다. 광고 지면의 중간에 “서울전화번호부 광고모집 개시”라는 카피를 세로로 세워 지면을 좌우로 구분해 누구나 쉽게 광고 메시지를 이해하도록 고려했다.

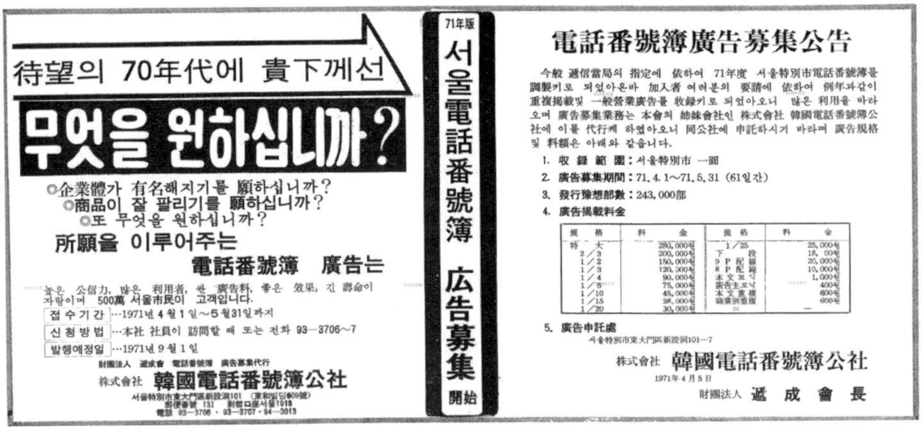

그림 5-5 ■ 한국전화번호부공사의 광고모집 광고 (동아일보, 1971. 4. 5)

그림 5-6 ■ 금성통신전기주식회사 광고 (매일경제신문, 1972. 9. 15)

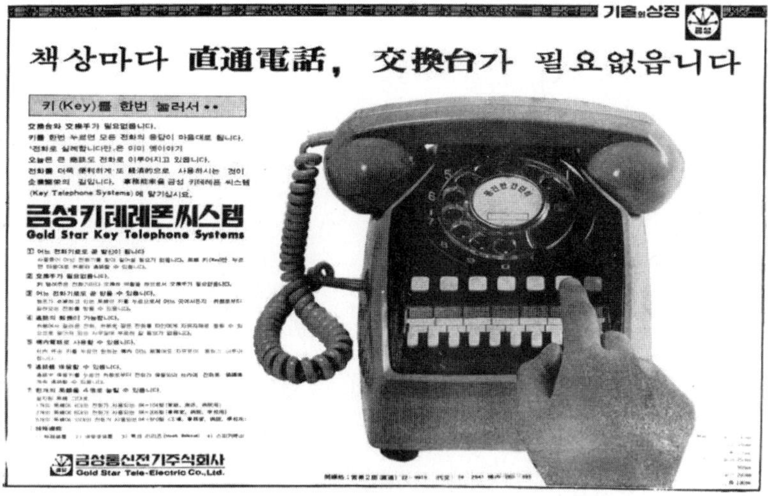

그림 5-7 ■ 금성 키테레폰 씨스템 광고 (동아일보, 1973. 11. 28)

3) 1980년대의 유선전화기 광고

1980년대는 한국경제가 정부 주도의 계획경제에서 시장경제로 이행하는 대변혁기였다. 시장중심의 제도가 정비되고 민주화 운동으로 시민의식이 싹트기 시작했다. 1980년대 중반에는 경제성장을 발판으로 국민이 소비의 주체로 전면에 부각되었다. 1970년대까지만 해도 정부는 저축률을 높이기 위해 '소비=사치'라며 소비억제 정책을 견지해왔지만(이상록, 2013), 1988년 서울올림픽 개최를 앞두고 소비촉진 정책으로 선회했다.

"전화기 시장 판매전 치열. 삼성, 대우 진출에 기존업계 비상. 중소기업 제품 시장기반 흔들려"(매일경제, 1984. 7. 14) 같은 신문기사에서 당시 전화기 시장의 치열한 경쟁 구도를 엿볼 수 있다. 기사 내용을 좀 더 상세히 제시하면 다음과 같다. "전화기의 기능이 다양해지고 있다. 과거의 전화기로는 상상할 수도 없는 세 사람의 동시 통화나 정한 시간에 전화벨을 울리게 하는 등 전화기의 특수기능 외에 집안에서 전화선 없이도 전화를 이용할 수 있는 방법이 곧 등장할 채비를 하고 있어 편리한 전화기의 새 시대를 열고 있다. 전화기의 디자인이나 색상 전화벨 소리도 각양각색으로 저마다 원하는 전화기를 사용할 수 있는 것도 특색이다. 한때 우

그림 5-8 ■ 금성반도체 월드폰 광고 (1981)

리나라는 체신 70형이란 기본 모델을 만들어 이것만을 생산, 판매케 해 디자인이나 색상이 단조로웠으나 최근 이 기본형을 해제함으로써 갖가지 전화기가 나타났다."(동아일보, 1983. 6. 16)

1981년부터 전자식 교환기를 설치함에 따라 버튼식 전화기가 보급되자 다양한 색상과 디자인의 제품들이 나오기 시작했다. 카피는 다음과 같다. "전화기의 개성시대 금성 월드폰/ 눈으로 만족하고 소리로 만족한다/ 우아한 디자인 뛰어난 칼라감각/ 선택하는 만큼 더욱 돋보이는 개성- 금성 월드폰." 이때부터 금성반도체 월드폰 TV 광고(1981) 같은 다양한 색상과 디자인을 콘셉트로 강조한 광고가 등장했다.

대우통신 컨템프라 광고(1984)에서는 "전화기 패션의 새 물결"이라는 헤드라인 아래 다음과 같은 보디카피를 덧붙였다. "컨템프라와 랑데부가 전화기 패션시대를 이끌어가고 있습니다./ 개성과 품위가 느낌으로 다가오는 전화기 컨템프라……/ 가정이나 사무실의 현대적 공간에서는 물론/ 고전적 분위기에도 아주 잘 어울립니다./ 음량이 자동 조절되는 전화기 컨템프라……/ 목소리를 깨끗하고 맑게 전달하므로/ 언제나 통화가 즐겁고 만족스럽습니다./ 패션 시대의 개성을 창조하는 전화기 컨템프라……/ 디자인과 색상으로 선택하십시오. 현대인이 사용하는 미래풍의 전화기/ 컨템프라 랑데부 하모니."

1980년대 중반에 한국경제가 성장하자 소비 주체인 국민은 저축보다 지출을 늘렸다. "전화기 개발 붐. 업계 다기능 신모델 경쟁. 업계에 따르면 지금까지 전

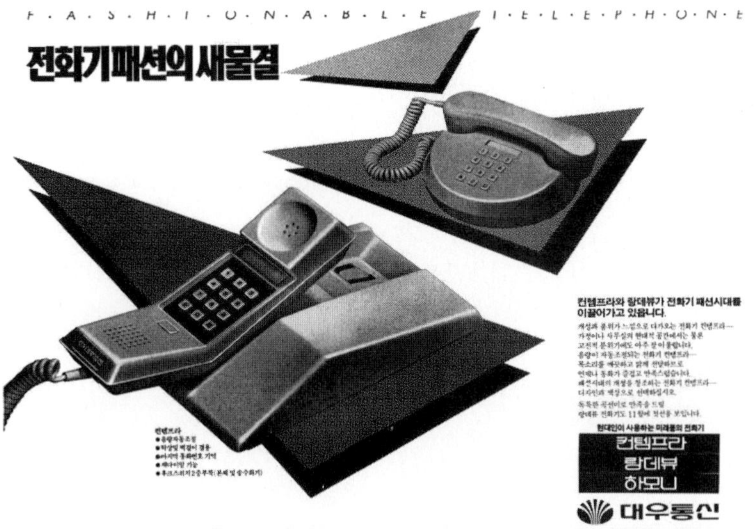

그림 5-9 ■ 대우통신 컨템프라 광고 (1984)

화는 단순한 통화용에 지나지 않았으나 최근 전자 교환국의 증가로 전화기능이 다양해지고 국민소득 증가 등으로 새로운 모델의 전화기 수요가 크게 늘어나 업계의 전화기 개발이 활발하다."(매일경제, 1986. 7. 4). 이 기사에서 알 수 있듯이 국민소득의 증가에 발맞춰 전화기 개발이 활발히 이루어졌다는 사실은 삼성반도체통신의 하이폰 광고(1986)에서도 확인할 수 있다. "봄의 소리가 가깝게 똑똑히- 삼성 하이폰 전화기"나 "낙엽 구르는 소리가 가깝게 똑똑히- 삼성 하이폰 전화기" 같은 헤드라인처럼 감성에 기능을 더한 카피 파워가 돋보인다. 이전의 광고에서는 다양한 색상과 디자인에 중점을 두었지만 1980년대 중반부터는 전화기의 기능을 강조한 광고가 늘어났다.

패션 전화기의 등장을 알리는 기사도 인상적이다. "다기능 패션화 시대/ 통화내용 녹음, 음성기억 등 가능/ 설치지역 교환시스템 알아둬야/ 전화기가 상대방에게 목소리만을 전달하던 종전의 단순 통화기능에서 벗어나 기억 녹음 등 다기능을 갖추면서 점차 패션화되고 있다."(양영채, 1987). 이런 변화를 반영한 현대 아트폰 TV 광고(1988)의 카피는 다음과 같다. "여자Na) 디자인이 예쁜 전화기, 현대 아트폰/ 노래) 아트폰, 현대 감각, 아트폰, 예술 감각/ 여자Na) 갖고 싶어요, 현대

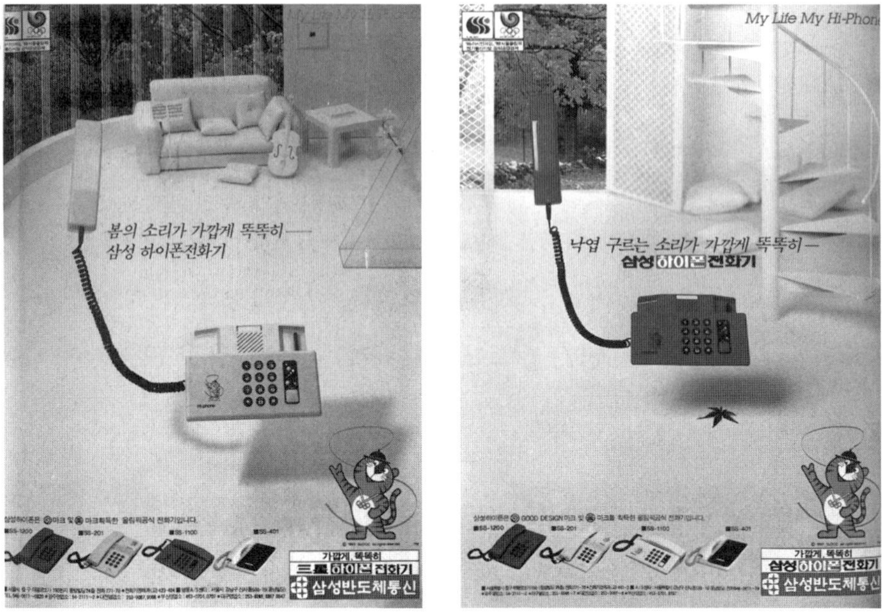

그림 5-10 ■ 삼성반도체통신 하이폰 광고 (1986)

아트폰. 노래) 예쁜 전화기 현대 아트폰/ 여자Na) 방방마다 하나씩, 현대 아트폰-현대전자."

다기능 전화기가 등장함에 따라 저가의 전화기 생산 경쟁도 치열하게 전개되었다. 다음의 기사에서 당시의 상황을 생생하게 엿볼 수 있다. "사무자동화(OA)

그림 5-11 ■ 현대 아트폰 광고 (1988)

기기들이 다기능화와 함께 저가 추세로 치닫고 있다. 퍼스컴을 비롯, 팩시밀리 전자타자기 전화기 등 주요 OA기기들이 다양한 기능의 추가로 사용이 편리해지는가 하면 가격이 계속 내려가고 있다. (......) 자체 내 메모리용 반도체를 내장, 단축 다이얼 기능, 재다이얼, 통화 녹음, 스피커 음량 조절, 야간 버튼 기능 등 각종 첨단기능을 갖춘 다기능 전화기가 나타났다."(민호기, 1988)

이 무렵에 접어들어 한 집에 TV와 냉장고 및 전화기 등을 2대 이상씩 갖추는 '세컨드 시대'가 시작되었다. 사치를 조장한다며 비판하는 여론도 있었지만 상류층의 안방과 거실에서 각각 사용하는 '따로' 문화가 상류층을 중심으로 확산되었다. 관련 기사는 다음과 같다. "한집 2대 TV · 냉장고 · 전화기 · 차 등 '세컨드시대' 열려. 웬만한 집에서는 컬러TV나 냉장고, 심지어 자동차까지 2대 이상을 갖춘 세컨드 시대가 열리고 있다. …… 전화기와 시계, 카메라, 피아노 등도 세컨드화 되고 있다. 전화기는 많은 가정들이 거실과 응접실용을 따로 준비해 놓고 있으며…."(매일경제, 1988. 12. 14).

1980년대는 전화기 보급에 있어서 '1가구 1대 시대'를 완성한 시기였다. 1980년대 중반에 접어들어 시민적 자아가 싹트면서 소비주체 의식이 부상했다. 경제성장에 따른 분배 요구가 커졌으며 노동자의 임금 인상도 이루어졌다. 민간 주도의 경제 구조가 발달함에 따라 TV, 전화기, 컴퓨터의 소유가 보편화되었다. 1980년대에 유선전화기의 1가구 1대 시대가 정착되어 원거리 의사소통이 실시간으로 활발하게 이루어졌으며, 한국인의 통신 생활은 놀라울 정도로 변화되었다.

4) 1990년대의 유선전화기 광고

1990년대 초반에는 유선전화기가 널리 보급되기는 했지만 기술적인 측면에서 미흡한 점도 많았다. 다음 기사에서 당시의 상황을 엿볼 수 있다. "시판 유선전화기 음질 불량 소비자보호원 12개 업체 제품 조사"(한겨레, 1990. 7. 25), "상대번호 문자판에 나와 '유무선 복합전화기' 한창은 유무선 기능에 액정표시(LCD) 문자판을 갖춘 유무선 복합전화기 '커플'을 개발 시판. 전화번호를 눌렀을 때 상대방의 전화번호가 LCD문자판에 나타나 통화의 실수를 사전에 방지."(동아일보, 1993. 4.

28), “통화내용 수신기에 즉시녹음 가능. 유무선 겸용 자동응답 전화기.”(동아일보, 1992. 6. 6), “자동 재다이얼링 기능 보급형 유선전화 시판(금성통신)”(매일경제, 1992. 3. 30). “전화기 혁명. 음성인식서 방범까지. 전화기에 혁명이 일고 있다. 요즘 나오는 무선전화기의 기능은 매우 다채롭다. 방범 · 도청방지 · 자동응답 도어폰 등등. 전화기라기보다 종합 전자 시스템의 기능에 가깝다.”(경향신문, 1992. 6. 6)

다음과 같은 신문기사에서도 기술적으로 더 완벽한 전화기를 개발하기 위한 다양한 시도가 있었음을 확인할 수 있다. “패션 전화기 공급 개시. 금성통신은 최근 패션화된 디자인의 가정용 유선전화기(모델명 GS|299)를 개발, 시판에 들어갔다. 이 전화기는 다이얼 버튼을 크게 해 식별이 용이하도록 했으며 톤 변환 기능을 채용, 기계식 전화 회선 가입자도 주식시세, 은행서비스, 무선호출 등 각종 전자식 전화 서비스를 이용하게 했다.”(매일경제, 1992. 7. 17), “초미니 유선전화기 시판. YTC텔레콤은 손바닥 안에 들어가는 초미니 유선전화기 ‘마이폰’을 시판한다. 이 제품은 기존 전화기를 이어폰으로 대체해 전화 중에도 양손을 자유롭게 쓸 수 있는 것이 장점. 책상 싱크대 소파 등 가정 내에서 움직임이 많은 공간에 부착해 편리하게 이용할 수 있다.”(동아일보, 1998. 6. 25)

소비자들은 제품의 기능도 중시했지만 마음에 드는 전화기 디자인에 더 많은 관심을 보였다. 1990년대에 들어서는 통신사들끼리 시외전화와 국제전화 요금 경쟁을 벌이자, 소비자의 통화료 부담은 줄었고 장거리 통화량은 폭발적으로 증가했다. 기술이 발달함에 따라 얼굴을 직접 볼 수 있는 화상 통화가 가능해졌고 커뮤니케이션의 형태도 다양화되었다. 전화를 받으면 램프가 꺼지고 수화기를 내려놓으면 불이 들어오는 램프 전화기도 등장했다.

맥슨 무선전화기 안테나 광고(1990)에서는 국내 최초의 “안테나가 사라진” 전화기라는 사실을 두드러지게 강조했다. 보디카피는 다음과 같다. “무선전화기의 안테나-/ 부러지기 쉽고 가끔은 불편하기도 합니다./ 새로 나온 맥슨 무선전화기 안테나는 안테나를/ 내장시켜 이런 문제를 깨끗이 해결했습니다./ 안테나가 안보여 디자인이 훨씬 산뜻해진 다양한/ 칼라의 맥슨 무선전화기 안테나-/ 4가지 새로운 패션의 맥슨 무선전화기 안테나는/ 마이크로프로세서 방식의 첨단 집적회로로/ 조정되므로 모든 성능이 정확하고 다양한 기능을/ 제공합니다. 맥슨 무선전화기 안테

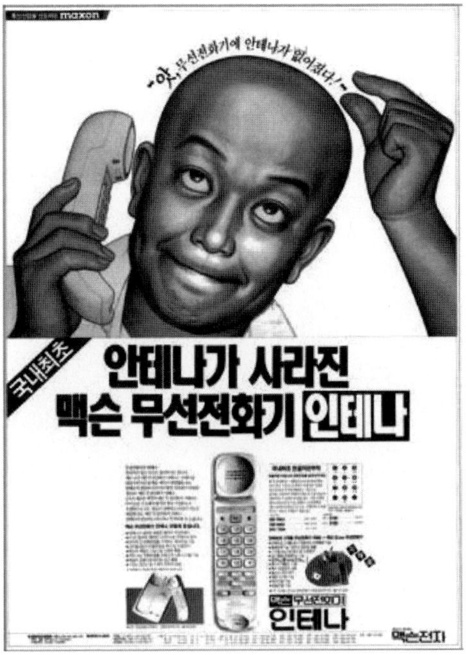

그림 5-12 ■ 맥슨 인테나 광고 (동아일보, 1990. 10. 10)

나- 안테나가 안보여도 어디서나 똑똑하게 잘 들립니다." 휴대폰이 출시되면서 전화기의 크기는 점점 작아졌고 소비자들은 더 편리하게 전화기를 이용했다. 광고에서도 전화기 안테나를 없애고 내장형 안테나를 달았다는 점을 섬세한 드로잉으로 표현했다.

현대전화기 예써의 TV 광고(1993)는 신문광고에 비해 단순명료한 구성이었다. 카피는 다음과 같다. "여) 전화 없었나? 어! 어어어- 아유!/ Na) 자동응답 전화기에 테잎이 사라졌다./ 자막) 국내 최초 디지털 녹음방식(DSP)/ Na) 반도체로 잡음 없이 녹음한다. 현대 무선전화기 예써/ 자막) 국내 최초 조그셔틀 채택/ Na) 조그셔틀로 쉽게 찾는다/ 여) 으그! 비서가 이 정도는 돼야지/ 자막) 국내최초 초대형 액정화면/ 함께) 예써/ Na) 현대 무선전화기 예써." 예써는 디지털 방식으로 녹음하기 때문에 테이프가 사라지거나 망가지면 복구할 수 없다는 단점을 해결했다는 점을 강조했다. 그리고 잡음 없이 원하는 녹음 정보를 쉽게 찾을 수 있으며 테

그림 5-13 ■ 현대전화기 예써 광고 (1993. 1)

이프 녹음 방식보다 위험부담이 적다는 사실도 재미있게 설명했다. 소비자의 불편함을 해소할 수 있다는 믿음을 주기에 충분한 매력적인 광고 메시지였다.

통신사끼리 시외 및 국제 전화의 요금 경쟁이 치열했던 1990년대 중반에는 전화기 광고보다 통신사 광고가 훨씬 더 많았다. "시외전화사업 내년 경쟁체제로. 차세대 주력 통신 서비스로 부상하고 있는 개인 휴대통신(PSC) 사업자가 지정될 것으로 보인다."(매일경제, 1994. 7. 1), "공짜전화 시대 열린다. 하나로통신과 새롬기술은 내년 1월 5일부터 시내전화와 시외전화, 미국 국제전화를 무료로 쓸 수 있는 '다이알 패드'서비스를 시작했다고 27일 밝혔다. 음성 전화요금의 무료시스템은

그림 5-14 ■ 082 시외전화 광고 (1995. 1)

국내 통신 사상 처음 도입되는 것이다. 다이알패드 서비스를 받으면 별도의 인터넷 전화용 소프트웨어를 컴퓨터에 설치할 필요없이 인터넷이 연결되는 곳이면 어디서나 다이알패드 사이트에 접속, 광고를 보는 조건으로 무료로 통화할 수 있다."(경향신문, 1999. 12. 28)

이 사실은 광고에서도 확인할 수 있다. 1990년대는 전화기의 광고보다 통신사들의 광고가 훨씬 많이 등장했다. '082 시외전화'는 가격 할인을 내세웠고, '001'은 브랜드 인지도를 강조했다. 데이콤의 082 시외전화 TV 광고(1995) 카피는 다음과 같다. "남) 시외전화 요금 9%까지 아끼는 방법, 아십니까?/ 우선 전화번호 수첩을 펴 주십시오. 준비되셨죠? 자, 이렇게 082. 모든 시외전화 앞에 082. 예- 9%

아끼는 법. 쉽죠?/ 징글: 시외전화 082 데이콤./ 남) 걸 때마다 9%면? 흐음.”

유선전화기 광고에서는 기능 이외의 혜택이나 가치도 중시했다. 삼성애니콜 TV 광고(1995)의 카피는 다음과 같다. “Na) 휴대폰의 신화, 삼성애니콜- 작고 가벼워졌다/ 자막) 초소형, 초경량/ Na) 사용시간이 길어졌다/ 자막) 리튬이온 배터리./ Na) 기능이 다양해졌다/ 자막) 착신확인 램프, 9가지 벨소리, 아이콘 기능/ Na) 이제 자신과의 경쟁만이 남았습니다. 한국지형에 강하다. 삼성 애니콜.” 남자 성우의 굵직한 목소리로 제품의 특성을 소비자 혜택으로 승화시켰다. 기존의 휴대폰을 능가하는 새로운 기능을 강조하는 동시에 “한국 지형에 강하다”라는 슬로건으로 브랜드 선호도를 높였다. 초소형, 초경량, 리튬이온 배터리, 착신확인 램프, 9가지 벨소리, 아이콘 기능을 전달하며 휴대폰의 새로운 기능을 보여주었다. “휴대폰의 신화 삼성”과 “한국 지형에 강하다” 같은 슬로건은 시대의 욕망을 움직인 키워드가 되었다.

1990년대 후반에는 전화기로 서로의 얼굴을 볼 수 있는 발전된 화상 전화기

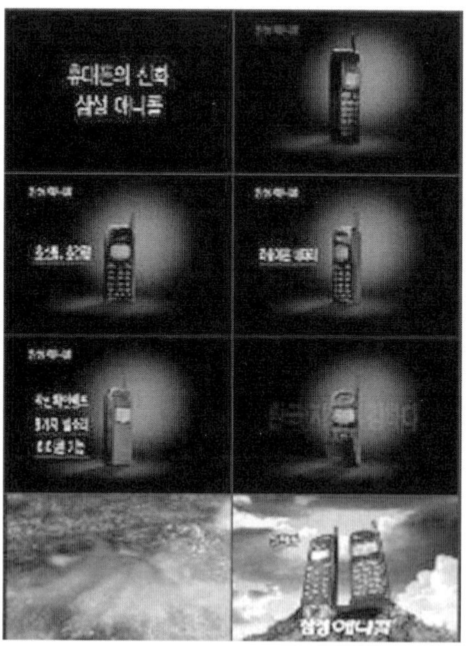

그림 5-15 ■ 삼성애니콜 광고 (1995. 4)

그림 5-16 ■ LG화상전화기 페이스폰 광고 (1999. 1)

가 등장했다. 여러 가지 기능이 추가되고 사람의 음성까지 인식하는 전화기까지 개발되었다. LG화상전화기 TV 광고(1999) 카피는 다음과 같다. "자막) 인도네시아 동 티모르/ 남1) 가족과 떨어진지 벌써 열 달이 지났다./ 남2) 부대장님 소포왔습니다./ 남1) 아내와 딸아이의 얼굴이 보고 싶다./ 자막) 일반 전화에 꽂아도 OK/ 여아) 아빠, 얼굴이 까매졌네/ Na) 이제, 얼굴 보며 통화하는 디지털 세상. LG 화상전화기/ 자막) LG화상전화기 페이스폰. 일반 전화선에 꽂아도 OK/ 징글) 페이스폰/ 자막) 세상을 바꾸는 힘- 디지털 LG."

소비자가 생활의 편리함을 추구하면서 전화기에 첨단기능이 강화되었다. 1990년대의 광고에서는 소비자 혜택을 직접 제시하는 경우가 많았다. 1990년대 초반에는 전화기 광고가 많았던 반면 후반으로 갈수록 전화기 광고의 비중은 점점 줄어들고, 휴대폰 광고의 비중이 점점 많아졌다. 처음에는 전화기의 기능을 강조한 이성적 광고가 감성적 광고에 비해 많았지만 해를 거듭할수록 감성적 광고가 늘었다.

1990년대 광고에서는 소비자의 불편 사항이나 소비자가 얻을 수 있는 혜택을 광고에서 직접 보여주는 기법이 많았다. 1990년대 전화기 광고에서는 개그맨이 등장한 광고가 유난히 많았다. 전화기는 텔레비전이나 컴퓨터 수준의 고관여 제품이 아니라서 고급화 전략이 필요 없어 개그맨을 모델로 활용하면 광고 효과가 높다고 생각했기 때문이었으리라. 현재의 스마트폰에서는 DMB 시청을 제외하고는 안테나를 쓸 일이 없다. 1990년대에 전화기에 안테나를 부착한 것 자체가 혁명적인 발상이었음을 기억할 필요가 있다.

5) 2000년대의 유선전화기 광고

유선전화기는 2010년 이후 거의 쇠퇴기에 접어들었지만 광고는 계속되었다. 디지털 시대가 본격화되면서 정보통신 기술은 눈부시게 발전했다. 이동전화의 급격한 가격 하락으로 유선 전화의 가격 우위가 사라짐에 따라 고객들이 유선 전화를 해지하고 이동전화로 옮겨가는 유무선 대체 현상이 나타나기 시작했다. 유선통신 기업들은 위기를 돌파하려고 가격과 서비스를 이용자에게 유리한 방향으로 바꾸고, 집 전화에 다양한 요금체계를 도입했지만 한계가 있을 수밖에 없었다.

인터넷으로 음성 데이터를 전송하는 VoIP 기술이 상용화되자 유선 전화 시장이 축소되었다. 후발 유선업체 및 인터넷 전화업체는 저렴한 통화요금을 무기로 공격적인 마케팅 활동을 전개했다. 한국통신의 독점 시대가 끝나고 업체 간 요금인하 서비스 경쟁이 치열해지면서 이용자의 선택권은 늘어났고 전화이용 행태도 달라졌다. KT전화 TV 광고(2003)에서는 당대의 인기스타 김래원, 이나영, 한채영을 모델로 활용해 주목을 끌었다. “갈수록 넓어지는 인간관계. 휴대폰에 거는 요금도 늘어나겠죠? 요금 걱정 없이 마음껏 2배로! KT전화 더블프리 요금제. 가족이나 친구의 휴대폰에 실컷 통화하고 전화를 끊고 나면 후회하세요? 문제는 요금! KT전화 더블프리 요금제에 가입하세요. 월평균 통화료의 30%만 내고 2배로 프리하게 통화할 수 있습니다.” 단순한 정보형 광고가 아니라 드라마적 요소를 가미해 두 여자

그림 5-17 ■ KT전화 광고 (2003. 9)

사이에서 줄다리기 하는 한 남자의 스토리를 집 전화로 연결시켜 소비자의 주목을 끌었다.

유선전화 시장에서 압도적 1위를 차지하던 KT 광고가 2000년대 유선전화 광고의 대부분을 차지했다. 공기업에서 민영화 된 KT에 하나로와 데이콤이 더해져 유선전화 시장에서는 치열한 경쟁이 전개되었다. 하나로와 데이콤은 공격적인 마케팅 활동을 바탕으로 KT에 도전했다. 하나로텔레콤은 '하나폰 3050'과 '하나포스 보이스팩' 같은 번들링 및 요금상품을 출시하고, 유선전화 시장에 대한 공세의 수위를 높였다. 하나로통신의 하나폰 TV 광고(2004)에서는 모델 변정수를 활용해

그림 5-18 ■ 하나로통신 하나폰 광고 (2004. 6)

다음과 같은 카피로 소비 가치를 제고했다. “여1) 내 전화는 다르다/ 여2) 전화가 다 똑같지 뭐/ 여1) 내 전화는 하나폰이지!/ Na) 실속있게! 센스있게! 센스있는 전화- 하나폰/ 여1) 센스있게 106.”

2000년대 중반 들어 이동전화 시장의 성장세가 둔화되고, 유선전화, 초고속 인터넷, 이동통신을 결합시키는 ‘유무선 결합 서비스’ 쪽에 통신업체가 주목하자 유선전화 시장의 판도도 달라졌다. 여러 서비스를 묶어 함께 이용하면 요금을 깎아 주는 단계를 거쳐, 통신망을 결합시켜 집이나 사무실에서 휴대전화를 써도 통화료가 싼 유선 통신망으로 연결돼 통신비 부담을 줄여주는 형태로 발전했다. 2000년대 말부터는 유선전화, 이동전화, 초고속 인터넷을 가구와 기업 단위로 통째로 유

그림 5-19 ■ QOOK 홈ATM 광고 (2009. 10)

치하는 형태로 전환되고, KT와 KTF 합병으로 인해 유무선 결합 서비스 시장은 급속도로 활성화되었다.

쿡앤쇼(QOOK & SHOW)의 TV 광고(2009)에서는 유무선 결합 서비스의 혜택을 보여주는데 부족함이 없으며, 쿡앤쇼의 홈 ATM 서비스의 특성을 재미있게 표현했다. 카피는 다음과 같다. "남1) 자기야 저 별 따줄까?/ 남2) 신혼 때는 별도 달도 다 따준다더니/ 자막) 남편보다 쿡 인터넷 전화/ 남2) 자기야 은행 좀 갔다와 줄래?/ 남1) 살 좀 뺄 겸 니가 갔다 오세요./ 남2) 인간을 그냥-/ Na) 쿡 인터넷 전화. 집에서 은행일 본다/ 남2) 우리 남편보다 나아요/ Na) 집에서 쿡해 QOOK."

유선전화기는 커뮤니케이션 미디어로서 한국인들에게 중요한 기능을 수행했지만, 통신 환경이 바뀌자 무선전화기에 그 자리를 내주게 되었다. 2000년대 이후부터는 굳이 유선전화를 쓰지 않아도 커뮤니케이션이 가능했다. 인터넷을 이용해 다양한 정보를 습득할 수 있었고 휴대폰으로 의사소통을 했기 때문이다. 유선전화기 시장은 2004년을 기점으로 현저히 감소했다. 가정에 유선전화기가 있어도 휴대전화를 이용해 소통하는 사람들이 늘어났다. 또한, 소비자는 과거의 전통적인 미디어 이용 패턴에서 벗어나 올드 미디어와 뉴미디어를 동시에 이용하는 다중매체소비(Multiple Media Consumption) 또는 동시적인 미디어 소비(SIMM: Simultaneous Media Usage)를 하는 경향이 늘어났다. 소비자가 다양한 플랫폼을 넘나드는 미디어 소비에 눈을 뜨게 되면서 유선전화기는 점차 쇠퇴기로 접어들었다.

카폰 광고의 흐름

02

우리나라의 이동전화 서비스는 1984년 5월 7일 카폰(차량전화)의 개통에서부터 시작되었다. 카폰을 개통하려면 400만원의 거액이 필요했지만 부유층 사이에서 인기가 대단해, 서비스 개시 3년 7개월 만에 가입자 1만 명을 돌파했다. 영화나 드라마에서도 차안에서 카폰으로 통화하는 장면이 자주 등장했다. 당시 언론에서는 "자가용이 움직이는 사무실로- 카폰 대중화 시대" 같은 제목으로 이동통신 시대가 열렸음을 알렸다.

여러 광고에서도 카폰의 기능적 요소를 부각시키며 부와 명예를 거머쥔 성공한 사람의 필수품으로 카폰을 묘사했다. 88서울올림픽을 맞아 1988년 7월 1일 휴대전화 서비스가 시작되자, 이동전화는 휴대의 편리성이라는 이동전화 고유의 장점을 바탕으로 차량 전화를 급속히 대체했다. 수도권과 부산에서부터 서비스가 개시됐으며 설치비는 65만원 월 기본료는 2만7000원, 도수료는 시내 및 시외 50km까지 10초당 25만원이었다. 휴대전화는 차량전화에 비해 단말기 가격이 비싸고 출력이 약해 통화 가능 지역이 좁다는 단점이 있었지만 휴대가 간편하다는 이동전화 고유의 장점 때문에 차량전화를 급속히 대체했다.

보급 첫해인 1988년에는 차량전화 1만9569대, 휴대전화 784대였던 비율이 1990년대 들어 차량전화 5만3799대, 휴대전화 2만6206대로 카폰의 절반 수준으로 늘어났다. 1992년에는 차량전화 8만5238대, 휴대전화 18만6630대로 휴대전화 가입자가 차량전화 가입자를 두 배 이상 앞서갔다. 우리나라의 이동전화 가입자 추이(1988-2010)는 〈그림 5-20〉과 같다(강희종, 2010). 카폰은 1990년대 들어 성숙기에 진입했지만 이동통신 1세대에서 2세대의 2G폰이 나오기 시작하면서 카폰은 빠

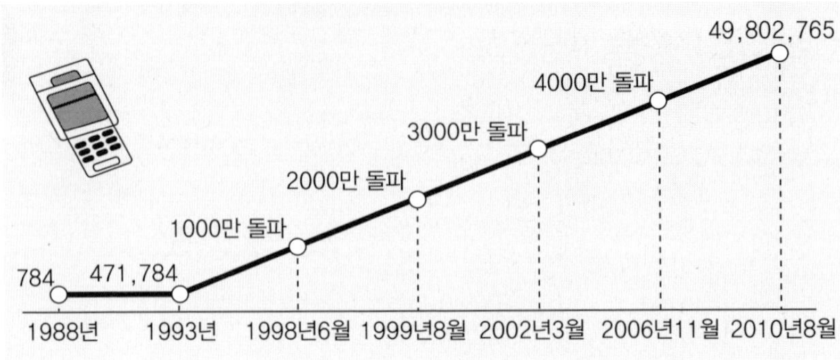

그림 5-20 ■ 우리나라 이동전화 가입자 추이 (단위: 명)
자료원: 디지털타임스(2010. 9. 9).

르게 쇠퇴기로 접어들었고, 지금은 '카폰'이라는 단어로 인터넷 검색을 해도 찾기 힘들게 되었다. 이동통신 서비스의 세대별 특징은 〈그림 5-21〉과 같다.

카폰(차량전화)은 '자동차 전화'를 가리키는 말이었으며 나중에는 '차 전화'로 순화해서 사용했다. 카폰은 출시 초기에는 단기간에 대단한 인기를 끌었지만 가격이 비싸 부유층의 전유물과 같았다. 대중매체에서도 카폰은 부유층의 필수품으로 묘사했다. 전화기 회사에서는 카폰의 기능적 특성을 부각시키며 부와 명예를 갖

구분	1세대	2세대	3세대	4세대
기술	아날로그	CDMA	WCDMA/HSDPA	LTE
데이터속도	X	153.6 Kbps	14.4 Mbps	75 Mbps
특징	음성통화	저속인터넷	영상통화, 중속인터셋	HD영상통화, 고속인터셋
최초 도입시기	1984년 5월	1996년 1월	2003년 12월 2006년 5월	2011년 7월

그림 5-21 ■ 이동통신 서비스의 세대별 특징
자료원: 디지털타임스(2010. 9. 9).

그림 5-22 ■ 삼성 카폰 신문광고 (매일경제, 1985. 7. 31)

춘 성공한 사람의 상징이 카폰이라고 강조했다.

삼성 카폰의 신문광고(1985) 카피는 다음과 같다. “부재중에도 귀하의 소재를 알려줍니다. 잠깐 볼일을 보기위해 차량을 떠날 때 삼성 카-폰의 성능이 더욱 돋보입니다. 행선지의 전화번호를 기억시켜 놓으면 상대방에게 알려주어 언제 어디서나 통화가 가능합니다./ 부재중에도 전화를 받아놓습니다. 지금 계신 곳에 전화가 없으면 중요한 전화가 걸려 와도 받지 못하고 이럴 때도 삼성카-폰이라면 쉽게 해결됩니다. 상대방의 전화번호를 기억시키도록 안내하므로 차량으로 돌아와 바로 전화를 걸 수 있습니다.” 승용차 뒷좌석에 앉아 진지한 표정으로 통화하며 이동하는 모습이 성공한 사람을 연상시키는 광고였다. 성공하려면 최첨단 기술력이 뛰어난 카폰을 써야 한다는 메시지를 강조했다.

동양정밀 프레지던트 광고(1985)의 내용은 다음과 같다. “카폰의 생명은 음질입니다./ OPC 차량전화기 프레지던트는 카폰의 생명인 음질문제를 완전 해결한 이름 그대로 카폰의 프레지던트입니다./ 30년 전통의 OPC 종합통신기술과 미국 E.F 존슨사의 첨단기술로 탄생시킨 프레지던트는 카폰의 생명인 통화음질이 월등해 해외 어느 지역에도 통화상태가 양호하며, 사용시간을 알려주는 통화시간 표시기능도 있어 더욱 편리합니다. 이제부터 OPC가 자신 있게 권하는 차량전화기 프레지던트로 진정 프레지던트로서의 품위와 긍지를 가지십시오.” 말끔하게 정장을 차려입은 한 남성이 뒷좌석에서 전화 통화를 하는 모습을 보여주며 성공한 이미지

그림 5-23 ■ 동양정밀 프레지던트 광고 (매일경제, 1985. 6. 24)

를 연상시켰다. 소비자의 자존감을 자극하는 구성을 바탕으로 원거리 통신에서도 통화 음질이 뛰어나다고 설명했다.

1980년대 카폰의 주사용자는 자가용을 소유한 부유층이었기 때문에 그들의 나르시시즘을 자극하며 소비를 유도했다. 1980년대 말부터 소득 수준이 향상되어 식음료나 의류 같은 필수 소비재의 지출 비중은 줄어들었지만 승용차나 오락 같은 선택적 소비품과 서비스에 대한 지출 비중이 증가해 소비의 고급화 현상이 두드러졌다. 중하위 소득계층의 소비가 전체 소비에서 차지하는 비중이 높아져 소비 지출의 불평등 현상이 완화되어 소비성향이 전 소득 계층으로 확산되었다.

이에 따라 상류층의 과시용으로만 여겨졌던 고가의 카폰도 소비자의 소비 행태의 변화에 따라 시장의 변화를 모색했다. 중하위 소득계층에게 가격 인하나 할부 같은 금전적 서비스를 제공해 시장을 확대해나갔다. 그렇지만 1980년대 말에 이르러 휴대전화가 등장하면서 카폰의 수요도 점점 줄어들었고 나중에는 아예 시장에서 자취를 감췄다.

무선전화기 광고의 흐름

03

유선전화기는 무선전화기의 폭발적 성장에 어느 정도 맞서기 위해 여러 방면으로 진화했다. 무선전화기는 ATM 인터넷 전화 같은 유선전화기의 특성을 가질 수 없었지만 폭발적으로 발전했고, 유선전화기는 휴대성에 있어서도 무선전화기에 밀릴 수밖에 없었다. 2000년 들어 급속히 발전해온 휴대폰(무선전화기)의 약사를 간단히 정리하면 다음과 같다.

2002년, 팬택 & 큐리텔 카메라폰 대중화 (PD6000)
2003년, 삼성 벤츠폰 (SGH-E700)
2004년, 삼성 (SCH-D500)
2005년, LG 초콜릿폰 (LU6300)
2006년, 삼성 5000만 대 판매 (SGH-E250)
2007년, 팬택 돌핀폰 (IM-U220K)
2008년, 삼성 터치스크린폰 애니콜 햅틱폰 (SCH-W420)
2009년, 삼성 터치스크린폰 애니콜 연아 햅틱폰 (SPH-W4200)

1990년대 후반에 등장한 폴더형 핸드폰은 길이가 플립형 핸드폰의 절반밖에 되지 않아 큰 인기를 얻었다. 폴더형 핸드폰은 미적 · 기술적으로 뛰어나 1990년대 후반부터 2000년대 중반까지 핸드폰 시장을 장악했다. 더 이상 특별한 디자인이 나오기 어렵다는 인식에 따라, 제조사들은 카메라, MP3, 게임 같은 부가적 기능으로 경쟁했다. 2001년 말, 팬택 앤 큐리텔은 국내 최초로 33만 화소의 내장형

그림 5-24 ■ 팬택 앤 큐리텔 PD6000 광고 (2002)

카메라폰 '큐리텔 PD-6000'을 출시함으로써, 카메라폰의 대중화를 주도하며 모바일 세대로부터 폭발적인 호응을 얻었다.

팬택 앤 큐리텔 PD6000 TV 광고(2002)에서는 가수 윤도현을 모델로 써서 선풍적 인기를 끌었다. 다음 카페에 팬택 앤 큐리텔의 사용자 모임인 '팬큐 세상'이 만들어질 만큼 주목을 받았다(우지영, 2003). 광고가 시작되면 윤도현이 헤드폰을 끼고 음악을 듣고 있다가, 핸드폰이 열리자 헤드폰을 집어 던지며 핸드폰으로 음악을 듣는다는 내용이다. 생생한 화음을 강조한 광고 카피는 다음과 같다. "Na) 듣지 말고 느껴라! 스테레오 입체음향! so cooooooooooool!!!!!! 자막) 64화음 입체음향. 큐리텔, 팩택 앤 큐리텔."

LG 초콜릿폰의 LU6300 TV 광고(2005)에서는 현빈, 김태희, 다니엘 헤니 세 사람이 각각 다른 스토리의 주인공으로 등장해, 세 사람의 삼각관계를 보여주며 소비자로 하여금 다음에 이어질 스토리를 궁금하게 만들었다. "디자인만으로도 누구나 갖고 싶어 하는 휴대폰을 만들자"는 콘셉트로 개발한 것이 블랙라벨 시리즈의 초콜릿폰인데, 출시 3개월여 만에 30만대 이상 팔렸다. 광고에서는 '태희의 초콜릿', '현빈의 초콜릿', '다니엘 헤니의 초콜릿'이라는 주제로 초콜릿폰의 감성

그림 5-25 ■ LG 초콜릿폰 LU6300 광고 (2005)

지향적 가치를 표현했다. 초콜릿의 특성을 살려 밸런타인데이 때 진행한 'Be my Chocolate' 온라인 이벤트에도 100만여 명이 참여하는 성과를 올렸다. 광고 카피는 다음과 같다. "여) 무겁지?/ 남) 아니 괜찮아/ 여) 사랑하는 사람들끼리는 왜 초콜릿을 줄까?/ 남) 초콜릿?/ 여) 자-/ 남) 사실은 나도./ 여) 쉿/ 자막) 블랙라벨 시리즈/ CYON idea."

삼성 터치스크린 애니콜 연아햅틱 SPH-W4200 TV 광고(2009)에서는 빙판 위에만 존재하던 김연아의 색다른 모습을 보여주며 '햅틱'의 다이어리 기능을 강조했다. 세계정상의 선수가 아닌 평범한 김연아의 모습을 보여주며 소비자에게 좀 더 친숙하게 다가갔다. 카피는 다음과 같다. "자막) 패션지 표지모델 되기/ 실컷 먹고 살 안찌기/ 나만의 베스트셀러 쓰기/ 아무것도 안하고 잠만 자기/ 내 멋대로 노래 부르기/ Na) 스무 살, 하고 싶은 게 너무 많은 나이! 스무 살의 다이어리, 연아의 햅틱/ 자막) 마이 다이어리."

한편, 인터넷 전화 서비스는 인터넷으로 음성을 보내고 받아 일반 전화처럼 이용할 수 있는 것으로 VoIP(Voice Over Internet Protocol)라고도 한다. 인터넷

그림 5-26 ■ 삼성 애니콜 연아햅틱 SPH-W4200 광고 (2009)

전화의 등장은 전화기 역사에 또 다른 획을 그었다. 구리선 대신에 인터넷 선으로 전화를 연결했고 이사하면 국번을 바꿔야 했던 기존 전화와는 달리 휴대폰처럼 '평생 번호'의 개념이 생기기 시작했다. 2002년의 무적 텔레폰 950, 2004년의 LG 인터넷 전화기 MyLG070, 2005년의 KT 인터넷 전화기, 2007년의 하나폰 등이었다.

국내 인터넷 전화 서비스 시장은 2007년의 2,552억원 규모에서 2008년에는 약 3,641억원으로 성장했다. 5년간 연평균 성장률(CAGR)도 34.8%로 나타나 2012년에는 약 1조 1,378억원 규모에 이르렀다. 따라서 인터넷 전화 서비스 이용자가 늘어난 만큼 전화기를 선택하는 문제가 무엇보다 중요해졌다. 무선전화기는 전화의 개념을 완전히 바꿔버렸다. 2000년대 초반에 반으로 접히는 폴더형 핸드폰이 출시된 이후 더 이상 특별한 디자인이 나오기 어려워 보였다.

그렇지만 연구 개발을 거듭한 끝에 삼성전자는 2008년에 터치식 핸드폰 애니콜 '햅틱'에서 소비자의 오감을 자극하는 신기술을 선보였다. 소비자 측면에서는 모바일사용자연합(MCU)이 결성되기도 했다. MCU에는 '이동통신 사용자 모임'(isamo.net), '캔유 사용자 모임'(canu.co.kr), '다음 모토롤라 사용자 모임', '다음 애니콜 사용자 모임'(anycallcafe.com), '싸이언 사용자 모임'(lgcyon.net), '애사모'(anysamo.net), 'VK사용자모임'(cafe.daum.net/VKmania), '팬큐세상', '홀릭싸이언'(cafe.daum.net/HolicCyon) 등이 참여했다(김미영, 2005).

소비자는 탁월한 성능의 핸드폰에서 나아가 자신의 욕구를 충족시키고 개성을 표출하는 하나의 아이템으로 핸드폰을 인식했다. 이런 경향은 휴대전화기에서만 나타나지 않았고, 집전화기에서도 소비자 취향에 알맞은 다양한 모델들이 속출했다. 이때부터 소비자는 핸드폰을 욕구를 충족시키고 개성을 표출하는 필수 아이템으로 인식했으며, 그에 따라 핸드폰은 단순한 통신기기가 아니라 일상생활에서 없어서는 안 될 생활 필수품으로 자리잡았다.

04 무선호출기(삐삐) 광고의 흐름

무선호출기(삐삐)는 다른 이동통신보다 비교적 좁은 주파수 대역(협대역: 25KHz)을 이용해 가입자에게 정보를 전송하는 단방향 이동통신이다. 삐삐는 휴대용 무선호출기 또는 무선호출 단말기의 하나로, 삐삐라는 별칭은 기기의 호출 알림 소리에서 유래했다. 1982년 12월 15일 무선호출 서비스 개시, 1986년 3월 1일 전화번호 표시방식 무선호출 서비스 개시, 1993년 무선호출 제2사업자(서울, 나래, 부일이동통신)의 서비스 개시 같은 확산 과정을 거쳤다. 한국전기통신공사(KT의 전신)에서 삐삐 서비스를 처음 시작한 이후, 1984년에 전기통신공사의 자회사로 한국이동통신서비스(SK텔레콤의 전신)가 탄생하면서 삐삐 서비스는 점차 확대되었다.

1992년에 체신부에서 독점하던 무선호출 사업을 민간에 이양하면서 삐삐 업계가 본격적으로 활성화되었다. 한국이동통신, 나래이동통신, 서울이동통신, 해피텔레콤을 비롯해 각 지역에서 10여 개의 이동통신사가 우후죽순처럼 생겨났다. 삐삐 업체의 앞날은 밝아보였고 나래이동통신은 가장 돋보이는 업체였다. 1993년 삐삐 서비스 사업을 시작한 나래이동통신은 서울이동통신과 손잡고 015 공동 마케팅을 펼쳐 불과 1년 만에 가입자 50만 명을 확보했다.

삐삐는 처음에는 기업의 사업용 통신수단으로 이용되었지만 1990년대에 들어와 폭발적인 수요를 자랑하며 1997년에는 가입자 수 1,500만 명을 돌파할 정도로 대중의 사랑을 받았다. 삐삐는 휴대전화가 대중화되기 이전의 대표적인 휴대 통신기기로 이동 중에도 커뮤니케이션이 가능해 혁신적인 통신 기기로 여겨졌다. 삐삐는 단방향 통신 수단이라 전달한 내용을 상대방이 들으려면 전화가 있어야 했다.

그림 5-27 ■ 럭키금성 삐삐 광고 (동아일보, 1989. 7. 22)

삐삐는 휴대전화와 달리 선택적으로 응답할 수 있었기에, 개인 정보의 유출 면에서도 비교적 안전했다.

무선호출기는 전하려는 음성 메시지를 저장해서 상대방이 듣게 하거나 자신의 번호를 남겨 상대방이 전화를 걸어와야 소통이 가능했다. 신세대 연애의 매개체이자 커뮤니케이션 기기인 삐삐를 보며, 이전 세대들은 "당신과 나 사이에 삐삐가 있었더라면 가슴 아픈 이별은 없었을 것"이라며 한탄하기도 했다. 불야성을 이룬 주말의 신촌 거리에서 삐삐에 새겨진 전화번호를 확인하려고 공중전화 부츠에 길게 줄을 선 사람들을 보는 일은 일상적인 풍경이 되었다. 2000년에 들어와 휴대전화가 대중화되면서 인기가 줄어들었지만, 현재도 무선호출 서비스 가입자의 식별 번호인 012와 015를 통해 삐삐를 이용할 수 있다.

1) 1980년대의 무선호출기 광고

럭키금성 삐삐 광고(1989)에서는 비즈니스맨을 목표 고객으로 설정하고 고객 거래처라는 카피로 소비자를 자극했다. 금성무선호출기의 인지도와 용도를 명시하며 구체적인 정보와 소비자 혜택을 제시했다. 보디카피는 다음과 같다. "곳곳에 떨어져 있는 거래처, 수많은 고객, 시시각각 급변하는 비즈니스 상황 속에서 비즈니스맨의 발은 수십 개라도 모자란다./ 폭주하는 업무, 산더미처럼 쌓여가는 일, 자칫 잘못하면 모두 엉망이 되고 만다./ 비즈니스의 생명은 타이밍/ 금성 무선호출

그림 5-28 ▪ 크라운 삐삐 광고 (매일경제, 1989. 11. 15)

기 삐삐는 타이밍을 살린다./ 비즈니스에 힘찬 가속도를 붙인다./ 성공을 향해 계속 질주한다. 금성 삐삐."

크라운 삐삐 광고(1989)에서는 실용성과 기술력을 강조하는 메시지 전략을 구사했다. "최대의 기능을 발휘한다"는 헤드라인 아래에 이어지는 보디카피는 다음과 같다. "크라운 삐삐는 15개의 메모리 기능을 갖춘 첨단의 신제품입니다./크라운 삐삐 현장에서 15로 불려집니다./ 무선호출기(삐삐)도 이제는 선택의 시대!/ 25년 전통의 크라운이 자부심을 갖고 선보입니다./ 크라운 삐삐... 기능에서 디자인에서 성능에서 가장 뛰어납니다./ 크라운 무선호출기(P8-614)의 주요기능 및 특성/ 가장 작은 사이즈, 15개의 메모리, 800시간의 베터리 시간."

1980년대의 삐삐광고에서 그 시대 사람들의 생활양식을 파악할 수 있다. 당시는 우리사회가 정보화가 완전히 이루어지기 전이었다. 개인 통신수단이 부족한 상황에서 삐삐가 조금씩 보급되기 시작했고 소비자들의 호평을 받았다. 1980년대에는 삐삐를 알리는 별다른 TV 광고는 없었고 1990년대에 들어 많은 TV 광고가 쏟아져 나왔다. 지금의 인터넷 쇼핑이나 모바일 쇼핑과는 달리, 당시에는 전국적으로 많은 대리점으로 찾아가 삐삐를 구매했다.

2) 1990년대의 무선호출기 광고

1990년대의 한국 사회는 세계화와 정보화 물결이 밀려든 자본과 문화의 시

그림 5-29 ■ 삐삐012 광고 (1994)

대였다. 신세대인 X세대는 경제적 풍요 속에서 성장했으며 1980년대의 두발 및 교복 자율화 조치와 노태우의 6 · 29 선언을 바탕으로 민주화의 성과를 누리며 자랐다. 이들은 기성세대가 이해할 수 없는 독특한 가치관과 생활양식을 지닌 개성파였다. 개인주의와 개성을 중시한 이들의 성향은 미디어에 자주 등장했던 '나는 나'라는 말에 함축되어 있다.

X세대의 또 다른 특성은 소비지향 세대라는 점이었다. 경제적 풍요 속에서 성장했던 X세대는 소비 행위를 통해서 자신을 표현했고 물질 만능주의 성향을 나타냈고, 제품보다 제품의 이미지를 중시하며 브랜드 문화에 익숙했다. 새로운 사상과 라이프스타일을 바탕으로 부상했던 주요 소비 집단이 X세대였던 것이다.

삐삐012 광고(1994) 카피는 다음과 같다. "누가 삐삐 쳤어?/ 지하에서도 확실하게 울린다- 삐삐012/ 백화점, 호텔 같은 지하주차장, 지하상가, 터널은 물론 평소에 삐삐 호출이 안 된다고 알고 있던/ 지하철역에까지 막힘없이 잘 통하는 삐삐012-/ 삐삐012가 독자적으로 설치한/ 지하 중계기로 호출하기 때문입니다./ 삐삐

그림 5-30 ■ EXPRESS 캡 광고 (1994)

012로 지상은 물론 지하까지/ 자유롭게 호출하십시오!"

EXPRESS 캡 광고(1994)의 카피는 다음과 같다. "나만의 색을 찾고 싶다!/ 나만의 감각을 표현하고 싶다!/ 모토로라 EXPRESS 캡/ 감각 세대를 위해 태어났습니다./ 색이 다르다!/ 감각이 다르다!/ 살아있는 익스프레스/ 모토로라 익스프레스 캡-/ 맑고 투명한 형광색색의/ 신세대 삐삐 익스프레스 캡-/ 이젠 다르게 표현하고 싶다!"

삐삐 012 광고(1995)의 카피는 다음과 같다. "7월 1일 개시/ 삐삐 012 전국 광역서비스 개시!/ 가입지역을 벗어나도 난 널 호출할 수 있다!/ 012는 가입지역 밖에서도 살아있다!/ 멀리 있어도 보고 싶을 때 호출해! 내 삐삐는 012니까!/ 삐삐삐삐 떠날 때는 무관심하더니 내가 보고 싶은 모양이지!/ 이제 가입지역을 벗어나도 수신이 가능하다./ 삐삐 012가 세계최초로 광역서비스를 개시합니다./ 삐삐 012가 개시하는 전국광역서비스./ 가입지역을 벗어나면 호출이 불가능했던 기존 삐삐의 불편함이 사라지고/ 이제 전국 어디로 출장이나 여행을 가시더라도 호출이 가능합니다./ 고객의 편익을 최우선으로 생각하는 한국이동통신이/ 첨단 기술력으

그림 5-31 ■ 삐삐 012 광고 (1995)

로 개발한 삐삐 012 전국광역서비스-/ 고객만족을 위한 한국이동통신"

스피드 012 광고(1997)의 카피는 다음과 같다. "답답하다 광역삐삐 IQ보고 찍어주자!/ 지역변경 자동 인식/ 길어서 좋다! 강해서 좋다!/ 선택은 스피드 012!/ 길고 강력해진 음성사서함/ 더 이상은 못 갈겠다, 삐삐 바꿔 편히 살자/ 건전지 수명 최고 4배/ 빠뜨리고 후회 말고 지능삐삐에 맡겨주자!/ 미수신 메시지 재전송/ 위성시대 위성삐삐 통일시대 통일삐삐!/ 위성을 통한 세계표준 시각보장 & 삐삐서비스 통합/ 삐삐라고 하기엔 너무 똑똑하다!/ 인공지능 고속삐삐 스피드 012."

모토로라 삐삐 광고(1998)의 주요 메시지를 살펴보자. "요즘은 연인끼리 삐삐가 유행입니다"라는 헤드라인 아래 다음과 같은 보디카피가 이어진다. "나는 그이에게 삐삐를 주고, 그이는 나에게 뽀뽀를 주었다./ 사랑하는 이에겐 마음의 선물!/ 서로 머무르는 장소가 일정치 않아 연락이 곤란했던 적 있으시죠?/ 삐삐를 가지고 다니면, 이젠 적어도 약속이 엇갈려/ 본의 아니게 바람맞힐 일은 없어지겠

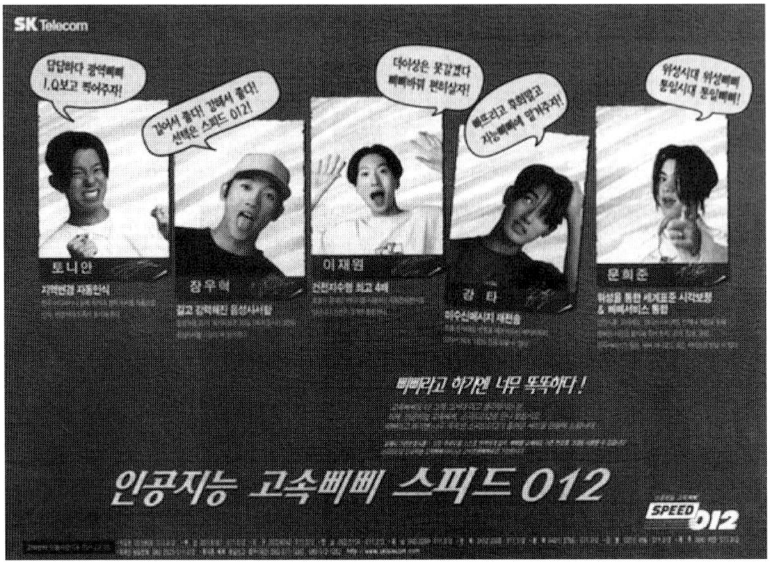

그림 5-32 ■ 스피드 012 광고 (1997)

죠?/ 지금은 외출 중... 제 삐삐번호를 눌러주시면 바로 전화드리겠습니다./ 외출 시에는 자동응답 전화기에 입력!/ 전화 올 데는 많은데/ 그렇다고 집에만 붙어 있을 수도 없고.../ 혹 자동응답 전화기가 있으시면 삐삐번호를 입력해 놓으세요./ 삐삐 사용법은 이렇게 간단!/ 먼저 상대방의 호출번호 (012 또는 015)- (XXX)-(XXXX)를 누르신 후,/ 수화기를 내려놓은 채 연락을 기다리시면 됩니다./ 언제 어디서나 자유!/ 내근직이 아닐 때는 필수!/ 주로 외근하세요? 그렇다면 삐삐가 필수!/ 기존의 투박한 호출기와는 다른 세련되고 간편한/ 익스프레스와 카드형을 만나보세요!/ 신세대 혼수감 제1호라구요!/ 사랑하는 그이를 언제나 내 곁에!/ 결혼 준비하세요? 삐삐는 챙기셨나요?/ 급한 연락은 물론이고, 늘 궁금하고 언제나/ 함께하고 싶은 그이에게 사랑의 암호를 실어/ 삐삐해 보세요!/ 8가지 다양한 색상의 익스프레스/ 삐삐가 호주머니에 쏘옥! 카드형/ 이젠 무선호출기도 개성 시대!/ 8가지 다양한 색상으로/ 감각과 센스를 표현하는 모토로라 익스프레스와/ 얇고 가벼워 지갑이나 호주머니에 넣고 다니기에도 간편한 모토로라 카드형 호출기-/ 특히 카드형은 5가지 디자인의 스티커로/ 취향에 따라 수시로 앞면을 바꾸실 수 있습니다.”

그림 5-33 ■ 모토로라 삐삐 광고 (1998)

삐삐의 등장은 개인 통신기기의 대중화 시대의 서막을 알린 작은 혁명이었다. 1982년에 서비스를 시작한 삐삐는 1990년대 중반에 최고의 전성기를 구가했다. 특히 1997년에는 총 가입자가 1,500만에 이를 정도로 가입자가 늘어났다. 그렇지만 가격이 비싸고 취급이 어려웠던 휴대전화가 대중화되면서 삐삐는 어느덧 사양길로 접어들었다. 휴대폰 대리점의 한 구석을 당당히 차지하던 삐삐 가판대도 2000년대 초반 이후 완전히 모습을 감췄다.

'삐삐'라는 애칭으로 더욱 잘 알려진 무선호출기는 이동 시 커뮤니케이션이 불가능했던 불편함을 해소하는 결정적인 역할을 했다. 1982년 국내에 삐삐가 처음 나왔을 때 샐러리맨을 위한 비즈니스 목적의 통신 수단에 국한되었다. 그러다가 1990년대 초중반에 가정주부는 물론 학생들에 이르기까지 가입자가 1,500만 명을 넘어서며 휴대전화가 대중화되기 전까지 주요 이동통신 수단으로 각광받았다.

삐삐로 '8282(빨리연락해)', '1 177155 40(I MISS YOU)', '1010235(열렬히 사모해)' 같은 숫자를 이용한 단축 메시지는 젊은 세대에서 각광을 받았으며, 음성 메시지를 남길 수 있게 되면서 공중전화 부스는 삐삐에 남겨진 음성을 듣기 위해 몰려든 시민들로 장사진을 이뤘다. 공중전화 요금으로 저렴하게 전화를 걸 수 있던 '씨티폰'은 수신이 안 된다는 단점에도 불구하고, 수요에 비해 턱 없이 부족했던 공중전화를 보완하며 반짝 인기를 누렸다.

그러나 몇 년 후 PCS 서비스가 상용화되고, 미흡한 통화품질을 개선하지 못하면서 시티폰은 통신 역사의 뒤안길로 사라졌다. 국내 휴대전화 서비스는 1984년 '카폰' 서비스를 기점으로 꾸준히 성장했다. 1997년에 PCS 서비스가 시작되면서 휴대전화의 대중화가 시작되었다. 연락이 쉽지 않아 약속이 어긋나면 사람을 만나지 못한 시절도 있었지만, 삐삐가 등장하며 그런 문제가 해소했다. 삐삐가 회선을 정비하고 다시 대중화의 길을 모색한다면 소셜 미디어에 버금가는 새로운 정보망으로 각광받을 수도 있다. 실제로 '8282' '119'처럼 짧은 공간 안에서 핵심 정보만 전달한 것은 소셜 미디어인 트위터와 흡사한 측면이 많았다.

삐삐 사용자가 만든 인터넷 카페 삐사모(삐삐를 사랑하는 사람들의 모임)에는 하루에도 수십 명의 누리꾼이 방문해 삐삐의 추억을 떠올리고 있다. 3,000여명이 넘는 삐사모 회원 중에는 여전히 삐삐를 사용하는 회원도 있다고 한다. 단순한 기능이 전부인 삐삐는 아날로그 시대를 대변하는 제품의 하나이며, 최첨단 스마트폰으로 인해 사생활 침해를 겪는 현대인에게 삐삐는 향수를 불러일으키는 골동품 같은 존재가 아닐 수 없다. 삐삐는 시대의 아이콘에서 미운 오리 새끼로, 그리고 다시 새로운 소셜 미디어 네트워크로의 부활을 꿈꾸는 통신 수단이 될 수 있다.

디지털 카메라폰 광고의 흐름

05

상품으로서의 전화는 커뮤니케이션 수단이라는 기본적 기능 이외에도 시각미 같은 다른 기능이 있다. 이런 기능은 삐삐, 시티폰, 카폰을 거쳐 휴대전화가 보편화되면서 더욱 부각되었다. 촛불시위 같은 대규모 사회 운동은 인터넷의 토론방이나 카페, 미니홈피, 블로그를 통해서도 이루어지지만 주로 휴대전화를 기반으로 이루어진다는 점에서 휴대폰은 커뮤니케이션 기능을 사회적으로 확장했다.

KTFT EVER TV 광고(2004)에서는 사진이 생생하게 잘 찍힌다는 점을 강조했다. 예를 들어, 스타의 콘서트 장면을 카메라폰으로 찍어 바로 전송하는 유행을 광고에 반영했다. "보이는 그대로 날 가져봐"라는 자극적인 카피로 제품의 특성을 소구했는데, 내용은 다음과 같다. "자막) 200만 화소 QVGA/ 남) 어디 갔지?/

그림 5-34 ■ KTFT EVER 광고 (2004. 12)

여) 보이는 그대로 날 가져봐/ 자막) 에버 리얼디카/ Na) Need Something New? EVER."

CYON TV 광고(2005)에서는 180도 회전되고 500만 화소가 있어 점까지 선명하게 보인다고 강조했다. 카메라폰을 이용해 셀카를 찍는 사람들도 늘어난 상황을 상품의 기능과 접목시켰다. 카피는 다음과 같다. "자막) 문제점을 발견하는데도 아이디어가 생겼다/ 여) 오빠의 문제점?/ 나의 문제점/ 오빠의 문제점/ 일곱 개/ 나의 문제점 2개/ 자막) 180° 돌아가는 카메라폰/ 남) 왜 나는 일곱 개고 넌 두 개야/ 여) 오빠, 우리 점이나 빼러가자/ 남) 기미가 뭐 점이래/ 자막) 500만 화소/ 징글) 싸이언 아이디어."

애니콜 신문광고(2002. 10. 9)에서는 미처 카메라를 챙기지 못 했을 다급한 순간에 카메라폰을 사용하는 소비자를 통해 카메라폰이 일상생활에서 어떻게 쓰이는지를 보여주었다. 광고에서는 일반 카메라보다 휴대성이 뛰어난 휴대폰에서 카메라 기능이 지원되는 놀라운 세상이 시작되었다는 사실을 구체적으로 보여 주었다.

그림 5-35 ■ CYON 광고 (2005. 8)

그림 5-36 ■ 애니콜 신문광고 (2002. 10)

애니콜 광고(2007. 12. 17)는 카메라폰의 기능적 측면에 초점을 맞춰 인쇄매체를 만들었다. 단순 카메라의 기능만 설명한 것이 아니라 그 밖의 기능도 추가했다. 그리고 카메라 렌즈 안에 애니콜 핸드폰이 들어있는 모습을 보여주면서 카메라 못지않은 화질이라는 사실을 특히 강조해서 보여주었다.

카메라폰이 일상화되며 소비자의 일상생활에 많은 변화가 일어났다. 핸드폰에 카메라 기능이 더해져 언제 어디에서나 사진 촬영을 하게 되었고, 카메라폰이 유행하면서 셀카 문화가 급속도로 확산되었다. 카메라폰은 언제 어디에서나 사진을 찍을 수 있다는 장점도 있었지만, 도촬(도둑촬영) 같은 심각한 사회문제를 유발했다. 타인의 동영상을 몰래 찍어 인터넷에 퍼트리는 행위로 사회적으로 많은 논쟁

그림 5-37 ■ 애니콜 잡지광고 (2007. 12)

을 유발한 것이다. 카메라폰이 등장하자 소비자의 일상생활은 풍요로워졌지만 뜻밖의 역기능도 나타나, 핸드폰을 올바르게 사용하자는 에티켓 문제도 사회적 쟁점으로 떠올랐다.

스마트폰 광고의 흐름

06

스마트폰(Smart phone)은 컴퓨터로 할 수 있는 작업의 일부를 휴대폰에서도 가능하도록 개발된 똑똑한 휴대 기기다. 지금의 스마트폰은 PDA(Personal Digital Assistant)라는 예전의 개인용 휴대기기가 발전된 형태이며, PDA가 '휴대폰을 닮은 컴퓨터'라면 스마트폰은 '컴퓨터를 닮은 휴대폰'이라고 할 수 있는데, 이 미묘한 차이가 스마트폰의 대중화에 핵심적 역할을 했다. 스마트폰은 기기 안에 컴퓨터처럼 '사용자 지향적' 운영체계(OS, Operating System)를 탑재하기 시작했다.

스마트폰은 들고 다니며 인터넷을 검색하거나 메일을 송수신하고, 사진과 동영상을 촬영하고 편집할 수도 있다. 자신이 원하는 프로그램(애플리케이션)을 골라 쓸 수 있다는 결정적인 특성도 있다. 세상에 나온 지 몇 개월 만에 스마트폰이 폭발적인 인기를 얻은 이유는 바로 이 때문이었다. 결국 스마트폰은 인터넷 접속이라는 단순한 목적을 넘어 생활 습관과 일상의 모습까지 변화시켰다. 사용자의 의도에 따라 환경 설정과 프로그램 추가 설치를 자유롭게 하는 스마트폰의 개방성이 소비자의 욕구에 알맞게 구현되었다(하태현, 2010). 스마트폰은 2010년 이전에도 있었다. 그렇지만 2010년 이후 삼성전자의 '갤럭시S'와 애플사의 '아이폰4'라는 거물급 스마트폰이 등장하면서 스마트폰 전쟁이 본격화되었다.

사람들은 편리함과 신속성에 대한 욕구가 있으며 항상 새로운 것을 추구하는 경향이 있다. 1990년대에는 문자 메시지와 통화만 가능했던 휴대폰에서 다기능의 스마트폰이 태어났다. 휴대폰, 개인휴대관리단말기(PDA), MP3, 네비게이션, 게임기는 스마트폰이 등장하는 배경이 되었다. 2000년대 초반에도 다양한 스마트기기가 있었지만 스마트폰이라는 명칭은 없었으며, 애플의 앱스토어를 통해 프로

표 5-1 ■ 스마트폰의 기능적 특성

무선 네트워크 가용성 확대	기존 이동통신망 외에 WiFi, Wibro, Bluetooth 네트워크 사용 가능
풀 브라우징	기기 상에서 무선인터넷 접속 시 기존의 유선 기반 웹사이트와 동일한 형태로 콘텐츠를 볼 수 있는 HTML 사용
입력 장치	쿼티(QWERTY) 키보드, 터치스크린
처리능력 강화	독립된 범용 연산프로세스(주로 ARM 아키텍처 계열) 기반
업무용 기능	일정관리, 이메일, 문서작업 등 각종 비즈니스 솔루션
멀티미디어 기능	카메라, MP3, 동영상 재생, 전자사전, SNS, GPS 등

자료원: 하태현 (2010).

그램을 쉽게 설치하게 되면서 스마트폰이라는 명칭이 통용되었다. 출시 몇 개월 만에 폭발적인 상승세를 기록한 이유는 스마트폰의 애플리케이션으로 할 수 있는 일이 일반 휴대폰과 비교할 수 없을 정도로 많았기 때문이었다.

스마트폰의 기능적 특성은 〈표 5-1〉과 같다. 일반 휴대폰과 스마트폰의 가장 큰 차이점은 개방성에 있었다. 개방성은 크게 두 가지 측면으로 나누어 볼 수 있다. 하나는 운영체제의 개방성을, 다른 하나는 응용 프로그램 같은 콘텐츠에 대한 접근 개방성을 의미한다. 개방성은 사용자로 하여금 본인의 의도에 따른 환경설정과 프로그램 추가 설치 같은 고객 맞춤형을 구현해 새로운 가치를 창출하도록 했다. 일반휴대폰, PDA폰, 스마트폰의 장단점을 비교한 내용은 〈표 5-2〉에서 확인할 수 있다.

2010년대의 무선전화기는 한국인의 소비생활에 어떤 영향을 미쳤을까? 2000년대의 무선전화기 시장에 인터넷 전화기가 들어오면서 가정용 무선전화기 시대가 시작되었다. 또한, 2010년에는 스마트폰의 등장으로 무선전화기 시장에 큰 변화가 일어났다. 스마트폰은 2009년까지도 일부 발매되었지만 2010년에 본격적인 스마트폰 전쟁이 시작되었다. 국내기업 삼성전자의 갤럭시S와 해외기업 애플사의 아이폰4가 대표적 모델이었다.

표 5-2 ■ 일반휴대폰, PDA폰, 스마트폰의 장단점

	일반 휴대폰	PDA폰	스마트폰
장점	• 휴대 간편 • 쉬운 사용법 • 효율적 배터리 사용	• 강력한 멀티미디어 기능 • 컴퓨터와의 동기화 • 다양한 애플리케이션 • 편리한 입력방식	• 강력한 멀티미디어 기능 • 컴퓨터와의 동기화 • 다양한 애플리케이션 • 편리한 휴대성
단점	• 폐쇄적 소프트웨어 • 애플리케이션 확장성 미비 • 오피스 기능 지원의 어려움 • 컴퓨터와 동기화 기능 단순	• 휴대 불편 • 복잡한 메모리 관리 • 배터리 소모 빠름	• 비교적 복잡한 인터페이스

자료원: 하태현 (2010).

갤럭시A는 애플의 아이폰과 모토로라의 모토로이에 탄력을 받은 삼성전자가 한국 시장에 내놓은 두 번째 스마트폰으로 CPU 속도가 800MHz라고 밝혔지만 정식 발매판의 속도는 720MHz로 낮았다. 이를 한국 소비자에게는 알리지 않고 미국 소비자에게만 알린 사실이 밝혀지며 삼성전자가 한국 소비자를 홀대한다는 질타를 받았다. 갤럭시A 제품을 구매한 소비자는 다음 아고라에서 "갤럭시A 스펙 다운으로 소비자를 우롱한 삼성"이라는 제목으로 리콜 청원 서명까지 진행했다(네이버 블로그, 2010). 갤럭시A TV 광고(2010)의 카피는 다음과 같다. "자막) 지금 A랑 뭐해?/ 나? A랑 일해/ 언제, 어디서든, 간단하게./ 갤럭시A는 어디서든 가능하니까./ Na) 탐나는 생활- 애니콜 겔럭시A."

LG 옵티머스Q는 LG의 첫 번째 스마트폰이다. 다른 스마트폰과는 달리 자판이 '쿼티' 형식이라 오타가 적다는 점을 강조했다. 또한, 배우 공유를 모델로 활용해 기능의 공유성이라는 측면과 연결했다. LG 옵티머스Q 광고(2010)의 카피는 다음과 같다. "남) 옵티머스가 말했다/ 세상의 모든 지식이 손 안에서 열릴 거라고/ 자막) 22종의 지식사전 탑재/ 남) 팔로워들이 물었다/ 오타 없는 비결이 뭐냐고/ 자막) 쿼티 자판으로 입력을 빠르고 정확하게/ 남) 난, 전 세계를 손 안에서 공유한다. 놀랍게도!/ 자막) 한국형 어플/ 100개 이상 기본 탑재/ Na) LG Optimus Q."

아이폰4 TV 광고(2010)에서는 현대인의 필수품으로 떠오른 스마트폰을 감

그림 5-38 ■ 갤럭시A 광고 (2010. 5)

성적으로 소구했다. 별다른 대사 없이 시작해서 끝까지 아무 말 없이 끝나는 이 광고의 매력은 소비자의 감성적 심리에 소구했다는 점이다. 광고에서는 장애인과 기러기 아빠가 등장해, 서로 긴 말을 나누지 못해도 사랑의 메시지를 전하는 데는 아

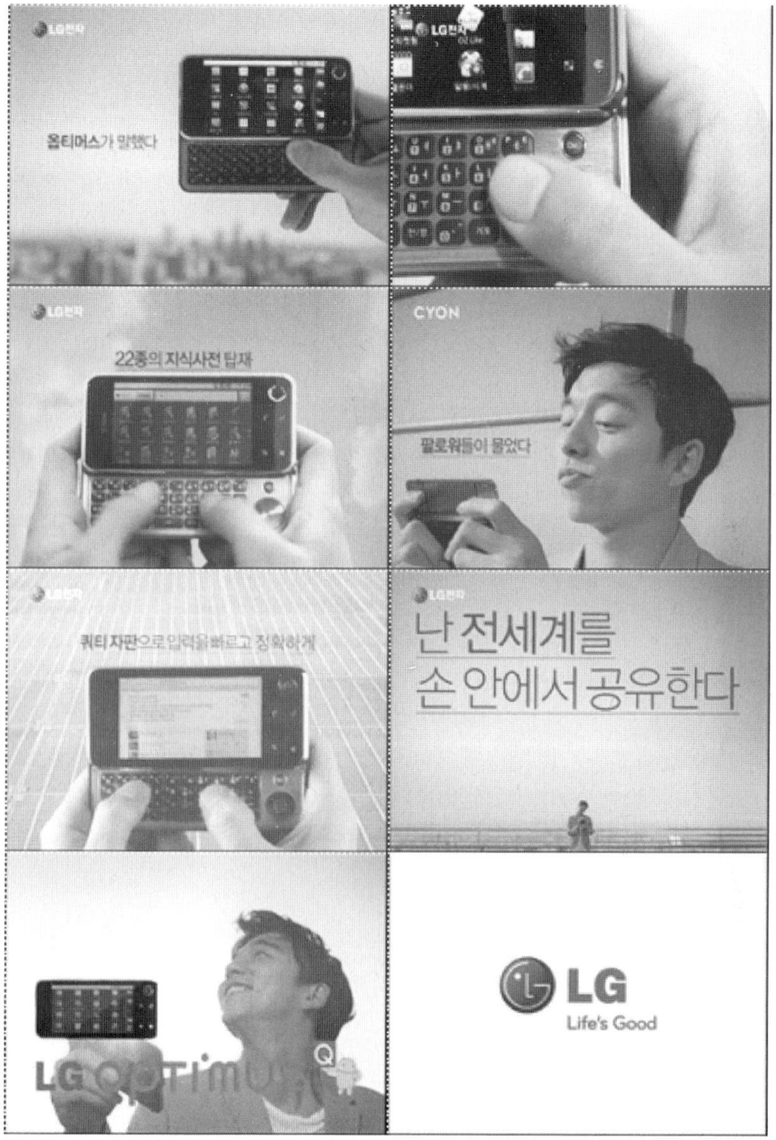

그림 5-39 ■ LG 옵티머스Q 광고 (2010. 5)

무런 문제가 없다는 상황을 보여주었다. 카피는 오직 "iPhone4 olleh"라는 자막뿐이었다.

블랙베리 TV 광고(2011)에서는 아이돌 스타 2AM을 광고 모델로 활용해

그림 5-40 ■ 아이폰4 광고 (2010. 9)

젊은 감각의 스마트폰을 강조했다. '오바마 폰'으로 더 유명한 블랙베리의 첫 광고였지만 높은 시장 점유율을 기대하기는 어려웠다. 왜냐하면 애플리케이션과 유통망이 부족했기 때문이었다. 카피는 다음과 같다. "자막) BlackBerry? 블랙베리 사

그림 5-41 ■ 블랙베리 광고 (2011. 3)

용자의 이야기/ Push Mail 더욱 스마트한 스타일!/ Real sound/ 남) 소리 좋은데!/ 자막) 2011년! 뛰어난 블랙베리의 제품들이/ 세상을 놀라게 할 것입니다/ 이것이 바로 리얼 스마트폰! 블랙베리/ BlackBerry 생각대로T."

그림 5-42 ■ 스카이 베가X 잡지광고 (2011. 3)

스카이 베가X 광고(2011)에서는 "빛의 속도와 경쟁하다"라는 카피를 써서 빛처럼 빠르다는 사실을 강조했다. '빠른 속도'와 '놀라운 스펙'을 강점으로 내세운 주요 카피는 다음과 같다. "베가X, 빛의 속도와 경쟁하다/ VegaX만의 어메이

그림 5-43 ■ 갤럭시S 광고 'Super You' 편 (2011. 6)

징한 스펙/ 최강의 스피드- 최신 1GHz 스냅드래곤 CPU- 안드로이드 2.2/ 최적의 COMPACT- 4.0." 대형 LCD 베젤을 최소화해 한 손 사용 OK/ 초경량 무게로 진정한 MOBILITY 실현/ 최고의 편의성- 홀드 상태에서도 빠르게 확인하는 스마트 홀드화면/ LIVE CONTACT로 트위터, 문자, 이메일을 한 번에 확인." 이 광고에서는 가격이 저렴하고 역대 스카이 스마트폰 중에서 기능이 가장 뛰어나다는 점을 소비자에게 환기했다.

아이폰3G의 등장으로 국내 스마트폰 시장이 활성화되면서 국내 휴대폰 제조업체는 스마트폰 개발에 총력을 기울였다. 삼성의 갤럭시S 광고는 '사람이 날아다니는 광고'로 더 유명했다. 스마트폰을 쓰면 자신의 이미지가 똑똑해지고 강해진다는 느낌을 '슈퍼'라는 단어로 축약해 "슈퍼 스마트"라는 카피로 소비자의 눈길을 사로잡았다. 갤럭시S 광고(2011)의 주요 카피는 다음과 같다. "자막) SUPER YOU!/ Na) 당신을 위한 모든 준비는 끝났다/ 세상이 만만해진다/ SUPER SMART/ Anycall GALAXY S."

2010년의 20대-30대 소비자들은 스마트폰을 소지한 것만으로도 우월감을 느꼈을 것이다. 애플은 2011년 7월 아이폰4의 국내 발매를 시작했다. 갤럭시S의 무서운 상승세를 감지한 애플사는 발매 승인 후 곧바로 2011년 8월에 아이폰4의 정식 예약 판매를 시작했다. 2011년 9월 13일에는 아이폰4의 첫 국내 광고를 시작했다. 아이폰4 광고에서는 기존 광고에서 보여주던 기능을 말로 설명하지 않고 스티브 잡스가 아이폰을 출시할 때 강조했던 "기기에 개성이 아닌 감성을 담았다"는 메시지를 그대로 살려 감성 광고를 집행했다.

아이폰4 TV 광고(2011)는 며느리가 된 딸이 집들이 상을 차리는 방법을 친정어머니에게 물어보는 장면을 소재로 활용했다. 딸과 어머니는 일반 무선전화기가 아닌 아이폰4의 영상통화 기능을 이용해서 소통에 성공한다. 이 기능은 과거의 피쳐폰(스마트폰보다 낮은 연산 능력을 가진 저성능 휴대전화)에도 있었지만, 광고에서는 더 선명하고 반응이 빠르다는 점을 알렸다. 그렇지만 어떤 장면에서도 아이폰4의 영상통화 기능이 뛰어나다고 강조하지 않고, 카피나 대사 없이 장면만 보여주었다. 소비자가 직접 겪을 수 있는 공감의 순간을 감성적으로 표현한 것이다.

기존의 아이폰 3G를 경험했던 소비자에게는 휴대폰의 약정 기간인 2년을 채우지 못해도 새로운 버전을 쓴다는 매력이 있었다. 광고 모델 선정에 있어서도 아이폰4는 남달랐다. 갤럭시S는 스마트한 젊은 외국인 모델을 써서 세련되고 젊은 소비자를 겨냥한 반면, 아이폰4는 20-30대 여성 모델과 50-60대의 어머니 모델을 썼다. 스마트폰이 젊은이만의 소유물이 아니라 부모님께 드리는 효도 폰도 된다는 뜻이었다. 카피는 "iPhone4. olleh"라는 자막뿐이었다.

아이폰4가 발매된 상황에서 다른 스마트폰은 아이폰4를 따라잡기에는 역부

그림 5-44 ■ 아이폰4 광고 '모녀' 편 (2011. 9)

족이었다. 스마트폰의 터치 기술은 애플의 아이팟이 뛰어났고 반응 속도는 갤럭시S도 따라잡지 못했다. 갤럭시S와 아이폰이 경쟁하는 상황 속에서 스마트폰 업체들은 아이폰을 뛰어넘는다는 목표에 따라 스마트폰 시장에서 제2라운드 속도 전쟁이 시작되었다. 속도 전쟁은 LG와 제휴한 스카이(Sky)의 '베가X'가 불을 지폈다.

베가X TV 광고 '스피드' 편(2011)에서는 영화배우 이병헌을 모델로 써서 빠른 속도감을 그림자와의 달리기로 묘사했다. LG는 속도감으로 승부수를 띄웠지만 SKY는 불안정한 상태에서 각종 버그들을 양산하며 베가의 기존 이미지만 실추시켰다. 스카이는 새로운 '베가X'와 '베가S'를 출시해 부정적인 여론을 만회하고자 했다. 베가S 광고 '그림자와의 달리기' 편(2011)의 카피는 다음과 같다. "남) 누구도 따라잡을 수 없는 스피드. Na) 스카이 VegaS." 베가S 광고에서는 베가X에서 보여주던 사이버 속도감에서 벗어나 그림자보다 빠르다는 현실 불가능한 이야기를 표현했다. 광고에서는 베가S의 이미지보다 빠르다는 느낌을 전달했지만 베가S도 베가X와 마찬가지로 버그를 양산하며 평범한 스마트폰으로 추락하기 시작했다. 이런 상황에서 국내 스마트폰 기업들은 아이폰을 꺾을 원동력을 찾기 시작했다.

삼성전자는 새로운 구동체제 '진저브레드'를 발매하며 아이폰4에 밀린 판도를 뒤집고자 갤럭시SⅡ를 출시했다. 광고 슬로건도 "Super SMART"에서 "How to live SMART"로 바꿨고, 광고 모델로 2011년의 스타 가수 아이유를 내세웠다. "우리는 재밌어졌습니다" "우리는 빨라졌습니다"라는 카피로 소비자의 호기심과 구매욕을 자극했다. 갤럭시SⅡ의 TV 광고 '모션UI' 편(2011. 4)의 카피는 다음과 같다. "자막) "우리는 재미있어졌습니다/ 모션UI: 밀당 기능/ 앞뒤로 기울여 밀면 작아지고 당기면 커진다/ Na) 밀면 작아지고 당기면 커지는 모션UI/ How to live SMART/ 갤럭시S2/ 자막) Samsung GALAXY SII."

아이폰4 광고에서는 "아이폰이 없다는 건, 당신의 폰에 애플의 혁신적 멀티태스킹 기능이 없다는 것", "아이폰이 없다는 건, 당신의 폰에 페이스타임(애플사만의 영상통화 기능)이 없다는 것"처럼, 자사의 기술을 나열한 다음 자사 제품 간의 연동성에 대해 설명했다. 아이폰4 광고(2011)의 카피는 다음과 같다. "Na) 당신에게 아이폰이 없다는 건/ 당신의 폰에 페이스타임이 없다는 것/ 다른 아이폰과 얼굴을 보며 쉽게 통화할 수 있는 페이스타임/ 폰은 물론 맥과도 이렇게 쉽게 통화하

그림 5-45 ■ 아이폰4 광고 '또 하나의 경험' 편 (2011. 7)

고/ 아이패드와도 쉽게 통화할 수 있다는 것/ 페이스타임 아이폰이기에 가능한 또 하나의 경험/ 자막) olleh iPhone4." 이 광고에서는 아이폰이 없으면 첨단 기술력을 못 느끼는 안타까운 사람이 될 수 있다고 암시하며 소비자의 구매 심리를 자극했다.

아이폰4가 발매된 상황에서 다른 스마트폰은 아이폰4를 따라잡기에 역부족이었다. 스마트폰의 핵심 기술인 터치 기능은 애플사의 아이팟에서부터 정평이 나 있었고, 심지어 갤럭시S도 그 속도를 따라잡지 못했다. 그래서 '아이폰을 이기자'라는 목표에 따라 안정세에 들어선 국내 스마트폰 시장에서 제2라운드 속도 전쟁이 시작되었다. 삼성전자의 '이것은 마치' 시리즈 광고는 여러 포털 사이트에서 패러디할 정도로 인기를 끌었다. 소비자가 바라는 희망 사항을 갤럭시S2 LTE의 속도감에 대입시키는 구성으로 메시지 차별화에 성공했다. 카피의 사례를 제시하면 다음과 같다.

"Na) 이것은 마치 입대를 하자마자 제대를 하는 그런 속도/ 자막) 본격 LTE 폰 시대 개막/ Na) 이런 기분 처음이야/ How to live SMART 갤럭시S2 LTE." ('군

그림 5-46 ■ 갤럭시S2 LTE '군인' 편 (2011. 9)

인' 편, 2011. 9)

"Na) 이것은 마치 고3이 되자마자 대학생이 되는 그런 속도/ 자막) 본격 LTE폰 시대 개막/ Na) 이런 기분 처음이야/ How to live SMART 갤럭시S2 LTE." ('고등학생' 편, 2011. 9)

"Na) 이것은 마치 월요일 출근을 하자마자 금요일 퇴근하는 그런 속도/ 자막) 본격 LTE폰 시대 개막/ Na) 이런 기분 처음이야/ How to live SMART 갤럭시S2 LTE." ('직장인' 편, 2011. 9)

옵티머스 2X 신문광고(2011. 4)에서는 경쟁사를 특정하지는 않았지만 비교광고를 시도했다. '듀얼 코어' 'HDM' 같은 어려운 전문용어를 써서 남보다 빠르고 뛰어난 스마트폰을 바라는 소비자를 겨냥했다. 주요 카피는 다음과 같다. "그 누구와 비교해도 자신있다/ 세계 최초 듀얼 코어의 속도라면!/ 2X, 스마트폰의 기준을 바꾸다/ 세계최초 1GHz 듀얼 코어 CPU 탑재. 비교할 수 없는 속도와 압도적 퍼포먼스, 최소한의 전력소모/ 세계최초 Full HD 동영상 녹화, 재생. 촬영에서 감상까지, 따라올 수 없는 1080p Full HD의 선명함/ 세계최초 HDM 지원을 통한 미러링

그림 5-47 ■ 옵티머스 2X 신문광고 (조선일보, 2011. 4. 22)

방식의 콘텐츠 공유. 폰에서 표현되는 모든 화면을 TV에서 완벽 구현.”

삼성 갤럭시 노트Ⅱ 신문광고(2011. 10)에서는 한글날에 한글 창제의 기쁨을 축하하는 메시지를 전달했다. 스물 네 글자만으로 모든 언어를 표현할 수 있는 우리말의 경이로움을 갤럭시 노트2의 기술력과 연계한 것이다. 갤럭시 노트2의 사용자에게 애국심을 환기하는 시적인 보디카피로 소비자의 감성을 건드렸다. 카피는 다음과 같다. “꽃 좋고 열매 많으니/ 스물 네 글자, 한글. 이 쉬운 글로/ 스물 네 글자, 한글. 이 고운 글로/ 이야기 움트고, 노래 태어나는/ 수많은 생각들이 꽃피고, 열매 맺는/ 아름다운 우리들의 나라가 되었습니다/ 이제, 우리 한글 옆에 갤럭시 노트2/ 슬기로운 생각, 유쾌한 생각, 기막힌 생각,/ 노트 위에 꽃피게 될 것입니다/ 노트 위에 열매 맺게 될 것입니다.”

지금까지 스마트폰 광고의 흐름을 살펴보았다. 무선전화기의 최종 형태인 스마트폰은 전화기의 개념을 뛰어넘었다. 소비자의 의식주 단계에서 스마트폰의 영향을 받지 않는 곳이 없을 정도로 커뮤니케이션 미디어 테크놀로지가 발전했다. “인간의 귀찮음이 기술을 발전시켰다”는 격언처럼, 소비자 혜택을 높이기 위해 커뮤니케이션 미디어 테크놀로지가 발전한 것이다.

그림 5-48 ■ 삼성 갤럭시 노트II(조선일보, 2011. 10. 9)

2010년대의 스마트폰은 수용자(소비자)의 커뮤니케이션 스타일(여가, 레저, 문화, 소비 등)에 엄청난 영향을 미쳤지만, 그 중에서도 '3R시대'를 앞당겼다는 점이 가장 주목할 만하다. 3R시대란 수용자가 실시간(Real-time)으로 정보와 소통의 무한 확장(Reach)을 시도해 시공간적 한계를 넘어서는 실재감(Reality)을 경험할 수 있는 시대를 의미한다(디지털컨버전스미래포럼, 2010). 스마트폰이 보편적으로 활용되자 일상생활 전반이 완전히 달라졌다. 날씨나 교통정보를 확인하는 것은 물론 다양한 엔터테인먼트 콘텐츠를 스마트폰에서 즐기는 등 스마트폰은 이제 단순한 전화기가 아닌 세상과 개인을 연결하는 매개체가 되었다. 스마트폰이 일상에서 보편화됨에 따라MP3 플레이어, 휴대용 게임기, 소형 디지털 카메라, 개인용 비디오테이프레코더(VTR), 음성 녹음기 같은 제품들은 사라지고, 소비자는 스마트폰 하나로 여러 제품의 기능을 모두 경험했다.

N스크린의 개념이 등장하며 스마트폰으로 집안의 기기들을 조종하게 되었다. 2000년대 초반에도 유비쿼터스 개념이 있었지만 한계가 많았다. 그러나 무선 인터넷의 개념이 크게 발전하면서 스마트폰으로 집 밖에서 가정용 개인 컴퓨터를 조종해 자신의 컴퓨터에 있는 파일을 자신의 스마트폰에 받을 수 있게 되었다. 심지어 집안의 청소기를 조종해 청소도 하고 보안 점검도 하는데 까지 기술이 발전했다. 스마트폰의 활성화로 인해 소셜커머스 소비 행태가 자리 잡았고, 소비자 사이에서 굳이 원가대로 살 필요가 없다는 인식도 널리 확산되어 '소셜커머스 거지'라는 신조어도 생겨났다. 앞으로도 스마트폰은 미디어 테크놀로지를 활용한 소비생활의 핵심 기기로 사용될 것이다. 스마트폰 중독을 우려하는 목소리도 높지만 잘만 활용한다면 스마트폰은 소비자의 일상생활을 보다 풍요롭게 하는 이로운 미디어 테크놀로지가 될 것이다.

CHAPTER **06**

컴퓨터 미디어 제품 광고의 변천

【디지털 세상의 진화와 혁신: 개인용 컴퓨터(PC)에서, 노트북, 태블릿PC까지】

대중문화는 구성원의 관심사와 가치관을 반영하며 형성되고 변화된다. 1980년대 후반에 한국사회에 등장한 컴퓨터는 1990년대 후반 들어 한국을 정보통신(IT) 강국으로 만들고 게임 산업을 활성화시키는 동안 우리나라 소비문화의 판도를 바꿨다. 세상을 바꾸는 중심에 컴퓨터와 인터넷이 있었다. 대용량 컴퓨터에서 PC, 랩탑, 게임기에 이르기까지, 컴퓨터가 등장한 이후부터 이전에 볼 수 없었던 저 놀라운 세상(What a Wonderful World)이 전개되었다.

인터넷과 디지털 공간은 18세기 유럽의 계몽주의자들이 꿈꿔 왔던 해방의 이념을 우리나라에서 구현해나갔다. 컴퓨터가 널리 보급된 이후 커뮤니케이션을 통한 연결 가능성은 더더욱 높아졌다. 이른바 '링크가치(linking value)'라는 사회적 부가가치는 사람들에게 정보 자체보다도 커뮤니케이션에 참여하고 있다는 사실을 자주 자각하도록 만들었다(노르베르트 볼츠, 2011).

온라인 미디어 테크놀로지는 이미 전 세계를 네트워크로 연결하는 방대한 컴퓨터 시스템이 되었다. 월드 와이드 웹(WWW)은 인터넷을 통해 디지털 문화를 생산하고 소비하는 놀이터(playground)가 되었다. 많은 소비자들이 사이버 공간의 특성을 이해하고 전자 상거래의 흐름을 읽기 위해서는 반드시 e-문화의 코드를 알아야 했다. 인터넷을 기반으로 하는 정보통신산업은 21세기의 소비대중문화를 선도했고, 다매체 다채널 시대를 거쳐 스마트 미디어 시대를 앞당겨 나갔다. 컴퓨터 미디어 제품 광고가 우리나라의 소비문화에 어떠한 영향을 미쳤는지 보다 세세하게 알아보자.

개인용 컴퓨터(PC) 광고의 흐름

01

1998년, 마이크로소프트(Microsoft)사에서 개발한 '윈도98'이 등장하면서 데스크톱 컴퓨터는 디지털 문화의 미디어 센터가 되었다. 컴퓨터 기반의 디지털 소비문화가 형성되자, 컴퓨터 기술에 관심이 많던 소비자들은 디지털 소비생활에 기술을 접목시켰다. 당시 국내에서 시장점유율 1위였던 '매직스테이션' 컴퓨터는 디지털 음악을 전파하며 소비생활의 새로운 패러다임을 제시했다. 기존의 컴퓨터 기능을 종합한 '매직스테이션Q'의 제품 광고는 기존의 컴퓨터 소비문화에서는 볼 수 없던 새로운 콘텐츠였다.

당시 세계 1위의 컴퓨터 브랜드였던 '파빌리온'은 브랜드 포지셔닝의 변화를 시도했다. 2001년 9월에 우리나라에서도 비교광고가 허용되자 한국HP는 시장조사기관인 IDC의 자료를 인용해 자사가 홈컴퓨터 영역에서 세계 1위라고 내세우는 비교광고를 했다. 비교의 대상은 삼성전자의 매직스테이션이었다. 단기간에 소비자 인지도를 크게 높였으며, 터치 스마트(Touch Smart)라는 신기술을 접목한 최초의 컴퓨터라고 강조해 소비자의 관심과 흥미를 끌었다.

후발 주자인 루온은 소비자의 시각에서 설득 커뮤니케이션을 전개했다. 국내 최초로 서랍형 컴퓨터 제품을 개발해 소비자에게 구매 선택의 다양한 가능성을 열어두었다. 고관여 제품인 컴퓨터는 소비자가 정작 원하는 컴퓨터의 구성만을 모아서 자신만의 컴퓨터를 만들게 하는 새로운 구매형식을 제공했다. 이에 따라 소비자들은 컴퓨터를 구매할 때 자신의 개성을 고려하게 되었다. 광고에서도 소비자의 불만이었던 소음 문제를 해결했다는 메시지를 전달해 제품 구매를 유도했다.

2000년대에는 개인용 컴퓨터(PC/AT 호환 기종)의 상용화가 진행되었다.

독자적인 플랫폼을 유지하던 애플을 제외한 컴퓨터 제조업체들은 가격 경쟁이 치열해짐에 따라 곤경에 빠지는 경우도 잇따랐다. 2007년부터는 최소한의 컴퓨터 성능만을 구비한 저가형의 콤팩트 노트북이 보급되어 나중 '넷북'으로 발전하는 계기를 마련했다.

1) 1990년대의 개인용 컴퓨터 광고

금성컴퓨터 마이티 TV 광고(1990)에서는 업무용 컴퓨터, 교육용 컴퓨터, 휴대용 컴퓨터까지 만들었다는 기업광고를 했다. 금성컴퓨터는 컴퓨터로 할 수 있는 일을 보여주며 소비자의 만족감과 신뢰감을 강조했다. 핵심 카피는 다음과 같다. "금성은 최첨단 컴퓨터를 만든다. 금성컴퓨터/ 빠르고 신속한 업무용 컴퓨터 마이티. 휴대용 컴퓨터 한글 랩탑/ 교육용 컴퓨터까지. 금성은 첨단 컴퓨터를 만든다."

대우전자 프로마스터 컴퓨터 TV 광고(1992)는 애니메이션 형식으로 제작되었다. 대우 프로마스터 컴퓨터를 사용하는 일가족의 화기애애한 모습을 연출해 제품 사용법을 설명하고 손쉽게 사용할 수 있다고 포지셔닝했다. 카피는 다음과 같다. "제가 컴퓨터 앞에 앉았을 때 모두 웃었죠./ 그러나 혼자서 아이의 성적을 정리해보이니 깜짝 놀라더라구요./ Na) 대우 프로마스터/ 여) 대우 프로마스터, 정말 쉬운 컴퓨터에요. 소프트웨어도 풍부하고 노래교실까지 있어요./ 사람들) 그거 어디 컴퓨터에요?/ 여) 대우에요. 대우 프로마스터/ Na) 대우 프로마스터/ 여) 정말 쉬워요."

그림 6-1 ■ 금성컴퓨터 마이티 광고 (1990. 1)

그림 6-2 ■ 대우컴퓨터 프로마스터 광고 (1992. 1)

현대전자 멀티캡Ⅱ 컴퓨터 TV 광고(1995)에서는 컴퓨터 전문가 안철수 씨를 모델로 활용해 컴퓨터에 대한 소비자의 신뢰도를 제고하려고 했다. 카피는 다음과 같다. "남) 안철수입니다. 멀티미디어 컴퓨터는 동화상, 음악, 통신 등을 자유롭게 활용할 수 있습니다./ Na) 현대 멀티캡Ⅱ. TV, 팩스 기능에 3차원 입체 영상까지/ 남) 멀티미디어PC, 그 활용이 중요합니다./ Na) 멀티캡Ⅱ/ 여) 멀티캡Ⅱ. 확실하죠?"

삼보컴퓨터 체인지업 TV 광고(1997)에서는 야구선수 박찬호를 등장시켜 2년 후 무료 교환이라는 소비자 혜택을 강조했다. 더 강해지는 컴퓨터를 만날 수 있

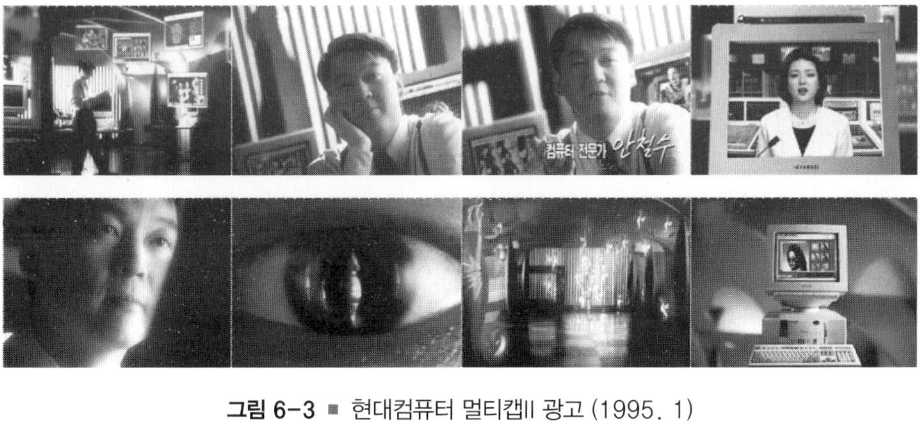

그림 6-3 ■ 현대컴퓨터 멀티캡II 광고 (1995. 1)

그림 6-4 ■ 삼보컴퓨터 체인지업 광고 (1997. 1)

다는 사실을 신뢰감 있게 표현했다. 카피는 다음과 같다. “남) 체인지업, 이 마크 확인하신 후 컴퓨터를 구입하세요./ 인텔 펜티엄Ⅱ 프로세서/ 드림시스61, 체인지업/ 남) 2년 후에는 더 강해집니다./ 오로지 컴퓨터- 삼보컴퓨터.”

삼성전자의 매직스테이션 TV 광고(1997)에서는 미래의 분위기를 연출하며 앞선 기술과 함께 제품의 성능을 강조했다. 카피는 다음과 같다. “Na) 텔레PC가 세상을 바꾼다./ 자막) 위성 과외까지 수신한다./ 여) 선을 없애고/ 자막) 무선 키보드/ Na/자막) 인텔 MMX 기술구현 펜티엄 프로세서/ 남) 빠르게/ 자막) 국제 표준 화상통신/ 여) 전송 자료 검토해봤어?/ 남) 디자인이 깔끔한데?/ 자막) 16:9 와이드

그림 6-5 ■ 삼성전자 매직스테이션 광고 (1997. 1)

동영상/ Na/자막) 텔레PC 매직스테이션/ 남여) 손 끝 하나로/ 자막) 또 하나의 가족- 삼성전자.”

컴퓨터 광고는 그리드(Grid) 모델의 고관여-사고에 해당되며 소비자에게 많은 정보를 제공해야 하는 제품인데, 가격과 용도를 알려야 하는 신제품도 여기에 해당된다. 소비자에게 광고 메시지를 수용하도록 하려면 광고 메시지에서 기능적 정보를 잘 조합해야 한다. 소비자의 관심을 유도하기 위해서는 카피를 길게 쓰고 관여도가 높은 매체를 활용해야 하는데, 이 광고에서는 이런 지침을 반영했다.

1990년대 컴퓨터는 제4세대 컴퓨터로 하나의 칩에 많은 회로를 집적시킨 고밀도 집적회로(LSI)와 초고밀도 집적회로(VLSI)를 사용했다. 연산속도는 피코초(ps) 단위로 빨라졌다. 초소형의 개인용 컴퓨터가 등장하고 마이크로프로세서가 개발되어 컴퓨터는 각종 산업기계에 응용되었다. 컴퓨터가 존재함으로써 공장자동화 시스템도 완성되었다. 통신기술의 발달로 세계 전역의 통신망이 컴퓨터와 연결되어 가정에서도 단말기를 통해 모든 정보를 쉽게 얻을 수 있게 되어 컴퓨터 이용의 대중화 시대가 열린 것이다. 1990년대의 컴퓨터 광고에서는 대체로 집에서도 컴퓨터를 구비해야 한다는 메시지를 강조했다. 무료 업그레이드와 무료 교환을 해준다는 광고 메시지도 많았다. 표현 기법 측면에서는 유머를 활용해 소비자에게 친근하게 다가가는 광고가 많았다.

2) 2000년대의 개인용 컴퓨터 광고

새로운 기술의 등장과 발전을 제시한 2000년대의 컴퓨터 광고는 소비자의 디지털 소비문화의 형성에 상당한 영향을 미쳤다. 삼성전자의 매직스테이션 TV 광고(2000)의 카피는 다음과 같다. “Na) 인텔 팬티엄3 프로세서/ 남) 디지털 음악은 내가 움직인다./ 자막) 영상 편집 중, 원터치 인터넷 서비스./ 남) 디지털의 중심 매직스테이션/ 자막) 삼성디지털 에브리원즈 인바이티드.”

데스크톱 컴퓨터에서 기존에 없던 종합예술 문화 콘텐츠의 기능(영상편집과 음악편집 기능)을 설명한 광고였다. 직접 연주해서 창작한 음악 형태나 촬영한 영상을 편집해 인코딩(encoding)한 다음, 인터넷을 통해 사람들과 공유할 수 있는 새로운 디지털 소비 행태를 제시했다. 기존에 없었던 디지털 기술을 소비자의 생

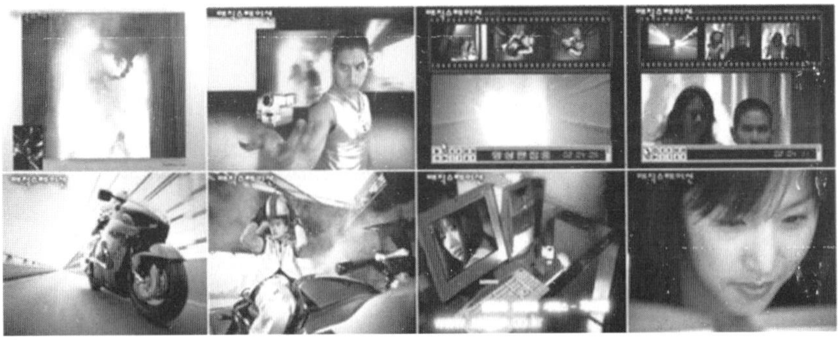

그림 6-6 ■ 삼성전자 매직스테이션 광고 (2000. 5)

활에 접목시켜 직접 소비자의 구매 욕구를 자극했다. 이에 따라 소비자들은 일상 생활의 창작 콘텐츠를 지인들과 공유하기 위해 인터넷에 올렸고 이 패턴은 지금의 SNS(Social Network Service)로 발전했다.

삼성전자 매직스테이션 TV 광고(2003)에서는 '앞서가는 매직스테이션'이라는 메시지로 디지털 리더의 이미지를 강조했다. 이 광고에서는 기존의 리모컨 컴퓨터 문화와는 다른 새로운 형태의 디지털 문화 콘텐츠를 제공해 새로운 디지털 라이프스타일을 제시했다. 디지털 생활공간이 방에서 거실로 옮겨지면서 컴퓨터는 자녀의 게임 기기가 아닌 온 가족이 즐기는 복합 디지털 미디어로 자리 잡았다. 각종 엔터테인먼트 기능을 리모컨 하나로 제어해 간편한 디지털 도구가 되었다. 카피는 다음과 같다. "Na) 2004년, 리모컨으로 컴퓨터를 즐긴다. 디지털 미디어의 중심/ 자막) 2004년형 매직스테이션/ HT기술 기반 인텔 팬티엄4 프로세서 탑재. 매직스테이션 MT30/ 디지털 미디어의 중심- 매직스테이션."

HP의 파빌리온 미디어 센터 컴퓨터 TV 광고(2005)에서는 보통 가정집에 있는 TV, 라디오, 오디오, DVD 플레이어 같은 기존의 디지털 기기를 하나로 묶은 복합 디지털 미디어 센터의 기능을 갖춘 데스크톱을 강조했다. 디지털 생활의 새로운 스타일을 제시한 카피는 다음과 같다. "여) 음으으 음으 음으으- (콧노래) 어! 이걸로 바꿀까?/ 자막) HP 파빌리온 미디어 센터 PC. 인텔 팬티엄D 프로세서가 탑재된 HP 파빌리온 미디어PC m727OKr/ Na) 인텔 팬티엄D 프로세서로 혁신적 듀얼코어 프로세싱을 제공하는 HP 파빌리온 미디어 센터 PC. TV, 홈씨어터, 음악,

그림 6-7 ■ 삼성전자 매직스테이션 광고 (2003. 11)

그림 6-8 ■ HP 파빌리온 미디어 센터 컴퓨터 광고 (2005. 12)

사진까지 더 많이 즐기세요. 지금 구입하시면 개인용 미디어 드라이버까지 추가로. 지금 전화하세요!" 이 광고는 인포모셜(Informercial)[7] 형식으로 소비문화의 다양성을 환기하면서 직접 방문 설치도 가능하다고 했다.

TG삼보 컴퓨터 TV 광고(2007)는 소비자의 불만 사항이던 소음 문제를 해결했다고 강조해 소비자의 눈길을 끌었다. 예능 프로그램 〈무한도전〉의 멤버들을 출현시키고 프로그램 이름에 빗대어 "무한 저소음 도전"이라는 카피를 썼다. 이 광고는 컴퓨터 소음에 불만족하던 소비자의 컴퓨터 구매에 영향을 미쳤다. 카피는 다음과 같다. "자막) 컴퓨터 전문기업 TG삼보/ 남1) 컴퓨터는 TG삼보/ 남2) 이게 저소음 PC냐/ 남1) TG삼보/ 남3) 야야야! 소음은 어디 간 거야/ 남1) TG삼보/ 남4)

[7] 인포모셜은 프로그램 형태로 만들어진 정보량이 많은 상업광고이다. 뉴미디어를 통해 상표나 상품 관련 정보를 제공해 소비자의 구매 욕구를 유발한다.

그림 6-9 ■ TG삼보 LLUON Crystal 광고 (2007. 12)

조용해, 조용해 너무 조용해-/ 자막) 저소음PC 무한 저소음 도전 TG/ 다함께) 컴퓨터는/ 남1) 조용한 TG삼보로/ 자막) 컴퓨터는 조용한 TG삼보로 사세요/ 다함께) 사세요!/ 남1) LLUON Crystal.”

2000년대는 컴퓨터 문화의 격동기였다. 2001년 10월 출시된 마이크로소프트사의 윈도(Windows) XP는 컴퓨터 문화를 통째로 바꿔버렸다. 이러한 여파로 새로운 구동 시스템을 가동시킬 수 있는 고성능 컴퓨터를 원하는 소비자의 구매욕구가 점차 증가하고 인터넷이 발달함에 따라 컴퓨터의 소비문화도 달라졌다. 1998년부터 시작된 밀레니엄 컴퓨터 시대는 2000년대에 접어들어 꽃을 피웠다. 기존의 데스크톱 컴퓨터는 1990년대까지 사무 업무를 처리하는 하나의 기계에 불과했다. 그렇지만 2000년 5월에 시장에 선보인 삼성전자의 '매직스테이션' 광고는 기존의 컴퓨터의 역할을 송두리째 바꾸는 시발점이 되었다.

매직스테이션이 등장한 이후 업무를 위한 사무용 컴퓨터 문화에서 디지털 소비생활을 경험하는 컴퓨터로 컴퓨터의 문화 자체가 바뀌게 되었다. 이는 CD 플레이어, DVD 플레이어, 소비자의 여가생활에도 크나큰 변화를 유발하는 요인으로 작용했다. 컴퓨터를 구매하기 위해 복합 디지털 기기 매장이나 컴퓨터 브랜드 매장을 직접 방문하던 기존의 컴퓨터 소비문화에서 전화 한 통으로 전문기사가 직접 원하는 곳에 찾아와 설치하고 점검해주는 마케팅 전략은 컴퓨터 소비문화의 새로운 패러다임을 제시했다(윤한성, 2003). 2000년대의 컴퓨터 광고는 소비의식의 형성에 영향을 미쳤다. TV, 오디오, DVD 홈씨어터, 라디오 같은 전자기기를 구매하

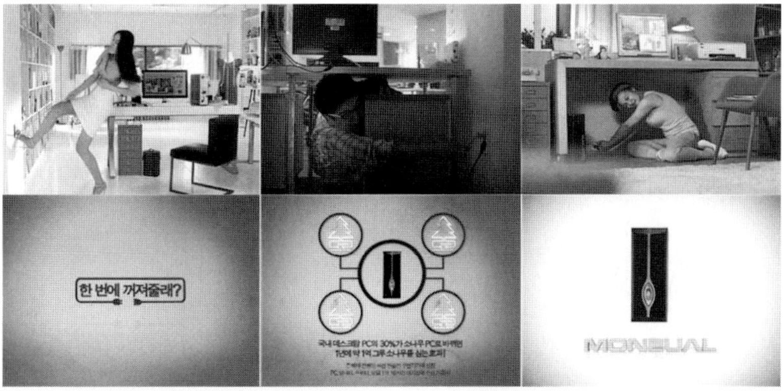

그림 6-10 ■ 모뉴얼 소나무컴퓨터 광고 (2010. 9)

던 소비문화에서 복합 디지털 미디어 센터의 역할을 하는 컴퓨터가 등장하자 우리나라의 소비문화와 여가생활은 이전과는 전혀 다른 양상으로 전개되었다.

3) 2010년대의 개인용 컴퓨터 광고

현대 마케팅에서는 소비자가 자연스럽게 받아들일 수 있는 소비 가치를 강조하면서 마케팅의 속도를 조절한다. 모뉴얼 소나무컴퓨터 TV 광고(2010)에서는 컴퓨터 사용자들이 공감할 수 있는 소재와 "꺼져줄래?"라는 카피를 활용해 강력한 인상을 심어주었다. 생활 속의 이야기를 유머러스하게 표현한 광고 카피는 다음과 같다. "Na) PC를 꺼도 뽑고 또 뽑고/ 모두 뽑아야 꺼지는 컴퓨터들이여/ 한 번에 좀 꺼져줄래?/ 손 까딱 안 해도 주변기기가 한번에/ 다 꺼주면 소나무가 살아난다/ MONEUAL 소나무 PC." 소나무컴퓨터는 브랜드 인지도가 낮았지만 성능과 환경까지 고려한 컴퓨터라고 해서 소비자의 관심을 끌었다. 컴퓨터의 성능에서 환경까지 생각하는 진정성 마케팅을 구현했다.

전체 소비 공간을 컴퓨터로 대변한 광고도 있었다. 익스트림 3D 엔터테이너 3D R590 온라인 광고(2010)는 3D모니터 화면과 일반 LCD 모니터를 비교해 소비자가 문화 콘텐츠를 더욱 실감나게 즐길 수 있다는 점을 묘사했다. 한정된 장소에서만 즐길 수 있었던 문화 콘텐츠를 집에서도 편리하게 즐길 수 있다는 메시지를

그림 6-11 ■ 익스트림 3D R590 온라인 광고 (2010)

전달한 것이다. "익스트림 3D 엔터테이너! 3D R590/ Amazing 3D." 특수 안경을 끼고 콘텐츠를 보면 화면 속 사물이 눈앞으로 튀어나오는 생생한 입체 영상을 경험할 수 있는 제품이었다. 이밖에도 2010년에 들어서 몰링(Malling)[8]을 추구하는 소비자들이 컴퓨터를 통해 3D뿐만 아닌 다양한 콘텐츠를 즐길 수 있게 되었다.

코어 컴퓨터 온라인 광고(2011)에서는 취미생활로 게임을 좋아하는 사람들을 겨냥했다. 게임은 학생들의 전유물 같은 느낌이 강했지만 2010년대에는 직장인들도 여유 시간에 게임을 하는 시간이 많아졌다. 이 광고에서는 경제적 여유가 있는 직장인들을 겨냥해 인기 게임을 설명하고, 그에 걸맞은 컴퓨터 사양을 추천했다.

2010년대 이후에는 친환경 제품을 우선적으로 구매하려는 소비 성향이 뚜렷하게 나타났다. 소비자들은 환경 문제가 심각해지고 있다는 사실에 동의하며 친환경적 제품에 대해 기꺼이 프리미엄을 지불하려는 움직임을 보여주었다. 단순히 물건을 사는 행위를 넘어 쇼핑 자체를 하나의 '즐거운 경험'으로 여기는 소비자들이 늘어났다. 소비자들은 기존 컴퓨터에서 제시한 제한적인 혜택을 넘어서 다양한

8 복합 쇼핑몰에서 쇼핑뿐만 아니라 여가도 즐기는 소비 행태를 뜻한다.

그림 6-12 ▪ 코어 컴퓨터 온라인 광고 (2011)

볼거리와 문화 활동은 물론 쇼핑까지 컴퓨터에서 즐기기를 원했다.

주5일제가 실시되면서 남은 시간적 여유를 컴퓨터의 인터넷 커뮤니티에서 보내는 사람도 늘었다. 인터넷 커뮤니티에서 얻은 지식과 간접적인 체험은 소비자의 새로운 취미로 연결되었다. 사이버 공간에서 많은 지식을 얻고 다른 사람의 이야기를 듣다보면 간접적으로 체험하고 합리적으로 소비하는 경향을 띠게 된다. 2010년 이후부터는 컴퓨터 취미생활을 통해 그들만의 여가 시간(게임, 온라인 동호회, 카페 등)을 보내고 비슷한 취미를 가진 사람들끼리 뭉치는 경향이 갈수록 강화되었다.

02 노트북 광고의 흐름

노트북은 본체, 모니터, 그리고 키보드가 하나로 합쳐진 것으로, 표시 화면(모니터), 입력장치(키보드), 배터리(전지)가 본체와 일체화된 경량의 개인용 컴퓨터이다. 노트북은 주로 한국에서 쓰이는 이름이고 서양에서는 무릎 위에 올려놓고 쓴다는 의미에서 노트북이 아닌 '랩탑'이라고 부른다. 우리나라에서는 처음에 휴대용 컴퓨터가 등장할 때부터 랩탑이라고 하지 않고 노트북이라고 했다.

우리나라에서는 휴대용 컴퓨터를 '노트북'으로 통칭하고 있지만 노트북을 굳이 정의하자면 일상적으로 휴대해 사용하기 편하도록 공책 크기로 만든 경량 컴퓨터를 말한다. 따라서 노트북과 랩탑은 같은 말이 아니라 랩탑 안에 노트북이 포함되어 있다고 보는 것이 올바르다. 노트북은 데스크톱에 비해 휴대성이 높다는 장점이 있지만, 성능이 떨어지는 편이고 가격도 비싸 1990년대까지만 하더라도 그다지 널리 보급되지 않았다.

지금도 컴퓨터라고 하면 대부분의 소비자들이 커다란 본체와 모니터 및 키보드가 조합된 데스크톱을 떠올리는 것이 보통이다. 1980년대 초반에 A4 크기로 운반이 가능한 컴퓨터가 개발되어 소형 컴퓨터로 불렸다. 풀 키보드와 작은 액정 디스플레이를 갖춰 마이크로 카세트나 프린트의 입출력 기기를 탑재한 경우도 있었지만, 데스크톱 컴퓨터와는 호환성이 없는 별개의 상품이었다.

1980년대 중반에는 데스크톱 컴퓨터와 호환되며 운반이 가능한 컴퓨터가 개발되었다. 그런 가운데 1989년에 일본 도시바에서 개발한 DyNaBook J-3100 SS는 업계에 충격을 주었다. A4 크기로 2Kg대의 가벼운 무게를 유지하고 최소한의 인터페이스와 대형 액정 디스플레이를 갖춘 상태에서 데스크톱 컴퓨터와 호환성을

그림 6-13 ■ 도시바 DyNaBook 노트북 (1989)

유지함으로써 노트북 컴퓨터라는 새로운 시장을 열었다.

2000년대에 접어들어 노트북 시장은 더 커지고 다양해졌다. 노트북은 점점 패션화를 지향하며 소비자가 원하는 크기와 성능을 갖춘 맞춤형 디자인으로 그 폭을 넓혀나갔다. 그 무렵 멀티미디어 효과와 그래픽을 생생하게 보여주는 광고들이 인기를 끌었다. 2010년 이후에는 스마트폰이 널리 사용됨에 따라 걸으면서, 음악을 들으면서, 운동하면서, 손 안에서 컴퓨터를 쓸 수 있게 되었다.

1) 1990년대의 노트북 광고

대우통신 SOLO TV 광고(1997)에서는 제품의 특별히 다른 속성이나 시대 상황에 맞는 이야기를 광고에서 표현하지는 않았다. 외계인으로 추정되는 모델들과 우주 공간을 보여주고 시중에 있는 상품보다 앞서간다고 하며 '미래형 노트북'이라는 카피를 제시했다. 주요 카피는 다음과 같다. "Na) 지금 노트북의 미래를 본다./ 미래형 노트북 솔로 하나면 충분하다/ 미래형 노트북 솔로!" 제품의 속성을 설명하지 않고 이미지로만 메시지를 전달하려 한 광고이다. 1997년 시점에서 40메가의 기본 메모리와 20배속 CD롬을 갖춘 노트북은 상당히 앞선 노트북 모델이었다. 주로 책상에서 인터넷을 이용하거나 문서 작업을 하던 소비자들에게 이전과는 다른 미래형 노트북의 등장은 신선한 충격 그 자체였다.

1999년에는 인터넷망이 전국으로 확대되었다. 삼성센스 노트북 TV 광고(1999)에서는 노트 필기의 불편함을 없앴다는 소비자 혜택을 강조했다. 처음에는

그림 6-14 ■ 대우통신 SOLO 광고 (1997. 1)

대학생용 노트북이 아닌 직장인용 노트북으로 소비자 타깃을 정했다. 노트북의 성능이나 외관 모양보다 인터넷에 적합하다는 혜택을 강조했다. 광고 메시지의 초점도 노트북 자체의 성능보다 인터넷에 적합하다는 사실에 집중했다. 카피는 다음과 같다. "자막) 오전 10:00 마케팅 회의/ 남) 자료 준비해놔! 다시!/ Na) 삼성 인텔 펜티엄/ 자막) 이제는 센스가 필요한 세상이다./ Na) 센스 있게 살자./ CM) 삼성 노트북-/ 자막) 시대를 앞서가는 경쟁력 삼성 센스/ 자막) 또 하나의 가족- 삼성전자."

1990년대 후반에는 각종 노트북 상품이 쏟아져 나왔다. LG IBM, 도시바,

그림 6-15 ■ 삼성센스 노트북 광고 (1999. 1)

삼성 센스, HP, 삼보 같은 다양한 상품이 있었는데 삼보는 자사 상품을 확실히 기억시킬 모델이 필요했다. 1999년은 우리나라가 구제금융 위기를 겪고 난지 얼마 지나지 않았던 때로 사람들은 미국의 메이저 리그에서 투수로 뛰던 박찬호의 경기를 보면서 위안을 얻었다. 야구선수 박찬호는 당시 국민 영웅이었으며 사람들에게 희망을 주었다. 삼보컴퓨터 드림북 TV 광고(1999)에서는 박찬호를 모델로 기용해 노트북과 친숙한 이미지를 만들려고 했다. 카피는 다음과 같다. “남자 Na) 결정의 순간/ 나의 또 다른 승부구- 삼보 드림북/ 노트북 특급 삼보 드림북- 삼보컴퓨터.”

그림 6-16 ■ 삼보컴퓨터 드림북 광고 (1999. 1)

삼성센스 노트북 TV 광고(1999)의 비주얼과 카피에서 알 수 있듯이 실생활에서 필요한 장면을 감동적인 영상으로 강조했다. 이 같은 광고 스타일은 신제품 광고에서 자주 활용된다. “센스도 없어요?”라고 말하는 카피는 센스 노트북이 없는 소비자에게 뒤처지고 있다는 느낌을 줄 것이다. 카피는 다음과 같다. “자막) 오후 3:00 경쟁 평가회/ 남) 어, 난데 자료 팩스로 빨리 넣어 하하하-/ 자막) 무선데이터 통신/ 징글) 인텔 팬티엄 프로세서/ 여) 센스도 없어요?/ 자막) 이제, 센스가 필요한 세상이다/ Na) 센스있게 살자/ 징글) 삼성노트북 센스/ 자막) 시대를 앞서가는

그림 6-17 ■ 삼성센스 노트북 광고 (1999. 1)

경쟁력/ 삼성 센스 모두 함께 누리는 디지털!/ 삼성전자/ SAMSUNG DIGITall."

2) 2000년대의 노트북 광고

2000년 이후부터 노트북이 더 인기를 끌었다. 따라서 노트북을 켜지 않고 MP3를 들을 수 있는 멀티태스킹 기능을 부각시키며 한 단계 발전된 노트북의 기능을 광고했다. 이처럼 기술이 발전해 더 편리한 노트북으로 거듭나면서 소비자의 호기심도 증가했다. 휴대성을 중시한 센스 노트북이 출시되면서 '디지털 유목민'이라는 키워드도 덩달아 인기를 끌었다.

그림 6-18 ▪ 삼성전자 센스 X1 광고 (2002)

삼성전자 센스X1 TV 광고(2002)에서는 Q30을 핸드백에 넣고 몽골의 드넓은 초원이나 장소를 불문하고 X1을 사용하는 장면을 보여주며 센스 노트북의 휴대성을 강조했다. X1 광고의 배경음악은 젊은이들에게 큰 인기를 얻었다. 카피는 다음과 같다. "자막) 센스 탑로딩/ Na) 인텔 센트리노 모바일 기술의 센스X1 탑로딩/ 자막) 탑로딩 방식의 신개념 ODD 초경량(1kg) 초슬림(19.2-23mm)/ 더 가까워진 인체 공학적 키보드/ 여) 하늘 끝에서 땅 끝까지 난 어디에나 있다/ 자막) 내장형 AV리모컨/ Na) 인텔 센트리노 모바일 기술의 센스X1 탑로딩/ 여) 디지털 유목민-센스."

2005년에는 유비쿼터스(ubiquitous)라는 말이 인기를 끌면서 사람들이 언제 어디서나 자유롭게 인터넷을 즐길 수 있다는 점이 강조되었다. 노트북만 있으면 언제 어디서나 인터넷을 빠르게 즐길 수 있다는 것이었다. 삼성전자 센스 Q30블루오션 TV 광고(2005)에서는 노트북의 이런 강점과 "디지털 유목민"이라는 슬로건을 내세웠다. 슬로건에는 자유롭게 디지털을 즐긴다는 의미가 내포되어 있었다. 자유로운 분위기의 영상으로 젊은 소비자를 겨냥했다. 카피는 다음과 같다. "자막)

그림 6-19 ■ 삼성전자 센스Q30 블루오션 광고 (2005)

센스로 즐기는 지상파 DMB/ Na) 유비쿼터스 시대/ 난, 유목민이다/ 디지털 유목민- 센스/ 자막) 센스 Q30블루오션 삼성전자."

삼성전자 센스 TV 광고(2009)에서는 소비자를 매료시킬 만한 비주얼은 없었지만 10년간 쌓아온 브랜드 이미지를 강조했다. 젊고 자유분방한 브랜드 이미지로 센스의 충성 고객을 만들겠다는 의도였다. 노트북으로 문서 작업을 하는 사람도 많겠지만 여가 시간에 영화를 보거나 게임 하는 사람들의 공통점을 바탕으로 노트북의 성능을 간략하게 설명했다. 화면이 더 넓어졌고 더 선명해졌다는 사실을 알리며 소비자의 구매욕을 자극했다. 카피는 다음과 같다. "자막) 인텔 Centrino inside/ 세상은 내가 보려하는 만큼 보이지/ 더 넓게 16:9 HD/ 선명하게 빛나는 LED/ 영화를 보고 게임을 하고/ 완벽하게 즐겨라/ It's SENS."

삼성전자 센스 Q45 TV 광고(2007)에서는 이전의 팬티엄보다 더 좋은 센트리노 듀오 프로세서 기술로 더 놀라운 노트북을 내놓았다고 강조했다. 이 광고에서는 소비자의 감성을 자극하는 "언제 어디서든 당신을 빛나게 만들어 드립니다"라는 슬로건을 광고에 활용했다. 이렇게 되면 소비자의 구매 의도도 올라갈 것이다. 광고에서는 센스 노트북의 성능과 브랜드 이미지를 감동적으로 묘사했다. 카피는 다음과 같다. "자막) 인텔 Centrino Duo/ 코어2 듀오/ 꿈을 이루다/ 놀이터가 되다/ 매력이 되다/ 아이가 되다/ 음악이 되다/ 친구가 되다/ Na) 인텔 센티리노 듀오/ 프로세서 기술의 센스Q45/ 자막) 강하다 작다 매혹적이다/ Na) 언제 어디서든 나를 빛나게 하는 바로 그것/ 자막) 디지털 유목민/ Na) 센스/ 여) 너도 해봐."

LG전자 엑스노트 미니 아이스크림 TV 광고(2009)에서는 작고 아기자기하고 깔끔한 디자인으로 노트북의 혜택을 전달했다. 엑스노트 미니 아이스크림을 한마디로 정의한다면 달콤하고 부드러운 아이스크림 같은 느낌이라는 것이다. 광고에서는 신민아를 모델로 활용해 사랑스러운 모습과 톡톡 튀는 배경음악으로 노트북의 장점을 표현했다. 카피는 다음과 같다. "자막) PC와 바로 연결/ 스마트링크/ 부팅 없이 바로 즐기는 스마트온/ XNOTE MINI와 LEVI'S가 만났다/ 리바이스 스페셜 에디션 출시!/ Na) 달콤한 나만의 스타일 엑스노트 미니 아이스크림."

2000년도의 랩탑 광고의 흐름에서 알 수 있듯이 디지털 제품인 '랩탑'의 성능은 빠르게 발전했다. 그렇지만 노트북의 성능이 워낙 빠르게 발전했기 때문에 노

그림 6-20 ■ 삼성전자 센스 TV 광고 (2009)

그림 6-21 ■ 삼성전자 센스 Q45 광고(2007)

트북 광고가 나와도 광고 메시지를 차별화하기가 쉽지 않았다. 그래서 노트북의 디자인이나 브랜드 이미지가 더 중요해졌다. 당시의 소비자들은 자신이 본 광고 브랜드에 대한 감정 반응에 따라 구매 의사를 결정하는 경우가 많았다.

그림 6-22 ■ LG전자 엑스노트 노트북 광고 (2009)

2000년대 초반에는 제품의 필요성 위주로, 중반에는 제품의 성능 위주로, 후반에는 제품의 성능과 브랜드 이미지를 동시에 소구하는 광고를 했다. 이에 따라 소비자는 빠르게 변화하는 노트북 성능에 발맞춰 계속 새로운 브랜드가 나오기를 기대했다. 초반에 랩탑 노트북의 판매량이 늘어난 것은 광고의 영향이 컸다. 랩탑 광고는 소비자를 매료시켰으며, 광고 메시지가 소비자의 욕구를 증폭시키기에 충분했다.

3) 2010년대의 노트북 광고

2010년에 들어서 노트북에 대한 소비자의 선호는 기본적인 성능을 바탕으로 단순하고 모던한 디자인 감각을 중시했다. 예컨대, X NOTE P210은 11.6인치 노트북보다 작은 사이즈지만 12.5인치의 넓은 디스플레이를 적용해 문자의 가독성을 높였다. 이 노트북은 인텔 코어2 프로세서보다 빠른 CPU로 터보 부스트 기술을 적용해 속도가 더욱 빨라져 3D 게임과 고화질 영화감상은 물론 멀티미디어 콘텐츠 작업도 가능한 수준으로 발전했다.

그림 6-23 ■ X NOTE P210 광고 (2010)

X NOTE P210 TV 광고(2010)에서는 'Compact+Skinny+Powerful'을 강조했다. 대형 화면과 휴대성을 원하는 소비자의 욕구를 반영해 대형 화면을 구현하고 크기를 줄였다. 광고에서는 모델 송중기가 X NOTE P210의 콘셉트 3개를 차례대로 설명하고, 신민아도 세 가지를 다 포기할 수 없다면 X NOTE P210을 선택하라고 설명했다. 이 광고에서는 소비자들이 매력을 느낄 제품의 장점을 고스란히 전달했다. 카피는 다음과 같다. "자막) 인텔 CORE inside/ 남) Compact, Skinny, Powerful?/ 자막) 어느 것 하나 포기할 수 없다면?/ Powerful + Skinny + Compact/ Na) 인텔코어 i5프로세서 엘지 엑스노트/ 자막) 더 넓어진 대화면/ Na) Compact 그렇지만 강한, LG X NOTE로 앞서가라/ AMAZING! LG X NOTE/ 자막) LG- Life's Good."

그림 6-24 ▪ X NOTE P430 광고 (2011)

X NOTE P430 TV 광고(2011)에서는 배터리를 포함해 무게가 1.94Kg이며 4.5mm 두께의 블레이드 디스플레이를 적용했다는 사실을 강조했다. 또한, 13인치 노트북과 동일한 크기이면서도 14인치의 디스플레이를 탑재할 수 있다는 점을 알렸다. 광고 카피는 다음과 같다. “Windows 7 Your PC, Simplified./ 블레이드. 절대 슬림이란 이런 것/ 블레이드 절대 슬림 4.5mm/ 얇고 강한/ [더 넓어진 대화면]/ LG X NOTE로 앞서가라/ [인텔i7 프로세서의 파워 퍼포먼스] Always Amazing LG X NOTE/ 어메이징 LG X NOTE/ LG Life’s Good.” 이 광고에서는 과장하지 않고 제품의 특성을 소비자에게 진솔하게 전달했다. 제품의 특성을 설명하며 다른 제품과도 비교하라고 2030 세대에게 소구했다.

광고는 소비자의 제품 구매에 영향을 미치지만 매장 방문이나 온라인 서핑도 막강한 영향을 미친다. 구매를 결정하는 데는 비싼 제품일수록 여성일수록 더 많은 시간이 필요하다. 여성들은 대체로 친목회 같은 비공식적인 자리에서 구매 정보를 얻고 상설 할인매장을 이용하는데 비해 남성들은 주로 이전에 구매해본 경험이 있는 곳에서 구매하는 경향이 있다.

노트북은 고관여 이성적 제품으로 가격대도 비싸기 때문에 소비자들은 구매할 때 더욱 신중하게 판단한다. 2010년대의 노트북 광고에서는 대중의 인지도가 높은 모델을 내세워 제품 정보를 상세히 알려주기보다 해당 제품이 다른 제품들보다 뛰어난 부분을 집중적으로 부각시켰다. 노트북 자체의 우수성을 독특한 비주얼과 간단한 카피로 설명했다. 보다 넓은 화면, 보다 뛰어난 성능, 편리한 휴대성은 노트북 광고 메시지의 필수 요건이었다. 2010년대의 노트북 광고에서는 소비자의 욕구를 반영한 메시지가 많았으며 결국 노트북 광고는 소비문화의 형성에 직접적인 영향을 미쳤다.

태블릿PC 광고의 흐름

03

태블릿PC는 2000년 마이크로소프트사에서 처음 출시했다. 태블릿PC는 터치스크린을 입력 장치로 쓰는 소형의 휴대형 컴퓨터로, 키보드나 마우스 대신 손가락이나 터치 펜으로 쉽게 조작할 수 있다. 납작하고 편편한 판(Tablet) 모양이어서 태블릿 또는 태블릿PC라고 하는데, 노트북과 개인정보단말기(PDA)의 특성을 동시에 지니며 동영상, 음악, 게임 콘텐츠를 검색하고 즐길 수 있다.

마이크로소프트사는 1992년에 '윈도우 포 펜(Windows for Pen)'이라는 필기체 인식 운영체계를 선보였지만 시장의 반응은 싸늘했다. 이후 2000년에 펜으로 입력할 수 있는 휴대용 컴퓨터인 태블릿을, 2002년에는 태블릿용 운영체제인 윈도 XP 태블릿PC 에디션을 출시했다. 그렇지만 좀처럼 태블릿PC 시장이 형성되지 않다가 네트워크 환경이 좋아지고 휴대용 장비기술이 발달하자 2010년에 애플사가 아이패드(iPad)를 출시하면서 시장이 활성화되었다.

태블릿PC가 등장함에 따라 미디어 분야의 성장 축이 디지털과 온라인으로 급속히 이동했다. 태블릿PC의 주요 응용 분야인 전자책 시장은 물론 온라인 영화와 게임 시장도 연평균 10% 이상으로 고성장했다. 아마존은 뉴욕타임스가 선정한 베스트셀러 112종 중 107권을 전자책으로 제공했으며 영상 및 게임 산업에도 새로운 사업기회가 발생했다(장성원, 정동영, 임영모, 권기덕, 오동현, 홍선영, 2010). 태블릿PC 시장은 기존의 넷북 수요층과 교육, 의료, 미디어 등 특수 목적에 부합하는 잠재 수요층을 중심으로 빠르게 성장했다. 시장조사기관 가트너(Gartner)에 따르면 태블릿PC는 2011년에만 전년 대비 연평균 77.5%나 고성장했으며 2014년까지 총 2억대 이상이 팔려나갔다(정경찬, 홍상균, 문형돈, 2011). 〈그림 6-25〉에서

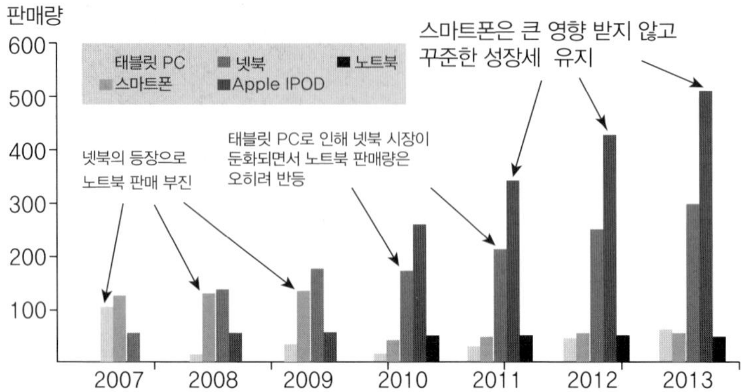

그림 6-25 ■ 휴대용 단말기의 판매량 추이 (단위: 100만대)
자료원: 한국인터넷진흥원 (2010). p.2.

휴대용 단말기(태블릿 PC, 넷북, 노트북, 스마트폰 등)의 판매량 추이를 확인할 수 있다.

휴대성이 뛰어나고 가벼운 성능으로 각광받았던 넷북은 태블릿PC 시장이 성장하자 가장 큰 타격을 받았다. 태블릿PC는 노트북보다 뛰어난 이동성을 무기로 넷북 시장을 빠른 속도로 잠식해나갔다. 데이터 트래픽을 대규모로 유발하는 태블릿PC는 이동통신사의 주목을 끌었다. 태블릿PC는 포화 상태에 도달한 음성시장에 주목하던 이동통신사의 기대를 충족시킨 플랫폼이었다. 기존의 노트북에 비해 이동성과 휴대성 및 편의성에서 뛰어난 태블릿PC는 미디어 혁명의 총아로 떠올랐다.

태블릿PC 광고를 살펴보자. 삼성 갤럭시탭 TV 광고 '론칭' 편(2010)에서는 한 남자가 갤럭시탭을 가지고 어떻게 하루를 지내는지를 보여주었다. 갤럭시탭으로 신문, 소설, 패션잡지와 최신영화까지도 감상할 수 있고, 여자 친구 있는 곳도 알 수 있다고 하면서 갤럭시탭으로 가능한 일들을 제시했다. 카피는 다음과 같다. "Na) 눈뜨자마자 신문을 Tab. 어젯밤 읽기 시작한 소설을 Tab. 패션 잡지를 Tab. 최신 영화를 Tab. 그녀가 있는 곳을 Tab. 그는 지금 Tab Tab Tab. 슈퍼미디어 갤럭시 Tab."

론칭 광고답게 브랜드 이름을 알리기 위해 "탭, 탭, 탭"을 반복했고 '슈퍼 미

그림 6-26 ■ 삼성 갤럭시탭 광고 (2010. 1)

디어'라는 브랜드 슬로건을 써서 갤럭시탭의 강력한 파워를 강조했다. 종이 신문에서 전자 신문으로 바뀌고, 모든 것을 전자 미디어로 할 수 있는 태블릿PC가 나오면서 소비자들은 생활 속에서 갤럭시탭을 쓰는 경우가 늘어났다. 소비자들이 탭을 이용해 표현한 하루는 지금까지 경험한 일상과는 전혀 다른 세상이었을 것이다.

갤럭시탭 론칭 당시 집행되었던 신문광고(2010)에서도 텔레비전 광고와 비슷한 분위기의 모델을 등장시켜 광고의 일관성을 유지했다. 갤럭시탭으로 할 수 있는 다양한 경험들을 카피에 담아내 소비자가 이해하기 쉽도록 했다. 카피는 다음과 같다. "이제 당신은 모든 것을 Tab하게 될 것이다!/ 슈퍼미디어 GALAXY Tab/ 읽고 보고 듣고 찾고 통화한다. Life is Tab! Tab! Tab!/ e-Reading 8만원의 도서, 8종의 신문/잡지, 100여종의 만화, 연구 보고서, 전문지를 Tab하다/ e-Reading 전자사전, 유명강사의 동영상 강의, 교과서를 Tab하다/ Mutimedia 카메라, 지상파 DMB, VOD 서비스, 3D 게임을 Tab하다/ Utility 아이나비 3D 네비게이션, 디지털 액자, 여행 가이드북을 Tab하다/ Smart work 탭만의 음성/ 영상통화, 문자 수정, 컴퓨터처럼 인터넷을 Tab하다."

그림 6-27 ■ 갤럭시탭 신문광고 (조선일보, 2010. 11. 30)

아이패드2 텔레비전 광고(2010)에서는 간단명료한 단어를 나열해 제품의 기능을 확실하게 알렸다. 요리, 공부, 음악, 능력, 라이브, 매거진, 풀사이즈, 가족, 매직 같은 단어를 화면에 하나씩 제시함으로써 군더더기 없는 메시지를 전달했다. 간단명료한 카피로 혁신적인 기능과 어플리케이션을 소개한 이 광고는 소비자들에게 갤럭시탭을 사고 싶은 욕구가 일어나게 했다. 아이패드의 스타일 그 자체만으로도 확실하게 차별화시킴으로써, 제품의 효율성을 환기하는 동시에 소비 가치를 촉구하는 광고였다.

삼성 갤럭시탭 10.1 텔레비전 광고(2011)에서는 제품 활용법과 기술적 변화를 감각적으로 표현했다. 갤럭시탭 10.1을 사용하면 더 자유롭고, 더 빠르게, 더 생생하게, 더 다양하게, 더 실감나게 일상의 혜택을 누릴 수 있다는 것이다. "어디서든 자유롭게, 더 빠르게. 움직임이 더 생생하게, 더 다양하게, 더 실감나게"라는 카

그림 6-28 ■ 아이패드2 광고 (2010. 12. 4)

그림 6-29 ■ 삼성 갤럭시탭 10.1 광고 (2011. 7)

피에서는 기술의 혁신을 보여주었다. “앞서 가고 싶다면 탭 하라!” 더 발전한 갤럭시탭 10.1의 장점을 잘 부각시킨 카피 파워로 인해 소비자들은 남보다 앞서가고 싶다는 마음을 가졌을 것이다. 카피는 다음과 같다. “Na) 10.1을 Tab. 멀티태스킹을 더 자유롭게 Tab. 인터넷을 더 빠르게 Tab. 영상통화를 더 생생하게 Tab. 이북(e-book)[9]을 더 다양하게 Tab. 영상을 더 실감나게 Tab. 앞서가고 싶다면 Tab하라. How to live SMART. 갤럭시Tab 10.1.”

아이패드2 텔레비전 광고(2011)에서는 방송인 배철수의 부드러운 내레이션을 통해 아이패드2로 할 수 있는 다양한 기능을 설명했다. 가지고 있는 기술보다 더 많은 것을 생각하고 담았다는 메시지로 애플이 기술의 한계를 뛰어넘었다고 했다. 차분하고 설득력 있는 목소리의 내레이션으로 소비자의 주의를 집중시키며 감성을 자극하는 광고였다. 제품의 기능과 기술을 강조하는 다른 광고에서와는 달리, 이 광고에서는 “기술이 한발 물러나 있을 때 그것이 진보이고 새로운 결과를 만들어내는 것”이라며 사람을 위한 감성적 제품이라는 메시지를 전달했다.

이 광고에서는 기술의 진보와 새로운 혁신을 이룩했다는 의미를 “기술이 한발 물러나 있을 때”라는 반대말로 표현한 점이 가장 돋보인다. 제품의 특성이나 기능을 알리지 않고 첨단기술과 감성의 만남을 연결해 소비자의 감정을 자극한 점이 이 광고의 미덕이다. 카피는 다음과 같다. “Na) 우리는 믿습니다. 기술만으로는 충분하지 않다고. 더 빠르고, 더 얇고, 더 가볍다는 것. 모두 좋지만 기술이 한발 물러나 있을 때, 모든 게 더 즐거워지고 비로소 놀라워지는 것이라고. 그것이 곧 진보이고 새로운 결과를 만들어내는 것, 바로 이런 것처럼. 자막) iPad2.”

“우리가 믿는 것이 바로 이것이다. 기술만으로 충분하지 않다는 것. 아이패드2는 더 빠르고 얇아졌고 가벼워졌다. 이 같은 기술은 더 많은 기쁨과 편리함을 주고, 심지어 마법 같은 경험을 주기 위한 하나의 수단.”이라는 광고 카피에는 스티브 잡스와 애플의 철학이 담겨있다. 당시에 광고를 본 누리꾼들은 “아, 광고를 어떻게 이렇게 만들죠. 소름 돋네요.”, “광고만 봐도 지름신이 강림하시네요. 큰일이

[9] 종이 대신 디지털 파일로 글을 읽는 차세대 전자책이다. 기존의 종이책 대신 인터넷의 표준 언어인 HTML과 XML을 응용해 만든 디지털 책을 전용 뷰어(viewer)를 통해 보는 디지털 콘텐츠 서비스이다.

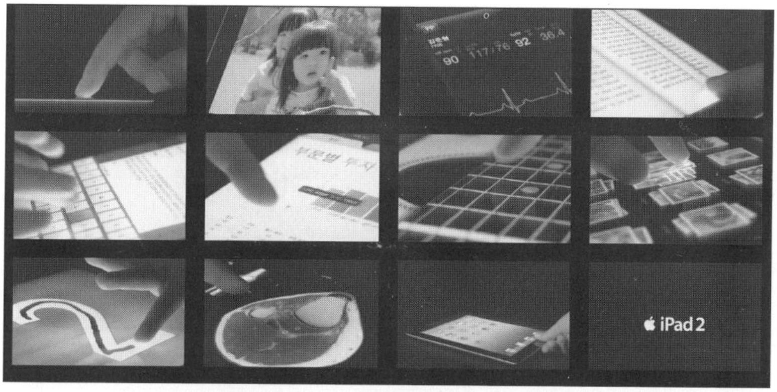

그림 6-30 ■ 아이패드2 광고 (2011. 5)

다.", "이 광고를 갤탭으로 봤더니 두 배로 슬픔", "역시 기능 위주의 심플한 광고가 신뢰가 가는 것 같아요."라고 반응하며 광고 메시지에 전폭적인 지지를 보냈다(이혜미, 2011).

이에 맞서 삼성전자는 태블릿PC 갤럭시탭으로 신문광고와 텔레비전 광고를 연계한 크로스오버 광고를 선보여 주목을 받았다. 삼성전자는 갤럭시탭 신문광고에 무려 20개의 QR코드[10]를 삽입해, 신문을 보다가도 스마트폰이나 마이크로사이트에서 TV 광고까지 볼 수 있는 크로스오버 광고를 선보였다(송정렬, 2010). QR코드는 바코드에 비해 훨씬 많은 정보를 담을 수 있는 격자무늬의 2차원 코드인데, 이 광고에서는 스마트폰으로 QR코드를 스캔해 다양한 정보를 제공받을 수 있도록 고려했다.

갤럭시탭 신문광고에 설치한 검정색의 18개 QR코드를 통해 탭 택시 드라이버로 변신한 개그맨 듀오 컬투가 아이돌 그룹 2PM, 슈퍼스타K, 여자 축구선수 지소연 등 유명인과 함께 한 '탭 택시(Tab Taxi)' 영상도 볼 수 있었다. 온라인에서 화제를 모은 '탭 택시' 영상을 마이크로사이트(www.Tabtaxi.com)나 오프라인에서도 QR코드를 활용해 시청할 수 있었다. 청색의 QR코드 2개를 통해 온라인 광고전문

---

10 흑색 격자무늬 패턴으로 정보를 나타내는 매트릭스 형식의 이차원 바코드이다. 명칭은 덴소 웨이브의 등록상표 Quick Response에서 유래했다. QR코드는 가로세로 배열로 숫자 7,089자, 문자 4,296자를 넣을 수 있어 인터넷 주소와 동영상 등 많은 정보를 담을 수 있는 것이 특성이다.

그림 6-31 ■ 갤럭시탭 10.1 신문광고 (동아일보, 2011. 8. 26)

사이트 TVCF(www.tvcf.co.kr)에서 갤럭시탭 TV 광고도 시청할 수도 있었다.

갤럭시탭 10.1 신문광고(2011)에서는 한 여성이 그림을 보고 싶어 하자 갤럭시탭 10.1의 선명한 화질로 대형 건물의 천장에 그려진 그림을 보는 모습을 연출했다. "앞서가고 싶다면 10.1로 탭하라/ 가벼운 무게 선명한 화질 빠른 속도"라는 헤드라인에서 갤럭시탭 10.1의 혁신성을 강조했다. 또한, 가벼운 무게, 선명한 화질, 빠른 속도 같은 장점을 부각시켜 제품의 기능을 집중적으로 묘사했다.

삼성 갤럭시탭 10.1 인터넷 광고(2011)를 보자. "2011 가을을 즐기는 가장 스마트한 방법! GALAXY Tab 공모전. GALAXY Tab 10.1 SMART Festival"이라는 카피로 갤럭시탭을 이용해 프로야구를 응원하는 탭 서포터즈 모집과 갤럭시탭 10.1을 활용하는 아이디어 공모전, 갤럭시탭 10.1을 사용한 뽀로로 탭 동화 구연의

그림 6-32 ■ 삼성 갤럭시탭 10.1 인터넷 광고 (2011)

스마트 축제 행사를 안내하는 광고였다. 이 인터넷 광고에서는 가장 스마트한 방법으로 가을을 보낼 방법을 제시했다. 600만 관중을 동원해 관심이 뜨거웠던 프로야구 소재를 활용해 관심을 끌었으며, 어린이에게 인기를 모은 뽀로로 캐릭터를 이용해 소비자의 관심을 집중시킨 광고였다. 갤럭시탭 10.1의 기능을 보여주는 광고가 아닌 갤럭시탭 10.1을 이용해서 할 수 있는 행사나 프로모션을 알림으로써 신문광고보다 더 흥미를 유발했다.

신상품 등장이 빨라진 가운데 삼성전자는 2011년 11월 9일, '삼성 슬레이트 컴퓨터 시리즈 7'이라는 컴퓨터를 출시했다. 이 제품은 휴대성이 우수한 태블릿PC와 성능이 뛰어난 노트북 컴퓨터의 장점을 모두 겸비한 새로운 개념의 컴퓨터였다. 마이크로소프트 윈도우OS가 탑재된 슬레이트 컴퓨터는 태블릿PC의 주요 기능인 e-Book, 웹서핑, 애플리케이션 같은 멀티미디어 콘텐츠를 이용하고 콘텐츠도 만들 수 있었다(김대연, 2011). 카피는 다음과 같다. "자막) 삼성 슬레이트 PC 론칭쇼/ 남1) 이제까지와는 차원이 다른 새로운 세상을 경험할 수 있을 겁니다./ 남2) 고성능 태블릿이군요?/ 남1) 태블릿PC는 아닙니다. Windows7 OS, SSD, 4G 바이트의 메모리를/ 여1) 그럼 노트북인가요?/ 남1) 노트북이라고 하기엔 터치스크린 인터페이스와 디지타이저 펜을/ 남2) 도대체 정체가 뭡니까?/ 남1) SLATE. SLATE

그림 6-33 ■ 삼성 SLATE 컴퓨터 시리즈7 (2011. 11)

PC/ 자막) 노트북과 태블릿의 놀라운 결합/ Na) Samsung SLATE PC SERIES 7/ 남3) 대체 정체가 뭐야?/ 자막) How to live SMART."

이 광고에서는 기존의 태블릿PC와 노트북을 결합한 또 다른 미디어의 가능성을 보여주었다. 슬레이트 컴퓨터가 출시되자 소비자는 태블릿PC의 이동성과 편리성은 물론 노트북의 탁월한 작업수행 능력을 동시에 경험하게 되었다. 소비자는 이제까지와는 또 다른 컴퓨터 세상과 새로운 미디어를 경험했다. 태블릿PC는 미디어 혁명의 시발점이었다. 이전까지는 작은 화면에 눈과 귀만 활용했지만 태블릿PC가 등장한 이후부터는 시각, 청각, 촉각으로도 미디어를 접하는 세상이 되었다.

기술의 진보와 더불어 소비자의 생활은 갈수록 더 편리해졌다. 빠르고, 신선하고, 혁신적이고, 혁명적인 미디어들이 등장했다. 갤럽시탭 10.1 The Lighter 광고(2011) 역시 직장인의 모습을 통해 제품의 특성인 '가벼움'을 강조했다. 광고에서는 "더 많은 가능성을 565g의 가벼움과 함께 하라"는 카피를 유머러스하게 전

그림 6-34 ■ 갤럭시탭 10.1 The Lighter 광고 (2011)

달했다. 이 광고에서는 공감할 수 있는 스토리를 구성해 제품의 특성을 전달하는 데 성공했다.

태블릿PC의 기본적 속성을 이용해 모든 타깃에게 소구하던 아이패드 광고와는 달리 갤럭시탭 광고 '비즈니스' 편(2012)에서는 특정 타깃을 대상으로 메시지를 소구했다. 이는 아이패드 광고와 차별화하기 위한 갤럭시탭의 광고 전략이 반영된 결과였다. "누구를 위해 Tab은 일하나"라는 카피를 써서 실제로 직장에서 갤럭시탭이 다양한 업무에 사용되며, 업무의 효율성을 높여준다는 장점이 강조되었다. 다양한 직업군에서 발휘되는 갤럭시탭의 성능은 직장인들에게 매력적으로 다가갔으며, 태블릿PC가 업무용으로도 뛰어나다는 가능성을 보여주었다. 카피는 다음과 같다. "Na) 누구를 위해 Tab은 일하나/ 환율, 금리, 유가, 통계, 그래프/ 봐야 할 금융정보가 너무 많은 당신을 위해/ 강의, 연구, 평가, 피드백/ 가르쳐야할 학생이 수백 명인 당신을 위해/ 수십 명의 진료 차트, 수술 차트, 수많은 케이스/ 하루는 24시간인데, 필요한 건 48시간인 당신을 위해/ 인재만 뽑았는데/ 출근만 하면 어리버리해지는 세상 모든 신입사원들을 위해/ 당신의 비즈니스를 위해/ 갤럭시탭을 일하게 하라/ How to work/ 비즈니스를 위한 갤럭시탭."

갤럭시탭 초기 모델에서 10.1인치의 디스플레이를 장착한 갤럭시탭 10.1은 더 커지고 더 가벼워진 제품의 특성과 개선된 성능을 그대로 보여주었다. 광고에서는 외국인 모델을 활용해 태블릿PC의 소비자 혜택을 담백하게 표현했다. 카피는 다음과 같다. "10.1을 Tab/ Na) 크기에 도전하라/ 더 커진 10.1 디스플레이 Tab/ Na) 가벼움으로 진화하다/ 더 가벼워진 575g Tab/ Na) 슬림함으로 승부하다/ 더 슬림해진 8.6mm Tab/ Na) 속도로 압도하다/ 더 빨라진 HSPA+ Tab/ 앞서가고 싶다면 Tab하라/ 갤럭시탭 10.1" "10.1을 Tab/ Na) 이미지를 더 깨끗하게 Tab/ 더 깨끗하게 WXGA의 고화질 Tab/ Na) 영상통화를 더 생생하게 Tab/ 더 생생하게 10.1 디스플레이 Tab/ Na) 멀티태스킹을 더 자유롭게 Tab/ 더 자유롭게 듀얼코어 Tab/ 앞서가고 싶다면 Tab하라/ 갤럭시탭 10.1."

2012년에 삼성전자는 갤럭시탭 8.9 LTE라는 신제품을 출시했다. 기존 광고에서 업무의 상황적 특수성을 강조하며 그에 알맞은 제품의 혜택을 보여주었다면, 갤럭시탭 8.9 LTE 광고(2012)에서는 일상생활 속에서 갤럭시탭이 어떻게 사용되

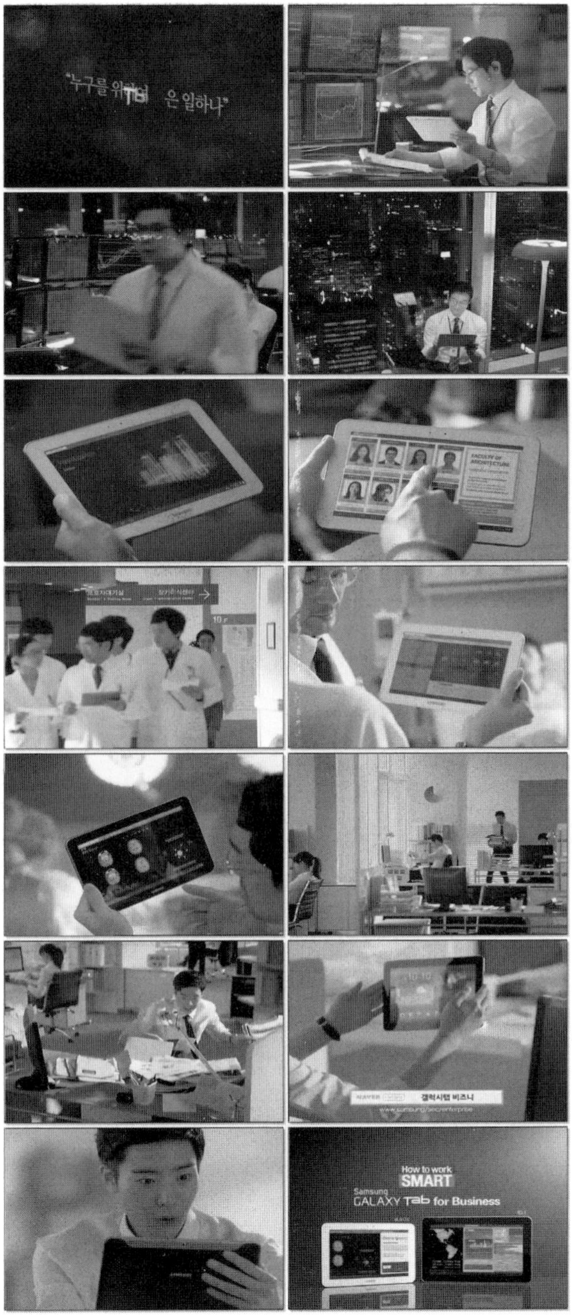

그림 6-35 ■ 갤럭시탭 광고 '비즈니스' 편 (2012)

그림 6-36 ■ 갤럭시탭 광고 '앞서가고 싶다면' 편 (2011)

그림 6-37 ■ 갤럭시탭 8.9 LTE 광고 (2012)

그림 6-38 ■ 갤럭시 노트 신문광고 (조선일보, 2012. 8. 20/ 8. 24)

고 있는지를 형상화했다. 부모의 입장에서 갤럭시탭을 바라보는 관점으로 광고를 구성한 것이다. 회사에서는 능력 있는 직장인이지만, 집에서는 자상한 아버지의 모습을 갤럭시탭과 연관시킨 점도 기존 갤럭시탭 광고와는 달랐다. 카피는 다음과 같다. "Na) 넌 나에게 장난을 걸고/ 날 이기고 싶어 하고/ 백만 가지 질문을 하고/ 내 무릎에 앉고/ 내 옆에만 꼭 붙어있지/ 이상하게도 너랑 있으면 시간이 빨리 가/ 이 시간 소중해서, LTE로!/ How to live Smart, Galaxy Tab 8.9 LTE."

갤럭시 노트 신문광고(2012)에서는 텔레비전 광고에서 보여주지 못한 제품의 특성을 세세히 설명했다. 기존의 태블릿PC와 다른 펜 기능과 멀티스크린 기능을 효과적으로 알려주기에 충분한 광고 메시지였다. 텔레비전 광고에서 지나칠 수 있는 제품 성능을 신문광고로 보완함으로써 제품에 대한 신뢰도를 향상시켰다. 카피는 다음과 같다. "스케일이 다른 갤럭시 노트 10.1의 등장/ Samsung Galaxy Note 10.1/ 이 노트의 S펜으로 세상에 없던 것이 있게 될 것이다/ 1024단계 필압으로 무엇이든 그리고, S펜 우선 인식 기능으로 손바닥을 대고 쓰고,/ 고무/플라스틱 펜촉의 부드러움까지/ 자, S펜, 못할 것이 무엇인가?" "스케일이 다른 갤럭시 노트

10.1의 등장/ Samsung Galaxy Note 10.1/ 이 노트의 멀티스크린으로/ 한계와 경계는 사라질 것이다. 한 번에 이것, 저것, 그것을 하고,/ 이 화면과, 저 화면을 거침없이 넘나들 것이다/ 자, 멀티스크린, 못할 것이 무엇인가."

태블릿PC는 기존의 컴퓨터와는 전혀 다른 '콘텐츠 소비 디바이스'의 위치를 구축했다. 스마트폰에서 느낀 사용자 경험이 태블릿으로 옮겨가는 것이나 마찬가지였다. 아이패드가 처음 나왔을 때 호의적인 반응도 있었지만 IT 전문가들과 블로거들은 제품의 성능을 의심했다. 노트북처럼 성능이 뛰어나지도 않고 아이폰이나 아이팟처럼 휴대성도 좋지 않은 태블릿PC로 도대체 뭘 하겠느냐는 평이 지배적이었다. 기술적 진보만을 진보로 받아들인 사람들은 얼마 못 가서 자신의 오판을 인정해야 했다. 아이패드는 아이폰보다 더 큰 화면으로 사람들에게 새로운 경험과 새로운 컴퓨팅 환경을 제공했기 때문이다(정지훈, 2011).

아이패드2의 다음과 같은 광고 카피를 보자. "우리는 믿습니다. 기술만으로는 충분하지 않다고, 더 빠르고, 더 얇고, 더 가볍다는 것. 모두 좋지만 기술이 한발 물러나 있을 때, 모든 게 더 즐거워지고 비로소 놀라워지는 것이라고. 그것이 곧 진보이고 새로운 결과를 만들어내는 것, 바로 이런 것처럼." 이 카피에서 전하고자 하는 메시지는 기술만이 전부는 아니며 인간을 깊이 들여다봐야 세상도 바뀌게 된다는 점이다.

새로운 기술력을 갖춘 태블릿PC 광고를 보며 소비자들은 신기한 미래가 열렸다고 기뻐했을 것이다. 삼성경제연구소는 태블릿이 등장함으로써 출판, 영상, 교육, 게임 같은 미디어 분야에 근본적인 변화를 초래하고 새로운 미디어 시대를 열어갈 것이라고 전망했다(장성원, 정동영, 임영모, 권기덕, 오동현, 홍선영, 2010). 예컨대, 태블릿PC와 함께 전자책 시대가 본격적으로 시작되면 전자책이 신문이나 잡지의 역할과 기능을 상당부분 흡수할 것이다. 텔레비전이나 신문을 보지 않고 듣는다는 미디어 환경 변화를 고려하면, 태블릿PC의 등장은 단지 미디어 테크놀로지 하나가 새로 등장했다는 의미가 아닌 미디어 산업의 흐름을 바꿀 중요한 사건의 시작이었다.

태블릿PC로부터 시작된 미디어 산업의 급변은 광고산업계에도 엄청난 영향력을 미쳤다. 콘텐츠 사업자들은 미디어 이용 시간의 감소와 구독률 하락에서 비롯되어 광고 수익의 하락으로 이어지는 어려움을 태블릿 기반의 콘텐츠 및 광고 사업을 시도해 새로운 돌파구를 찾고자 했다(김병조, 2010). 태블릿PC가 미디어 산업의 변화를 주도하면서 소비자 행동에도 많은 변화가 나타나게 되었다.

태블릿으로 인한 소비생활의 변화 중 가장 눈여겨 볼만한 점은 신문과 잡지 같은 전통매체를 대신할 아날로그 인쇄 위주의 애플리케이션이었다(김병조, 2010). 단순한 아날로그 매체에 비해 다양한 경험을 추가하는 태블릿의 쌍방향적 특성은 콘텐츠 소비를 목적으로 하는 소비자에게 다양한 형태의 광고로 제공되었다. 결국, 태블릿이라는 콘텐츠 소비 디바이스가 등장함으로써 전통적 미디어 산업과 소비생활은 물론 광고산업 영역에도 큰 변화가 일어난 것이다.

스마트 미디어 시대의 소비자들은 태블릿을 이용해 일과 오락을 모두 해결하고 있다. 태블릿을 들고 출근하면서 차 안의 대형화면으로 뉴스나 교육 프로그램을 즐기다가 회사에서는 업무를 계속한다. 퇴근길에도 미디어를 소비하며 간단한 콘텐츠를 생산할 것이다. 집에 와서도 대형 디스플레이와 연계하거나 침대에 누워 태블릿 디스플레이를 통해 콘텐츠를 즐길 수 있다. 소비생활의 변화는 아이패드, Nexus7, 갤럭시 시리즈의 2010년대의 태블릿PC 광고에서 구체적으로 묘사되었다. 태블릿PC 광고를 접한 소비자들은 그렇지 않은 사람들에 비해 자신의 일상생활 속에서 태블릿을 활용할 가능성이 커질 수밖에 없다.

이처럼 태블릿PC가 보편화되자 사람들이 미디어에 노출되는 시간은 계속 늘어날 것이다. 태블릿PC는 앞으로도 오랫동안 소비자의 개인비서 역할을 수행하며 기존의 컴퓨터나 스마트폰에 비해 훨씬 똑똑한 스마트 기기로 자리매김할 것이다. 소비자들도 자신의 소비생활과 소비패턴에 알맞은 미디어 테크놀로지를 선택하고 수용할 것이다. 지금 이 순간에도 미디어 테크놀로지는 현재진행형으로 진화하고 있다. 진화의 중심에 태블릿PC가 존재하며, 소비자들은 자신에게 유리한 미디어 테크놀로지로 이동할 것이다.

CHAPTER **07**

결론 및 전망

첨단 미디어 테크놀로지는 소비자의 일상생활에 엄청난 영향을 미치고 있다. 지금까지 1960년대 이후 현대화 과정에서 미디어 테크놀로지가 한국 사회에 어떠한 영향을 미쳐왔는지 알아보았다. 테크놀로지와 소비문화는 현대 사회의 대표적인 키워드이자 문화연구의 핵심 주제라는 점에서, 이 책에서 분석한 내용들은 매력적이었다. 이 책에서는 1960년대부터 대중화된 미디어 테크놀로지 광고물을 분석하고 미디어 테크놀로지의 소비 경험을 고찰하였다.

보다 구체적으로 1960년대, 1970년대, 1980년대, 1990년대, 2000년대, 2010년대라는 시간의 흐름에 따라 광고에 나타난 미디어 테크놀로지의 변화 양상을 고찰함으로써, 우리나라 미디어 테크놀로지의 소비문화사를 재구성하려고 했다. 미디어 테크놀로지의 소비문화사를 보다 체계적로 규명하기 위해 다음과 같은 두 가지 틀에 따라 제품을 분류하였다.

먼저, 제품범주별 공시적 분석(synchronic analysis)이다. 첫째, 영상 미디어 제품(visual products)은 흑백TV에서 컬러TV, 케이블TV, 위성TV, DMB, IPTV, 스마트TV까지가 해당되었다. 영상 미디어 제품을 분석한 결과, '가족 공동체의 형성과 해체' 과정이 나타났다. 둘째, 음성 미디어 제품(sound products)은 전축에서 라디오, 오디오, 카세트 플레이어, MP3 플레이어까지가 해당되었다. 음성 미디어 제품을 분석한 결과, '소리와 대중가요의 매혹성'이 드러났다. 셋째, 기록재생 미디어 제품(record products)은 카메라에서 비디오테이프레코더(VTR), CD 플레이어, DVD 플레이어까지가 해당되었다. 기록재생 미디어 제품을 분석한 결과, '일상의 기록과 장면의 재구성' 추세가 확인되었다. 넷째, 통신 미디어 제품(communication devices)은 유선전화기에서 카폰, 무선전화기, 무선호출기, 디지털 카메라폰, 스마트폰까지가 해당되었다. 통신 미디어 제품을 분석한 결과, '소통 방식의 차이와 변화'가 돋보였다. 다섯째, 컴퓨터 미디어 제품(computer products)은 개인용 컴퓨터(PC)에서, 노트북, 태블릿PC까지가 해당되었다. 컴퓨터 미디어 제품을 분석한 결과, '디지털 세상의 진화와 혁신'의 과정이 나타났다.

다음으로, 시기흐름별 통시적 분석(diachronic analysis)이다. 다양한 문헌 검토를 바탕으로 1960년대는 한국 소비문화의 태동기로, 1970년대는 한국 소비문화의 형성기로, 1980년대는 한국 소비문화의 성장기로 명명했다. 그리고 1990

년대는 한국 소비문화의 성숙기로, 2000년대는 21세기 소비문화로의 전환기로, 2010년대는 한국 소비문화의 스마트화기로 명명했다.

01 영상 미디어 테크놀로지와 소비문화의 흐름

영상 미디어 테크놀로지와 소비문화의 흐름에 대하여 종합적으로 살펴보기로 하자.

국산 흑백텔레비전 1호인 금성사의 VD-191 모델이 생산된 것은 1966년 8월이었다. 1954년 7월 30일, 한국에 텔레비전 수상기가 등장하자 항상 라디오만 듣던 사람들에게 텔레비전 시청은 시기한 경험이었다. 1970년대에 들어서는 트랜지스터 텔레비전 수상기가 등장했다. 1970년대 초반에는 텔레비전이 귀했지만 1970년대 중반을 지나면서 텔레비전은 부의 상징으로 자리매김했고, 1980년대 초반에는 여느 가정집에 한 대 씩 있는 평범한 가전제품이 되었다. 1980년대의 컬러TV는 소비자가 문화예술을 즐기는 방식에도 영향을 미쳤다. 소비자들은 소비생활 패턴에 있어서 이전과는 달리 남을 모방하기보다 자신의 개성을 추구하기 시작했다. 드라마 콘텐츠의 내용이 그 이전에 비해 다양해지고 소비자의 여가 활동도 달라졌으며, 기존의 극장을 넘어설 정도로 안방극장 문화가 서서히 정착되기 시작했다.

1990년대에 접어들어 방송 환경이 비약적으로 발전했고, 테크놀로지의 소비문화가 보편적으로 확산되었다. 1990년대의 텔레비전 수상기 광고는 소비문화의 전환에 상당한 영향을 미쳤다. 화질, 음향, 화면 같은 텔레비전의 핵심 기술이 발전함으로써 더 좋은 텔레비전을 기대하던 소비자들의 욕구에 응답했다. 광고에서도 소비 욕구를 자극하는 메시지를 정교하게 구사했다. 2000년대의 텔레비전 수상기 광고에서는 시간이 흐를수록 기존의 보는 텔레비전을 넘어서 다양한 기능을 강조하는 쪽으로 메시지의 방향이 달라졌다. 이에 따라 가전업체에서는 기능과 성능이 뛰어나고 디자인 측면에서도 돋보이는 텔레비전 수상기를 개발하려고 노력했다. 그 결과 2010년대에 접어들어 미디어 테크놀로지의 결정체인 스마트TV가 우리 생활 속으로 한층 가깝게 다가오게 되었다.

1990년대에 케이블TV와 함께 확장된 다채널 시대에는 방송 프로그램의 선택성, 내용의 다양성, 시청의 편의성이 구현되었다. 채널 선택권이 늘어나면서 수용자의 시청 패턴과 라이프 사이클이 달라졌다. 다채널 시대에 케이블TV는 지상파 텔레비전이 주도하던 대중문화와는 별도로 분중의 문화를 창출하기 시작했으며, 서울 중심의 방송망 구조에서 벗어나 지역 문화를 활성화하는 계기를 마련했다. 2000년대에 접어들어 케이블TV가 보편화되자 시청자의 채널 선택의 기회도 많아졌고, 요리 채널, 스포츠 채널, 음악 채널, 게임 채널 같은 틈새 미디어 시장도 성장했다. 케이블TV는 개인이 자유롭게 상호 연결하는 개인 맞춤형이기 때문에 기존의 대중매체에는 없던 새로운 소비 모델을 창출했다. 소비자는 전문 채널을 통해 더 손쉽게 여가생활을 즐기고 잉여 시간을 보다 생산적인 부분에 투자했다. 결국 케이블TV는 시청자의 소비생활과 여가생활에 영향을 미치고 시청자의 문화적 눈높이와 지식수준을 향상시켰다.

2000년대 초반에는 디지털TV, 디지털 카메라, 디지털 오디오, 디지털 핸드폰에 이르기까지 온통 디지털 세상이었다. 혼수를 준비하는 신혼부부의 70%정도가 디지털 가전을 선호할 정도로 소득 수준이 향상되면서 고화질과 고음질로 대표되는 디지털에 대한 수요는 나날이 급증했다. 디지털 시대의 쌍방향 커뮤니케이션 매체들이 쏟아져 나오는 가운데 시시각각 다른 형태의 미디어가 새로운 구조로 자리 잡은 것이다. 1대 N이라는 불특정 다수를 대상으로 하는 디지털 위성방송은 미디어 생태계와 소비자의 일상생활에도 다양한 영향을 미쳤다.

위성방송이 발달하자 일방적 커뮤니케이션이 아닌 쌍방향 커뮤니케이션이 이루어졌다. 과거에는 상상하지 못했던 일들을 텔레비전을 통해 장소에 제한 없이 손쉽게 할 수 있게 되었고, 소비자의 소비문화도 달라졌다. 과거에는 영화 관람은 영화관에서, 텔레비전은 집에서 시청하는 것이 보통이었다. 채널마저도 방송되는 프로그램 안에서 고를 수밖에 없었다. 그렇지만 위성방송이 등장한 다음부터는 영화 콘텐츠를 집에서 선택할 수 있게 되었다. 또한, 위성TV와 IPTV가 결합되어 위성TV로는 다양한 채널을 골라보고 IPTV로는 놓친 프로그램을 '다시 보기' 서비스를 이용해 다시 보는 시청자들도 늘어났다. 새로운 시청 패턴이 형성되기 시작한 것이다.

DMB는 메시지의 성격이나 배포되는 양식에 있어서 기존의 텔레비전을 이동성이 있는 개인용 단말기로 서비스하는 성격이 강했다. DMB는 기존의 방송과 같은 전달형 커뮤니케이션이라는 점에서는 동일했지만 메시지 배포의 체계가 달라졌다는 점에서 기존 방송에 비해 훨씬 진화된 방송이었다. 개인화된 이동형 텔레비전인 DMB 서비스는 기존의 방송 서비스와는 전혀 다른 면모를 보여주었다. 결국 DMB 서비스는 수동적인 방송 시청 행태를 능동적인 시청 행태로 바꾸는데 결정적인 영향을 미쳤다고 평가할 수 있다.

2000년대의 IPTV의 광고를 보면 유머 소구가 대세였다. 대중에게 회자된 대부분의 광고가 웃음을 자아내는 유머 소구 기법을 적용했다. 2010년대에 접어들어 일부 이용자 사이에서는 'IPTV 폐인'이란 말이 유행처럼 번졌다. 기존 방송의 일방향성 시청에 길들여진 시청자들도 보고 싶을 때 콘텐츠를 찾아보았고, 원하는 시간에 쇼핑하는 재미에 빠져들었다. 드라마를 시청하던 주부가 여주인공이 들고 있는 핸드백이 마음에 들어 바로 마우스로 클릭했더니, 제품에 대한 정보가 한눈에 들어오는 창이 모니터에 뜨고, '구매하기' 버튼을 클릭하자 다음날 핸드백이 집으로 배송되는 상황이 현실적으로 거의 가능해진 것이다. 소비자들은 쌍방향성과 실시간성이라는 IPTV의 실시간 커뮤니케이션을 몸소 경험했다.

2012년 12월 31일, 지상파 방송국의 아날로그 방송이 종료되었다. 방송의 전면 디지털화로 우리나라 방송은 바야흐로 스마트 시대를 맞이한 것이다. 스마트TV는 콘텐츠를 인터넷에서 실시간으로 다운받아 볼 수 있고, 뉴스, 날씨, 이메일 등을 바로바로 확인하는 커뮤니케이션 센터의 역할을 수행했다. 모바일 시장을 뒤집은 스마트 열풍이 텔레비전 시장까지 확대되어, 2010년대에 접어들어 스마트TV는 3D 기술과 더불어 미디어 트렌드를 주도했다. 방송국에서 송출한 방송을 보는 기기가 이전의 텔레비전이었다면, 스마트TV는 인터넷과 TV의 결합이었다. 스마트TV는 인터넷에 연결된 텔레비전이라는 단순한 개념을 넘어 스마트폰과 컴퓨터의 복합 기능 이상의 텔레비전이었다. 스마트TV의 경쟁자는 스마트폰, 태블릿 컴퓨터, 개인용 컴퓨터일 수밖에 없었다. 현대인의 일상에서 단지 텔레비전 시청에 그치지 않고 다양한 일을 할 수 있는 스마트TV가 우리 삶에 미친 영향은 가히 혁명적이었다. 스마트TV라는 미디어 테크놀로지는 사람들의 생활을 스마트 라이프로 바꾸었으며, '스마트 홈(Smart Home)'을 구현하는 새로운 패러다임을 제시했다.

영상 미디어 제품 광고에서는 대체로 가족 공동체의 형성과 해체 과정이 생생하게 나타났다. 1960대말까지만해도 일부 부유층에서만 애용하던 텔레비전이 널리 보급되어 집집마다 안방이나 거실에 자리를 차지하면서 가족 단위의 소비로 바뀌었다. 이런 과정을 거쳐 현재는 IPTV나 DMB 방송이 출현했으며, 개인용 컴퓨터나 휴대폰으로 혼자서 텔레비전을 보는 시청 행태로 변모했다. 1990년대까지만 해도 텔레비전을 통해 제한된 영상만 시청할 수 있었다. 그러다가 1995년 들어 텔레비전에 컴퓨터를 연결하는 일이 가능해지면서 웹TV(MS)를 통해 웹서핑과 이메일도 할 수 있게 되었다. 2000년부터는 PDP/LCD를 이용해 고해상도의 텔레비전을 볼 수 있게 되었고, 2007년 이후에는 인터넷 TV도 널리 보급되어 개성에 따라 텔레비전을 볼 수 있게 되었다.

1960년대의 텔레비전 수상기 광고에서는 소비문화 형성기의 예고편을 엿볼 수 있었고, 1970년대의 광고에는 대중사회와 소비문화의 형성기의 흔적이 나타났다. 1980년대의 광고에서는 정치적 억압 시기에 안방문화가 정착되는 세세한 면모를 확인할 수 있으며, 1990년대의 광고에서는 양적 소비에서 질적 소비로 바뀌는 양상이 엿보였으며, 2000년대의 광고에서는 상품 상징주의와 가정극장의 소비 패턴이 등장했다. 그리고 2010년대 광고에서는 스마트 소비 패턴이 지배적으로 나타났다.

텔레비전 수상기 광고는 시청자나 소비자에게 새로운 상품 정보를 제공하거나 소비문화 트렌드를 제시하면서 우리나라 대중문화의 형성에 지대한 공헌을 했다. 미디어 테크놀로지는 인간의 욕구와 상상력에 따라 탄생한다. 사회인류학자 알프레드 겔은 이렇게 말했다. "미디어는 인민이 가진 온갖 열정을 표현하기 위해 탄생하며, 미디어 테크놀로지는 개인을 넘어 총체적인 사회적 요구가 있을 때에 발달한다." 이처럼 인간의 욕구와 상상력을 구현하며 발달해온 미디어 테크놀로지는 앞서가는 문명 기기가 분명하지만, 사람들의 누적된 욕구가 상업적 이해를 대변할 때 미디어 테크놀로지는 더욱 더 발달한다고 하겠다.

음성 미디어 테크놀로지와 소비문화의 흐름 02

음성 미디어 테크놀로지와 소비문화의 흐름에 대하여 종합적으로 살펴보기로 하자.

텔레비전 수상기가 34,774대에 불과했던 1963년 무렵에는 라디오가 대세였다. 한국에서 최초로 라디오를 자체 생산한 시기는 1959년 11월 15일로, 지금의 LG전자의 전신인 금성사에서 진공관식 A501형 라디오 80대를 생산한 것이 처음이었다. 1960년대에 라디오는 춘추전국시대를 맞이했지만, 텔레비전 수상기가 널리 보급되기 시작한 1970년 이후부터 라디오 영역은 급격히 위축되었고 컬러텔레비전이 등장하자 더욱 축소되었다.

1960년대는 라디오의 황금기였다. 라디오 수신기가 급속히 보급되면서, 라디오는 문화통합적 미디어로 대중문화를 주도했다. 1960년대 초반의 라디오 문화 형성 과정은 세 가지로 요약할 수 있다. 첫째, 1960년대 초반에 라디오의 제도화 과정은 산업의 성장과 보급의 확대, 프로그램 제작의 관행화, 그리고 편성의 합리화를 통해서 이루어졌다. 둘째, 당시 라디오는 다양한 문화 형식들을 매개하면서 문화통합적 미디어로 자리 잡았다. 셋째, 1960년대 초반에 라디오가 매개한 것은 국가공동체와 사사화된 경험이었다.

1960-1970년대에 라디오의 성능이 급속히 발전하고 질적으로도 향상됨으로써 라디오에 친숙한 사람들이 늘어났다. 1980년대에 들어서 사람들이 라디오의 기본 기능 이외의 부가적 기능을 기대하며 작고 편리한 제품을 찾게 되자, 소비자 행동의 변화에 발맞춰 편리한 용도의 라디오가 출시되었다. 1980년대부터는 소득 수준이 향상되자, 상품의 물질적 사용가치는 물론 미학적 · 상징적 가치를 고려

해 값이 비싸더라도 양질의 상품을 구매하는 쪽으로 소비자의 선호가 변화했다. 기존의 라디오뿐만 아니라 부가적 기능이 합쳐진 라디오도 출시되었다. 서민들의 여가 활동은 라디오 청취로 이어졌다. 1980년대는 라디오 음악 FM 전문 DJ가 인기를 끌었으며 1990년대 말까지 전성기를 누렸다. 1980년대에는 1970년대에 비해 라디오 제품 광고의 수가 현저히 줄어들었지만 라디오의 영향력 자체는 줄어들지 않았다. 라디오는 1980년대부터 지금까지 부침을 거치면서도 꾸준히 인기를 유지해 라디오의 황금시대를 지켜냈다.

전축은 1970년대에 큰 인기를 끌었지만 1980년대에 접어들어 그 인기가 점점 시들해졌다. 1993년에 미니 전축이 나오기도 했지만 다가오는 디지털 기기를 상대하기는 어려웠다. 1980년대 이후 사람들은 오디오에 대해 더 많은 관심을 가졌으며 그에 따라 오디오는 점차 인기 품목으로 떠올랐다. 1990년대 들어서 우리나라 경제가 급성장하자, 국민의 소비량도 늘어났고 생활비에서 문화비 지출이 차지하는 비중도 급격히 증가했다. 이런 상황을 반영하듯 취미생활을 위해 노래도 듣고 다른 오락 기능도 즐길 수 있는 오디오들이 많이 출시되었다.

전문 오디오는 그것을 흠모하는 마니아 계층이 존재하지만 대중적인 오디오는 일반인들도 광고의 영향에 따라 제품을 사는 경향이 높다. 2000년대에 접어들어 사람들은 오디오를 활용한 취미 생활을 즐겼으며, 음악을 들으며 젊은 시절의 추억을 만들었다. 사람들은 오디오를 보면서 지나간 시간의 추억을 가장 먼저 떠올린다는 조사 결과도 있다. 학창시절 친구들의 사진이나 물건을 보면서 옛 추억에 빠지는 정서나 마찬가지다. 오디오는 그때나 지금이나 단순한 음악 전달 기기가 아니라 추억을 배달하는 기억의 소품이다. 지금은 컴퓨터나 핸드폰에서 아무 때나 자신이 듣고 싶은 노래를 들을 수 있지만 그때는 그러지 못했다. 그래서 오디오는 더 절실하고 행복했던 기억의 소품으로 남을 것이다.

카세트 플레이어가 정식 명칭이지만 1980년대에는 제조사와 관계없이 모든 휴대용 카세트테이프 재생기를 소비자들은 '워크맨'이라 불렀다. 1979년에 일본의 소니에서 휴대용 카세트테이프 재생기기 '워크맨'을 출시하자 카세트테이프는 절정의 인기를 누렸다. 2000년대에 접어들어 MP3와 CD 플레이어의 등장으로 인해 카세트 플레이어의 설 자리가 점점 사라졌다. 카세트 플레이어와 워크맨의 차이는 휴대용이냐 그렇지 않느냐의 차이도 있었겠지만 가장 큰 차이점은 '혼자 듣기와 함께 듣기'의 차이였다. 1980년대 이후 카세트 플레이어는 대부분의 가정이 하나씩 갖고 있던 필수품이었다. 카세트테이프에 소리를 녹음해 재생하는 이 기기는 전축과 더불어 가정용 오디오 노릇을 톡톡히 했다.

1990-2000년대에 청소년들은 '워크맨'에 열광했다. 수학여행을 갈 때면 허리춤에 워크맨이나 그 '짝퉁'이라도 차고 음악을 들었다. 이후 워크맨은 CD 플레이어로 바뀌었다. 워크맨이 등장한 이후 약 20년 이상 인기를 끌었지만, 워크맨은 경쟁사의 기술력 향상에 대응하지 못했고 소비자의 욕구를 완벽히 반영하지 못했다. MP3 플레이어가 본격적으로 보급되자 MD는 내리막길을 걷기 시작했고, 2011년 8월에 MD 워크맨의 생산이 종료되었다. 소니의 워크맨은 단순한 상품이 아니라 세계인의 생활을 바꾸어놓은 엄청난 문화적 산물이었다. 1970-80년대 미국 팝음악의 전성기를 만끽하고 싶어 했던 전 세계 젊은이들에게 음악을 사치품이 아니라 실용품으로 만들어준 것이 바로 워크맨이었이다.

1979년에 휴대용 카세트 플레이어가 처음으로 등장한 이후 우리나라에서 만든 '마이마이'가 지금은 사라졌지만 많은 사람들에게 추억을 남겼다. 소니는 2010년부터 "워크맨"의 원조인 카세트테이프 플레이어의 일본 내 판매를 중단했지만, 워크맨이 우리나라 소비자들에게 미친 영향은 상상을 초월했다. 워크맨, MP3 플레이어, 스마트폰, 태블릿PC 같은 미디어 테크놀로지가 발달할수록 사회적인 문제점도 돌출되기 시작했다. 소비자의 욕구를 반영한 맞춤형 제품들이 등장할수록 사람들이 점점 더 외로움을 느끼는 경우도 많았다. 워크맨은 걸어 다니며 음악을 들을 수 있는 놀라운 혁신 제품이었다. 성공한 혁신 제품도 시간이 지나면 구형이 되고 구식이 된다. 소니 역시 하락세에 접어들며 MP3 플레이어에게 자리를 내줄 수밖에 없었다.

휴대용 MP3 플레이어는 1997년에 처음 등장했다. 엠피맨닷컴(옛 새한정보시스템)이 세계 최초로 '엠피맨(MPMan)'이라는 MP3 플레이어를 개발하는데 성공하자 전 세계의 관심이 집중되었다. 컴퓨터에서만 즐길 수 있던 MP3 음악을 컴퓨터 밖에서도 즐길 수 있게 되었기 때문이었다. MP3 플레이어는 워크맨의 지위를 더욱 압박하며, 테이프도 필요 없이 원하는 노래를 직접 선택해 얼마든지 들을 수 있는 새로운 음악 세상을 제시했다. MP3 음악 파일이 널리 보편화되면서 우리나라 음반산업의 구조도 변했다. 1997년 5월, 다섯 곳의 정보제공업체(IP)가 음악저작권협회와 저작권 계약을 체결하면서부터 MP3 음악 파일을 온라인에서도 다운받을 수 있게 되었다. 그에 따라 새로운 형태의 음악 유통구조가 형성되었고 디지털 저작권 문제가 관심사로 떠올랐다. 이 무렵 음악 파일을 불법적으로 거래하는 업체가 늘어나자 문화관광부에서는 저작 인접권 보호를 위해 관련 단체를 통합하는 방안을 제시하기도 했다.

우리나라에서 MP3 플레이어가 폭발적인 인기를 얻은 핵심 요인 두 가지는 다음과 같다. 첫째, MP3 플레이어가 등장함으로써 사람들이 외국어 공부를 보다 쉽게 할 수 있게 되었다는 점이다. 둘째, MP3 휴대폰이 개발되어 소비자들은 음악도 듣고 통화도 할 수 있는 이중의 혜택을 누리게 되었다는 점이다. MP3폰이 등장하자 소비자들은 두 가지를 동시에 갖고 다니는 번거로움을 줄이게 되었다. 만약 MP3가 개발되지 않았더라면 나중에 나올 디지털 카메라폰 같은 휴대폰과의 결합 제품들이 나오지 못했을 수 있다. MP3 플레이어는 사람들의 일상생활에 막대한 영향을 미쳤다.

2000년대 중반에는 스마트 플레이어가 등장하기 시작했다. 스마트 플레이어는 더 이상 음악만 재생하는 플레이어가 아니라, 멀티미디어 단말기로 불러도 손색이 없을 정도였다. 2000년대의 MP3는 일상생활에 활력을 불어넣는 필수 일용품의 하나가 되었다. 길 가는 사람 중에 이어폰을 안 꽂고 다니는 사람이 없을 정도로 MP3의 파급력은 대단했다. 2010년대에 접어들어 좋은 제품이 나오면 바로 사고 자신의 제품이 뒤처진다고 생각하면 바로 구매하는 소비행태는 MP3 플레이어가 나오면서부터 시작되었다. MP3는 스마트폰의 초기 형태나 다름없었다.

기록재생 미디어 테크놀로지와 소비문화의 흐름 03

기록재생 미디어 테크놀로지와 소비문화의 흐름에 대하여 종합적으로 살펴보기로 하자.

인간의 사적 생활을 기록하는 것은 기록재생 미디어의 발전과 더불어 변해왔다. 지금처럼 카메라가 대중화되지 않았던 1960년대에도 EE 카메라에 대해 상세히 보도한 신문 기사가 있었다. EE 카메라는 별도로 쓰이던 노출계를 조리개와 셔터로 된 노출 메커니즘과 연결한 카메라였다. 1970년대에 카메라는 새로운 생활필수품의 하나로 자리 잡았으며 웬만한 가정에서 카메라 한 대쯤은 구비해야할 필수품이 되었다. 외제 카메라 위주의 시장에서 국산 카메라도 서서히 소비자의 호응을 받기 시작했다. 소비자들은 다양한 디자인과 성능의 카메라를 쉽게 접하게 되었으며, 카메라는 자연스럽게 실생활에 필요한 기록 저장용 미디어 테크놀로지로 떠올랐다.

1980년대에 디지털 카메라의 역사가 본격적으로 시작되었다. 디지털 카메라는 광천변환장치(CCD)를 개발하면서부터 필름 카메라에 없던 요소들을 발전시켜 디지털 기기의 총아로 떠올랐다. 88서울올림픽 기간 중에는 각국 선수단에게 인기를 얻은 찰칵 시리즈 제품을 소개하는 홍보 기사도 나왔다. 1990년대에는 디지털 카메라의 수요가 증가함에 따라 아날로그 카메라의 수요는 매년 감소했다. 아날로그 카메라를 대체하는 디지털 카메라가 등장하면서 필름 카메라는 사라지게 된다. 1999년에 국내에 처음 등장해 일부 마니아를 중심으로 퍼져나간 디지털 카메라는 지속적으로 성능을 개선함으로써 가격을 인하했다. 결국 디지털 카메라는 젊은 층의 새로운 문화 아이콘이 되었으며, 사람들이 이미지를 대량생산하고 무한 복제할 수 있는 계기를 제공했다.

사람들은 카메라 렌즈를 통해 일상의 가치와 의미를 새롭게 재발견하면서 사진을 추억을 보관하는 용도가 아닌 일상의 기록으로 만들어갔다. 디지털 카메라가 널리 보급되고 성능이 좋아지자 확산 속도가 더 빨라졌으며 바야흐로 1인 1디카(디지털 카메라) 시대가 열리게 되었다. 디지털 카메라가 대중화되면서부터 사람들은 고상한 취미 생활로만 여기던 '사진 찍기'를 자신의 일상생활로 즐기게 되었다. 사람들은 순간을 간직하고 기록하려는 목적에서가 아니라 일상의 취미로 사진을 찍기 시작했다. 일상을 기록으로 남기기 위해 열심히 사진을 찍고 이를 주변 사람들과 공유하게 된 것이다. 결국 디지털 카메라와 스마트폰 카메라는 일상의 필수품이 되었다.

일상생활에서 다양한 용도로 디지털 카메라를 즐겨 사용하게 되면서 사람들이 지각하고, 이해하고, 소통하고, 표현하며 서로의 관계를 맺는 방식에 변화가 일어났고 자연스럽게 카메라 문화가 생겨났다. 그리고 자신이 찍은 사진을 개인 홈페이지나 블로그에 올리게 되면서 카메라로 일상을 기록하는 문화는 보다 빠르게 발전하고 확산되었다. 이처럼 필름 카메라에서부터 디지털 카메라로 변화하는 과정에서 소비자의 라이프스타일도 바뀌게 되어, 카메라는 일상생활에 꼭 필요한 필수품으로 자리 잡았다.

1970년대나 1980년대는 카메라 한 대만 있어도 '잘 사는 집'으로 대접 받던 시기였다. 그렇지만 2000년대에 접어들어 디지털 카메라가 보편화되면서 '1인 1카메라' 시대가 열렸다. 특히 디지털과 만난 카메라는 크기가 작아지고 다양한 성능을 갖춘 '만능 엔터테이너'로 진화했다. 디지털 카메라를 대중화시킨 핵심 동력은 문화였다. 디지털 카메라가 다양한 문화와 맞물려 시장이 커지고, 사용자는 적극적으로 디카를 사용하고 공유하며 영향을 주고받았다. 문화를 떼어 놓고는 디카를 논할 수 없을 정도로, 필름 카메라가 '기억'을 찍었다면 디지털 카메라는 '문화'를 만들었다. 디지털 카메라는 소비자의 생활 속에 깊숙이 들어와 일상을 사진으로 기록하는 문화 활동이 빠르게 확산되었다. 자신을 드러내고 싶은 욕구와 취미 활동을 겸비한 블로그 및 출사 활동이 크게 영향을 미쳤다.

기능이 뛰어나고 다양화된 콤팩트 디카, DSLR, 미러리스 카메라까지 등장함으로써 2010년부터 디지털 카메라의 춘추전국시대가 열렸다. 인터넷 이용자가 증가했다는 컴퓨터 환경의 변화는 디지털 카메라의 수요에도 상당한 영향을 미쳤다. 컴퓨터에 사진을 보관하고 감상하거나 인터넷을 통해 사진을 전송하려고 할 때 디지털 카메라가 있으면 매우 편리했기 때문이었다. 이와 같은 이유로 2000년대 이후에는 필름 카메라를 이용하는 사람들이 급격히 줄어들었으며, 그 자리를 첨단 기술력이 뒷받침된 디지털 카메라가 대체하게 되었다.

1980년대는 비디오테이프와 비디오테이프레코더(VTR)가 널리 보급되었다. 사람들은 VTR을 통해 영화를 보고 TV 방송을 녹화하며 여가 시간을 즐겼다. 88서울올림픽을 계기로 비디오 문화가 안방 깊숙이 침투했다. 초창기에 음란 퇴폐 문화의 상징으로 소수 상류층의 전유물처럼 인식되던 비디오가 이제 사람들의 일상에 뿌리내렸다. 비디오 가게에 가서 하루 1000원 정도를 내면 거의 모든 영상물을 볼 수 있었다. 이 무렵의 영화들은 주로 홍콩이나 미국에서 직수입한 것들이었다. 일상의 추억을 비디오에 녹화해 저장하고 복원하려는 경향이 확산되기 시작했다. 곳곳에 있던 비디오 가게들은 2000년을 기점으로 이용자가 줄면서 경영난으로 문을 닫는 곳이 많아졌고 결국 자취를 감췄다. 비디오테이프레코더(VTR) 역시 자취를 감출 수밖에 없었다.

CD 플레이어는 1990년대 대중음악의 황금기와 맞물려 발전했다. CD 플레이어는 일방적으로 듣거나 보던 이전의 AV 기기와는 달리, 마치 사람과 대화하듯이 듣고 싶은 곡, 보고 싶은 사진, 하고 싶은 게임을 쉽게 찾아낼 수 있었다. 멀티미어는 더 이상 차세대 기술이 아니었으며 CD 없이는 생활이 불가능한 시대로 접어들게 되었다. 시장을 급속히 잠식한 MP3 플레이어가 등장함에 따라 CD 플레이어의 인기는 2000년대에 막을 내렸다. CD산업은 DVD 산업으로도 확장될 가능성이 있었으나 MP3의 등장으로 인해 결국 쇠퇴기에 접어들었다. CD 플레이어가 등장함에 따라 음악을 듣는 장소는 실내에서 길거리로 확장되었다. 20대의 야외활동 시간을 늘리는데도 영향을 미쳤다. MP3 플레이어 시대가 되면서 CD 플레이어는 점점 잊혀졌다.

1996년 11월, 일본에서 처음 개발된 DVD 플레이어는 1997년 3월에 미국에서 처음 상용화되었다. 1990년대 중후반에 DVD 플레이어가 출시될 무렵 사람들의 여가시간이 늘어났고, 영화를 보기 위해 극장을 찾기보다 집에서 가족끼리 DVD를 보는 '가정극장'이 활성화되었다. 소비자들은 애용해 오던 웅장한 크기의 오디오 세트를 처분하고 작고 아담하고 실용적인 DVD를 선호했던 것이다. 경기불황으로 DVD 플레이어가 예상보다 판매율이 저조했지만 뒤늦게 '홈시어터(Home Theater)'로 주목받았다. 당시의 소비자들은 디지털 멀티미디어의 급성장에 따른 생활의 윤택함을 기대했다. 실제로 멀티미디어 매체를 활용한 여가활동이 늘어났다. 당시의 광고에서는 단순히 DVD 플레이어만을 보여주지 않고 멀티미디어 기기(촬영/저장)의 발달 양상을 제시했다. 이에 따라 소비자들은 DVD 플레이어로 볼 수 있는 콘텐츠에도 관심이 많았다.

1990년대의 경제 불황기를 겪은 이후 2000년대의 소비자들은 가격에 민감하게 반응했다. DVD 플레이어는 같은 가격으로 다른 미디어들과 결합되며 계속 발전했다. 소비자들은 직접 영상을 찍고 편집하며 보관하는 것을 좋아했다. 영화에서 삭제된 장면, 극장에서 공개된 장면과는 다른 버전, 메이킹 필름, 관련 사진 정보나 음향을 수집하는 소비자들도 늘었다. 그렇지만 시간의 흐름에 따라 네트워크 서비스가 발달함에 따라 원하는 정보나 파일을 불러오는 정보공유 사이트가 활성화되었다. 영화, 드라마, 쇼, 오락 프로그램의 특성상 1회성 소비가 보편화되자 굳이 DVD 형태의 미디어를 소장할 가치가 없어졌다. 게다가 DVD는 DVD플레이어를 통해서만 즐길 수 있다는 단점까지 더해져 DVD 시장은 점점 쇠퇴하기에 이르렀다. 소비자는 홈시어터 광고에서 DVD 플레이어 기능을 발견했다. 홈시어터 시스템의 넓은 스크린과 화려한 음향은 DVD 플레이어의 단순 기능을 뛰어넘었다. 그러나 DVD 플레이어는 2009년 이후 스마트폰, 스마트TV, PMP가 떠오른 다음부터 경쟁력이 떨어졌고 하나의 기능 제품으로 전락했다. 더욱이 네트워크를 통한 컴퓨터, 스마트폰, 테블릿 같은 N스크린에서 다양한 정보를 즐기는 스마트 시대에 접어들면서 DVD 플레이어는 2010년 이후 쇠퇴의 길로 접어들었다.

통신 미디어 테크놀로지와 소비문화의 흐름 04

통신 미디어 테크놀로지와 소비문화의 흐름에 대하여 종합적으로 살펴보기로 하자.

1960-1970년대까지만 해도 한국에서 전화의 보급은 보편화되지 못해, 도시와 농촌 간에는 적지 않은 격차가 있었다. 전화기의 보급은 1960년대 초반부터 두드러져 1960년대 후반부터는 자동전화기로 발전되었다. 1970년대에는 집에 TV나 전화기가 있으면 부자라고 했을 정도로 TV와 전화기는 귀한 물건이었다. 1960-1970년대에는 전화선 자체에 소유권이 설정되었다. 1970년대를 다룬 소설에는 백색전화와 청색전화가 자주 등장했다. 1970년대는 전화번호부가 귀한 대접을 받았다. 1970년대까지만 해도 정부는 저축률을 높이기 위해 '소비=사치'라며 소비억제 정책을 견지해왔지만, 1988년 서울올림픽 개최를 앞두고 소비촉진 정책으로 선회했다.

1980년대는 전화기 보급에 있어서 '1가구 1대 시대'를 완성한 시기였다. 1980년대에 유선전화기의 1가구 1대 시대가 정착되어 원거리 의사소통이 실시간으로 활발하게 이루어졌으며, 한국인의 통신 생활은 놀라울 정도도 변화되었다. 1990년대 초반에는 유선전화기가 널리 보급되기는 했지만 기술적인 측면에서 미흡한 점도 많았다. 제품의 기능도 중시했지만 마음에 드는 전화기 디자인에 더 많은 관심을 보였다. 1990년대에 들어서는 통신사들끼리 시외전화와 국제전화 요금 경쟁을 벌이자, 소비자의 통화료 부담은 줄었고 장거리 통화량은 폭발적으로 증가했다. 기술이 발달함에 따라 얼굴을 직접 볼 수 있는 화상 통화가 가능해졌고 커뮤니케이션의 형태도 다양화되었다. 전화를 받으면 램프가 꺼지고 수화기를 내려놓으면 불이 들어오는 램프 전화기도 등장했다.

유선전화기는 2010년 이후 거의 쇠퇴기에 접어들었지만 광고는 계속되었다. 디지털 시대가 본격화되면서 정보통신 기술은 눈부시게 발전했다. 고객들은 유선 전화를 해지하고 이동전화로 옮겨가는 유무선 대체 현상이 나타나기 시작했다. 유선전화기는 커뮤니케이션 미디어로서 한국인들에게 중요한 기능을 수행했지만, 통신 환경이 바뀌자 무선전화기에 그 자리를 내주게 되었다. 2000년대 이후부터는 굳이 유선전화를 쓰지 않아도 커뮤니케이션이 가능했다. 인터넷을 이용해 다양한 정보를 습득할 수 있었고 휴대폰으로 의사소통을 했기 때문이다. 유선전화기 시장은 2004년을 기점으로 현저히 감소했다. 가정에 유선전화기가 있어도 휴대전화를 이용해 소통하는 사람들이 늘어났다. 소비자가 다양한 플랫폼을 넘나드는 미디어 소비에 눈을 뜨게 되면서 유선전화기는 점차 쇠퇴기로 접어들었다.

우리나라의 이동전화 서비스는 1984년 5월 7일 카폰(차량전화)의 개통에서부터 시작되었다. 카폰을 개통하려면 400만원의 거액이 필요했지만 부유층 사이에서 인기가 대단해, 서비스 개시 3년 7개월 만에 가입자 1만 명을 돌파했다. 1980년대 카폰의 주사용자는 자가용을 소유한 부유층이었기 때문에 그들의 나르시시즘을 자극하며 소비를 유도했다. 상류층의 과시용으로만 여겨졌던 고가의 카폰도 소비자의 소비 행태가 변하면서 시장의 변화를 모색했다. 중하위 소득계층에게 가격 인하나 할부 같은 금전적 서비스를 제공해 시장을 확대해나갔다. 그렇지만 1980년대 말에 이르러 휴대전화가 등장하면서 카폰의 수요도 점점 줄어들었고 나중에는 아예 시장에서 자취를 감췄다.

무선전화기는 ATM 인터넷 전화 같은 유선전화기의 특성을 가질 수 없었지만 폭발적으로 발전했고, 유선전화기는 휴대성에 있어서도 무선전화기에 밀릴 수밖에 없었다. 인터넷 전화의 등장은 전화기 역사에 또 다른 획을 그었다. 무선전화기는 전화의 개념을 완전히 바꿔버렸다. 소비자 측면에서는 모바일사용자연합(MCU)이 결성되기도 했다. 소비자는 탁월한 성능의 휴대전화에서 나아가 자신의 욕구를 충족시키고 개성을 표출하는 하나의 아이템으로 핸드폰을 인식했다. 이런 경향은 휴대전화기에서만 나타나지 않았고, 집전화기에서도 소비자 취향에 알맞은 다양한 모델들이 속출했다. 이때부터 소비자는 핸드폰을 욕구를 충족시키고 개성을 표출하는 필수 아이템으로 인식했으며, 그에 따라 핸드폰은 단순한 통신기기가 아니라 일상생활에서 없어서는 안 될 생활필수품으로 자리 잡았다.

1984년에 전기통신공사의 자회사로 한국이동통신서비스(SK텔레콤의 전신)가 탄생하면서 무선호출기(삐삐) 서비스는 점차 확대되었다. 삐삐의 등장은 개인 통신기기의 대중화 시대의 서막을 알린 작은 혁명이었다. 1982년에 서비스를 시작한 삐삐는 1990년대 중반에 최고의 전성기를 구가했다. 특히 1997년에는 총 가입자가 1,500만에 이를 정도로 가입자가 늘어났다. 그렇지만 가격이 비싸고 취급이 어려웠던 휴대전화가 대중화되면서 삐삐는 어느덧 사양길로 접어들었다. 삐삐로 '8282(빨리연락해)', '1 177155 40(I MISS YOU)', '1010235(열렬히 사모해)' 같은 숫자를 이용한 단축 메시지는 젊은 세대에서 각광을 받았으며, 음성메시지를 남길 수 있게 되면서 공중전화 부스는 삐삐에 남겨진 음성을 듣기 위해 몰려든 시민들로 장사진을 이뤘다. 몇 년 후 PCS 서비스가 상용화 되고 미흡한 통화품질을 개선하지 못하면서, 시티폰은 통신 역사의 뒤안길로 사라졌다. 국내 휴대전화 서비스는 1984년 '카폰' 서비스를 기점으로 꾸준히 성장했다. 1997년에 PCS 서비스가 시작되면서 휴대전화의 대중화가 시작되었다. 연락이 쉽지 않아 약속이 어긋나면 사람을 만나지 못한 시절도 있었지만, 삐삐가 등장하자 그런 문제가 해소했다. 삐삐는 아날로그 시대를 대변하는 제품의 하나이며, 최첨단 스마트폰으로 인해 사생활 침해를 겪는 현대인에게 삐삐는 향수를 불러일으키는 골동품 같은 존재가 아닐 수 없다.

카메라폰이 일상화되며 소비자의 일상생활에도 많은 변화가 일어났다. 핸드폰에 카메라 기능이 더해져 언제 어디에서나 사진 촬영을 하게 되었고, 카메라폰이 유행하면서 셀카 문화가 급속도로 확산되었다. 카메라폰은 언제 어디에서나 사진을 찍을 수 있다는 장점도 있었지만, 도촬(도둑촬영) 같은 심각한 사회문제를 유발하기도 했다. 타인의 동영상을 몰래 찍어 인터넷에 퍼트리는 행위때문에 사회적으로 많은 논쟁을 유발한 것이다. 카메라폰이 등장하자 소비자의 일상생활은 풍요로워졌지만 역기능도 나타나, 핸드폰을 올바르게 사용하자는 에티켓 문제도 쟁점으로 떠올랐다.

스마트폰(Smart phone)은 컴퓨터로 할 수 있는 작업의 일부를 휴대폰에서도 가능하도록 개발된 똑똑한 휴대 기기다. 스마트폰은 들고 다니며 인터넷을 검색하거나 메일을 송수신하고, 사진과 동영상을 촬영하고 편집할 수도 있다. 자신이 원하는 프로그램(애플리케이션)을 골라 쓸 수 있다는 결정적인 특성도 있다. 세상에 나온 지 몇 개월 만에 스마트폰이 폭발적인 상승세를 기록한 이유는 바로 이런 기능 때문이었다. 무선전화기의 최종 형태인 스마트폰은 전화기의 개념을 뛰어넘었다. 소비자의 의식주 단계에서 스마트폰의 영향을 받지 않는 곳이 없을 정도로 커뮤니케이션 미디어 테크놀로지가 발전했다. "인간의 귀찮음이 기술을 발전시켰다"는 격언처럼, 소비자 혜택을 높이는 과정에서 커뮤니케이션 미디어 테크놀로지가 발전한 것이다. 스마트폰이 일상에서 보편화됨에 따라MP3 플레이어, 휴대용 게임기, 소형 디지털 카메라, 개인용 비디오테이프레코더(VTR), 음성 녹음기 같은 제품들은 사라지고, 소비자는 스마트폰 하나로 여러 제품의 기능을 모두 경험했다.

삐삐, 시티폰, 카폰을 거쳐 휴대전화가 보편화되면서 시각미가 더욱 중요해졌다. 이에 따라 전화기 광고도 점차 커뮤니케이션 기능뿐만 아니라 부가 기능을 중심으로 소비자에게 다가갔고, 스마트폰은 단순한 전화기가 아니라 패션 아이템이나 놀이 기구가 되었다. 휴대전화는 언제 어디서나 누구와도 접속할 수 있는 유비쿼터스 시대를 열어나갔다. 이는 컴퓨터가 수행하던 역할을 휴대전화가 상당 부분 대체한 것으로 사적 커뮤니케이션의 확산을 의미했다. 소비자가 문자 메시지에 이모티콘을 활용하는 것은 문자 언어의 한계에 음성 언어적 요소를 접목하려는 시도였다. 나아가 소비자는 아바타를 활용해 사이버 세계에서 자신을 대신할 대리인을 만들어내기도 했다. 그런 열풍을 바탕으로 스마트폰은 4,000만 명 이상이 쓰는 디지털 시대의 총아로 떠올랐다. 전화기를 처음 발명한 그래험 벨(Graham Bell)은 발명 당시 전화기에 '즐거움을 위한 장난감(The Pleasure Toy)'이라는 이름을 붙였는데, 이처럼 통신을 위한 유선전화기에서 시작된 전화기는 스마트폰으로 발전되어 우리 모두가 바야흐로 '즐거움을 위한 장난감'의 시대에 살고 있다.

컴퓨터 미디어 테크놀로지와 소비문화의 흐름 05

컴퓨터 미디어 테크놀로지와 소비문화의 흐름에 대하여 종합적으로 살펴보기로 하자.

1980년대 후반에 한국사회에 등장한 컴퓨터는 1990년대 후반 들어 한국을 정보통신(IT) 강국으로 만들고 게임산업을 활성화시키는 동안 우리나라 소비문화의 판도를 바꿨다. 인터넷을 기반으로 하는 정보통신산업은 21세기의 소비대중문화를 선도했고, 다매체 다채널 시대를 거쳐 스마트 미디어 시대를 앞당겼다. 1998년, 마이크로소프트(Microsoft)사에서 개발한 '윈도98'이 등장하면서 데스크톱 컴퓨터는 디지털 문화의 미디어 센터가 되었다. 컴퓨터 기반의 디지털 소비문화가 형성되자, 컴퓨터 기술에 관심이 많던 소비자들은 디지털 소비생활에 기술을 접목시켰다. 2000년대에는 개인용 컴퓨터(PC/AT 호환 기종)의 상용화가 진행되었다. 2007년부터는 최소한의 컴퓨터 성능만을 구비한 저가형의 콤팩트 노트북이 보급되어 나중 '넷북'으로 발전하는 계기를 마련했다.

2000년대는 컴퓨터 문화의 격동기였다. 2001년 10월 출시된 마이크로소프트사의 윈도(Windows) XP는 컴퓨터 문화를 통째로 바꿔버렸다. 이러한 여파로 새로운 구동 시스템을 가동시킬 고성능 컴퓨터를 원하던 소비자의 구매욕구가 점차 증가하고 인터넷이 발달함에 따라 컴퓨터의 소비문화도 달라졌다. 매직스테이션이 등장한 이후 업무를 위한 사무용 컴퓨터 문화에서 디지털 소비생활을 경험하는 컴퓨터로 컴퓨터의 문화 자체가 바뀌게 되었다. 이는 CD 플레이어, DVD 플레이어, 소비자의 여가생활에도 엄청난 변화를 유발하는 요인으로 작용했다. 컴퓨터를 구매하기 위해 복합 디지털 기기 매장이나 컴퓨터 브랜드 매장을 직접 방문해 구매하던 기존의 컴퓨터 소비문화에서 전화 한 통으로 전문기사가 직접 원하는 곳에 찾아와 설치하고 점검해주는 마케팅 전략은 컴퓨터 소비문화의 새로운 패러다임을 제시했다.

2000년대의 컴퓨터 광고는 적극적인 소비의식의 형성에도 영향을 미쳤다. TV, 오디오, DVD 홈씨어터, 라디오 같은 전자기기를 구매하던 소비문화에서 복합 디지털 미디어 센터의 역할을 하는 컴퓨터가 등장하자 우리나라의 소비문화와 여가생활은 이전과는 전혀 다른 양상으로 전개되었다. 2010년대 이후에는 친환경 제품을 우선적으로 구매하려는 소비 성향이 뚜렷하게 나타났다. 단순히 물건을 사는데 그치지 않고 쇼핑 자체를 하나의 '즐거운 경험'으로 여기는 소비자들이 늘어났다. 소비자들은 다양한 볼거리와 문화 활동은 물론 쇼핑까지 컴퓨터에서 즐기기를 원했다. 주5일제가 실시되면서 남은 시간적 여유를 컴퓨터의 인터넷 커뮤니티에서 보내는 사람도 늘었다. 인터넷 커뮤니티에서 얻은 지식과 간접적인 체험은 소비자의 새로운 취미로 연결되었다. 사이버 공간에서 다른 사람의 이야기를 들으며 간접적으로 체험하고 합리적으로 소비하는 소비자들이 늘어났다. 2010년 이후부터는 컴퓨터를 매개로 하는 취미생활을 통해 그들만의 여가 시간(게임, 온라인 동호회, 카페 등)을 보내고 비슷한 취미를 가진 사람들끼리 사이버 공간에서 만나는 경우도 증가했다.

1980년대 중반에는 데스크톱 컴퓨터와 호환성을 유지하는 노트북 컴퓨터가 주목을 받았다. 1999년에는 인터넷망이 전국으로 확대되었다. 1990년대 후반에는 각종 노트북 상품이 쏟아져 나왔다. LG IBM, 도시바, 삼성 센스, HP, 삼보 같은 다양한 상품이 있었는데 삼보는 자사 브랜드를 확실히 기억시킬 모델을 개발했다. 2000년 이후부터 노트북이 더 인기를 끌었다. 따라서 노트북을 켜지 않고 MP3를 들을 수 있는 멀티태스킹 기능을 부각시키며 한 단계 발전된 노트북의 기능을 광고했다. 기술이 발전해 더 편리한 노트북으로 거듭나면서 소비자의 호기심도 갈수록 커졌다. 휴대성을 중시한 센스 노트북이 출시되면서 '디지털 유목민'이라는 키워드도 인기를 끌었다.

2005년에는 유비쿼터스(ubiquitous)라는 말이 인기를 끌면서 사람들이 언제 어디서나 자유롭게 인터넷을 즐길 수 있다는 환경이 강조되었다. 노트북만 있으면 언제 어디서나 인터넷을 빠르게 즐길 수 있다는 것이었다. 첨단 디지털 제품인 '랩탑'의 성능은 빠르게 발전했고, 노트북의 디자인이나 브랜드 이미지가 더 중요해졌다. 당시의 소비자들은 자신이 본 광고 브랜드에 대한 감정 반응에 따라 구매 의사를 결정하는 경우가 많았다. 2000년대 초반에는 제품의 필요성 위주로, 중반에는 제품의 성능 위주로, 후반에는 제품의 성능과 브랜드 이미지를 동시에 소구하는 광고를 했다. 이에 따라 소비자는 빠르게 변화하는 노트북 성능에 발맞춰 계속해서 새로운 브랜드가 나오기를 기대했다. 초반에 랩탑 노트북의 판매량이 늘어난 것은 광고의 영향이 컸다. 랩탑 광고는 소비자를 매료시켰으며 광고 메시지가 소비자의 욕구를 증폭시키기에 충분했다.

2010년에 들어서 노트북을 구매하려는 소비자는 기본 성능을 바탕으로 단순하고 모던한 디자인 감각을 중시했다. 예컨대, X NOTE P210은 11.6인치 노트북보다 작은 사이즈지만 12.5인치의 넓은 디스플레이를 적용해 문자의 가독성을 높였다. 이 노트북은 인텔 코어2 프로세서보다 빠른 CPU로 터보 부스트 기술을 적용해 속도가 더욱 빨라져, 3D 게임과 고화질 영화감상은 물론 멀티미디어 콘텐츠 작업도 가능한 수준으로 발전했다. 2010년대의 노트북 광고에서는 소비자의 욕구를 반영한 메시지가 많았으며 결국 노트북 광고는 디지털 소비문화의 형성에 결정적인 영향을 미쳤다.

태블릿PC가 등장함에 따라 미디어 분야의 성장 축이 디지털과 온라인으로 급속히 이동했다. 태블릿PC의 주요 응용 분야인 전자책 시장은 물론 온라인 영화와 게임 시장도 연평균 10% 이상으로 고성장했다. 휴대성이 뛰어나고 가벼운 성능으로 각광받았던 넷북은 태블릿PC 시장이 성장하자 가장 큰 타격을 받았다. 태블릿PC는 노트북보다 뛰어난 이동성을 무기로 넷북 시장을 빠른 속도로 잠식해나갔다. 데이터 트래픽을 대규모로 유발하는 태블릿PC는 포화 상태에 도달한 음성시장에 주목하던 이동통신사의 기대를 충족시킨 플랫폼이었다. 기존의 노트북에 비해 이동성과 휴대성 및 편의성에서 뛰어난 태블릿PC는 미디어 혁명의 총아로 떠올랐다. 소비자는 이제까지와는 또 다른 컴퓨터 세상과 새로운 미디어를 경험했다. 태블릿PC는 미디어 혁명의 전혀 다른 시발점이었다. 이전까지는 작은 화면에 눈과 귀만 주로 활용했지만 태블릿PC가 등장한 이후부터는 시각-청각-촉각을 동시에 활용하여 미디어를 접하는 세상이 되었다.

기술의 진보와 더불어 소비자의 생활은 갈수록 더 편리해졌다. 빠르고, 신선하고, 혁신적이고, 혁명적인 미디어들이 등장했다. 태블릿PC는 기존의 컴퓨터와는 전혀 다른 '콘텐츠 소비 디바이스'라는 위치를 구축했다. 스마트폰에서 느낀 사용자 경험이 태블릿으로 옮겨가는 것이나 마찬가지였다. 새로운 기술력으로 무장한 태블릿PC 광고를 보며 소비자들은 신기한 미래가 열렸다고 기뻐했을 것이다. 태블릿으로 인한 소비생활의 변화 중 가장 눈여겨 볼만한 대목은 신문과 잡지 같은 전통매체를 대신할 아날로그 인쇄 위주의 애플리케이션이었다. 단순한 아날로그 매체에 비해 다양한 경험을 추가하는 태블릿의 쌍방향적 특성은 콘텐츠 소비를 겨냥한 소비자에게 다양한 광고 형태로 제공되었다.

스마트 미디어 시대의 소비자들은 태블릿을 이용해 일과 오락을 모두 해결하고 있다. 태블릿을 들고 출근하면서 차 안의 대형화면으로 뉴스나 교육 프로그램을 즐기다가 회사에 도착해서는 업무를 계속한다. 퇴근길에도 미디어를 소비하며 간단한 콘텐츠를 생산할 것이다. 퇴근 후 집에 와서도 대형 디스플레이와 연계하거나 침대에 누워 태블릿 디스플레이를 통해 콘텐츠를 즐긴다. 소비생활의 변화는 아이패드, Nexus7, 갤럭시 시리즈의 2010년대의 태블릿PC 광고에서 구체적으로 묘사되었다. 태블릿PC가 보편화되면 사람들이 미디어에 노출되는 시간도 계속 늘어날 것이다. 태블릿PC는 앞으로도 오랫동안 소비자의 개인비서 역할을 수행하며 기존의 컴퓨터나 스마트폰에 비해 훨씬 똑똑한 스마트 기기로 자리매김할 것이다. 소비자들도 자신의 소비생활과 소비패턴에 알맞은 미디어 테크놀로지를 선택하고 수용할 것이다. 지금 이 순간에도 미디어 테크놀로지는 현재진행형으로 진화하고 있다. 그 진화의 중심에 태블릿PC가 생생하게 존재하고 있다.

참고문헌

가브리엘 와이만 저, 김용호 역 (2003). 『매체의 현실 구성론: 현대미디어와 현실의 재구성』. 서울: 커뮤니케이션북스. pp.415-417.

강명구 (1993). 『포스트모던 광고의 상품미학 비판: 소비 대중문화와 포스트모더니즘』. 서울: 민음사.

강명구 (1995). "대중소비문화와 정보 테크놀러지의 사용과 소비." 언론과 사회, 10, pp.5-31.

강상현 (1997). 『정보통신 혁명과 한국사회: 뉴미디어 패러독스』. 서울: 한나래. pp.86-87.

강성영 (2007). "소비사회의 인간 이해: 광고를 통해 본 욕구와 한계의 변증법." 신학사상, 138, pp.203-224.

강승구 (2014). 『광고와 철학적 사고』. 서울: 에피스테메.

강준만 (2006). "한국 전화 110년사, 1896-2006: 특권에서 오락을 거쳐 종교로." 인물과 사상, 99, p.128.

강준만 (2007). 『한국대중매체사』. 서울: 인물과사상사.

강진숙 (2010). "1인 미디어로서의 블로그 이용문화와 기술적 상상." 언론과 사회, 18 (3), pp.2-34.

강형석 (2009. 12. 28). "전통과 혁신의 경계에 선 디지털 카메라." 베타뉴스.

강희종 (2010. 9. 9). "카폰 서비스 상용 26년만에 1인 1대 휴대폰 시대 맞아." 디지털타임스.

고영삼 (2006). "유비쿼터스 시대 정보문화의 지형과 정책방향." *KADO* 이슈리포트, 25, p.27.

권태호 (1997. 5. 20). "세상이 가벼운 비트 세대." 한겨레21.

김대연 (2011. 11. 9). "삼성전자 슬레이트 PC 시리즈7 출시." 헤럴드 경제.

김문겸 (1993).『여가의 사회학 : 한국의 레저문화』. 서울: 한울 아카데미.

김미영 (2005. 10. 20). “발신자번호 무료화하라 문자 시위: KTF 상대 오늘 오전 10시부터 1시간 동안 휴대폰 전송 시위.” 한겨레.

김민정, 김성숙 (2005).『소비문화와 트렌드』. 서울: 태일사. pp.17-175.

김병조 (2010).『태블릿 PC와 광고』. 서울: 나스미디어 마케팅전략실. pp.4-5.

김병희 (2000).『광고와 대중문화』. 서울: 한나래.

김병희 (2011). “한국 텔레비전 방송광고 50년의 흐름과 특성.” 김병희, 김영희, 마동훈, 백미숙, 원용진, 윤상길, 최이숙, 한진만.『한국 텔레비전 방송 50년』. 서울: 커뮤니케이션북스. pp.313-369.

김병희 (2012. 9. 3). “김병희의 광고 TALK 57: 라디오의 말길질.” 동아일보.

김병희 (2013). “광고의 새로운 정의와 범위: 혼합연구방법의 적용.” **광고학연구**, 24 (2), pp.225-254.

김병희 (2014).『광고로 보는 근대문화사』. 파주: 살림출판사.

김병희 (2015a). “텔레비전 수상기 광고를 통해 본 소비문화의 변천: 1962-2012.” **광고연구**, 105, pp.164-203.

김병희 (2015b). “전화기 광고에 나타난 상품 메시지의 변화 추세 분석.” **광고학연구**, 26 (6), pp.349-377.

김병희 (2015c). “이론과 비평이 뒤섞인 기름진 삼각주: 강승구의 ‘광고와 철학적 사고’ 서평.” **통합인문학연구**, 7 (1), pp.167-177.

김병희 (2015d).『스마트 시대의 광고 문화』. 서울: 커뮤니케이션북스.

김병희 (2015e). “테크놀로지 수용 과정.” 김병희, 소현진, 이희복.『소셜 미디어 시대의 광고』. 서울: 커뮤니케이션북스. pp.9-18.

김병희, 윤태일 (2010). “한국 광고회사의 형성 과정에 관한 구술사 연구.” **광고연구**, 84, pp.63-110.

김병희, 윤태일 (2011).『한국 광고회사의 형성: 구술사로 고쳐 쓴 광고의 역사』. 서울: 커뮤니케이션북스.

김병희, 한상필 (2011). “기업 커뮤니케이션에서 소셜 미디어의 활용가능성: 의제설정과 소셜 프레즌스를 중심으로.” **광고학연구**, 22 (4), pp.91-113.

김상호 (2004). “마샬 맥루한의 은하계: 맥루한의 매체이론에 관한 소고.” 임상원, 김민환, 유선영. 『매체 · 역사 · 근대성』. 서울: 나남출판. pp.51-81.

김선중, 조기성, 류원, 이호진, 곽종철 (2011). 『스마트TV 기술개발 방향 및 정책』. 서울: 한국전자통신연구원.

김수영 (1966/2003). “금성 라디오.” 『김수영 전집』. 서울: 민음사.

김순덕 (1987. 7. 20). “무너지는 가족공동의식: 내방 내 전화 내TV.” 동아일보.

김영빈 (1997). 『여가 및 레크레이션론』. 서울: 형설출판사. p.74.

김영우 (2011. 11. 4). “걸어 다니며 음악을 듣는 시대를 열다: 워크맨.” 동아일보.

김영찬, 김종희 (2012). “1960년대 후반 여성지를 통해 본 근대적 패션과 소비문화에 관한 연구.” **커뮤니케이션 이론**, 8 (2), pp.154-196.

김원석 (2003. 4. 9). “중장년층에도 디카 열풍.” ETNEWS.

김응숙 (1998). 『소비문화 이데올로기 분석』. 서울: 커뮤니케이션북스.

김정숙 (1998). 『현대자본주의 사회와 소비문화』. 서울: 사회발전연구. p.467.

김종래 (1999. 8. 3). “음악도 듣고 통화도 하고- 삼성 MP3 휴대폰 개발.” 동아일보.

김창남 (1999). 『대중문화의 이해』. 서울: 한울아카데미.

김태완 (2001. 6. 27). “홈시어터가 뜬다: 영화관이 안방에, DVD마니아 급속 확산.” 한국경제.

김토일 (2005). 『소리의 문화사: 축음기에서 MP3까지』. 서울: 살림출판사.

나미수 (2001). “홈컴퓨터의 소비를 통해 본 젠더와 테크놀로지에 관한 연구.” **한국언론학보**, 46 (1), pp.72-115.

나준호 (2000. 11. 22). “표류하는 MP3 플레이어 산업.” *LG*주간경제, p.19-23.

남은영 (2010). “한국 중산층의 소비문화: 문화자본과 사회자본의 함의를 중심으로.” **한국사회학**, 44 (4), pp.126-161.

남은영 (2011). 『한국사회 변동과 중산층의 소비문화』. 서울: 나남. pp.115-157.

네이버 블로그 (2010. 5). “또 삼성에 농락당한 스마트폰 갤럭시A 소비자.” http:/blog.ohmynews.com/saveNature/263529

네이버 지식백과 (2015). “카메라.” http:/terms.naver.com/entry.nhn?docId=11487

49&cid=40942&categoryId=33087
네이버 캐스트 (2016). "디지털 카메라." http:/navercast.naver.com/contents.nhn?contents_id=4443
노르베르트 볼츠 저, 김태옥, 이승협 역 (2011). 『미디어란 무엇인가』. 서울: 한울.
노명우 (2008). 『텔레비전, 또 하나의 가족』. 서울: 프로네시스. pp.111-113.
더글라스 켈너 저, 김수정 역 (2003). 『미디어 문화』. 서울: 새물결.
돈 슬레이터 저, 정숙경 역 (2000). 『소비문화와 현대성』. 서울: 문예출판사.
동경광고마케팅연구회 저, 김희진 역 (1999). 『멀티미디어 광고전략과 실제』. 서울: 커뮤니케이션북스. pp.113-116.
디지털컨버전스미래포럼 (2010). 『디지털 컨버전스의 미래 이슈와 미디어 정책』. 서울: 정보통신정책연구원.
마리케 드 무이 저, 김유경, 이상훈, 김병희 역 (2007). 『소비자행동과 문화』. 파주: 나남.
마셜 매클루언 저, 김상호 역 (2011). 『미디어의 이해 : 인간의 확장』. 서울: 커뮤니케이션북스.
마정미 (2004). 『광고로 읽는 한국 사회문화사』. 서울: 개마고원. p.197.
매일경제신문 (1967. 3. 20). "계절 따라 경기 따라: 카메라." 매일경제신문.
문영숙, 김병희 (2015). 『소비자 인사이트: 심리타점의 발견과 적용』. 서울: 커뮤니케이션북스.
민호기 (1988. 12. 22). "다기능 저가품 생산 돌입: 사무자동화 기기 시장변화 점검." 매일경제.
바이런 리브스, 클러퍼드 네스 저, 김정현, 조성민 역 (2001). 『미디어 방정식: 컴퓨터, 텔레비전, 뉴미디어를 실제 사람과 장소처럼 다루는 방법』. 서울: 커뮤니케이션북스.
박동민 (2008. 12. 8). "파나소닉, 가볍고 쉬운 DSLR 출시." K모바일.
박명희, 송인숙, 손상희, 이성림, 박미혜, 정주원 (2006). 『생각하는 소비문화』. 서울: 교문사. pp.35-195.
박영신 (2001. 7. 18). "홈시어터 아파트, 극장 따로 없네." 한국경제.

박윤철 (2000. 7. 19). “거실을 시네마 천국으로.” 동아일보.

박지연 (2011). “국내 카메라 시장 동향 및 주요 브랜드별 마케팅 전략: 디지털 카메라의 춘추전국시대.” **광학세계**, 4월호 (132), pp.28-33.

보드리야르 저, 배영달 역 (1999). 『사물의 체계』. 서울: 백의.

볼프강 F. 하우크 저, 김문환 역 (1991). 『상품미학비판』. 서울: 이론과 실천.

서영준 (1973). “판매촉진과 광고전략.” **식품공업**, 4월호, 서울: 한국식품공업협회. pp.80-83.

서재길 (2007). 『한국 근대 방송문예 연구』. 서울대학교 대학원 박사학위논문. pp.16-19.

성동기 (1999. 7. 8). “MP3로 영어공부 척척.” 동아일보.

성영신, 박은아, 정수정 (2014). “미래 소비자, 무엇을 어떻게 연구할 것인가?” **광고학연구**, 25 (8), pp.133-154.

성윤택 (2010). “미디어 테크놀로지의 진화 방향: 미디어 콘텐츠의 네트워킹.” **미디어연구**. p.1.

송정렬 (2010. 11. 25). “갤럭시탭 크로스오버 광고 눈에 띄네! 20개 QR코드로 신문광고와 TV 광고, 인터넷 콘텐츠 연상 연계.” 머니투데이.

송형석 (2005. 9. 20). “음악은 MP3로 듣지만 어학은 아직도 테이프.” 한국경제.

송혜민 (2008. 5. 14). “100년 전 세계 최초 휴대폰 사진 공개.” 서울신문.

수전 손택 저, 이재원 역 (2005). 『사진에 관해』. 서울: 시울. pp.91-98.

LG홈페이지 (2015, www.lg.co.kr).

스튜어트 유웬 저, 백지숙 역 (1996). 『이미지는 모든 것을 삼킨다』. 서울: 시각과 언어.

신인섭, 서범석 (1998). 『한국광고사』. 서울: 나남출판.

양 윤 (2008). 『소비자 심리학』. 서울: 학지사. p.392.

양영채 (1987. 9. 18). “소비자 가이드 전화기: 편익 장식, 다기능 패션화 시대.” 동아일보.

양종석 (2009. 8. 5). “디지털 카메라, 새로운 역사를 쓴다: 기술과 문화의 접목.” ETNEWS.

오미영, 정인숙 (2005). 『커뮤니케이션 핵심이론』. 서울: 커뮤니케이션북스.
요시미 순야 저, 안미라 역 (2006). 『미디어문화론』. 서울: 커뮤니케이션북스. p.169.
요시미 순야 저, 송태욱 역 (2005). 『소리의 자본주의: 전화 라디오 축음기의 사회사』. 서울: 이매진.
우지영 (2003. 10. 22). "동호회: 다음 카페 팬택앤큐리텔 사용자 모임 팬큐세상."아이뉴스24.
유대근 (2010. 10. 27). "볼펜, 워크맨, 아이패드: 20세기 이후 최고 발명들." 서울신문.
윤구현 (1996. 7. 5). "독창적 콘셉트로 뉴욕페스티벌 금상 받아." 매일경제.
윤민용 (2010. 3. 4). "100년을 엿보다 18: 미니 카세트 워크맨." 경향신문.
윤상길 (2007). "통신의 사회문화사." 유선영, 박용규, 이상길 외. 『한국의 미디어 사회문화사』. 서울: 커뮤니케이션북스. pp.97-167.
윤석년, 이재호 (2004). "위성 DMB 수용에 있어서 경제적 요인에 관한 연구." 한국방송학보, 18 (4), pp.7-43.
윤석민 (1996). "케이블TV의 도입이 TV시청 관련 활동에 미치는 영향에 관한 연구." 한국언론학보, 38 (3), pp.5-42.
윤석민, 김수정 (2005). "지상파 TV 재전송 정책의 도입과 발전: 미국과 우리나라의 사례비교." 방송과 커뮤니케이션, 6 (1), pp.33-69.
윤언정 (2011). 『여가인식에 따른 미디어 소비행동 분석: 라이프스타일 유형분석을 중심으로』. 이화여자대학교 대학원 소비자학과 석사논문. pp.39-40.
윤진식 (2000. 6. 16). "국내 디지털 카메라 시장 한 · 일전." 한국경제.
윤한성 (2003. 1. 6). "삼보, 2003 신년CF TG Slim 선보여." 머니투데이.
이계진 (1999. 11. 2). "튀는 감각에 접속하라: N세대 마케팅은 전쟁." 매일경제.
이국명 (2001. 2. 1). "삼성전자, MP3 CD 이용가능한 CD-Yepp 출시." 동아일보.
이귀옥 (2003). "광고가 테크놀로지를 파는 방법: 인터넷 관련 제품광고의 주제 분석을 중심으로." 한국광고홍보학회 2003년 춘계학술대회 발표 자료집.
이귀옥, 한상필 (2009). "신기술로서 인터넷은 광고에서 어떻게 표현 되었는가: 인터넷 관련 제품과 서비스의 텔레비전 광고 내용분석." 한국심리학회지: 소비자 ·

광고, 10 (3), pp.535-557.
이동후 (2013). 『미디어 생태이론』. 서울: 커뮤니케이션북스.
이병섭 (2013). 『통신 역사』. 서울: 커뮤니케이션북스.
이상록 (2013). "1970년대 소비억제정책과 소비문화의 일상정치학." **역사문제연구**, 29, pp.137-182.
이선영 (2009. 8. 26). "전 세계 언론 극찬! 거울 보듯 찍는 카메라?" 한경닷컴.
이성호 (2009). "IT 컨버전스의 진화." SERI경제포커스, 228, 서울: 삼성경제연구소.
이수범 (2004). "N세대 소비문화에 대한 문화기술적 연구." **광고학연구**, 15 (3), pp.71-90.
이승신, 김소월 (2004). 『소비자 그리고 소비문화』. 서울: 신정. p.103.
이윤주 (2011. 7. 1). "어제의 오늘: 워크맨 지닌 젊은이들 거리 주름잡아." 경향신문.
이은미, 박창희 (2004). "케이블TV 가입자의 만족도 결정요인 연구." **방송연구**, 58, pp.179-203.
이재현 (2005). 『멀티미디어와 디지털 세계』. 서울: 커뮤니케이션북스.
이재현 (2013). 『디지털 문화』. 서울: 커뮤니케이션북스.
이정춘 (2000). 『미디어 사회학』. 서울: 이건출판사.
이준영, 노영준 (2014). "남성 팬덤 소비문화에 관한 참여관찰 연구." **소비자정책교육연구**, 10 (4), pp.163-188.
이진수 (2005. 6. 8). "이코노 TV." http:/blog.naver.com/leejs7660?Redirect=Log&logNo=120013924944
이혜미 (2011. 4. 4). "아이패드2 광고영상 공개, 소름 돋아." 헤럴드경제.
이혜용 (2004. 4. 20). "신인그룹 동방신기 3억 CF 대박." 스포츠서울.
이호규 (2008). 『테크놀로지와 낭만주의』. 서울: 커뮤니케이션북스.
이화자, 김병희, 이희복 (2009). 『미디어 빅뱅과 광고문화』. 서울: 한울.
임승희 (2014). "라이프스타일에 따른 여성의 소비문화 비교 연구: 여성의 미디어 이용행동 비교를 중심으로." **상품학연구**, 32 (6), pp.73-82.

임종수 (2003). "텔레비전 안방문화와 근대적 가정에서 생활하기." 언론과 사회, 12 (1), pp.92-135.

임종수 (2004). "1960-70년대 텔레비전 붐 현상과 텔레비전 도입의 맥락." 한국언론학보, 48 (2), pp.79-108.

임혜정 (2009. 6. 25). "DSLR 전쟁, 승자는?" 아이뉴스24.

장미영, 이순석, 남기동 (2008. 5. 28). "미디어 서비스 현황 및 IP 미디어 서비스 방안." 주간기술동향, 1348, 정보통신연구진흥원. pp.1-13.

장성원, 정동영, 임영모, 권기덕, 오동현, 홍선영 (2010. 10. 20). "태블릿 PC의 충격과 미디어의 변화." *CEO Information*, 776, 서울: 삼성경제연구소. pp.1-19.

장수연 (2008. 2. 14). "시간을 담는 전자필름, 디지털 카메라의 역사1." 전자신문.

정경찬, 홍상균, 문형돈 (2011).『태블릿PC 등장과 대응방향』. 서울: 정보통신산업진흥원. p.2.

정지훈 (2011).『거의 모든 IT의 역사』. 서울: 메디치. p.21.

조두영 (2008). "디지털 모바일, 테크놀로지에서 문화와 미디어로, 그리고 새로운 사회운동으로." blog.naver.com/lifeharmoney

정남기 (1999. 7. 8). "이보다 더 작을 순 없다?: 접는 디지털 카메라." 한겨레.

정성호 (2006).『20대의 정체성』. 서울: 살림.

정은영 (1994. 9. 12). "편하고 단순한 것이 좋다." 동아일보.

조은주 (2010. 10. 25). "소니 워크맨, 31년만에 역사 속으로." 아시아투데이.

조헌주 (1999. 1. 27). "MP3 음반산업 큰 파장." 동아일보.

주창윤 (2011). "1960년 전후 라디오 문화의 형성 과정." 미디어 경제와 문화, 9 (2), pp.7-43.

최경원 (2009). "한국의 생활 디자인: 마이마이 카세트, 1980년대." 네이버캐스트. http:/navercast.naver.com/contents.nhn?rid=59&contents_id=1385

최동현, 김만수 편 (1998).『일제강점기 유성기 음반 속의 극 · 영화』. 서울: 태학사.

최예정, 김성룡 (2005).『스토리텔링과 내러티브』. 서울: 글누림.

최은혜 (2012. 10. 17). "응답하라, 워크맨의 추억." 머니투데이.

최현욱, 이철원 (2010). "디지털 여가활동 동호회 참여 동기: DLSR 카메라 동호회원을 중심으로." 여가학연구, 8 (1), pp.27-43.
하태현 (2010). "스마트폰 사용자 특성에 관한 탐색적 연구." 디지털융복합연구, 8 (4), pp.177-184.
한국방송광고진흥공사 (2010). 『KOBACO 소비자행태 연구』. 서울: 한국방송광고진흥공사.
한국여성개발원 (1985). 『여성백서』. 서울: 한국여성개발원.
한국인터넷진흥원 (2009). "미디어 기기 보유 여부." 『2009년 인터넷이용실태조사』. 서울: 한국인터넷진흥원. p.47.
한국인터넷진흥원 (2010). 『태블릿 PC의 시장 내 포지셔닝과 다양한 활용 사례』. *Trend Report*, 9월호, p.2.
한국후지필름 (2011. 10. 13). "감성카메라 폴라로이드 이야기." http:/blog.fujifilm.co.kr/48
한현우, 이동혁 (1998. 7. 30). "신세대 나홀로 문화." 주간조선.
함인희, 이동원, 박선웅 (2001). 『중산층의 정체성과 소비문화』. 서울: 집문당.
황병일, 박승환, 김범종, 최철재 (2009). 『소비자 행동: 이해와 적용』. 대전: 대경. p.224.
황왕수 (1992). 『대형 카메라의 모든 것』. 서울: 다보문화.
황희창 (2004. 5. 6). "옙, 영화 같은 CF 눈길 확." 스포츠서울.
Barthes, Roland (1981). *Camera Lucida: Reflections on Photography*. New York. NY: Hill and Wang.
Boyd, D. M., & N. B. Ellison (2008). Social Network Sites: Definition, History, and Scholarship. *Journal of Computer-Mediated Communication*, 13 (1), pp.210-230.
Buckingham, David (1987). *Public Secrets: EastEnders and Its Audience*. London, British Film Institute. p.83.
Chatman, S. (1978). *Story and Discourse: Narrative Structure in Fiction and Film*. Ithaca, NY: Cornell University Press.; 한용환 역 (2003). 『이야기와 담론』. 서울: 푸른 사상.

Cheng, Hong, & J. C. Schweitzer (1996). "Cultural Values Reflected in Chinese and U. S. Television Commercials." *Journal of Advertising Research*, 36 (3), pp.27-45.

Davis, F. D. (1989). "Perceived Usefulness, Perceived Ease of Use, and User Acceptance of Information Technology." *MIS Quarterly*, 13 (3), pp.319-340.

de Mooij, Marieke (2004). *Consumer Behavior and Culture: Consequences for Global Marketing and Advertising*. Thousand Oaks, CA: Sage.

Dyer, R. (1982). *Stars*. London: BFI.

Escalas, J. E. (1998). "Advertising Narratives: What Are They and How Do They Work?" In B. B. Stern (Ed). *Representing Consumers: Voices, Vies and Visions*. NY: Routledge. pp.267-289.

Geertz, Clifford (1973). "Thick Description: Toward an Interpretive Culture." in *The Interpretation of Cultures*. NY: Basic Books.

Johnson, Steven (1997). *Interface Cultures: How New Technology Transforms the Way We Create and Communicate*. New York: HarperCollins.

Medhurst, Martin J. (1990). "Human Values and the Culture of Technology." in Martin J. Medhurst, Alberto Gonzalez, & Tarla Rai Peterson (Eds.). *Communication and the Culture of Technology*. Pullman, Washington: Washington State University Press.

Morley, D. (1986). *Family Television: Cultural Power and Domestic Leisure*. London: Comedia. 13.

Mulvey, M. S., & Stern, B. B. (2004). "The Invisible Narrator: Attributes and Consumer Attitudes." *Advances in Consumer Research*, 31, pp.178-183.

Nelkin, Dorothy (1995). *Selling Science: How the Press Covers Science and Technology* (Revised). New York: W. H. Freeman and Company.

Rogers, E. M. (1962/2003). *Diffusion of innovations*. NY: Free Press.; 김영석, 강내원, 박현구 역 (2005). 『개혁의 확산』. 서울: 커뮤니케이션북스.

Slack, Jennifer Daryl (1984). "The Development and Use of Communication

Technologies: Critical Issues." Paper presented at the 34th Annual International Communication Association Conference, May 24-28, San Francisco.

Smith, J. W. (2007). "Adverstories." *Marketing Management*, 16 (1), p.48.

Stern, B. B. (1991). "Who Talks Advertising?: Literary Theory and Narrative 'point of view'." *Journal of Advertising*, 20 (3), pp.9-22.

Westrum, Ron (1991). *Technologies and Society: The Shaping of People and Things*. Belmont, CA: Wadsworth Publishing Company.

Williams, Raymond (1974). *Television: Technology and Cultural Form.*; 박효숙 역 (1996). 『텔레비전론』. 서울: 현대미학사.

Wise R. (2000). *Multimedia: A Critical Introduction*. London: Routledge.

찾아보기

한국어 찾아보기

기타 찾아보기

광고로 보는 미디어 테크놀로지의 소비문화사

2016년 3월 12일 | 1쇄 인쇄
2016년 3월 15일 | 1쇄 발행

지은이 | 김병희
발행인 | 김은중
발행처 | 서울경제경영출판사
북디자인 | (주)우일미디어디지텍

주 소 | 03367 서울특별시 서대문구 신촌로 205 (대현동) 대현빌딩 6층
전 화 | 02)313-2682
팩 스 | 02)313-8860
등 록 | 1998년 1월 22일 제5-63호

ISBN 978-89-97937-41-7 • 93320 • 정가 24,000원

※ 잘못된 책은 바꾸어 드립니다.

이 저서는 2011년 정부(교육부)의 재원으로 한국연구재단의 인문저술지원 사업 연구비 지원을 받아 수행된 연구 결과임 (NRF-812-2011-1-B00126)

※ 본서의 무단전재 및 복제행위는 저작권법 97조 5항에 의거, 5년 이하의 징역 또는 5,000만원 이하의 벌금에 처하거나 이를 병과할 수 있습니다.